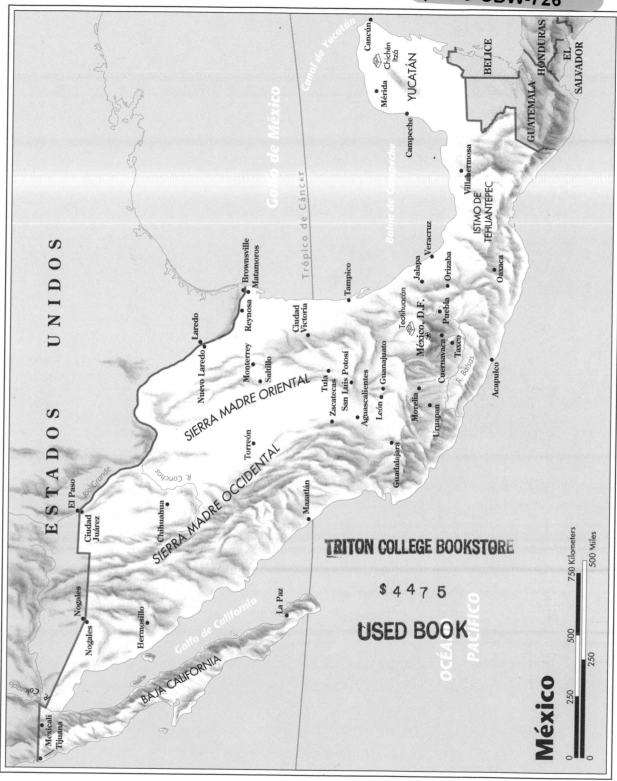

ESTADOS UNIDOS

Golfo de México

Canal de Yucatán

Trópico de Cáncer

Bahía de Campeche

BELICE

HONDURAS

GUATEMALA

EL SALVADOR

YUCATÁN

Cancún

Chichén Itzá

Mérida

Campeche

Villahermosa

ISTMO DE TEHUANTEPEC

Veracruz

Jalapa

Orizaba

Oaxaca

Tampico

Brownsville

Matamoros

Reynosa

Laredo

Ciudad Victoria

Nuevo Laredo

Monterrey

Saltillo

SIERRA MADRE ORIENTAL

Tula

Zacatecas

San Luis Potosí

Aguascalientes

León

Guanajuato

Morelia

Uruapan

Guadalajara

Torreón

SIERRA MADRE OCCIDENTAL

Teotihuacán

México, D.F.

Cuernavaca

Puebla

Taxco

R. Balsas

Acapulco

Mazatlán

Chihuahua

R. Conchas

El Paso

Río Grande

Ciudad Juárez

Nogales

Nogales

Hermosillo

La Paz

Golfo de California

BAJA CALIFORNIA

Colorado

Mexicali

Tijuana

OCÉANO PACÍFICO

750 Kilometers

500 Miles

500

250

250

250

0

0

México

¿Cómo se dice...?

FIFTH EDITION

Ana C. Jarvis
CHANDLER-GILBERT COMMUNITY COLLEGE

Raquel Lebredo
CALIFORNIA BAPTIST COLLEGE

Francisco Mena-Ayllón
UNIVERSITY OF REDLANDS

D. C. Heath and Company
Lexington, Massachusetts   Toronto

Address editorial correspondence to:
D. C. Heath and Company
125 Spring Street
Lexington, MA 02173

Acquisitions Editor:	Denise St. Jean
Developmental Editor:	Sheila McIntosh
Production Editor:	Janice Molloy
Designer:	Henry Rachlin
Photo Researcher:	Judy Mason
Production Coordinator:	Lisa Merrill
Permissions Editor:	Margaret Roll

About the cover... Lisa Houck (b. 1953) is intrigued by landscape and how it reveals the presence of people, past and present. She is interested in "telling a story" by way of her paintings, and the title of the work on the cover, *Ancient Pottery Is Found Near an Active Volcano,* directs us to think about cultural endurance in spite of physical change. At the same time, Houck wants viewers to find their own stories in her work, and to interpret the language of her paintings in any number of ways.

International Standard Book Number: 0–669–29505–1

Library of Congress Catalog Number: 93–71276

10 9 8 7 6 5

Ana C. Jarvis, a native of Paraguay, was born in Asunción and attended school in Buenos Aires, Argentina. She received her Ph.D. in Spanish from the University of California, Riverside, in 1973. Presently an Instructor of Spanish at Chandler-Gilbert Community College in Chandler, Arizona, Dr. Jarvis previously taught at Mesa Community College, the University of California, Riverside, San Bernardino Valley College, Brigham Young University, and Riverside City College. In addition to authoring numerous Spanish textbooks, she has published several short stories in Spanish and is presently at work on a novel. In 1988 she was chosen "Faculty Member of the Year" at Chandler-Gilbert Community College.

Raquel Lebredo was born in Camagüey, Cuba. She attended school in Havana and later enrolled at the University of Havana, where she received a Ph.D. in Education in 1950. She was subsequently employed as an elementary school principal, and taught literature and language at a preparatory school in Havana. After living in Spain for a period of time, she moved in 1968 to the United States. Dr. Lebredo was awarded a Ph.D. in Spanish from the University of California, Riverside, in 1973. Since then she has taught Spanish at Claremont Graduate School, Crafton Hills College, the University of Redlands, and California Baptist College, and has authored several Spanish textbooks. In 1985 she was chosen "Faculty Member of the Year" by the student body at California Baptist College, and in 1991 she received a YWCA "Women of Achievement" award.

Francisco Mena-Ayllón, a native of Madrid, Spain, received his Ph.D. in Spanish from the University of California, Riverside, in 1973. He has taught Spanish language and literature courses at the University of California, Riverside, Oberlin College, California State University, Chico, the University of Redlands, and Crafton Hills College. In addition to authoring numerous Spanish textbooks in the United States, he has published a book about Federico García Lorca and several volumes of his own poetry. His poetry has been published in Spain, Latin America, and the United States. His work has also been included in several anthologies of contemporary Spanish poets, and he is listed in *Quién es quién en las letras españolas, 1978* (Who's Who in Spanish Letters), as an important contributor to contemporary Spanish literature.

¿Cómo se dice...?, Fifth Edition, is a complete, flexible program designed to present the fundamentals of Spanish to two- and four-year college and university students. This edition continues to feature the balanced, eclectic approach to language instruction that has made ¿Cómo se dice...? one of the most widely used programs of its kind. To achieve its goal of helping students attain linguistic proficiency, ¿Cómo se dice...?, Fifth Edition, systematically involves them in activities requiring the communicative use of all four language skills: listening, speaking, reading, and writing. Because cultural awareness is as important to successful communication as linguistic competence, special care has been devoted in the Fifth Edition to providing up-to-date, practical insights into the cultural diversity of the Spanish-speaking world. Since it is essential to understand the underlying philosophy and organization of the program to use it to greatest advantage, the student's text and other components are described in detail below.

The Student's Text

The organization of this central component of the ¿Cómo se dice...?, Fifth Edition, program reflects its emphasis on the active use of Spanish for practical communication in context. The student's text is organized as follows:

- An introductory *Lección preliminar* enables students to communicate in Spanish using basic, high-frequency language from the outset of the course.

- Each of the eighteen regular lessons focuses on a high-frequency communicative situation and contains the features listed below.

Objectives: Each lesson begins with a list of grammatical and communicative objectives.

Dialogues **and** *¡Conversemos!:* New vocabulary and structures are first presented in the context of a conversation in idiomatic Spanish dealing with the high-frequency situation that is the lesson's central theme. An English translation of the dialogues is provided in Appendix D for students to verify meaning deduced from context. A cassette icon indicates that the dialogues are recorded on the Student Cassette. Comprehension questions on the dialogue (¡Conversemos!) now follow the vocabulary section to provide immediate reinforcement of the vocabulary and communicative functions presented in the dialogue.

Vocabulario: All new words and expressions introduced in the dialogues are listed by parts of speech or under the headings *Cognados* and *Otras palabras y expresiones.* The *Vocabulario complementario* section offers thematic groupings of other words and phrases related to the lesson theme; some are presented through an illustration to help students assimilate them more readily. Entries in these lists are to be learned for active use.

¿Lo sabía Ud.?: These notes expand on cultural information and themes introduced in the dialogues in simple, easy-to-read Spanish.

Pronunciación: Lessons 1–9 present and practice the sounds of the Spanish language with special attention to features that pose difficulty for English speakers. A cassette icon indicates that the section is recorded on the Student Cassette.

Estructuras and *Práctica:* Each new grammatical structure featured in the dialogue is explained clearly and concisely in English so that the explanations may be used independently as an out-of-class reference. All explanations are followed by numerous examples of their practical use in natural Spanish. The *¡Atención!* head signals exceptions to the grammar rules presented or instances where knowledge of an English structure may interfere with learning the equivalent Spanish structure. After each explanation, the *Práctica* activities offer immediate reinforcement of new concepts through a variety of structured and communicative activities.

¡A ver cuánto aprendió!: This series of progressively less structured activities allows students to synthesize the lesson's new vocabulary and structures. *¡Repase el vocabulario!* uses a variety of proven activity formats to review new vocabulary presented in the lesson. *Entrevista* has students interview one another on topics related to the main lesson theme. *Situaciones* involves pairs or small groups of students in using new structures and vocabulary in brief conversational exchanges. *Para escribir* guides students to express themselves in writing in a variety of formats, such as notes, postcards, letters, dialogues, and compositions.

En la vida real: This section develops oral proficiency by using authentic documents and role-plays to involve students in more complex and extended communicative tasks, such as planning an event, asking for information, or solving a problem. Each lesson includes an activity that involves reading and using information gained from an authentic text, for example, a newspaper ad or a travel brochure. Most of the activities are designed for work in pairs or small groups, and all of them require spontaneous use of Spanish in practical, meaningful, communicative tasks intended to motivate learners and to underscore the usefulness of language study.

In addition, the following features appear at regular intervals throughout the student's text:

Teledrama: New to the Fifth Edition, all odd-numbered lessons end with a series of activities designed for use with the semi-scripted *Teledrama* modules of the *¿Cómo se dice...?* Video, which reinforce the lesson themes. The pre-viewing, post-viewing, and expansion activities use a variety of formats, including true/false, sentence completion, questions, sequencing of actions, and multiple choice. A supplementary vocabulary list facilitates students' comprehension of the video.

¡Vamos a leer!: All even-numbered lessons end with a reading section that rein-forces the structures and vocabulary presented in the text. All readings and activities have been completely revised for this edition. The first five readings are related to the lesson themes; the final four readings consist of authentic literary selections that provide an appealing introduction to reading literature in Spanish. To develop students' reading skills, *Antes de leer,* a series of pre-reading questions, precedes each selection. Personalized, open-ended questions *(Díganos)* follow each reading and provide opportunities for students to dis-cuss their own opinions and experiences in relation to the reading topic or theme.

Self Tests: The Self Tests, which appear after Lessons 3, 6, 9, 12, 15, and 18, enable students to review the structures and vocabulary of the three preceding lessons. Organized by lesson and by grammatical structure, the Self Tests enable students to determine quickly what material they have mastered and which concepts to target for further review. An answer key is provided in Appendix E for immediate verification.

Panorama hispánico **and** *Teleinforme:* These sections, which appear after each even-numbered lesson, focus on the life-style, culture, geography, economy, and history of specific regions of the Spanish-speaking world. The full-color *Panorama hispánico* photo essays feature captions in simple Spanish that are accessible to students; each caption ends with a question that invites cross-cultural comparison. The new *Teleinforme* sections, which reinforce the con-tent of the photo essays, include a supplementary vocabulary list and pre-viewing, post-viewing, and expansion activities designed to enhance students' comprehension of the authentic footage featured in the *Teleinforme* modules of the *¿Cómo se dice...?* Video.

Reference Materials: The following sections provide learners with useful refer-ence tools throughout the course:

- *Maps:* New, colorful, up-to-date maps of the Hispanic world appear on the inside front and back covers of the textbook for quick reference.

- *Appendixes:* Appendix A summarizes the sounds and key pronunciation features of the Spanish language, with abundant examples; this section is also recorded on the Student Cassette so students can hear and practice proper pronunciation of the Spanish sounds outside of the classroom.

Conjugations of high-frequency regular, stem-changing, and irregular Spanish verbs constitute Appendix B. Appendix C is a glossary of all grammatical terms used in the text, with examples. Appendix D provides English translations of the lesson dialogues. Appendix E is the answer key to the Self Tests. Appendix F lists questions for the "College Bowl" activity in Lesson 18. Appendix G provides a list of the Spanish names of more than 100 professions and occupations to facilitate personalized classroom discussion.

- *Vocabularies:* Spanish-English and English-Spanish glossaries list all active, core vocabulary introduced in the *Vocabulario* lists that follow the dialogues and in the *Estructuras* sections. Active vocabulary is identified by the number of the lesson in which the word or phrase first appears. The Spanish-English vocabulary also lists passive vocabulary, which consists of those words glossed by an English equivalent in the text.

Supplementary Materials for the Student

Student Cassette: A free ninety-minute tape containing recordings of the dialogues, the pronunciation sections, and the introduction to Spanish sounds from Appendix A is packaged with each copy of the student's text. This cassette is designed to maximize learners' exposure to the sounds of natural spoken Spanish and improve their pronunciation.

Workbook/Laboratory Manual: Each lesson of the Workbook/Laboratory Manual is correlated to the corresponding lesson in the student's text and is divided into two sections. Both sections now include more activities. The *Workbook Activities* section offers an array of writing activities—sentence completion, matching, sentence transformation, crossword puzzles, and new illustration-based exercises—that reinforce the structures and vocabulary presented in the textbook. Reading comprehension passages now appear after each odd-numbered lesson to further skill development in that area. *Check Your Progress* sections provide a comprehensive review of key vocabulary and structures after every two lessons. The *Laboratory Activities* section includes pronunciation, structure, listening comprehension, and dictation exercises to be used in conjunction with the Cassette Program. An answer key for all written exercises with discrete answers in both the Workbook and the Laboratory sections is provided for self-correction.

Cassette Program: The complete Cassette Program to accompany the ¿Cómo se dice...? Workbook/Laboratory Manual, Fifth Edition, is available for student purchase. The textbook dialogues are included as listening and pronunciation exercises in each lesson; they are dramatized once at natural speed, then reread with pauses for student repetition. They are followed by comprehension questions on the dialogues, an open-ended activity that elicits responses appropriate to given situations, structured grammar exercises, a listening comprehension activity, and a dictation. A comprehensive review section of questions follows Lesson 18. Answers to all exercises, except for those that require a written response, are provided on the cassettes.

Language Tutor **by Hyperglot:** Available in MS-DOS® (5¼″ and 3½″ disks) and Macintosh® versions, this text-specific software package offers additional, computer-aided practice using structures and vocabulary from the textbook. *Language Tutor* scores work automatically and provides helpful error analysis, along with verb conjugations, grammar explanations, and translations. Both versions feature high-quality digitized recordings of native speakers.

Supplementary Materials for the Instructor

Instructor's Annotated Edition: The Introduction to the Instructor's Annotated Edition provides a detailed description of the entire **¿Cómo se dice...?** program with suggestions for its implementation. In the annotated version of the student's text that follows the introductory material, specific suggestions for implementing and supplementing the features of the lesson are supplied right on the appropriate textbook page.

The *¿Cómo se dice...?* Video: This exciting, new two-hour video, designed for use with **¿Cómo se dice...?**, Fifth Edition, provides a unique opportunity to develop listening skills and cultural awareness through multiple levels of viewing materials: semi-scripted situations, interactive segments with visual cues, and authentic footage. The video consists of eighteen modules that correlate to the *Teledrama* and *Teleinforme* sections in the student's text. The nine *Teledrama* modules include a functional, live segment; an interactive segment; and clips that focus on the lesson themes. Filmed in Bogotá, Colombia, the *Teledramas* reinforce the textbook themes and vocabulary and enable students to see, hear, and interact with "real" Hispanics in authentic settings. The nine *Teleinforme* modules present a broad cultural overview of the Hispanic world through authentic television footage from a number of Hispanic countries. Each *Teleinforme* includes two to four clips with a wide range of content: interviews, travelogues, festivals, music videos, and commercials. The content reinforces the material presented in the *Panoramas hispánicos* in a visually appealing and lively manner.

¿Cómo se dice...? Videodisc Kit: New to the Fifth Edition, this component offers the laserdisc version of the complete **¿Cómo se dice...?** Video on two sixty-minute videodiscs and includes a User's Manual.

Printed Testing Program: To monitor students' progress on a regular basis, tests covering target vocabulary and grammar are available for each of the eighteen regular lessons of **¿Cómo se dice...?** Two midterm and two final examinations are also provided, along with an answer key for all tests. Each test evaluates listening comprehension and writing skills. The Testing Program has been completely revised and expanded to include more communicative activities.

Computerized Testing Program: This component enables instructors to customize the existing Testing Program by selecting specific or random items, and by adding, deleting, or modifying items. Users have the option of viewing tests before they are printed, and the final formats are adjustable. The Computerized Testing Program is available in MS-DOS®, Macintosh®, and Apple® versions and is accompanied by a User's Manual.

Instructor's Resource Kit: This conveniently boxed supplement package assists the instructor in presenting, reviewing, expanding, and reinforcing the materials in the textbook. The Instructor's Resource Kit for **¿Cómo se dice...?**, Fifth Edition, contains the following materials:

- The printed version of the Testing Program

- A supplement containing the Cassette Program Tapescript, the Videoscript of the **¿Cómo se dice...?** Video, and the answer key to the *Check Your Progress* sections of the Workbook

- The Heath Spanish Overhead Transparencies Kit, with thirty-two full-color, thematic visuals depicting situations that involve vocabulary and structures commonly presented in first-year Spanish and a series of maps of the Spanish-speaking world. The accompanying Instructor's Resource Manual includes activities, teaching suggestions, and pertinent cultural information.

- The Heath Situation Cards Kit, a set of 120 cards with its own Instructor's Guide, which enables instructors to monitor students' development of oral proficiency

- The Heath Spanish History Booklet, containing supplementary information on the history, politics, and cultures of Spain and Hispanic America

---

We would like to hear your comments on and reactions to **¿Cómo se dice...?**, Fifth Edition. Reports on your experiences using this program would be of great interest and value to us. Please write us care of D. C. Heath and Company, College Division, 125 Spring Street, Lexington, MA 02173.

Acknowledgments

We wish to express appreciation to the following colleagues for the many valuable suggestions they offered in their reviews of the Fourth Edition and of the revised manuscript of the Fifth Edition.

Clayton Baker, Indiana University at Indianapolis
Deborah Baldini, The University of Missouri at Saint Louis
Thomas Bente, Temple University
Paul Budofsky, New York University
Malcolm Compitello, Michigan State University
Fidel de León, El Paso Community College
Octavio de la Suarée, William Patterson College
Humberto Delgado-Jenkins, DeKalb College
Mario L. D'Onofrio, Cuyahoga Community College
Martin H. Durrant, Mesa Community College
Kenneth Eller, The University of Nebraska at Omaha
José Feliciano, The University of South Florida
Roger Fernández, Los Angeles City College
Bryant Giles, Pasadena Community College
John W. Griggs, Glendale Community College
Mercedes Jiménez, The University of California at Riverside
Larry King, The University of North Carolina
Mark Littlefield, Buffalo State College
Yolanda Guerrero, Grossmont College
Loknath Persaud, Pasadena City College
Vernon L. Peterson, Missouri Southern State College
Alcibiades Policarpo, The University of Missouri at St. Louis
Joy Renjilian-Burgy, Wellesley College
Ruth E. Smith, Northeast Louisiana University
Alice K. Taub, St. Louis University
Alfredo Torrejón, Auburn University
Margarita Vargas, The State University of New York at Buffalo
Maurice Westmoreland, The State University of New York at Albany

We also extend our sincere appreciation to the Modern Languages Staff of D. C. Heath and Company, College Division: Vincent Duggan, Editorial Director; Denise St. Jean, Senior Acquisitions Editor; Sharon Alexander, Senior Developmental Editor; Sheila McIntosh, Developmental Editor; Janice Molloy, Senior Production Editor; Michael O'Dea, Production Manager; Lisa Merrill, Production Supervisor; and Henry Rachlin, Senior Designer.

Ana C. Jarvis
Raquel Lebredo
Francisco Mena-Ayllón

Contents

xiii

Lección 3   *Susana solicita trabajo*   61

Lección 4   *¿Bailamos?*   89

Lección 13   *Pidiendo información*   325

Lección 14   *Se alquila un apartamento*   343

En la universidad

—Buenos días, profesor.
—Buenos días, señorita.
¿Cómo se llama usted?
—Me llamo Ana María Vargas.

—Buenas tardes, doctor Gómez.
—Buenas tardes, señor Campos.
¿Cómo está usted?
—Muy bien, gracias. ¿Y usted?
—Bien, gracias.

—Buenas noches, señora.[1]
—Buenas noches, Amanda.
¿Qué hay de nuevo?
—No mucho...

---

[1] In Spanish-speaking countries, young people frequently address their elders as **señor** or **señora**.

—¡Hola, José Luis!
—Hola, Teresa. ¿Qué tal?
—Bien, ¿y tú?
—No muy bien...
—¡Caramba! ¡Lo siento...!

—Hasta luego, profesora.
—Adiós.

—Hasta mañana, Paco.
—Hasta mañana, Isabel.

Vocabulario   *(Vocabulary)*

▪ Títulos   *(Titles)*

doctor (Dr.)   doctor[1] *(masculine)*
doctora (Dra.)   doctor[1] *(feminine)*
profesor   professor, teacher *(masculine)*
profesora   professor, teacher *(feminine)*

señor (Sr.)   Mr., sir, gentleman
señora (Sra.)   Mrs., madam, lady
señorita (Srta.)   Miss, young lady

▪ Saludos y despedidas   *(Greetings and farewells)*

adiós   good-bye
buenas noches   good evening, good night
buenas tardes   good afternoon

buenos días   good morning
hasta luego   see you later
hasta mañana   see you tomorrow
hola   hello, hi

▪ Otras palabras y expresiones   *(Other words and expressions)*

caramba   gee
en la universidad   at the university
gracias   thank you, thanks
lo siento   I'm sorry
muy   very

¿qué?   what?
tú   you (when addressing a child, a friend, or a relative)
usted (Ud.)   you (when addressing someone older or in authority)

▪ Preguntas y respuestas útiles   *(Useful questions and answers)*

¿Cómo se llama usted?   What's your name?
Me llamo...   My name is . . .
¿Cómo está usted?   How are you?
¿Qué tal?   How's it going? (informal)

bien   fine
muy bien   very well
no muy bien   not very well
¿Qué hay de nuevo?   What's new?
No mucho...   Not much . . .

---

[1] In most Spanish-speaking countries, lawyers and members of many other professions who hold the equivalent of a Ph.D. are addressed as **doctor, doctora**.

Useful expressions for the class
(Expresiones útiles para la clase)

You will hear your teacher use the following directions and general terms in class. Take time to familiarize yourself with them.

■ When the teacher is speaking to the whole class:

Abran sus libros, por favor.	*Open your books, please.*
Cierren sus libros, por favor.	*Close your books, please.*
Escriban, por favor.	*Write, please.*
Escuchen, por favor.	*Listen, please.*
Estudien la Lección...	*Study Lesson . . .*
Hagan el ejercicio número...	*Do exercise number . . .*
Levanten la mano.	*Raise your hands.*
Repasen el vocabulario.	*Review the vocabulary.*
Repitan, por favor.	*Repeat, please.*
Siéntense, por favor.	*Sit down, please.*
Vayan a la página...	*Go to page . . .*

■ When the teacher is speaking to one student:

Continúe, por favor.	*Go on, please.*
Lea, por favor.	*Read, please.*
Vaya a la pizarra, por favor.	*Go to the chalkboard, please.*

■ Some other words used in the classroom:

diccionario	*dictionary*	**palabra**	*word*
dictado	*dictation*	**presente**	*present, here*
examen	*exam*	**prueba**	*quiz*
horario de clases	*class schedule*	**tarea**	*homework*

■ Many of the words in these expressions are cognates, words that are the same or similar in two languages. Learning to recognize cognates will be extremely valuable to you in your study of Spanish. Some examples of cognates are **lección, vocabulario,** and **examen.** How many others can you identify? (For more information on cognates, see Appendix A.)

ESPAÑA

The alphabet   *(El alfabeto)*

Letter	Name	Letter	Name	Letter	Name	Letter	Name
a	a	h	hache	ñ	eñe	u	u
b	be	i	i	o	o	v	ve
c	ce	j	jota	p	pe	w	doble ve
ch	che	k	ka	q	cu	x	equis
d	de	l	ele	r	ere	y	y griega
e	e	ll	elle	rr	erre	z	zeta
f	efe	m	eme	s	ese		
g	ge	n	ene	t	te		

PRÁCTICA

A Spanish-speaking person may not know how to spell your name. He or she might ask, "**¿Cómo se escribe?**" *(How do you spell it?).* Learn how to spell your name in Spanish and ask other members of the class how to spell theirs.

Cardinal numbers 0–10   *(Números cardinales 0–10)*

■ If you learn to count from zero to ten, you will be able to give your phone number in Spanish.

0	cero	4	cuatro	8	ocho
1	uno[1]	5	cinco	9	nueve
2	dos	6	seis	10	diez
3	tres	7	siete		

PRÁCTICA

To ask someone for his or her phone number, say, "**¿Cuál es tu[2] número de teléfono?**" *(What is your phone number?).* Ask several members of the class for their phone numbers.

---

[1]**Uno** changes to **un** before a masculine singular noun: **un libro. Uno** changes to **una** before a feminine singular noun: **una silla.**

[2]**tu** = *your* (when addressing a friend or a very young person). Say, "**¿Cuál es su número de teléfono?**" when addressing someone as **usted.**

Colors   *(Colores)*

■ You will see different colors in the classroom. Learn how to say them in Spanish.

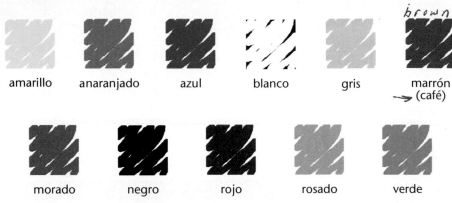

| amarillo | anaranjado | azul | blanco | gris | marrón (café) |

| morado | negro | rojo | rosado | verde |

PRÁCTICA

To ask someone whether he or she likes something, you say, "**¿Te gusta...?**"[1] To say that you like something, say, "**Me gusta...**" Conduct a survey of your classmates to find out which color is the most popular in class, following the model.

> MODELO: —¿Qué color te gusta?
> —*Me gusta el color rojo.*

Days of the week   *(Los días de la semana)*

lunes   *Monday*
martes   *Tuesday*
miércoles   *Wednesday*
jueves   *Thursday*

viernes   *Friday*
sábado   *Saturday*
domingo   *Sunday*

—¿Qué día es hoy? **¿Lunes?**

—No, hoy es **martes.**

"What day is today? Monday?"

"No, today is Tuesday."

---

[1] When addressing someone as **usted**, use **¿Le gusta...?**

JUNIO		JUNIO
3 lunes		viernes **7**
4 martes		sábado **8**
5 miércoles		domingo **9**
6 jueves		

◼ In Spanish-speaking countries, the week starts on Monday.

◼ Note that the days of the week are not capitalized in Spanish.

◼ The days of the week are masculine in Spanish. The masculine definite articles **el** and **los** are often used with them to express *on*.

PRÁCTICA

The person asking these questions is always a day ahead. Respond, following the model.

MODELO: ¿Hoy es lunes?
No, *hoy es domingo.*

1. ¿Hoy es miércoles?
2. ¿Hoy es domingo?
3. ¿Hoy es viernes?

4. ¿Hoy es martes?
5. ¿Hoy es sábado?
6. ¿Hoy es jueves?

¡A ver cuánto aprendió!

(Let's see how much you learned!)

¡Repase el vocabulario!   *(Review the vocabulary!)*

A. Match each item in column A with its English equivalent in column B.

A	**B**
1. Estudien la Lección dos.	a. Open the book, please.
2. Hagan los ejercicios, por favor.	b. Raise your hands.
3. Siéntese, por favor.	c. Repeat, please.
4. Vayan a la página diez.	d. Write the dictation.
5. Abra el libro, por favor.	e. Go to page ten.
6. Repitan, por favor.	f. Sit down, please.
7. Vaya a la pizarra.	g. Study Lesson two.
8. Levanten la mano.	h. Read the exam, please.
9. Escriban el dictado.	i. Go to the chalkboard.
10. Lea el examen, por favor.	j. Do the exercises, please.

B. Name the colors of the following objects in Spanish.

1. an orange
2. the flag of the United States
3. a tree
4. coffee
5. coal
6. snow
7. a canary
8. a cloudy sky
9. rosy cheeks
10. your clothes
11. your shoes
12. the cover of **¿Cómo se dice...?**

Entrevista   *(Interview)*

With a classmate, practice giving appropriate responses to the following statements and questions.

1. Buenos días.
2. ¿Cómo está usted?
3. Buenas tardes.
4. ¿Qué hay de nuevo?
5. Buenas noches.
6. ¿Qué tal?
7. ¿Cómo se llama usted?
8. Hasta mañana, señor (señora, señorita).
9. Hasta luego.
10. ¡Hola!

Situaciones   *(Situations)*

What would you say in the following situations? What might the other person say? Act out the scenes with a partner. Take turns playing each role.

1. You encounter your teacher in the morning and ask how he or she is.
2. You encounter Mr. Vega in the afternoon.
3. On the street, you bump into a friend you haven't seen for a while.
4. You greet Miss Olmedo in the evening.
5. You meet your teacher's ten-year-old child.
6. You leave Dr. María Méndez's office. You have another appointment with her tomorrow.
7. You say good-bye to a friend.
8. You meet an older person and want to know his or her name.
9. Someone tells you he or she is not feeling too well.
10. Someone asks what's new with you.

Números de teléfono   *(Telephone numbers)*

This is a page from someone's address book. Say the phone number of each of the following people.

1. La doctora Parra
2. José María
3. El señor Pardo
4. Tito
5. La señora Pagán
6. El profesor Paredes
7. La señorita Peña
8. Amanda

Nombres	Teléfonos
María Luisa Pagán	325-4270
José María Pereyra	476-0389
Teresita Peña	721-4693
Amanda Pidal	396-7548
Ángel Pardo	482-3957
Prof. Benito Paredes	396-1598
Dra. Raquel Parra	476-8539
Tito Paz	721-0653
David Pizarro	482-7986
María Inés Pinto	396-8510

ENCUENTROS *(Encounters)*

Imagine that you and a classmate meet outside of class. How would you greet each other in Spanish? How would you find out each other's complete name and phone number? How would you say good-bye? Act out this situation with a partner. You may want to include these additional phrases:

¿Cómo estás? *How are you?* (**tú** form)

¿Cómo te va? *How is it going (for you)?*

Chau. *Bye.*

Hasta la vista. *Until I see you again.*

Nos vemos. *See you.*

POR TELÉFONO *(By phone)*

You and a classmate are in Madrid, Spain. Take turns reading the telephone numbers you must call according to the following needs.

1. You are having car trouble.
2. You need to cash a check.
3. You need some medicine.
4. You want to send roses to a friend.
5. You want to see a play.
6. You have to travel by plane.
7. You need to have your picture taken.
8. Somebody stole your wallet.
9. A friend needs to go to the emergency room.
10. You need a place to live.
11. You want to buy a plane ticket to Mexico.
12. You want to see Picasso's paintings.
13. One of your friends has been hospitalized.
14. You want to travel to a nearby city.
15. You have a toothache.

Estación de
Policía
911

Banco Nacional
701-8965

Farmacia
"La Gran Vía"
475-0432

Aerolíneas
Mexicanas
943-7510

Aeropuerto de
Barajas
431-7068

Fotografía
"Marin"
562-0437

Museo de Arte
792-3587

Teatro Madrid
686-9528

Hospital
Municipal
482-3157

Apartamentos
de lujo
987-3065

Dr. Manuel Vega
Dentista
470-9265

Florería
"Carrón"
952-0038

Estación de
Ómnibus
493-7196

Taller de
Mecánica
"San Carlos"
356-7932

Servicio de
Ambulancia
498-6530

COLORES

A splash of color! This is an open-air market in Guatemala. How many colors that you see here can you name in Spanish? You will need to include:

claro *light*
oscuro *dark*
(i.e., **azul oscuro** = *dark blue*)

Mercado al aire libre en Guatemala.

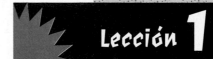

Conversaciones breves

Dos jóvenes conversan en un parque de San Pedro de Sula, Honduras.

 OBJECTIVES

Pronunciation
The Spanish a and o

Structure
Gender, Part I • Plural forms • Definite and indefinite articles • Uses of **hay** • Cardinal numbers 11–30 • Telling time

Communication
You will learn vocabulary related to the classroom, useful questions and answers, and some polite expressions

Conversaciones breves

SRTA. PEÑA	—*(En la puerta)* Buenos días, profesor. Con permiso.
PROFESOR	—Buenos días. Pase y tome asiento.
SRTA. PEÑA	—Muchas gracias.
PROFESOR	—Señorita Peña, el[1] doctor Mena.
SRTA. PEÑA	—Mucho gusto, doctor Mena.
DR. MENA	—El gusto es mío, señorita Peña.

JULIA	—¡Hola! ¿Cómo te llamas?
ROSA	—Me llamo Rosa Díaz. ¿Y tú?
JULIA	—Julia Sandoval.

ESTUDIANTE	—Profesor, ¿cómo se dice "de nada" en inglés?
PROFESOR	—Se dice *"you're welcome"*.
ESTUDIANTE	—¿Qué quiere decir *"I'm sorry"*?
PROFESOR	—Quiere decir "lo siento".

---

[1]When you are speaking about a third person (indirect address) and use a title with the name, the definite article is required.

MARÍA — Oye, Juan, ¿cuál es tu dirección?
JUAN — Calle Lima, número treinta.
MARÍA — Gracias. Hasta la vista, Juan.
JUAN — Chau. Saludos a Ana María.

OSCAR — ¿Qué día es hoy, Pedro?
PEDRO — Hoy es miércoles.
OSCAR — ¿Cuántos estudiantes hay en la clase?
PEDRO — Hay veintiséis estudiantes.

SRTA. PAZ — ¡Perdón! Por favor, ¿qué hora es?
SR. VEGA — Son las dos y media.

Vocabulario

■ Nombres *(Nouns)*

la calle   street
la clase   class
el día   day

la dirección, el domicilio
   address
el (la) estudiante   student

el inglés   English (language)
el número   number
la puerta   door

■ Otras palabras y expresiones

¿cómo?   how?
conversaciones breves   brief
  conversations
¿cuál?   what? which?
¿cuántos(-as)?   how many?

chau[1]   bye
en   in, at
en inglés   in English
hasta la vista   until I see you
  again, I'll see you later

hay   there is, there are
hoy   today
oye   listen

■ Preguntas y respuestas útiles

¿Cómo se dice...?   How do you say . . . ?
Se dice...   You say, One says
¿Cómo te llamas?[2]   What's your name?
Me llamo...   My name is . . .
¿Cuál es tu dirección?[3]   What's your address?
Mi dirección es...   My address is . . .

¿Qué día es hoy?   What day is today?
Hoy es...   Today is . . .
¿Qué hora es?   What time is it?
Son las...   It's . . . (when referring to time of day)
¿Qué quiere decir...?   What does . . . mean?
Quiere decir...   It means . . .

■ Expresiones de cortesía *(Polite expressions)*

Mucho gusto.   Pleased to
  meet you.
El gusto es mío.   The pleasure
  is mine.
Con permiso.   Excuse me.
Perdón.   Excuse me.
Pase.   Come in.

Tome asiento.   Have a seat.
Por favor.   Please.
Muchas gracias.   Thank you
  very much.
De nada.   You're welcome.
Saludos a...   Say hello to . . .

---

[1] from the Italian "**ciao**"

[2] Use the **tú** form when addressing a child or a very young person.

[3] When addressing an older person or someone in authority, say, "**¿Cuál es su dirección?**"

Vocabulario complementario

◼ En la clase *(In the class)*

la luz

el reloj

la puerta

la ventana

la pizarra

el mapa

ESPAÑA

PORTUGAL

el profesor

la estudiante

el borrador

la tiza

unos libros

la pared

el estudiante

el pupitre

el escritorio

un cuaderno

el lápiz

una silla

unas plumas

¡Conversemos! *(Let's talk!)*

Team up with a classmate and respond appropriately to the following questions or statements.

1. Mucho gusto, señor (señora, señorita).
2. ¿Cómo te llamas?
3. ¿Cuál es tu dirección? *(Say street numbers one by one.)*
4. ¿Cuál es tu número de teléfono?
5. Muchas gracias.
6. ¿Cuántos estudiantes hay en la clase?
7. ¿Cómo se dice *"Thank you very much"* en español?
8. ¿Qué quiere decir "Lo siento"?

¿Lo sabía Ud.?

- **María** es un nombre muy popular en España y Latinoamérica. Se usa *(It's used)* frecuentemente con otros nombres: **Ana María, María Isabel, María del Pilar,** etc. También *(Also)* se usa como segundo nombre para los hombres; por ejemplo: **José María, Luis María, Jesús María,** and so on.

- Para los horarios *(schedules)* de aviones *(planes)*, trenes, autobuses, teatros, televisión y algunas *(some)* invitaciones, se usa el sistema de veinticuatro *(twenty-four)* horas. Por ejemplo, las cuatro de la tarde son las dieciséis *(sixteen)* horas.

———
[1]Did you know?

Pronunciación

A. The Spanish a

The Spanish **a** is pronounced like the *a* in the English word *father*. Listen to your teacher and repeat the following words.

Ana	hora	Rosa
nada	habla	vista
gracias	hasta	asiento

B. The Spanish e

The Spanish **e** is pronounced like the *e* in the English word *eight*. Listen to your teacher and repeat the following words.

qué	calle	oye
usted	tome	pase
media	Pedro	dice

Estructuras

1. Gender, Part I   *(Género, Parte I)*

■ In Spanish, all nouns—including those denoting non-living things—are either masculine or feminine.

Masculine		Feminine	
el hombre	el lápiz	la mujer	la ventana
el profesor	el estudiante	la profesora	la estudiante
el cuaderno	el secretario	la tiza	la secretaria

■ Most nouns that end in **-o** or denote males are masculine: **cuaderno** *(notebook)*; **hombre** *(man)*.

■ Most nouns that end in **-a** or denote females are feminine: **mes***a** (table)*; **profesor***a** (female professor)*; **mujer** *(woman)*.

ATENCIÓN Some common exceptions include the words **el día** *(day)* and **el mapa** *(map)*, which end in **-a** but are masculine, and the word **la mano** *(hand)*, which ends in **-o** but is feminine.

■ Here are some helpful rules to remember about gender:

- Some masculine nouns ending in **-o** have a corresponding feminine form ending in **-a**: **el secretario/la secretari***a**.

- When a masculine noun ends in a consonant, the corresponding feminine noun is often formed by adding **-a**: **el profesor/la profesor***a**.

- Many nouns that refer to people use the same form for both genders: **el estudiante/la estudiante**. In such cases, gender is indicated by the article **el** (masculine) or **la** (feminine).

PRÁCTICA

Indicate whether the following nouns are feminine or masculine.

1. mapa	6. profesora	11. ventana	16. mano
2. tiza	7. pizarra	12. pluma	17. cuaderno
3. escritorio	8. libro	13. hombre	18. doctor
4. señor	9. mujer	14. día	19. silla
5. doctora	10. puerta	15. secretario	20. señora

2. Plural forms   *(Formas del plural)*

■ The plural of nouns is formed by adding -s to words ending in a vowel and -es to words ending in a consonant.

señora → señoras	reloj → relojes
silla → sillas	borrador → borradores
libro → libros	conversación → conversaciones[1]

■ When a noun ends in -z, change the -z to c and add -es.

lápiz → lápices	luz *(light)* → luces

■ When the plural is used to refer to two or more nouns of different genders, the masculine form is used.

dos secretarias y un secretario → tres secretarios

PRÁCTICA

Give the plural of the following nouns.

1. mapa
2. reloj
3. tiza
4. lápiz
5. ventana
6. puerta
7. lección
8. escritorio
9. borrador
10. día

3. Definite and indefinite articles
(Artículos determinados e indeterminados)

A. The definite article

■ Spanish has four forms that are equivalent to the English definite article *the*.

	Masculine	Feminine	English
Singular	el	la	*the*
Plural	los	las	

el profesor	los profesores
la profesora	las profesoras
el lápiz	los lápices

---

[1]Note that the plural form does not have a written accent. See Appendix A.

ATENCIÓN It is a good idea to learn new nouns with their corresponding definite articles—this will help you to remember their gender.

B. The indefinite article

■ The Spanish equivalents of *a (an)* and *some* are as follows.

	Masculine	Feminine	English
Singular	un	una	a (an)
Plural	unos	unas	*some*

un libro   **unos** libros
una silla   **unas** sillas
un profesor   **unos** profesores

PRÁCTICA

Give the corresponding definite and indefinite articles for each of the following nouns.

	Definite article	*Indefinite article*	
1.	_____	_____	profesores
2.	_____	_____	mujer
3.	_____	_____	sillas
4.	_____	_____	libro
5.	_____	_____	día
6.	_____	_____	hombre
7.	_____	_____	ventana
8.	_____	_____	mapas
9.	_____	_____	mano
10.	_____	_____	plumas

Más que una Tarjeta

EUROP ASSISTANCE

4. Uses of **hay**   *(Los usos de hay)*

■ The invariable verb form **hay** means *there is* and *there are*. It has no subject.

—¿Cuántos mapas **hay** en la clase?	*"How many maps are there in the classroom?"*
—Hay **dos** mapas.	*"There are two maps."*

PRÁCTICA

Look at the illustration on page 17 and answer the following questions.

1. ¿Cuántos estudiantes hay en la clase?
2. ¿Hay un profesor o dos?
3. ¿Cuántos libros hay?
4. ¿Hay un reloj en la clase?
5. ¿Cuántos hombres hay? ¿Cuántas mujeres hay?
6. ¿Hay un mapa en la clase?

Now answer the questions with respect to your own classroom.

5. Cardinal numbers 11–30   *(Números cardinales 11–30)*

11	once	21	veintiuno[1]
12	doce	22	veintidós
13	trece	23	veintitrés
14	catorce	24	veinticuatro
15	quince	25	veinticinco
16	dieciséis[1]	26	veintiséis
17	diecisiete	27	veintisiete
18	dieciocho	28	veintiocho
19	diecinueve	29	veintinueve
20	veinte	30	treinta

---

[1]The numbers 16 to 29 may also be spelled as separate words: **diez y seis...**, **veinte y uno...**, and so on. The most common spelling, however, is the single word form used in this text.

PRÁCTICA

A. Complete the following series of numbers.

1. dos, cuatro, ..., dieciocho
2. uno, tres, cinco, ..., diecisiete
3. once, catorce, diecisiete, ..., veintinueve
4. cinco, diez, ..., treinta

B. With a partner, take turns asking each other how many objects or people there are in each of the drawings.

MODELO: —¿Cuántas sillas hay?
—*Hay dos sillas.*

1.

2.

3.

4.

5.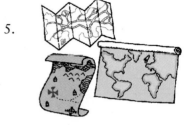

6.

7.

C. Solve the arithmetic problems, using the following mathematical terms.

+ **más**   − **menos**   = **son**

1. 7 + 13 =
2. 20 − 8 =
3. 17 + 12 =
4. 9 + 15 =
5. 5 + 13 =

6. 28 − 13 =
7. 21 − 10 =
8. 16 + 14 =
9. 12 + 13 =
10. 18 − 5 =

Now, write five equations in Spanish and ask a classmate to solve them. Check your partner's answers.

6. Telling time   *(La hora)*

Es la una.   Son las dos menos cuarto.   Es la una y diez.

Son las cinco y cuarto.   Son las siete y media.   Son las nueve menos diez.

To ask what time it is, say, "**¿Qué hora es?**" To tell the time in Spanish, the following word order is used:

Es la or Son las	+	*hour*	+	y or menos	+	*minutes*

■ **Es** is used with **una.**

> Es la una y cuarto.   *It is a quarter after one.*

Son is used with all the other hours.

> Son las dos y cuarto.   *It is a quarter after two.*
> Son las cinco y diez.   *It is ten after five.*

■ The feminine definite article is always used before the hour, since it refers to *la hora*

> Es **la** una y veinticinco.   *It is twenty-five after one.*
> Son **las** cuatro y media.   *It is four-thirty.*

■ The hour is given first, then the minutes.

> Son las **cuatro** y **diez.**   *It is ten after four (literally,* "four and ten").

■ The equivalent of *past* or *after* is **y.**

> Son las doce **y** cinco.   *It is five after twelve.*

■ The equivalent of *to* or *till* is **menos.** It is used with fractions of time up to a half hour.

> Son las ocho **menos** veinte.   *It is twenty to eight.*

ATENCIÓN The equivalent of *at* + *time* is **a** + **la(s)** + *time.*

> —¿Qué hora es?   *"What time is it?"*
> —Son las cinco menos diez.[1]   *"It's ten to five."*
> —¿A qué hora es la clase?   *"At what time is the class?"*
> —La clase es a las cinco.   *"The class is at five o'clock."*

---

[1]It is becoming increasingly popular to substitute y **quince** for y **cuarto,** y **treinta** for y **media,** and y **treinta y cinco,** y **cuarenta,** etc., for **menos veinticinco, menos veinte,** and so on.

A. With a partner, take turns giving the time indicated on the clocks in the illustration. Start with clock number one.

B. With a partner, take turns asking each other what time the programs in the listing on page 27 are on and what programs are on at different times.

MODELOS: —¿A qué hora es "Telecaribe"?
—*Es a las seis*.

—¿Qué hay a las seis?
—*"Telecaribe"*.

Programación de Telecaribe

Viernes

6:00 Telecaribe
6:50 Noticiero Cartagena T.V.
7:00 Champagne
7:30 Esta sí es la Costa
8:00 Coralito

9:00 Noticiero Televista
9:30 Las Amazonas
10:00 Amor Gitano
11:00 Noticiero Cartagena T.V.

¡A ver cuánto aprendió!

¡Repase el vocabulario!

A. Review the words referring to people and objects you see in the classroom, then name the numbered items below, using the definite article.

B. Supply the missing words and read aloud.

1. ¿Qué _____ es? ¿Las nueve?
2. ¿Cómo se _____ "puerta" en _____ ?
3. Tome _____ , por favor.
4. ¿Qué _____ es hoy? ¿Lunes? ¿*El lunes?*
5. ¿Cuántos estudiantes _____ en la clase?
6. ¿Qué _____ decir *"the pleasure is mine"*?
7. ¿Dirección? _____ Martí, _____ treinta.
8. —Adiós.
    —_____ la vista.

Entrevista

Interview a classmate, using the **tú** form.

Pregúntele a su compañero(-a) de clase...

1. ...cómo se llama.
2. ...cuál es su dirección.
3. ...cuántos estudiantes hay en la clase hoy.
4. ...qué día es hoy.
5. ...qué hora es.
6. ...qué quiere decir *"come in and have a seat"*.
7. ...cómo se dice "el gusto es mío" en inglés.

Situaciones

What would you say in the following situations? What might the other person say? Act out the scenes with a partner. Take turns playing each role.

1. In class, you're not sure how to say "you're welcome" in Spanish.
2. You meet a little girl and want to know her name.
3. You need to know a classmate's address.
4. You can't remember what time your Spanish class meets. Your roommate is also in the class.
5. You are with Dr. Cortés and your teacher, who have never met before.
6. Your elderly neighbor stops by to say hello. You invite him to sit down.
7. You don't know what time it is. The person next to you on the bus is wearing a watch.
8. You want someone to say hello to your best friend for you.

Para escribir   *(To write)*

Complete the following dialogues.

1. *Julia talks with a classmate.*

JULIA   —_____

ELENA   —Me llamo Elena Martínez.

JULIA   —_____
ELENA   —486–3497.
JULIA   —_____
ELENA   —Calle Roma, número veintiocho.

2. *Professor Mena and Mr. Roberto Soto are in the classroom. Today is Friday.*

PROF. MENA   —¿Cómo se llama usted, señor?
ROBERTO   —_____
PROF. MENA   —Mucho gusto, señor Soto.
ROBERTO   —_____
PROF. MENA   —¿Qué día es hoy?
ROBERTO   —_____
PROF. MENA   —¿Cómo se dice *"twenty-five"* en español?
ROBERTO   —_____
PROF. MENA   —¿Qué quiere decir *"Until I see you again"*?
ROBERTO   —_____
PROF. MENA   —Muy bien. Hasta luego, señor Soto.
ROBERTO   —_____

3. *A student thanks her teacher.*

MARISA   —_____
PROFESORA   —De nada, señorita García. Hasta luego.
MARISA   —_____

PRESENTACIONES   *(Introductions)*

Form groups of three. After one person introduces the other two, make small talk: find out everybody's address, and talk about what day it is and what time it is. Finally, test each other on the meaning of certain words (**¿Qué quiere decir...?**). You might want to include the following words or phrases:

A sus órdenes.   *At your service.*
Encantado. (If you are male)
Encantada. (If you are female)   } *Charmed (It's a pleasure).*

HORARIO DE CLASES

This is María Elena's schedule. With a classmate, try to figure out when her classes are.

> MODELO: —¿Cuándo es la clase de tenis?
> —*La clase de tenis es los sábados.*
> —¿A qué hora?
> —*A las nueve.*

HORA	LUNES	MARTES	MIÉRCOLES	JUEVES	VIERNES	SÁBADO
8:00-9:00	Psicología		Psicología		Psicología	
9:00-10:00	Biología		Biología		Biología	Tenis
10:00-11:30		Historia		Historia		
12:15-1:00			A L M U E R Z O[1]			
1:00-2:00	Literatura		Literatura		Literatura	Laboratorio de Biología
5:00-6:30		Educación Física		Educación Física		
7:00-8:30	Danza Aeróbica		Danza Aeróbica			

––––––––
[1] lunch

MI HORARIO

With the help of a dictionary and/or your instructor, work with a classmate to make up each other's schedules.

UN INVENTARIO DE LA CLASE

With a classmate, conduct an inventory of everything in your classroom, using **hay**.

Teledrama

Alfredo Orden, Juan Carlos Santander y Luz Marina Vargas conversan en la universidad.

VOCABULARIO

el (la) amigo(-a) friend
caro expensive
la casa house
cerca nearby, close
debo comprar I must buy
¿Dónde naciste? Where were you born?
empieza starts, begins
está alquilando un cuarto he is renting a room
grande big
la hermana sister
lejos far
Los invito a tomar un café. I'll buy you a cup of coffee.
mi novio my boyfriend

nací I was born
los papeles de inscripción registration papers
el primer día the first day
siempre llega tarde he always arrives late
soy I am
suerte (good) luck
tanta gente so many people
Te acompaño. I'll go with you.
tengo I have
la tía aunt
tiene he (she) has
la tuya yours
vivimos we live

PREPARACIÓN

A. Dos culturas. Compare what an English speaker and a Spanish speaker would say or do in the following situations.

1. How do you greet a friend in English? How would a Hispanic person greet someone? What gestures would be used in each situation?
2. What do you say when you are introduced to someone? What would a Hispanic person say in this situation?

3. What do you say when you want to treat a couple of friends to a cup of coffee? What would a Hispanic person say?
4. How do you tell someone that you'll go with him or her? What would a Hispanic person say?

B. ¿Las reconoce? *(Do you recognize them?)*   As you know, Spanish has many English cognates. Guess the meaning of the following words. While watching the video, circle each one as you hear the person say it.

apartamento	estudiar	número
arquitectura	fantástico	psiquiatría
avenida	filosofía	suficiente
café	invito	teléfono
clases	matemáticas	universidad

COMPRENSIÓN

¿Verdadero *(True)* o falso?   Read the following statements. After watching the video, circle V (**Verdadero**) or F (**Falso**), according to what you understood.

V F   1. La universidad es grande.
V F   2. Juan Carlos Santander es el novio de Luz Marina.
V F   3. La clase de Juan Carlos empieza a las cinco.
V F   4. Luz Marina invita a Alfredo y a Juan Carlos a tomar un café.
V F   5. La hermana de Alfredo estudia arquitectura.
V F   6. Juan Carlos es de Bogotá.
V F   7. Juan Carlos vive *(lives)* cerca de la universidad.
V F   8. La clase de psiquiatría de Luz Marina es a las tres.
V F   9. Juan Carlos debe comprar los libros.
V F   10. Alfredo estudia filosofía.

AMPLIACIÓN

¿Quién lo diría? *(Who would say it?)*   Match each statement with the name of the person who would be most likely to say it.

a. Luz Marina
b. Alfredo
c. Juan Carlos

_____ 1. Mi amiga se llama Luz Marina.
_____ 2. Mi novio se llama Alfredo.
_____ 3. Estudio matemáticas.
_____ 4. Mi familia vive en Leticia.
_____ 5. Tengo una clase de psiquiatría.
_____ 6. Estudio filosofía.
_____ 7. Mi novio siempre llega tarde.

Por teléfono

Una estudiante española habla por teléfono.

OBJECTIVES

Pronunciation
The Spanish **i** and **o**

Structure
Subject pronouns • Present indicative of regular **-ar** verbs • Gender, Part II • Negative and interrogative sentences • Present indicative of **ser** • Cardinal numbers 31–1,000

Communication
You will learn vocabulary used to make and to receive phone calls.

Por teléfono

Raquel desea hablar con Marta.

MARISA —¿Sí?
RAQUEL —Hola. ¿Está Marta?
MARISA —No, no está. Lo siento.
RAQUEL —¿A qué hora regresa?
MARISA —A las nueve de la noche.
RAQUEL —Entonces llamo[1] más tarde.
MARISA —Muy bien. Adiós.

Carmen habla con María.

MARÍA —Bueno.
CARMEN —Hola. ¿Está María?
MARÍA —Sí, con ella habla... ¿Carmen?
CARMEN —Sí. ¿Qué tal, María?
MARÍA —Muy bien, gracias. ¿Qué hay de nuevo?
CARMEN —Nada. ¡Oye! ¿Cuándo estudiamos[1] inglés?[2] ¿Hoy?
MARÍA —Sí, y mañana estudiamos[1] francés.
CARMEN —¿Dónde?
MARÍA —En la universidad.
CARMEN —Muy bien. Hasta luego, entonces.

Pedro desea hablar con Ana.

ROSA —Dígame.
PEDRO —Hola. ¿Está Ana?
ROSA —Sí. ¿Quién habla?
PEDRO —Pedro Morales.
ROSA —Un momento, por favor.
ANA —*(A Rosa)* ¿Quién es?
ROSA —Es Pedro Morales.
ANA —Hola, Pedro. ¿Qué tal?
PEDRO —Bien, ¿y tú?
ANA —Más o menos.
PEDRO —¿Por qué? ¿Problemas sentimentales?
ANA —No, problemas económicos. ¡Necesito dinero!
PEDRO —¡Yo también! Oye, ¿tú trabajas en el hospital esta noche?
ANA —No, hoy no trabajo por la noche.

---

[1] The present indicative is often used in Spanish to express a near future.
[2] Names of languages and nationalities are not capitalized in Spanish.

Vocabulario

Nombres

el **dinero**   money
el **francés**   French (language)

el **hospital**   hospital
la **noche**   evening, night

Verbos

desear   to wish, want
estudiar   to study
hablar   to speak
llamar   to call

necesitar   to need
regresar   to return
ser   to be
trabajar   to work

Otras palabras y expresiones

a   at, to
¿a qué hora?   (at) what time?
con   with
con ella habla   this is she (speaking)
¿cuándo?   when?
de   of, from
de la noche   in the evening (definite time)
dígame   hello (answering the phone)
¿dónde?   where?
en   on
entonces   then, in that case

¿está... + (name)?   is . . . (name) there?
esta noche   tonight
hola, bueno   hello
mañana   tomorrow
más o menos   so-so, more or less
más tarde   later
nada   nothing
no está   he or she is not (here)
o   or
por la noche   in the evening, at night (no definite time)
¿por qué?   why?

por teléfono   on the telephone
problemas económicos   financial problems
problemas sentimentales   love problems
¿quién?   who?
¿quién es?   who is it?
sí   yes
también   also, too
un momento   one moment

Vocabulario complementario

Los idiomas   (Languages)

el **alemán**   German
el **chino**   Chinese
el **español**   Spanish
el **italiano**   Italian
el **japonés**   Japanese
el **portugués**   Portuguese
el **ruso**   Russian

En Berlín hablan **alemán**.
En Pekín hablan **chino**.
En Madrid hablan **español**.
En Roma hablan **italiano**.
En Tokio hablan **japonés**.
En Brasil no hablan español; hablan **portugués**.
En Moscú hablan **ruso**.

■ **¿A qué hora?** *(What time?)*

de la mañana[1] in the morning	Estudiamos a las ocho **de la mañana.**
de la tarde[1] in the afternoon	Regresa a las cinco **de la tarde.**
por la mañana[1] in the morning	Estudiamos **por la mañana.**
por la tarde[1] in the afternoon	Regresa **por la tarde.**

---

[1]Notice the use of **de la** when a specific time is mentioned. **Por la** is used when no specific time is mentioned.

¡Conversemos!

Answer the following questions, basing your answers on the dialogue.

1. ¿Raquel desea hablar con María o con Marta?
2. ¿Marta regresa a las nueve de la mañana o a las nueve de la noche?
3. ¿María habla con Carmen o con Raquel?
4. ¿Carmen y María estudian inglés o francés hoy?
5. ¿Estudian francés o italiano mañana?
6. ¿Ana necesita libros o dinero?
7. ¿Pedro necesita un reloj o necesita dinero también?
8. ¿Ana trabaja o no trabaja esta noche?

¿Lo sabía Ud.?

- Contestando el teléfono *(Answering the phone):*
  En España *(Spain):* "Diga", "Dígame", "¿Sí?"
  En Cuba y en otras regiones del Caribe: "Oigo"
  En México: "Bueno"
  En Argentina: "¿Sí?", "Hable", "Hola", "¿Aló?"

- En Latinoamérica y en España los estudiantes frecuentemente estudian juntos *(together).*

- "Español" y "castellano" son *(are)* equivalentes.

- En Brasil no hablan español; hablan portugués.

- El español es el idioma nativo de unas *(about)* 350.000.000[2] de personas.

Dos estudiantes en una clase de ciencias en la Universidad de Ibaeta en San Sebastián, España.

---

[2]Note that in Spanish numbers, a period is used instead of a comma to indicate thousands.

Pronunciación

A. The Spanish i

The Spanish **i** is pronounced like the double *e* in the English word *see*. Listen to your teacher and repeat the following words.

sí	días	niño
dinero	chico	necesitar
idioma	italiano	hospital

B. The Spanish o

The Spanish **o** is a short, pure vowel. It corresponds to the *o* in the English word *no*, but without the glide. Listen to your teacher and repeat the following words.

problema	México	noche
como	entonces	ocho
momento	número	teléfono

Estructuras

1. Subject pronouns *(Pronombres personales usados como sujetos)*

Singular	Plural
yo *I*	**nosotros** *we* (masc.)
	nosotras *we* (fem.)
tú *you* (familiar)	**vosotros** *you* (masc., familiar)
	vosotras *you* (fem., familiar)
usted *you* (formal)	**ustedes** *you* (formal)
él *he*	**ellos** *they* (masc.)
ella *she*	**ellas** *they* (fem.)

■ The **tú** form is used as the equivalent of *you* to address a friend, a co-worker, a relative, or a child. The **usted** form is used in general to express deference or respect. In most Spanish-speaking countries today, young people tend to call each other **tú** even if they have just met.

■ The plural form of **tú** is **vosotros(-as),** which is used only in Spain. In Latin America, the plural form **ustedes** (abbreviated **Uds.**) is used as the plural form of both **usted** (abbreviated **Ud.**) and **tú.**

■ The masculine plural forms can refer to the masculine gender alone or to both genders together.

Ellos (Luis y Carlos) hablan español.	*They (Luis and Carlos) speak Spanish.*
Ellos (María, Marta y Raúl) hablan inglés.	*They (María, Marta, and Raúl) speak English.*
Nosotros (Ana María, Carlos y yo) trabajamos en el hospital.	*We (Ana María, Carlos, and I) work at the hospital.*

PRÁCTICA

A. Identify the personal pronoun that corresponds to each picture below.

1. _____

2. _____

3. _____

4. _____

5. _____   6. _____

7. _____   8. _____

9. _____

B. What pronoun would you use to address the following people?

1. the president of the university
2. two strangers
3. your best friend
4. your mother
5. a new classmate
6. your neighbor's children

2. Present indicative of regular **-ar** verbs   *(Presente de indicativo de los verbos regulares terminados en -ar)*

■ Spanish verbs are classified in three main patterns of conjugation, according to the infinitive ending. The three infinitive endings are **-ar, -er,** and **-ir.**

hablar   *to speak*

Singular

yo	hablo	Yo **hablo** español.	*I speak Spanish.*
tú	hablas	Tú **hablas** francés.	*You (fam.) speak French.*
Ud.	habla	Ud. **habla** alemán.	*You (form.) speak German.*
él	habla	Él **habla** italiano.	*He speaks Italian.*
ella	habla	Ella **habla** portugués.	*She speaks Portuguese.*

Plural

nosotros(-as)	hablamos	Nosotros **hablamos** español.	*We speak Spanish.*
vosotros(-as)	habláis	Vosotros **habláis** francés.	*You (fam.) speak French.*
Uds.	hablan	Uds. **hablan** alemán.	*You (form.) speak German.*
ellos	hablan	Ellos **hablan** italiano.	*They (masc.) speak Italian.*
ellas	hablan	Ellas **hablan** portugués.	*They (fem.) speak Portuguese.*

—¿Qué idioma **hablas**?   *"What language do you speak?"*

—Yo **hablo** español.   *"I speak Spanish."*
—¿Y Pierre?   *"And Pierre?"*
—Él **habla** francés.   *"He speaks French."*

■ Regular verbs ending in **-ar** are all conjugated as **hablar** in the chart above. Some other common **-ar** verbs are:

desear	*to want, desire*	**necesitar**	*to need*
estudiar	*to study*	**regresar**	*to return*
llamar	*to call*	**trabajar**	*to work*

—¿Uds. **estudian** por la noche?   *"Do you study in the evening?"*

—No, nosotros **estudiamos** por la tarde.   *"No, we study in the afternoon."*

ATENCIÓN Notice that the verb forms for **Ud.**, **él**, and **ella** are the same. In addition, **Uds.**, **ellos**, and **ellas** share common verb forms. This is true for all verbs in all tenses.

■ The infinitive of Spanish verbs consists of a stem (such as **habl-**) and an ending (such as **-ar**).

■ The stem **habl-** does not change. The endings change with the subject.

■ The Spanish present tense is equivalent to three English forms:

$$\text{Yo } \textbf{hablo} \text{ inglés.} \begin{cases} \textit{I speak English.} \\ \textit{I do speak English.} \\ \textit{I am speaking English.} \end{cases}$$

■ Because the verb endings indicate who is performing the action, the subject pronouns are frequently omitted.

Necesito dinero.	*I need money.*
Estudiamos inglés.	*We study English.*
Deseo hablar con Roberto.	*I want to speak with Roberto.*

■ Subject pronouns can, however, be used for emphasis or clarification.

Tú hablas francés.	*You speak French.*
Ella habla inglés y **él** habla alemán.	*She speaks English, and he speaks German.*

ATENCIÓN In Spanish, as in English, when two verbs are used together, the second verb remains in the infinitive.

Deseo **hablar** con Roberto.	*I want to speak with Roberto.*

PRÁCTICA

A. Complete the following dialogues, using the present indicative of the verbs given. Then act them out with a partner.

1. estudiar —¿Qué _____ Uds?
   —_____ biología.
2. trabajar —¿Tú _____ en el hospital por la noche?
   —No, _____ por la tarde.
3. regresar —¿Cuándo _____ Uds.?
   —Yo _____ el lunes y Jorge _____ el miércoles.

4. hablar —¿Qué idioma _____ ellos?
—Carlos _____ español y Michele _____ francés.
—¿Cuántos idiomas _____ tú?
—_____ tres: español, italiano y portugués.

5. desear —¿Con quién _____ hablar Ud.?
—_____ hablar con el profesor Ceballos.

regresar —Él no está. _____ a las cinco.
llamar —Entonces (yo) _____ más tarde.

6. necesitar —¿Qué _____ Uds.?
—_____ unas tizas.

B. Interview a classmate, using the following questions. When you have finished, switch roles.

1. ¿Dónde trabajas? *(name of city)*
2. ¿Qué idiomas hablas?
3. ¿Qué idioma estudias?
4. ¿Estudias por la mañana, por la tarde o por la noche?
5. ¿Qué necesitas?
6. ¿A qué hora regresas a la clase?

C. Talk about what is going on in these drawings, using the subject pronouns given and the verbs **trabajar, hablar, necesitar, regresar, llamar, estudiar,** and **desear.**

3. Gender, Part II   *(Género, Parte II)*

In **Lección 1** you learned that words that end in **-o** in Spanish are generally masculine, and those that end in **-a** are generally feminine. Here are other useful rules to help you determine the gender of nouns that do not end in **-o** or **-a**.

- Nouns ending in **-sión, -ción, -tad, -dad,** and **-umbre** are *always* feminine.

la televi**sión**	*television*	**la** ciu**dad**	*city*
la conversa**ción**	*conversation*	**la** universi**dad**	*university*
la liber**tad**	*liberty, freedom*	**la** certid**umbre**	*certainty*

- Many words that end in **-ma** are masculine.[1]

el poe**ma**	*poem*	**el** cli**ma**	*climate*
el telegra**ma**	*telegram*	**el** idio**ma**	*language*
el progra**ma**	*program*	**el** proble**ma**	*problem*
el siste**ma**	*system*	**el** te**ma**	*subject, theme*

- You must learn the gender of nouns that have other endings and that do not refer to male or female beings. Remember that it is helpful to memorize each noun with its corresponding article.

  la pared   **el** lápiz   **el** borrador   **el** reloj

---

[1] Some feminine words end in **-ma,** such as **la cama** *(bed)* and **la rama** *(branch).*

PRÁCTICA

Read the following words, adding the corresponding definite article (**el, la, los,** or **las**).

1. pared
2. mesa
3. turismo
4. hospital
5. problemas
6. ciudad
7. sociedad
8. borrador
9. mano

10. lumbre *(fire)*
11. libertad
12. idiomas
13. organización
14. día
15. solución
16. conversación
17. universidad
18. muchedumbre *(crowd)*

4. Negative and interrogative sentences
(Oraciones negativas e interrogativas)

A. Negative sentences

■ To make a sentence negative, simply place the word **no** in front of the verb.

Yo trabajo en el hospital.	*I work at the hospital.*
Yo **no** trabajo en el hospital.	*I don't work at the hospital.*
Ella habla inglés.	*She speaks English.*
Ella **no** habla inglés.	*She doesn't speak English.*

■ If the answer to a question is negative, the word **no** will appear twice: at the beginning of the sentence, as in English, and in front of the verb.

—¿Habla Ud. español?	*"Do you speak Spanish?"*
—**No,** yo **no** hablo español.	*"No, I don't speak Spanish."*

The subject pronoun may be omitted.

—**No, no** hablo español.	*"No, I don't speak Spanish."*

B. Interrogative sentences

■ In Spanish, there are several ways of asking a question to elicit a *yes* or *no* answer.

¿**Elena** habla español?

¿Habla **Elena** español?   }   Sí, Elena habla español.

¿Habla español **Elena?**

■ These three questions ask for the same information and have the same meaning. The subject may be placed at the beginning of the sentence, after the verb, or at the end of the sentence.

■ Note that written questions in Spanish begin with an inverted question mark.

■ Another common way to ask a question in Spanish is to add tag questions such as **¿no?** and **¿verdad?** *(true? right?)* at the end of a statement.

Elena habla español, **¿verdad?**   *Elena speaks Spanish, doesn't she?*

ATENCIÓN Spanish does not use an auxiliary verb, such as *do* or *does,* in negative or interrogative sentences.

PRÁCTICA

A. The following statements contain the wrong information. Correct them, basing your answers on the dialogues on page 34.

MODELO: Eva estudia esta noche.
Eva no estudia esta noche.

1. Ana trabaja esta noche.
2. Raquel desea hablar con Pedro.
3. Carmen y María estudian japonés hoy.
4. Ana necesita libros.
5. Pedro desea hablar con Rosa.
6. Marta regresa a las nueve de la mañana.
7. Carmen habla con Raquel.
8. Carmen y María estudian italiano mañana.

B. One of your classmates doesn't speak English. How would you ask him or her these questions in Spanish?

1. Do you study in the morning?
2. Do you work?
3. Are you working tonight?
4. Do you need money?
5. Do you speak Russian, too?
6. Are you returning to the university tomorrow?
7. Do you want to speak with the teacher?
8. The teacher isn't home. Do you want to call later?

5. Present indicative of **ser**
(Presente de indicativo del verbo **ser**)

ser	*to be*	
Singular		
yo	soy	*I am*
tú	eres	*you are* (fam.)
Ud.⎫		*you are* (form.)
él ⎬	es	*he is*
ella⎭		*she is*
Plural		
nosotros(-as)	somos	*we are*
vosotros(-as)	sois	*you are* (fam.)
Uds.⎫		*you are* (form.)
ellos⎬	son	*they are* (masc.)
ellas⎭		*they are* (fem.)

◼ Some important Spanish verbs are irregular. This means they do not follow the regular conjugation pattern of the **-ar, -er,** and **-ir** verbs.

◼ The verb **ser,** *to be,* is irregular. Its forms, like the forms of other irregular verbs, must be memorized.

◼ The verb **ser** is commonly used to express identity, place of origin, occupation, and nationality. It is also used to tell time, as seen in **Lección 1.**

—¿Ud. **es** profesor?[1]   *"Are you a teacher?"*
—No, **soy** estudiante.   *"No, I'm a student."*

—¿Carlos Paz **es** mexicano?[1]   *"Is Carlos Paz Mexican?"*
—Sí, **es** de Guadalajara.   *"Yes, he's from Guadalajara."*

—¿Qué hora **es?**   *"What time is it?"*
—**Son** las dos.   *"It's two o'clock."*

---

[1] The indefinite article is not used after the verb **ser** when describing profession, nationality, religion, or party affiliation unless an adjective follows the noun: **Ella es católica. Ana es una profesora excelente.**

PRÁCTICA

A. Say where these people are from, using the information found in the illustrations. Also, say the capital of each country.

> MODELO: yo
>> *Yo soy de Venezuela. La capital de Venezuela es Caracas.*

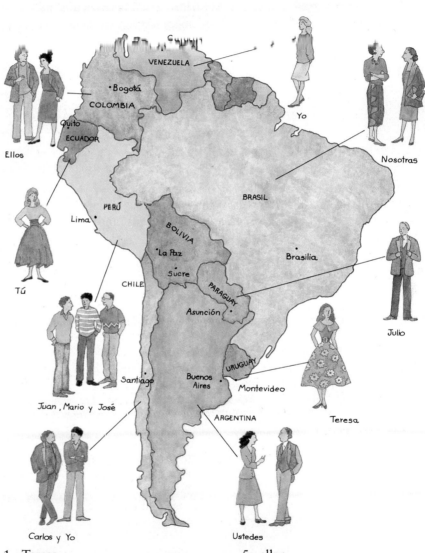

1. Teresa
2. Carlos y yo
3. Juan, Mario y José
4. tú

5. ellos
6. nosotras
7. Uds.
8. Julio

B. Say what nationality everyone is, using the list below. Follow the order used in Exercise A.

MODELO: yo
Yo soy venezolana.

argentino(-a)   ecuatoriano(-a)
boliviano(-a)   paraguayo(-a)
brasileño(-a)   peruano(-a)
colombiano(-a)   uruguayo(-a)
chileno(-a)   venezolano(-a)

6. Cardinal numbers 31–1,000
(Números cardinales 31–1.000)

31	**treinta y uno**	101	**ciento uno** (and so on)
32	**treinta y dos** (and so on)	200	**doscientos**
40	**cuarenta**	300	**trescientos**
41	**cuarenta y uno** (and so on)	400	**cuatrocientos**
50	**cincuenta**	500	**quinientos**
60	**sesenta**	600	**seiscientos**
70	**setenta**	700	**setecientos**
80	**ochenta**	800	**ochocientos**
90	**noventa**	900	**novecientos**
100	**cien**	1.000	**mil**

■ To ask how much a single item costs, say, "**¿Cuánto cuesta?**" For multiple items, use "**¿Cuánto cuestan?**"

—¿Cuánto cuesta el lápiz?   *"How much does the pencil cost?"*

—Cuesta **cincuenta y cinco** centavos.   *"It costs fifty-five cents."*

—¿Cuánto cuestan las ventanas?   *"How much do the windows cost?"*

—Cuestan mil cien dólares.   *"They cost eleven hundred dollars."*

■ When counting beyond 100 (101 to 199), **ciento** is used.

■ Note that **y** appears only in numbers between 16 and 99. It is not used to separate thousands, hundreds, and tens from each other: **mil quinientos ochenta y seis.**

■ In Spanish, one does not count in hundreds beyond 1,000; thus, 1,100 is expressed as **mil cien.** After 1,000, thousands are counted **dos mil, tres mil,** and so on. Note that Spanish uses a period rather than a comma to indicate thousands.

■ When modifying a feminine noun, the feminine form is used: **doscientas sillas.**

PRÁCTICA

A. Complete the following series of numbers.

1. cuarenta y dos, cuarenta y cuatro,... cincuenta
2. cincuenta, cincuenta y cinco, sesenta,... cien
3. cien, doscientos, trescientos,... mil
4. diez mil, veinte mil, treinta mil,... cien mil
5. ciento diez, doscientos veinte, trescientos treinta,... mil cien

B. Look at the following illustration and say how much everything costs.

> MODELO: —¿Cuánto cuesta la silla?
> —*La silla cuesta ochenta dólares.*

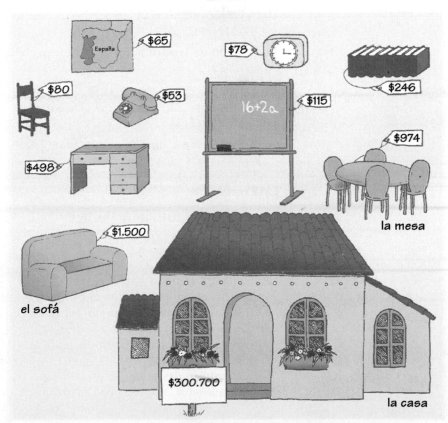

¡A ver cuánto aprendió!

¡Repase el vocabulario!

Complete the following sentences with the appropriate words; then read them aloud.

1. ¡Oye! ¿ _____ (nosotros) inglés hoy?
2. —¿Qué hay de nuevo?
   — _____ .
3. ¿Problemas sentimentales o _____ ?
4. ¿Nosotros regresamos a las ocho _____
   _____ mañana?
5. ¿No está? Entonces llamo más _____ .
6. Nosotros _____ hablar español con el profesor.
7. ¿ _____ es? ¿Pedro Morales?
8. Jorge necesita dinero y yo _____ .
9. Sí, está. Un _____ , por favor.
10. —¿Qué tal?
    —Más o _____ .
11. En Río de Janeiro hablan _____ y en París hablan
    _____ .
12. ¿Qué idioma _____ en Roma? ¿Italiano?
13. ¿De dónde _____ tú? ¿De México?
14. —¿Está Marta?
    —Sí, _____ ella _____ .

Entrevista

Interview a classmate, using the **tú** form.

Pregúntele a su compañero(-a) de clase...

1. ...de dónde es.
2. ...cuántos idiomas habla. ¿Cuál(-es)?
3. ...si *(if)* habla español con el profesor (la profesora).
4. ...si estudia por la mañana o por la tarde.
5. ...si estudia los sábados.
6. ...si necesita dinero. ¿Cuánto?
7. ...dónde trabaja.
8. ...con quién desea hablar.
9. ...si regresa a la universidad mañana. ¿A qué hora?

Situaciones

You are talking on the telephone. What would you say in the following situations? What might the other person say? Act out the scenes with a partner. Take turns playing each role.

1. You want to know whether your friend Carlos is at home.
2. Someone calls and asks for your sister, who is at home.
3. Someone asks to speak to you.
4. You tell someone you'll call later.
5. Someone has asked to talk to you, and you want to know who it is.

Para escribir

Complete the following sentences in your own words, using appropriate verb forms and vocabulary.

1. El Dr. Campos trabaja en el hospital y el profesor...
2. John Wilson estudia español y José García...
3. Yo necesito un lápiz y Teresa...
4. Nosotros trabajamos por la noche y ellos...
5. En México hablan español y en Chicago...
6. Yo deseo hablar con Jorge y tú...
7. Ella regresa a las cuatro de la tarde y yo...
8. En Roma hablan italiano y en Pekín...
9. Rafael es de Chile y yo...
10. Ellos son profesores y nosotros...

¡POR TELÉFONO!

With a classmate, act out the following phone conversations in Spanish.

1. Greet each other, and make plans to study together. Find out about each other's work schedule.
2. Call your classmate's roommate or a member of his or her family (your classmate will not be home). Find out when he or she will be back.

Un mensaje telefónico

Based on the information provided in the phone message, complete the statements that follow it.

Hospital El Samaritano

MENSAJE PERSONAL

Para *Carlos Vega*

De parte de *Jorge Ibarra*

De la compañía *Hotel Plaza*

Teléfono *386-4127*

Llamó por teléfono a la(s) *10:30*

☑ de la mañana   ☐ de la tarde   ☐ de la noche

MENSAJE
  Desea hablar con usted.

ASUNTO
  Problemas con las reservaciones del hotel para la convención.

Día *Miércoles*

1. El mensaje es para _____ .
2. El Sr. Vega trabaja en el _____ .
3. El mensaje es de parte de _____ .
4. El Sr. Ibarra trabaja para el _____ .
5. El número de teléfono del hotel es _____ .
6. El mensaje es _____ .
7. El Sr. Ibarra llamó *(called)* a las _____ de la _____ del día _____ .
8. En el hotel hay problemas con _____ .

Permítame presentarme   *(Allow me to introduce myself)*

Fill out a card with personal information, using the example below as a model; then exchange cards with a classmate. Use the cards to describe each other to the rest of the class, making all necessary changes.

Modelo: *Carlos Bustamante es de Bogotá... and so on.*

Yo soy Carlos Bustamante.
Soy de Bogotá, Colombia.
Trabajo en (ciudad) Medellín.
Estudio biología.
Necesito dinero y libros.

¡VAMOS A LEER!

ANTES DE LEER *(Before reading)*

As you read the photo captions, find the answers to the following questions.

1. ¿De dónde es Alina Rojas? ¿Cuál es su profesión? ¿Qué idiomas habla?
2. ¿De dónde son Ana María y Carlos?
3. ¿De dónde es Francisco Acosta? ¿Cuál es su profesión? ¿Para qué aerolínea trabaja?
4. ¿De dónde es Cristina Vargas Peña? ¿En qué ciudad trabaja?
5. ¿Julio Santacruz es de España? ¿Dónde desea trabajar?
6. ¿De qué parte de Venezuela es Carmen Sandoval? ¿Qué estudia en la universidad?

¡Mucho gusto!

Mucho gusto. Me llamo Alina Rojas y soy de Cuba. Soy profesora de español. Hablo inglés y español.

¿Qué tal? Me llamo Ana María y soy de Buenos Aires, Argentina. Y yo me llamo Carlos y soy de Chile. Somos estudiantes.

¡Buenas tardes! Me llamo Francisco Acosta y soy de México. Soy piloto. Trabajo para *(for)* Aero-México.

¡Mucho gusto! Me llamo Cristina Vargas Peña y soy de Costa Rica. Soy dentista y trabajo en Los Ángeles, California.

¿Cómo están Uds.? Yo soy Julio Santacruz y soy de Madrid. Soy actor de televisión y deseo trabajar en Hollywood.

¡Buenos días! Me llamo Carmen Sandoval y soy de Caracas, Venezuela. Soy secretaria y trabajo para la compañía de teléfonos. Estudio idiomas en la universidad.

DÍGANOS   *(Tell us)*

Answer the following questions, based on your own thoughts and experiences.

1. ¿Cómo se llama Ud.?
2. ¿Qué idiomas estudia Ud. en la universidad?
3. ¿Desea Ud. estudiar otros *(other)* idiomas? ¿Cuáles?
4. ¿De dónde es su profesor (profesora)?
5. ¿Dónde desea Ud. trabajar?

El español en los Estados Unidos

Estados Unidos

■ Más de *(More than)* 20 millones de hispanos viven *(live)* en los Estados Unidos. Los hispanos son el grupo minoritario de mayor crecimiento *(growth)* en la nación. Los estados con la mayor concentración de hispanos son Nuevo México, Tejas, California, Nueva York, New Jersey y la Florida.

■ Los nombres de muchas ciudades, estados y zonas geográficas de los Estados Unidos—por ejemplo, Arizona, California, Los Ángeles, El Paso, Sierra Nevada y Río Grande—vienen *(come)* del español.

■ El español es el idioma extranjero *(foreign)* más popular en las escuelas y universidades de los Estados Unidos. Más de 500.000 estudiantes universitarios estudian español cada año *(each year)*.

1

Panorama hispánico

Los programas de educación bilingüe ayudan *(help)* a muchos niños hispanos en sus estudios primarios.

¿ La educación bilingüe es una buena idea?

En muchas partes de los Estados Unidos hay servicios bilingües de tipo social, educativo y legal para los residentes hispanos.

¿ Hay muchas personas de habla hispana en su ciudad?

Durante la época colonial, las órdenes religiosas españolas establecieron misiones en el suroeste de los Estados Unidos, y muchas aún *(still)* existen. La Misión de San Francisco de Asís es la más famosa de Nuevo México.

¿ Cuáles son otras atracciones turísticas en el suroeste?

La comida *(food)* mexicana es tan *(so)* popular en los Estados Unidos que para muchos norteamericanos la primera clase de español es un restaurante. (San Diego, California)

¿ Le gusta la comida mexicana? ¿Cuál es su plato favorito?

En muchas ciudades norte-americanas hay periódicos *(newspapers)* y revistas *(magazines)* en español. Muchos hispanos leen *(read)* los periódicos y las revistas en español porque tienen más información sobre *(about)* la comunidad latina. (Los Ángeles, California)

¿ Qué periódicos lee Ud.?

En "La Pequeña Habana", un barrio *(neighborhood)* cubano de la ciudad de Miami, las tiendas, cafés, restaurantes y mercados tienen nombres en español, y el español es el idioma más hablado *(spoken)*.

¿ Cómo se llama el barrio de Ud.?

Las emisoras de televisión hispanas son una fuente *(source)* de información importante en ciudades como Nueva York, donde vive *(live)* más de un millón de puertorriqueños, más que en San Juan, la capital de Puerto Rico. En la foto, un grupo musical anima la carroza *(float)* de una estación de televisión hispana de Nueva York.

¿ Qué emisoras de televisión mira Ud.?

El Puente Internacional en el Lago Amistad, localizado en la frontera *(border)* entre los Estados Unidos y México. Note que el águila *(eagle)* es el símbolo de ambos *(both)* países y que los dos se llaman Estados Unidos.

¿ Qué estados norteamericanos limitan con México?

 # Teleinforme

VOCABULARIO

Anuncios

le ayudan a embellecerse help to make you beautiful

¡Qué sabor! What flavor!
vale mucho is worth a lot

Entrevista con Néstor Torres

Así somos. This is what we're like.
cada semana each week
la capital del sol the sun capital
la casa house
define defines
el disco record
las encuestas de radio radio surveys
eran were
fue una sorpresa it was a surprise

la gente people
más de more than
las montañas mountains
nos mudamos we moved
pequeñito very small
el primer lugar first place
el pueblo natal hometown
las raíces roots
los recuerdos memories
residen reside

PREPARACIÓN

¿Cuánto saben Uds. ya? *(How much do you know already?)*   After reading the information in **Panorama hispánico 1,** get together in groups of three or four and complete each statement with the appropriate information.

1. Hay más de _____ millones de hispanos en los Estados Unidos.
2. La mayor concentración de hispanos está en los estados de _____ , _____ , _____ , _____ , _____ y _____ .
3. En muchas ciudades de los Estados Unidos existen programas de _____ y _____ bilingües.
4. Hay _____ , revistas y _____ de televisión en _____ en la mayoría de las grandes ciudades norteamericanas.
5. La Pequeña Habana está en la ciudad de _____ .
6. Más puertorriqueños viven en la ciudad de _____ que en _____ , Puerto Rico.

COMPRENSIÓN

A. Anuncios.   Read the following statements and identify the name of the company as you hear or see each slogan on the video.

1. Su dinero vale mucho y muchas cosas más.
2. La mejor decisión.
3. De familia en familia.
4. Colores vivos y reales.
5. ¡Qué momento! ¡Qué sabor...!
6. Los cosméticos que le ayudan a embellecerse.

B. Entrevista *(Interview)* con Néstor Torres.   Read the following statements. After watching the video, circle V (**Verdadero**) or F (**Falso**), according to what you understood.

V   F   1. Nueva York es la capital del sol.

V   F   2. Néstor Torres es cubano.

V   F   3. Néstor Torres es de Mayagüez.

V   F   4. La casa de la familia de Néstor Torres está en las montañas.

V   F   5. Néstor Torres define su música como jazz latino pop.

V   F   6. El famoso disco de Néstor Torres se llama "Paseo en la noche".

V   F   7. Néstor Torres habla de Julio Iglesias y de Gloria Estefan.

V   F   8. El disco de Néstor Torres fue el número uno. Esto *(This)* no fue una sorpresa para él.

AMPLIACIÓN

Publicidad. In groups of three or four, guess what the following words mean. Then brainstorm names of companies that would advertise the following products or services and make a list of them. Take turns reading the names of the products and services out loud.

1. cosméticos
2. desodorantes
3. perfumes
4. champú
5. aspirinas
6. automóviles
7. refrigeradores
8. televisores
9. computadoras
10. relojes
11. servicios de hoteles
12. servicios telefónicos

Susana solicita trabajo

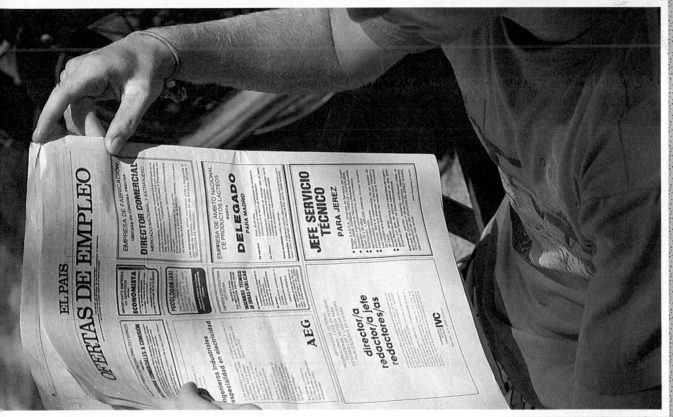

Sección de anuncios clasificados de "El País", un periódico importante de España.

OBJECTIVES

Pronunciation
The Spanish **u** and linking

Structure
Possession with **de** • Adjectives: Forms, position, and agreement with articles and nouns • Possessive adjectives • Present indicative of regular **-er** and **-ir** verbs • Present indicative of the irregular verbs **tener** and **venir** • Use of **tener que** + *infinitive*

Communication
You will learn vocabulary related to personal data.

61

usana solicita trabajo

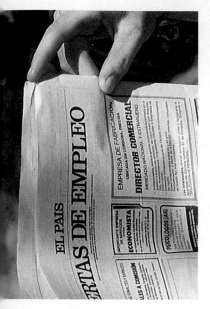

Susana y su amigo Quique conversan en la cafetería de la universidad mientras comen sándwiches de jamón y queso y beben café. La muchacha es rubia, bonita y muy inteligente. Quique es alto, moreno, guapo y simpático. Susana lee un anuncio en el periódico y decide solicitar el empleo. Quique cree que ella no debe trabajar.

> La compañía IBM necesita recepcionista. Debe hablar inglés y tener conocimiento de computadoras. Venir, o enviar[1] su solicitud a avenida Simón Bolívar 342, Caracas.

QUIQUE	—Susana, ¡tú tienes cuatro clases! No tienes tiempo para trabajar.
SUSANA	—Todas mis clases son por la mañana. Tengo la tarde libre.
QUIQUE	—Pero tienes que estudiar...
SUSANA	—Bueno, mis clases no son muy difíciles.
QUIQUE	—¡La clase de la Dra. Peña no es fácil!
SUSANA	—No es difícil. *(Mira el anuncio.)* Avenida Simón Bolívar... Yo vivo cerca de allí...
QUIQUE	—¿Cerca? Tú vives en la calle Seis.
SUSANA	—No queda lejos. Bueno, me voy.
QUIQUE	—¿A qué hora vienes mañana?
SUSANA	—Vengo a las nueve. Nos vemos.
QUIQUE	—¿Por qué no vienes a las ocho? Tenemos que estudiar.
SUSANA	—¡Ah, sí! Tenemos el examen de francés el viernes. Vengo a las ocho.
QUIQUE	—Hasta mañana. ¡Buena suerte!

(En la compañía IBM, Susana llena la solicitud.)

---

[1]Spanish frequently uses the infinitive to express instructions.

Vocabulario

Cognados

la **cafetería** cafeteria
la **compañía** company
la **computadora** computer

inteligente intelligent
el (la) **recepcionista**[1] receptionist
el **sándwich**[2] sandwich

▨ Nombres

el (la) **amigo(-a)** friend
el **anuncio** ad
la **avenida** avenue
el **café** coffee
el **conocimiento** knowledge

el **jamón** ham
la **muchacha, chica** girl,
  young woman
el **muchacho, chico** boy,
  young man

el **periódico, diario** newspaper
el **queso** cheese
la **solicitud** application
el **tiempo** time
el **trabajo, empleo** job

▨ Verbos

beber, tomar to drink
comer to eat
conversar, charlar, platicar
  (Méx.) to talk, to chat
creer to think, to believe
deber (+ *infinitive*) must, to
  have to, should

decidir to decide
enviar, mandar to send
leer to read
llenar to fill, to fill out
mirar to look at, to watch
  (T.V.)
quedar to be located

solicitar to apply for
tener *(irreg.)* to have
venir *(irreg.)* to come
vivir to live

▨ Adjetivos

alto(-a) tall
bonito(-a), lindo(-a) pretty
difícil difficult
fácil easy

guapo(-a) handsome
libre free
moreno(-a)[3] dark,
  brunette

rubio(-a), güero(-a)
  (Méx.) blond
simpático(-a) nice, charming
todos(-as) all

▨ Otras palabras y expresiones

a to
allí there
buena suerte good luck
bueno... well . . .

cerca (de) close (to), near
lejos (de) far (from)
me voy I'm leaving
mientras while

nos vemos I'll see you
para to, in order to
pero but
que that

---

[1] Nouns ending in -ista change only the article to indicate gender: **el recepcionista** *(masc.)*; **la recepcionista** *(fem.)*.
[2] In addition to **sándwich, emparedado** or **bocadillo** is used in Spain.
[3] **Castaño** is used as the equivalent of *brown* when describing hair or eye color.

Vocabulario complementario

■ Características

antipático(-a) unpleasant	Antonio no es **antipático;** es muy simpático.
delgado(-a) thin, slender	Roberto es alto y **delgado.**
feo(-a) ugly	Martín no es **feo;** es guapo.
gordo(-a) fat	¿María es delgada o **gorda?**
norteamericano(-a) North American	Las chicas son **norteamericanas.**
pelirrojo(-a) red-headed	Teresa no es rubia; es **pelirroja.**

SOLICITUD DE TRABAJO *(Job Application)*

Apellidos y nombre *García López, Susana*
(Surnames and first name)

Fecha de nacimiento
(Date of birth)
Día *7*   Mes *12* Año *74*
(Day)   *(Month)*   *(Year)*

Número de identidad *86407423*
(Identification number)

Edad *20 años*
(Age)

Dirección *Calle 6, 258* Ciudad *Caracas*   Zona postal *70-824*
(City)   *(Zip Code)*

Teléfono *862-4221*

Nacionalidad *Venezolana*   Lugar de nacimiento *Caracas*
(Place of birth)

Estado civil: ☒Soltero(-a) ☐ Casado(-a) ☐ Divorciado(-a) ☐ Viudo(-a)
(Marital status) *(Single)*   *(Married)*   *(Divorced)*   *(Widowed)*

Sexo *(Sex)*   ☐ Masculino ☒Femenino

Educación
Institución   Años
Universidad de Caracas   *1993-*
Instituto San Pedro   *1989-1993*

Experiencia
Compañía   Años
Farmacia Bernardino   *1992 (6 meses)*

■ Otros datos personales *(Other personal data)*

lugar donde trabaja place of employment	**nombre y edad de los hijos** children's names and ages	**número de seguro social** social security number
nombre del esposo (de la esposa) husband's (wife's) name	**número de la licencia de conducir** driver's license number	**ocupación** occupation **profesión** profession

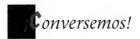

¡Conversemos!

Answer the following questions, basing your answers on the dialogue.

1. ¿Dónde conversan Susana y Quique?
2. ¿Qué comen y beben mientras conversan?
3. ¿Susana es rubia o morena?
4. ¿Dónde lee Susana el anuncio?
5. ¿Qué decide solicitar Susana?
6. ¿Qué necesita la compañía IBM?
7. ¿Qué conocimientos debe tener la recepcionista?
8. ¿A qué dirección debe enviar Susana su solicitud?
9. ¿Las clases de Susana son por la mañana o por la tarde?
10. ¿En qué calle vive Susana?
11. ¿Cuándo tienen Susana y Quique el examen de francés?
12. ¿Qué llena Susana en la compañía IBM?

¿Lo sabía Ud.?

- En España y en Latinoamérica, muchas personas tienen sobrenombres *(nicknames);* por ejemplo *(for example):* Enrique: **Quique**; Roberto o Alberto: **Beto**; Francisco: **Paco**; María Teresa: **Marité**; Antonia: **Toña**; Mercedes: **Mecha**; Dolores: **Lola**; José: **Pepe**; Luis: **Lucho**; Manuel: **Manolo**.

- En los países hispánicos las personas generalmente usan dos apellidos: el apellido del padre y el apellido de la madre. Por ejemplo, los hijos de María **Rivas** y Juan **Pérez** usan los apellidos **Pérez Rivas**.

- En una guía telefónica *(phone book)* en español, alfabetizan *(they alphabetize)* los nombres según *(according to)* los dos apellidos; por ejemplo:
  Peña Aguilar, Rosa
  Peña Aguilar, Sara Luisa
  Peña Gómez, Raúl
  Quesada Álvarez, Javier
  Quesada Álvarez, Octavio
  Quesada Benítez, Ana María

▣ Pronunciación

A. The Spanish u

The Spanish **u** is shorter in length than the English *u*. It corresponds to the *ue* sound in the English word *Sue*. Listen to your teacher and repeat the following words.

muchacha	Susana	computadora	universidad
rubia	anuncio	bueno	solicitud

B. Linking

■ In Spanish, a final consonant is always linked with the next initial vowel sound.

  el‿amigo   ¿Vas‿al baile?   mis‿hermanos[1]

■ When two identical consonants are together, they are pronounced as one.

  es‿simpática   Voy con‿Norma.

■ When two identical vowels are together, they are pronounced as one long vowel.

  Rodolfo‿Ochoa   ¿Va‿Ana?

■ The final vowel of one word is linked with the initial vowel of the following word to form one syllable.

  fin de‿año   la hermana de‿Olga
  hablo‿español

Estructuras

1. Possession with **de**   (*El caso posesivo*)

■ The **de** + *noun* construction is used to express possession or relationship. Spanish does *not* use the apostrophe.

---

[1] In Spanish the letter **h** is silent.

Raúl 's children
los hijos **de** Raúl
(the children of Raúl)

la clase **de la Dra. Peña**   *Dr. Peña's class*
el nombre **de la muchacha**   *the girl's name*

ATENCIÓN Note the use of the definite article before the words **hijos, clase,** and **nombre.**

—¿Quién es Francisco Acosta?   *"Who is Francisco Acosta?"*
—Es **el esposo de Carmen.**   *"He is Carmen's husband."*

—¿Cuál es **la dirección de** Irene?   *"What is Irene's address?"*
—Calle Magdalena, número seis.   *"Six Magdalena Street."*

PRÁCTICA

A. Express possession or relationship as it is shown in each drawing (e.g., the Spanish equivalent of María's husband).

1.

2.

3.

4.

5.   6.

B. Give the following phrases in Spanish.

1. Miss Vera's students
2. the young lady's age
3. the doctor's husband
4. the professors' problems
5. Amanda's marital status
6. Carmen's nationality
7. Javier's last name
8. Marta's social security number
9. Jorge's clock
10. Mrs. Valle's money

2. Adjectives: Forms, position, and agreement with articles and nouns   *(Adjetivos: Formas, posición y concordancia con artículos y nombres)*

A. Forms of adjectives

◼ In Spanish, adjectives agree in gender and number with the nouns they modify. Adjectives ending in **-o** are made feminine by changing the **-o** to **-a.**

el chic**o** rubi**o**	la chic**a** rubi**a**
el lápiz roj**o**	la pluma roj**a**

◼ Adjectives ending in **-e** or in a consonant have the same form for the masculine and the feminine.

el chico inteligent**e**	la chica inteligent**e**
el esposo feli**z** *(happy)*	la esposa feli**z**
el libro fáci**l**	la clase fáci**l**

◼ The only exceptions are:

● Adjectives of nationality that end in a consonant add an **-a** in the feminine.

el muchacho españo**l**	la muchacha españo**la**
el señor inglé**s**	la señora ingle**sa**

- Adjectives ending in **-or, -án, -ón,** or **-ín** add an **-a** in the feminine.

el alumno trabaja**dor** ⎫
la alumna trabaja**dora** ⎭ *the hardworking student*

ATENCIÓN Adjectives that have an accent in the last syllable of the masculine form drop it in the feminine: **inglés** → **inglesa.**[1]

■ To form the plural, adjectives follow the same rules as nouns. Adjectives ending in a vowel add **-s;** adjectives ending in a consonant add **-es;** adjectives ending in **-z** change the **-z** to **c** and add **-es.**

norteamericana	norteamerica**nas**
español	españo**les**
feliz	feli**ces**

B. Position of adjectives

■ Descriptive adjectives—those that identify characteristics or qualities such as color, size, and personality—generally follow the noun.

Miguel es un chico **inteligente.**   *Miguel is an intelligent boy.*
Necesito dos plumas **rojas.**   *I need two red pens.*

■ Adjectives denoting nationality always follow the noun.

El profesor **mexicano** trabaja en la universidad.

C. Agreement of articles, nouns, and adjectives

■ In Spanish, the article, noun, and adjective agree in gender and number.

un muchacho alto	**una** muchacha alta
los muchachos altos	**las** muchachas altas

■ When an adjective modifies two or more nouns, the plural form is used.

la silla y la mesa **rojas**

■ If two nouns described together are of different genders, the masculine plural form of the adjective is used.

la chica mexicana ⎫
                   ⎬ la chica y el chico mexicanos
el chico mexicano ⎭

---

[1]For rules on accent marks, see Appendix A.

A. Change the articles and adjectives in each sentence, according to the new nouns.

1. Todos los muchachos son altos.
   _____ muchachas _____ .
2. ¿Teresa es rubia o morena?
   ¿Carlos _____ ?
3. El estudiante es muy inteligente y simpático.
   Los estudiantes son _____ .
4. Necesito la pluma roja.
   _____ lápices _____ .
5. El español no es difícil.
   _____ idiomas no son _____ .
6. El chico es feliz.
   _____ chicas son _____ .

B. Describe the following people, places, or things, using as many descriptive adjectives as possible.

1. Julia Roberts
2. Mel Gibson
3. Roseanne Arnold
4. Nueva York
5. su mejor (best) amigo[1]
6. el español
7. las chicas de la clase
8. los chicos de la clase
9. el presidente de los Estados Unidos
10. su mejor amiga[1]

3. Possessive adjectives   (Los adjetivos posesivos)

FORMS OF THE POSSESSIVE ADJECTIVES		
Singular	**Plural**	
mi	mis	*my*
tu	tus	*your* (fam.)
su	sus	*your* (form.) *his* *her* *its* *their*
nuestro(-a)	nuestros(-as)	*our*
vuestro(-a)	vuestros(-as)	*your* (fam.)

_____
[1] *my* = mi

—¿**Tu** esposo es de Buenos   *"Is your husband from Buenos*
Aires?   *Aires?"*
—No, **mi** esposo es de   *"No, my husband is from*
Asunción.   *Asuncion."*

■ Possessive adjectives always precede the nouns they introduce. They agree in number with the nouns they modify.

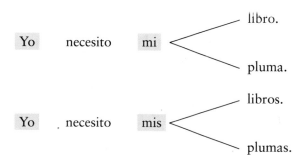

■ **Nuestro** and **vuestro** are the only possessive adjectives that have the feminine endings **-a** and **-as**. The others take the same endings for both genders.

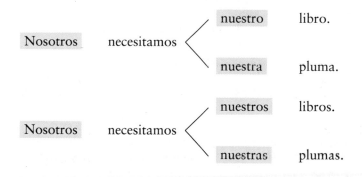

■ Possessive adjectives agree with the thing possessed and *not* with the possessor. For example, two male students referring to their female professor will say *nuestra* profesora.

■ Because **su** and **sus** each have several possible meanings, the form **de él** (or **de ella, de ellos, de ellas, de Ud.,** or **de Uds.**) can be substituted to avoid confusion. The "formula" is: *article + noun + **de** + pronoun.*

sus plumas   las plumas **de él** (**ella, Ud.,**
                                    etc.)
su libro   el libro **de él** (**ella, Ud.,** etc.)

A. Give the following possessive adjectives in Spanish.

1. *(my)* _____ cuaderno
2. *(our)* _____ clases
3. *(your)* (**Ud.** form) _____ profesora
   (or _____ profesora _____
   _____)
4. *(her)* _____ teléfono (or _____
   teléfono _____ _____)
5. *(your)* (**tú** form) _____ periódico
6. *(his)* _____ hijos (or _____ hijos
   _____ _____)
7. *(my)* _____ clases
8. *(her)* _____ estado civil (or _____
   estado civil _____ _____)
9. *(their)* (fem.) _____ apellido (or _____
   apellido _____ _____)
10. *(your)* (**tú** form) _____ profesores
11. *(your)* (**Ud.** form) _____ nombre
12. *(our)* _____ trabajo

B. With a partner, act out the following dialogues in Spanish.

1. "Where does your husband work, ma'am?"
   "My husband works at the university."
2. "Do your friends need money, Mr. Vera?"
   "Yes, my friends need two thousand pesos."
3. "Do you need your notebook, Lolita?"
   "Yes, I need my notebook and my pen."
4. "Our classes are very difficult."
   "Well, my classes are difficult, too."
5. "Do you need her address, Anita?"
   "No, I need his address."

4. Present indicative of regular **-er** and **-ir** verbs

(Presente de indicativo de los verbos regulares que terminan en -er y en -ir)

	comer *to eat*		**vivir** *to live*
yo	como	yo	vivo
tú	comes	tú	vives
Ud. él ella	come	Ud. él ella	vive
nosotros(-as)	comemos	nosotros(-as)	vivimos
vosotros(-as)	coméis	vosotros(-as)	vivís
Uds. ellos ellas	comen	Uds. ellos ellas	viven

■ Other verbs conjugated like **comer:**

aprender *to learn*	**beber** *to drink*
creer *to believe*	**vender** *to sell*
leer *to read*	**deber** *must, should, ought to*

■ Other verbs conjugated like **vivir:**

abrir *to open*	**escribir** *to write*
recibir *to receive*	**decidir** *to decide*

—¿Qué **comen** Uds.? — "What are you eating?"
—Nosotros **comemos** queso y Elsa **come** jamón. — "We are eating cheese and Elsa is eating ham."

—¿Dónde **viven** ellos? — "Where do they live?"
—**Viven** en la calle Magnolia. — "They live on Magnolia Street."

—¿Dónde **vives** tú? — "Where do you live?"
—**Vivo** en la calle Juárez. — "I live on Juarez Street."

PRÁCTICA

A. Complete the following dialogues, using the present indicative of the verbs given. Then act them out with a partner.

1. comer   —¿Dónde _____ Uds.?
            —_____ en la cafetería.

2. vivir   —¿Dónde _____ tú?
            —_____ en la calle Montalvo.

3. recibir   —¿Cuánto dinero _____ Uds.?
            —Yo _____ quinientos dólares y él _____ cuatrocientos.

4. leer   —¿Qué periódico _____ ellos?
            —_____ el *Times*.

5. vender   —¿Dónde _____ (ellos) sándwiches?
   creer   —En la cafetería, pero yo _____ que (ellos) no
   abrir   _____ la cafetería hasta *(until)* las siete.

6. beber   —¿Qué _____ Uds.?
            —Nosotros _____ café y Ana _____ 7-Up.

7. deber   —¿Qué _____ llenar (yo)?
            —Ud. _____ llenar la solicitud.

8. escribir   —¿Uds. _____ en inglés?
            —No, _____ en español.

B. Interview a classmate, using the following questions and two questions of your own. When you have finished, switch roles.

1. ¿Dónde vives?
2. ¿Dónde comes?
3. ¿Comen sándwiches tú y tus amigos?
4. ¿Bebes café o Coca-Cola?
5. ¿Aprendes mucho en la clase de español?
6. En la clase, ¿leen Uds. en español?
7. ¿Lees bien el español?[1]
8. ¿Escribes en español o en inglés?
9. ¿Vendes tus libros?
10. ¿Qué periódico lees tú?
11. ¿Debes trabajar mañana?
12. ¿Reciben mucho dinero tus amigos?

---

[1]The definite article is used with names of languages except after the prepositions **en** and **de,** or after the verbs **hablar** and usually **estudiar.**

C. Describe what these people do, must do, or decide to do, using -er or -ir verbs.

1. Yo / café
2. Nosotros / español
3. Uds. / periódico
4. Carlos y Rosa / con una pluma roja
5. Tú / la puerta
6. Las chicas / en un apartamento
7. Ud. / jamón y queso
8. Nosotros / estudiar mucho
9. Susana / solicitar el empleo

5. Present indicative of the irregular verbs **tener** and **venir** *(Presente de indicativo de los verbos irregulares* **tener** *y* **venir***)*

	tener *to have*		**venir** *to come*
yo	**tengo**	yo	**vengo**
tú	**tienes**	tú	**vienes**
Ud. ⎫		Ud. ⎫	
él ⎬	**tiene**	él ⎬	**viene**
ella ⎭		ella ⎭	
nosotros(-as)	**tenemos**	nosotros(-as)	**venimos**
vosotros(-as)	**tenéis**	vosotros(-as)	**venís**
Uds. ⎫		Uds. ⎫	
ellos ⎬	**tienen**	ellos ⎬	**vienen**
ellas ⎭		ellas ⎭	

—¿**Tiene** Ud. hijos?   *"Do you have children?"*
—Sí, **tengo** dos. Ellos **vienen**   *"Yes, I have two. They are*
   más tarde.   *coming later."*

PRÁCTICA

A. Give each of the following sentences a logical ending.

1. Yo tengo un examen de español y ella...
2. Uds. vienen los sábados y nosotros...
3. Ella tiene veinte dólares y nosotros...
4. Ana viene con Roberto y tú...
5. Ellos vienen a las seis y yo...
6. Nosotros tenemos dos hijos y ellos...

B. Interview a classmate, using the following questions.

1. ¿Tienes mi número de teléfono?
2. ¿Tienes mi dirección?
3. ¿Tiene la profesora tu número de seguro social?
4. ¿Vienen Uds. a la universidad por la noche o por la mañana?
5. ¿A qué hora vienen Uds. a la clase de español?
6. ¿Vienes a la clase con tus amigos?
7. ¿Vienes a clase los sábados?
8. ¿Vienen todos los estudiantes a clase?
9. ¿Tienen Uds. mucho trabajo en la clase de español?
10. ¿Tú tienes la tarde libre mañana?

6. Use of **tener que** + *infinitive*
(Uso de ***tener que*** + infinitivo)

■ **Tener que** is the Spanish equivalent of *to have (to)*.

Yo **tengo que** leer los libros.	*I have to read the books.*
—¿Tú **tienes que** trabajar hoy?	*"Do you have to work today?"*
—No, hoy **no tengo que** trabajar.	*"No, I do not have to work today."*

PRÁCTICA

A. Say what the following people have to do, using **tener que** + *infinitive*.

1. Silvia tiene un examen mañana.
2. John tiene una amiga de Madrid que no habla inglés.
3. Nosotros necesitamos dinero.
4. Yo solicito un empleo.
5. Necesito escribir y no tengo pluma.
6. Necesito hablar por teléfono con Marta, y ella no está.

B. Make a list of tasks or errands for the week; then, with one or two class-mates, take turns asking each other what you have to do (¿**Qué tienes que hacer?**) each day.

> MODELO: el lunes: leer un libro
> ¿Qué tienes que hacer el lunes?
> *Tengo que leer un libro.*

¡A ver cuánto aprendió!

¡Repase el vocabulario!

A. Match each item in column A with one in column B.

A	B
1. Anita charla	a. es difícil.
2. Nosotros vivimos en la	b. la solicitud.
3. No tenemos esposos. Somos	c. avenida Paz.
4. Yo trabajo para	d. café.
5. Ella es muy	e. la compañía Sandoval.
6. No es fácil;	f. seguro social.
7. Nosotros tenemos la tarde	g. linda.
8. Ahora debe llenar	h. con Roberto.
9. Ellos beben	i. libre.
10. Yo no tengo tu número de	j. solteras.
11. Leen el anuncio	k. para estudiar.
12. Vengo a solicitar	l. en el diario.
13. No tengo tiempo	m. de jamón y queso.
14. Comemos sándwiches	n. trabajo.
15. Paco es feo	o. pero simpático.

B. By combining the words in the three columns (one word from each column starting with A), you can form many different sentences. Write five affirmative and five negative sentences.

A	B	C
Yo	ser	profesor
La chica	estudiar	en el hospital
Uds.	trabajar	bien
Ud.	comer	dos hijos
Ana y Luisa	solicitar	para la compañía Ford
Nosotros	llenar	café
El Dr. Jiménez	aprender	la solicitud
Tú	vivir	las preguntas
	beber	inglés
	tener	de Madrid
	leer	mexicano
		jamón y queso
		el periódico
		en la calle Roma
		empleo

Entrevista

Interview a classmate, using the **tú** form.

Pregúntele a su compañero(-a) de clase...

1. ...si su mejor *(best)* amigo(-a) es rubio(-a), moreno(-a) o pelirrojo(-a).
2. ...qué días tiene la clase de español.
3. ...cuántas clases tiene.
4. ...a qué hora viene a la universidad.
5. ...cuándo tiene la tarde libre.
6. ...si vive cerca o lejos de la universidad.
7. ...si vive en una calle o en una avenida.
8. ...si por la noche estudia o mira la televisión.

Situaciones

What would you say in the following situations? What might the other person say? Act out the scenes with a partner. Take turns playing each role.

1. You are helping a Spanish-speaking person to fill out a form. You need to know his or her name and surname, address, place of origin, age, marital status, and whether he or she has children.
2. A friend drops by, and all you have to offer is a ham and cheese sandwich. Ask if he or she wishes to eat one.
3. You are trying to convince your friend to go on a blind date. Describe the young woman or the young man to him or her.

Para escribir

What information would you put in a cover letter to a potential employer? Write a brief description of yourself, including information about your schedule and your activities.

ARTURO'S
el pollo más crujiente
y más sabroso

Estamos en búsqueda de jóvenes que deseen posiciones ejecutivas dentro de nuestra cadena de Restaurantes.

LOS AMIGOS

With a classmate, discuss and compare your best friends. Ask each other as many questions as you can to learn what the person being described is like (cómo es él/ella), where he or she is from, and so on. Here are some additional words you may want to include:

trabajador(-a)	*hardworking*	**tímido(-a)**	*shy*
haragán, perezoso(-a)	*lazy*	**rico(-a)**	*rich*
optimista	*optimistic*	**pobre**	*poor*
pesimista	*pessimistic*		

NECESITAMOS TRABAJO...

Some friends of yours are looking for jobs. Help them by answering their questions about the following classified ads.

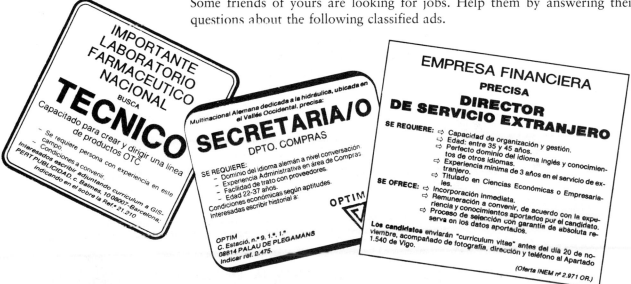

1. ¿Qué empresa necesita secretario(-a)?
2. Si deseo trabajar de secretario(-a) en la compañía Optim, ¿qué idioma necesito hablar?
3. ¿En qué ciudad está el Laboratorio Farmacéutico Nacional?
4. ¿Qué experiencia mínima debo tener si solicito el puesto de director de servicio extranjero?
5. ¿Para solicitar qué empleos necesito mandar una foto?
6. ¿Qué edad debo tener para trabajar en la empresa financiera?
7. ¿Qué debo enviar a la empresa financiera antes del *(before)* día 20 de noviembre?

79

LA SOLICITUD

Imagine that you are applying for a job. Fill out the application with your own personal data.

SOLICITUD DE TRABAJO

Apellidos y nombre

_____

| Fecha de nacimiento |
| Día   Mes   Año |

Número de identidad   Edad

_____   _____

Dirección   Ciudad   Zona postal

_____   _____   _____

_____

Teléfono

_____

Nacionalidad   Lugar de nacimiento

_____   _____

Estado civil: ❏ Soltero(-a)   ❏ Casado(-a)   ❏ Divorciado(-a)   ❏ Viudo(-a)

Sexo   ❏ Masculino   ❏ Femenino

Educación
Institución   Años

_____   _____

_____   _____

Experiencia
Compañía   Años

_____   _____

_____   _____

Teledrama

Juan Carlos y Luz Marina conversan en la biblioteca de la universidad.

VOCABULARIO

la casa house
el cuarto room
el cuarto año fourth year
de todos modos anyway
la entrevista interview
esperar to wait (for)
Estoy buscando trabajo. I'm looking for a job.
...horas a la semana . . . hours per week
los espero I'll expect you
me parece seems to me
nada nothing

no puedo I can't
las papas fritas french fries
el pollo chicken
quieren they want
tantas so many
¿Tienen algo que hacer? Do you *(pl.)* have anything to do?
un poco a little
Voy a mudarme. I'm going to move.
Voy a tener algo... I'm going to have something . . .

PREPARACIÓN

¿Las reconoce? Guess the meaning of the following words while watching the video. Circle each as you hear the person say it.

celebrar	interesada	ocupada
clínica	llamar	posible
datos	médica	posibilidades
domingo	medicina	problema
experiencia	momento	tipo

COMPRENSIÓN

A. ¿Verdadero o falso?   Read the following statements. After watching the video, circle V (**Verdadero**) or F (**Falso**), according to what you understood.

V   F   1. Juan Carlos va a mudarse al apartamento de Alfredo.

V   F   2. Juan Carlos invita a Alfredo y a Luz Marina a comer a su casa.

V   F   3. Luz Marina está buscando trabajo.

V   F   4. Luz Marina tiene más posibilidades de trabajo en una universidad.

V   F   5. Luz Marina no puede trabajar quince horas a la semana.

V   F   6. La doctora Segovia trabaja en la clínica El bosque.

V   F   7. La doctora Segovia habla por teléfono con Luz Marina.

V   F   8. Luz Marina está en el primer año de medicina.

V   F   9. Luz Marina llama por teléfono a Juan Carlos.

B. ¿Qué hacen? *(What do they do?)*   Match the characters' names with what they say or do in the video.

a. Luz Marina

b. Juan Carlos

c. La recepcionista

—————   1. Trabaja en la clínica El bosque.

—————   2. Lee los anuncios en el periódico.

—————   3. Espera a sus amigos el domingo a las ocho.

—————   4. Habla por teléfono con Luz Marina.

—————   5. Tiene una entrevista a las siete y media.

—————   6. Toma los datos de Luz Marina.

—————   7. Tiene que llamar a Alfredo.

AMPLIACIÓN

Necesito trabajo.   You are interested in obtaining a job as a medical assistant (**asistente médico**) at the El bosque Clinic. With a partner, role-play this situation.

RECEPCIONISTA   —¿Cómo se llama Ud.?

UD.   —————————————————————————

RECEPCIONISTA   —¿Tiene Ud. experiencia como asistente médico?

UD.   —————————————————————————

RECEPCIONISTA   —¿Cuántas horas puede trabajar a la semana?

UD.   —————————————————————————

RECEPCIONISTA   —¿Qué día tiene tiempo para venir a una entrevista?

UD.   —————————————————————————

RECEPCIONISTA   —¿A qué hora puede venir?

UD.   —————————————————————————

Take this test. When you have finished, check your answers in the answer key provided in Appendix E. Then use a red pen to correct any mistakes you may have made. Are you ready?

SELF TEST

LECCION 1

A. Gender, Part I: the definite and indefinite articles

Give the correct form of the definite (**el** or **la**) and indefinite (**un** or **una**) articles for each of the following nouns.

1. puerta
2. libro
3. mapa
4. mujer
5. borrador

6. secretario
7. mano
8. hombre
9. día
10. silla

Lecciones 1–3

B. Plural forms

Make the following words plural.

1. el señor y la señorita
2. un reloj
3. la doctora y el profesor
4. un lápiz

5. la conversación
6. una mujer
7. la ventana
8. la pluma y el cuaderno

C. Cardinal numbers 11–30

Write the following numbers in Spanish.

| 12 | 25 | 13 | 29 | 16 | 21 | 27 |
| 11 | 14 | 18 | 30 | 17 | 15 |

D. Telling time

Write the following times in Spanish.

1. It's one-thirty.
2. It's a quarter to three.
3. It's ten after four.
4. It's twelve o'clock.
5. It's two-fifteen.

E. Just words . . .

Match each item in column A with one in column B.

A	B
1. Mucho gusto.	a. *"Desk"*.
2. ¿Qué día es hoy?	b. Veinticinco.
3. ¿Cómo se dice *"chalk"* en español?	c. José Luis Peña.
4. ¿Qué quiere decir "escritorio"?	d. No mucho.
5. ¿Cómo se llama Ud.?	e. No, jueves.
6. ¿Hoy es miércoles?	f. El gusto es mío.
7. Muchas gracias.	g. Tiza.
8. ¿Cómo se dice *"blackboard"* en español?	h. De nada.
9. ¿Cuál es tu dirección?	i. Lunes.
10. ¿Qué hora es?	j. Gracias.
11. ¿Qué hay de nuevo?	k. Pizarra.
12. Tome asiento.	l. Las cuatro y cuarto.
13. ¿Cuántos estudiantes hay en la clase?	m. Calle Palma, número quince.

LECCIÓN 2

A. Subject pronouns and present indicative of regular *-ar* verbs

Rewrite each pair of sentences to form one sentence. Use the plural forms of the subject pronouns to include both subjects.

1. Ella habla inglés y español.
   Yo *(f.)* hablo inglés y español.
2. Él trabaja en el hospital.
   Ud. trabaja en el hospital.
3. Ella llama más tarde.
   Ella llama más tarde.
4. Ella estudia ruso y chino.
   Él estudia ruso y chino.
5. Tú *(m.)* necesitas dinero.
   Yo *(f.)* necesito dinero.
6. Él desea hablar con Eva.
   Yo *(m.)* deseo hablar con Eva.

B. Gender, Part II

Use the appropriate form of the definite article (**el, la, los,** or **las**) with each of the following nouns.

1. televisión
2. ciudades
3. libertad
4. programas
5. lección
6. problema

7. certidumbre
8. universidades
9. idioma
10. sistema
11. conversaciones
12. telegramas

C. Negative and interrogative sentences

Write the following dialogues in Spanish.

1. "Do you speak French?"
   "No, I don't speak French."
2. "Does he need the money?"
   "No, he doesn't need the money."
3. "Are they calling later?"
   "No, they are not calling later."
4. "Do you work at the university, Miss Peña?"
   "No, I don't work at the university."

D. Present indicative of *ser*

Write the following sentences in Spanish.

1. I am from Mexico, but they are from California.
2. Are you *(fam.)* from Chile? We are from Chile, too.
3. Mr. Vera is (a) professor.
4. Are you *(fam. pl.)* from Venezuela?

E. Cardinal numbers 31–1,000

In Spanish, write out the following dates and house numbers.

1. El año *(year)* 1492
2. El año 1776
3. El año 1865
4. El año 1990
5. Calle Paz, número 2552
6. Calle Bolívar, número 5123

F. Just words . . .

Match each question or statement in column A with the best response in column B. Use each response once.

A

1. Hola. ¿Está Raúl?
2. ¿Por qué? ¿Problemas económicos?
3. ¡Oye! ¿Qué hay de nuevo?
4. Nosotros estudiamos japonés.
5. Deseo hablar con Ana.
6. ¿A qué hora regresa?
7. ¿Quién habla?
8. ¿Quién es Ud.?
9. ¿Estudiamos esta noche?
10. ¿Qué idiomas estudian Uds.?
11. ¿Qué necesitan Uds.?
12. ¿Trabaja en el hospital?

B

a. Yo también.
b. Habla Pedro Morales.
c. Un momento, por favor.
d. No, problemas sentimentales...
e. Dinero.
f. Estudiamos italiano y portugués.
g. Soy María Gómez.
h. No, en la universidad.
i. Con él habla.
j. No, mañana.
k. A las nueve y media.
l. Nada.

LECCIÓN 3

A. Possession with *de*

Unscramble each set of words to form a question.

1. ¿ / de / teléfono / Nora / número / es / cuál / de / el / ?
2. ¿ / difícil / la / Dra. / la / es / Peña / clase / de / ?
3. ¿ / dirección / Ernesto / de / los / de / hijos / es / cuál / la / ?

B. Agreement of adjectives, articles, and nouns

Rewrite the following sentences, making all of the nouns feminine. Change the adjectives and articles accordingly.

1. El chico es alto.
2. El doctor es español.
3. Los señores son ingleses.
4. El profesor es mexicano.
5. Los hijos de ella no son felices.

C. Possessive adjectives

Answer the following questions in the affirmative. Use the appropriate possessive adjectives.

1. ¿Ella es la esposa de Roberto?
2. ¿El profesor de Uds. es divorciado?
3. ¿Los hijos de ellos beben café?
4. ¿Los hijos de Uds. solicitan el trabajo?
5. ¿Mis estudiantes deben llenar la solicitud?

D. Present indicative of regular -er and -ir verbs

Complete the following sentences, using the appropriate form of the verbs in the list.

vivir	escribir	decidir	leer	comer
creer	beber	aprender	recibir	deber

1. Yo no _____ sándwiches.
2. Adriana _____ en la calle Magnolia.
3. Ellos _____ el inglés, no el español.
4. ¿ _____ Uds. café?
5. ¿Tú no _____ en Santa Claus?
6. Ud. _____ el anuncio en el periódico.
7. Juan y yo _____ en alemán.
8. Paco no _____ mucho dinero.
9. Yo _____ solicitar el empleo.
10. Ud. _____ escribir la lección.

E. Present indicative of the irregular verbs *tener* and *venir*

Complete the following sentences, using the correct forms of **venir** or **tener,** as appropriate.

1. ¿Cuántos hijos _____ Uds.?
2. Ella _____ a la universidad para estudiar.
3. Nosotros no _____ el número de teléfono de Ana.
4. El señor Rojas _____ más tarde.
5. Yo _____ dos hijos. Ellos _____ a la universidad con mi esposa.
6. Yo no _____ a solicitar trabajo.

F. Use of *tener que* + infinitive

Write the following sentences in Spanish.

1. I have to fill out the application.
2. We have to write the ad.
3. They have to work.
4. My husband has to come at eleven.

G. Just words . . . (Part I)

Complete the following sentences, using appropriate words or phrases from the vocabulary list in **Lección 3.**

1. Para trabajar en la compañía, debe tener _____ de computadoras.
2. No es moreno; es _____ .
3. Tiene que llenar la _____ para el empleo.
4. La clase de la Dra. Vargas no es fácil; es muy _____ .
5. Ellos beben _____ y _____ sándwiches de _____ y queso.
6. El _____ el anuncio en el _____ .
7. Trabajo por la mañana, pero tengo la tarde _____ .
8. Ellos no viven _____ ; viven cerca de aquí.

H. Just words . . . (Part II)

Supply the missing categories from a work application, according to the information provided.

1. _____ : Marisa Cortés
2. _____ : Calle Lima, 432
3. _____ : Veinticinco años
4. _____ : Caracas, Venezuela
5. _____ : Casada
6. _____ : Profesora
7. _____ : Femenino

¿Bailamos?

Una discoteca en Cancún, uno de los centros turísticos más populares de México.

OBJECTIVES

Pronunciation
The Spanish **b, v, d,** and **g** (before **a, o,** or **u**)

Structure
Expressions with **tener** • The personal **a** • Contractions • Present indicative of the irregular verbs **ir, dar,** and **estar** • **Ir a** + *infinitive* • Present indicative of **e:ie** stem-changing verbs

Communication
You will learn vocabulary related to party activities, foods, and beverages.

¿Bailamos?

Adela, una chica uruguaya, invita a muchos de sus compañeros de la universidad a una fiesta de fin de año en su casa. En la fiesta, Humberto y Adela conversan mientras bailan.

ADELA —Humberto, ¿dónde está tu prima?

HUMBERTO —Va a venir más tarde. Tiene que traer a mi hermana.

ADELA —También va a traer unos discos. Oye, ¿dónde vamos a celebrar el año nuevo?[1]

HUMBERTO —Vamos a ir al baile del Club Náutico, ¿no?

ADELA —Ay, ¡claro! Julio y su novia van a ir también.

HUMBERTO —¡Magnífico! Ellos son muy simpáticos. Además, mañana es el cumpleaños de Julio.

ADELA —¿Ah sí? ¿Cuántos años tiene Julio?

HUMBERTO —Creo que tiene veintidós.

ADELA —¿Tienes hambre? ¿Quieres pollo, entremeses, ensalada...?

HUMBERTO —No, gracias. No tengo mucha hambre, pero tengo sed.

ADELA —¿Quieres un coctel, sidra,[2] champán, cerveza, sangría[3]...?

HUMBERTO —Prefiero un refresco.

ADELA —¿A qué hora empieza el baile en el club?

HUMBERTO —A las diez y media. Voy a llamar a Julio y a Teresa.

Más tarde, en el Club Náutico, todos celebran el año nuevo.

ADELA —La orquesta es magnífica. ¿Bailamos, Humberto?

HUMBERTO —Sí.

JULIO —*(A su novia)* ¿Estás cansada, Teresa?

TERESA —No, tengo calor. ¿Por qué no vamos todos a la terraza ahora?

JULIO —Buena idea. ¿Llevamos las bebidas?

TERESA —Sí, tengo mucha sed.

JAVIER —¿No tienen uvas? En España siempre comemos doce uvas a la medianoche.

MARISA —Aquí en Montevideo brindamos con sidra.

ADELA —¡Son las doce! ¡Feliz Año Nuevo!

TODOS —¡Feliz Año Nuevo! ¡Feliz Año Nuevo...!

HUMBERTO —Y, ¡feliz cumpleaños, Julio!

---

[1] In Hispanic countries, it is common for people to celebrate the New Year by attending a party in a private home early in the evening, then moving to a club before midnight.

[2] It is an alcoholic drink.

[3] It is a drink prepared with red wine and fruit.

Vocabulario

Cognados

el club club	la idea idea	la sidra cider
el coctel cocktail	mucho(-a) much, a lot of	la terraza terrace
el champán champagne	la orquesta orchestra,	uruguayo(-a) Uruguayan
la ensalada salad	group	

[handwritten: juice → jugo]

■ Nombres

el baile dance	el disco record	la novia girlfriend, fiancée
la bebida drink, beverage	los entremeses hors d'oeuvres	el novio boyfriend, fiancé
la casa house, home	España Spain	el pollo chicken
la cerveza beer	la fiesta party	el (la) primo(-a) cousin
el (la) compañero(-a) de clase	la hermana sister	el refresco soft drink, soda
classmate	el hermano brother	pop
el cumpleaños birthday	la medianoche midnight	las uvas grapes

■ Verbos

[handwritten: con change] *[handwritten: ser/permanent (no change)]*

bailar to dance	estar *(irreg.)* to be	preferir (e:ie) to prefer
brindar to toast	invitar to invite	querer (e:ie) to want, to wish
celebrar to celebrate	ir *(irreg.)* to go	traer (yo traigo) to bring
dar *(irreg.)* to give	llevar to take (someone or	
empezar, comenzar (e:ie) to	something someplace)	
begin, to start		

■ Adjetivos

bueno(-a)[1] good	magnífico(-a) great
cansado(-a) tired	muchos(-as) many
feliz happy	nuevo(-a) new

■ Otras palabras y expresiones

a la medianoche at midnight	¡Claro! Of course!	tengo calor I'm hot
además besides	fiesta de fin de año New	tengo hambre I'm hungry
ahora now	Year's Eve party	tengo sed I'm thirsty
aquí here	que that *(relat. pron.)*	todos(-as) everybody, all
¿Bailamos? Shall we dance?	siempre always	

---

[1]Bueno drops the -o when placed before a masculine singular noun: un *buen* profesor.

Vocabulario complementario

▣ Características y condiciones

contento(-a)	happy	Estoy **contenta** porque voy a la fiesta.
malo(-a)[1]	bad	No es bueno; es **malo**.
ocupado(-a)	busy	Hoy estoy muy **ocupado**.

▣ Para celebrar *(To celebrate)*

la cinta, el casete   tape, cassette

Ella trae las **cintas**.

el disco compacto   compact disc (CD)

Mi hermano tiene muchos **discos compactos**.

el equipo estereofónico   stereo system

Necesito un **equipo estereofónico** bueno.

la fiesta de Navidad   Christmas party

¿Van Uds. a la **fiesta de Navidad** del club?

el tocadiscos   record player

¿Dónde está el **tocadiscos**?

el vino   wine

¿Deseas tomar **vino** o refresco?

▣ Para aclarar *(To clarify)*

¿adónde?	where? (destination)	¿**Adónde** vamos hoy?
al mediodía	at noon	Aurora viene **al mediodía**.
¿cuánto(-a)?	how much?	¿**Cuánto** pollo quieres?
¿de quién?	whose?	¿**De quién** es la cinta? ¿De Raúl?
porque	because	Juan no viene **porque** no tiene dinero.

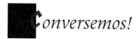 onversemos!

Answer the following questions, basing your answers on the dialogue.

1. ¿A quiénes invita Adela?
2. ¿Quién tiene que traer a la hermana de Humberto?
3. ¿Quiénes son muy simpáticos?
4. ¿Cuántos años tiene Julio?
5. ¿Qué prefiere beber Humberto?
6. ¿Dónde van a celebrar el año nuevo?
7. ¿A qué hora empieza el baile en el Club Náutico?
8. ¿Es buena o mala la orquesta?
9. ¿Está cansada Teresa?
10. ¿Qué llevan a la terraza?
11. ¿Es uruguayo Javier?
12. ¿Con qué brindan a la medianoche?

---

[1]**Malo** drops the -o when placed before a masculine singular noun: un *mal* hombre.

¿Lo sabía Ud.?

- En España y en Latinoamérica, no existe tanta *(as much)* separación entre *(among)* generaciones como en los Estados Unidos. Los niños, los padres y los abuelos frecuentemente van juntos a fiestas y a celebraciones.

- En los países *(countries)* hispanos, las chicas y los muchachos generalmente van en grupos a fiestas, al teatro y a conciertos.

- Los hispanos generalmente celebran el cumpleaños y también el día de su "santo", que corresponde al santo de su nombre en el calendario católico. Por ejemplo, si un niño nace *(is born)* en junio y sus padres lo llaman Miguel, celebra su cumpleaños en junio y celebra el día de su "santo" el 29 de septiembre, que es el día de San Miguel.

- En muchos países hispanos no existe una edad mínima para comprar *(buy)* o tomar bebidas alcohólicas.

- En español se dice "¡Salud!" *(Cheers!)* al brindar. En España, también dicen "Salud, amor y pesetas" *(Health, love, and pesetas)*.

Un café al aire libre (*sidewalk café*) en la Plaza Mayor de Salamanca, España.

Pronunciación

A. The Spanish **b** and **v**

The Spanish **b** and **v** are pronounced exactly alike. Both sound like a weak English *b*, as in the word *Abe*. In Spanish, they are even weaker when pronounced between vowels. The lips don't quite touch. Never pronounce these consonants like English *v*. Listen to your teacher and repeat the following words.

veinte	bien
venir	baile
Ana va	rubio
uva	sobrina

B. The Spanish **d**

The Spanish **d** is slightly softer than the *d* in the English word *day*. When pronounced between two vowels or at the end of a word, it is similar to the *th* in the English word *they*. Listen to your teacher and repeat the following words.

delgado	universidad
de	sábado
debe	bebida
dos	adiós

C. The Spanish **g** (before **a, o,** or **u**)

■ When followed by **a, o,** or **u,** the Spanish **g** is similar to the *g* in the English word *guy*. Listen to your teacher and repeat the following words.

delgado	guapo	gordo

■ When pronounced between vowels, the Spanish **g** is much softer. Repeat after your teacher.

amigo	pregunta	uruguaya

■ In the combinations **gue** and **gui,** the **u** is silent. Repeat after your teacher.

Guevara	Guillermo	alguien

Estructuras

1. Expressions with **tener**   *(Expresiones con **tener**)*

■ Many useful idiomatic expressions that use *to be + adjective* in English are formed with **tener** + *noun* in Spanish.

tener (mucho) frío	*to be (very) cold*
tener (mucha) sed	*to be (very) thirsty*
tener (mucha) hambre	*to be (very) hungry*
tener (mucho) calor	*to be (very) hot*
tener (mucho) sueño	*to be (very) sleepy*
tener (mucha) prisa	*to be in a (great) hurry*
tener (mucho) miedo	*to be (quite) afraid, scared*
tener razón	*to be right*
no tener razón[1]	*to be wrong*
tener... años de edad	*to be . . . years old*

—¿Tienes calor? "*Are you hot?*"
—Sí, y también **tengo** mucha "*Yes, and I'm also very*
sed. *thirsty.*"

—¿Deseas comer pollo? "*Do you want to eat chicken?*"
—No, gracias, no **tengo** "*No, thank you, I'm not*
hambre. *hungry.*"

—¿Cuántos años **tienes**? "*How old are you?*"
—**Tengo** diecinueve años. "*I'm nineteen years old.*"

ATENCIÓN Note that Spanish uses **mucho(-a)** *(adjective)* + *noun* (as in **mucha hambre**) the way English uses *very + adjective* (as in *very hungry*).

---

[1]Incorrectness is also conveyed by the expression **estar equivocado(-a)**.

PRÁCTICA

A. ¿Qué tienen?

1. Jorge

2. Yo

3. Tú

4. La profesora

5. Ud.

6. Felipe

7. Marisa y Elena

8. Ella

B. Interview a classmate, using the following questions. When you have finished, switch roles.

1. ¿Qué bebes cuando tienes sed? ¿Y cuando tienes frío?
2. ¿Qué comes cuando tienes hambre?
3. ¿Cuántos años tienes?
4. ¿Cuántos años tiene tu madre? ¿Y tu padre?
5. En tu familia, ¿quién tiene razón siempre? ¿Y en la clase?
6. ¿Tienes miedo a veces *(sometimes)*?

C. With a partner, act out the following dialogues in Spanish.

1. "I'm very thirsty."
   "What do you want to drink?"
   "A soft drink, please."
   "Do you want a sandwich?"
   "No, I'm not hungry."
2. "Are you sleepy?"
   "Of course! It's midnight!"
3. "Delia is twenty years old."
   "No, I think that she is nineteen."
   "You are right."
4. "Are you in a hurry, Miss Peña?"
   "No, why?"
   "Because I have to speak with you."
5. "I need to open the window. I'm hot."
   "You're hot? I'm cold."

D. Which expression with **tener** would you use in each of the following situations?

1. You are in the Arizona desert in the middle of summer.
2. A big dog is chasing you.
3. You have only a minute to get to your next class.
4. You are in Alaska in the middle of winter.
5. You haven't eaten for an entire day.
6. You got up at four A.M. and it is now midnight.
7. You just ran for two hours in the sun.
8. You are blowing out twenty candles on your birthday cake.

club
campestre
del caribe

DICIEMBRE 31

Celebración de fin de año
para padres-hijos-familiares e invitados de socios
Salón Dorado 9:00 PM

2. The personal a   *(La a personal)*

■ The preposition **a** is used in Spanish before a <u>direct object</u>[1] referring to a specific person or persons. It is called the "personal **a**," and has no equivalent in English.

Yo llevo **a mi hermana.**	Nosotros invitamos **a los estudiantes.**
D.O.	D.O.
I take my sister.	*We invite the students.*
D.O.	D.O.

■ The personal **a** is *not* used when the direct object is not a person.

Yo llevo **los discos.**
          D.O.

I   take the records.
          D.O.

■ The verb **tener** generally does not take the personal **a**, even if the direct object is a person.

No tengo **hijos.**	Tenemos **dos hermanas.**
D.O.	D.O.
I don't have children	*We have two sisters.*
D.O.	D.O.

PRÁCTICA

A. Use the personal **a** when needed to complete the following dialogues. Then act them out with a partner.

1. —¿Cuántos primos tienes?
   —Tengo _____ dos primos y una prima.
2. —¿Llama Ud. _____ Carmen o _____ Elena?
   —Llamo _____ Carmen.
3. —¿Tu amigo lleva _____ Rosa a la fiesta de Navidad?
   —No, lleva _____ su novia.
4. —¿Adónde lleva Ud. _____ las bebidas?
   —A la terraza.
5. —¿Tienes _____ muchos hermanos?
   —No, no tengo _____ hermanos.
6. —¿Qué lees?
   —Leo _____ el periódico.

---

[1]See **Lección 6** for further explanation of the direct object.

 Pg. 151

B. Interview a classmate, using the following questions and two questions of your own. When you have finished, switch roles.

1. ¿A quién invitas siempre a tus fiestas?
2. ¿Traes a tu novio(-a) a los bailes de la universidad?
3. ¿Tienes hermanos? ¿Cuántos?
4. ¿Traes a tus amigos a clase?
5. ¿Tienes primos? ¿Cuántos?
6. ¿A quién llamas siempre por teléfono?

C. With a partner, act out the following dialogues in Spanish.

1. "Whom are you taking to the Christmas party?"
   "I am taking a classmate."
2. "Do you have brothers?"
   "No, I have a sister."
3. "Do you invite Carmen to your parties?"
   "No, she is very unpleasant."

3. Contractions   *(Contracciones)*

■ There are only two contractions in Spanish: **al** and **del**. Both the preposition **a** *(to, toward)* and the personal **a** followed by the article **el** contract to **al**.

Llevo   **a**   +   **el**   profesor.

Llevo   **al**   profesor.

■ The preposition **de** *(of, from)* followed by the article **el** contracts to **del**.

Tiene los libros   **de**   +   **el**   profesor.

Tiene los libros   **del**   profesor.

—¿Llevas **al** hermano de Ana?   *"Are you taking Ana's brother?"*

—No, llevo **a las** hermanas de Eva.   *"No, I'm talking Eva's sisters."*

—¿El disco es **de la** Sra. Vega?   *"Is it Mrs. Vega's record?"*
—No, el disco es **del** Sr. Parra.   *"No, it's Mr. Parra's record."*

ATENCIÓN A + **el** and **de** + **el** must always be contracted to **al** and **del**. None of the other combinations (**de la, de las, de los, a la, a las, a los**) is contracted: **Invitan *a los* hijos *de los* profesores.**

a: at / toward
de: of / from

PRÁCTICA

A. Complete the following dialogues, using one of the following: **de la, de las, del, de los, a la, a las, al, a los.** Then act them out with a partner.

1. —¿De dónde vienes?
   —Vengo _____ baile _____ universidad. ¿Y tú?
   — _____ club.
2. —¿A qué hora llamas _____ chicas?
   — _____ mediodía.
3. —¿Las cintas son _____ Sr. Vega? _7_ *lengua=tongue*
   —No, son _____ Srta. Ruiz.
4. —¿Tienes que ir _____ laboratorio de lenguas?
   —No, tengo que ir _____ cafetería.
5. —¿Adónde llevas _____ chicos?
   — _____ clase.

B. Answer the following questions, using the cues provided.

1. ¿De quién son los discos?   (profesor)
2. ¿De quién es el equipo estereofónico?   (Srta. Paz)
3. ¿A quién invitan a la fiesta?   (Sr. Peña)
4. ¿A quiénes trae el señor Peña?   (chicos)
5. ¿A quién llaman los chicos?   (muchachas)
6. ¿Adónde llevan a las muchachas?   (baile / club)
7. ¿A quién no llevan a la fiesta?   (prima de Jorge)
8. ¿Las bebidas son de los muchachos?   (no / muchachas)

4. Present indicative of the irregular verbs **ir, dar,** and **estar** (*Presente de indicativo de los verbos irregulares ir, dar y estar*)

	ir *to go*	**dar** *to give*	**estar** *to be*
yo	voy	doy	estoy
tú	vas	das	estás
Ud. / él / ella	va	da	está
nosotros(-as)	vamos	damos	estamos
vosotros(-as)	vais	dais	estáis
Uds. / ellos / ellas	van	dan	están

—Susana **da** una fiesta hoy. ¿Tú **vas**?	*"Susana is giving a party today. Are you going?"*
—No, no **voy** porque **estoy** muy cansada.	*"No, I'm not going because I am very tired."*
—Entonces invito a tu hermana. ¿Dónde **está**?	*"Then I'm inviting your sister. Where is she?"*
—**Está** en la universidad. Viene a las tres.	*"She is at the university. She is coming at three o'clock."*

■ The verb **estar**, *to be*, is used here to indicate current condition (**Estoy muy cansada.**) and location (**Está en la universidad.**). Ser, another equivalent of the English verb *to be*, has been used up to now to refer to origin (**Él es de Chile.**), nationality (**Ellas son mexicanas.**), characteristics (**Jorge es rubio.**), profession (**Elsa es profesora.**), and time (**Son las doce.**).

■ Other frequent uses of **dar** are **dar un examen, dar una conferencia** *(lecture)*, and **dar una orden** *(order)*.

PRÁCTICA

A. Complete the following conversation, using the appropriate verb forms. Then act it out with a partner.

JOSÉ —Rosa, ¿tú _____ a la fiesta que _____ Estrella el sábado?

ROSA —Sí, _____ con Inés. ¿Tú _____ también?

JOSÉ —Sí. Oye, ¿estudiamos esta noche? El Dr. Vargas y la Dra. Soto _____ exámenes mañana.

ROSA —Ay, José, _____ muy cansada.

JOSÉ —Pero, Rosa, ¡tú siempre _____ cansada!

ROSA —No siempre. ¿Por qué no estudias con Jorge y Raúl? Ellos no _____ al club esta noche.

JOSÉ —Buena idea. ¿Dónde _____ ellos ahora?

B. Interview a classmate, using the following questions. When you have finished, switch roles.

1. ¿Cómo estás?
2. ¿Estás cansado(-a) hoy?
3. ¿Quién no está en clase hoy?
4. ¿Está muy ocupado(-a) el profesor (la profesora)?
5. ¿Da el profesor (la profesora) exámenes difíciles o fáciles?
6. ¿Adónde vas los sábados por la noche con tus amigos?
7. ¿Van Uds. a un club? (¿A cuál?)
8. ¿Con quién vas a las fiestas?
9. ¿Das muchas fiestas en tu casa?
10. ¿Das una fiesta de fin de año?
11. ¿Adónde van Uds. mañana? ¿Por qué?
12. ¿Dónde están tus amigos ahora? ¿Por qué?

C. Complete the following sentences in a logical manner.

1. Roberto está allí y nosotros...
2. Yo doy una fiesta esta noche y tú...
3. Tú vas a la universidad y yo...
4. Yo estoy muy cansado(-a) pero ellos...
5. Nosotros damos una fiesta de Navidad y él...
6. Ellos van hoy y nosotros...

5. Ir a + *infinitive* (*Ir a* + infinitivo)

■ **Ir a** + *infinitive* is used to express future action. It is equivalent to the English expression *to be going (to)* + *infinitive*. The "formula" is as follows:

ir (conjugated) + **a** + *infinitive*

Voy	**a**	**trabajar.**
I am going		*to work.*

—¿En qué universidad **van a estudiar** Uds.?
—**Vamos a estudiar** en la Universidad de Costa Rica.

"*At what university are you going to study?*"
"*We're going to study at the University of Costa Rica.*"

—¿Ud **va a dar** una conferencia?
—Sí, **voy a dar** una conferencia el viernes.

"*Are you going to give a lecture?*"
"*Yes, I'm going to give a lecture on Friday.*"

PRÁCTICA

A. Change the verbs in the following sentences to the future, using the **ir a** + *infinitive* construction.

1. Ellos *venden* refrescos en el club.
2. Mi hermana *come* en la cafetería.
3. Yo *converso* con mis amigos.
4. Nosotros *llamamos* a nuestros primos.
5. Tú *invitas* a los muchachos.
6. Uds. *beben* vino.
7. Uds. *traen* los discos.
8. Ud. *lleva* a su padre al club.

Ellos van a vender... (handwritten)

personal a (handwritten)

B. What do you think these people are going to do? Consider where they are and what time of day it is.

> MODELO: José / en el hospital / por la tarde
> *José va a trabajar en el hospital por la tarde.*

1. Yo / en mi casa / por la noche
2. Los estudiantes / en la clase / por la mañana
3. Nosotros / en el club / por la noche
4. Tú / en la cafetería / a las doce
5. El profesor / en la universidad / por la tarde
6. Julio y Teresa / en la terraza / a las diez de la noche
7. Susana / en la compañía IBM / por la mañana
8. Uds. / en la fiesta / por la noche

C. Use the cues provided to say what you and your friends are going to do tomorrow.

1. ¿Dónde va a comer Ud. hoy?   (la cafetería)
2. ¿Con quién va a comer Ud.?   (con mi compañero de clase)
3. ¿A qué hora van a comer Uds.?   (a las doce)
4. ¿Qué van a comer?   (pollo y ensalada)
5. ¿Qué van a tomar Uds.?   (café)
6. ¿Qué va a hacer *(to do)* Ud. esta tarde?   (estudiar)
7. ¿Qué van a estudiar Ud. y sus amigos?   (español)
8. ¿Qué van a hacer Uds. por la noche?   (mirar la televisión)
9. ¿Dónde va a trabajar Ud. mañana?   (en el laboratorio)
10. ¿Su amigo(-a) va a trabajar también?   (no)

6. Present indicative of **e:ie** stem-changing verbs
(Presente de indicativo de los verbos que cambian en la raíz **e:ie**)

■ Some Spanish verbs undergo a stem change in the present indicative. For these verbs, when **e** is the last stem vowel and it is stressed, it changes to **ie** as follows.

preferir	to prefer		
yo	prefiero	nosotros(-as)	preferimos
tú	prefieres	vosotros(-as)	preferís
Ud. } él } ella }	prefiere	Uds. } ellos } ellas }	prefieren

—¿A qué hora **piensas** ir a la fiesta?   "What time are you planning to go to the party?"

—**Prefiero** ir a las diez. ¿Y tú?   "I prefer to go at ten. And you?"

—Yo **no quiero** ir. Estoy cansado.   "I don't want to go. I'm tired."

—¿A qué hora **empiezan** a[1] estudiar Uds.?   "What time do you start to study?"

—**Empezamos** a las tres.   "We start at three."

■ Note that the stem vowel is not stressed in the verb forms used with **nosotros(-as)** and **vosotros(-as)**; therefore, the **e** does not change to **ie**.

■ Stem-changing verbs have the same endings as regular **-ar, -er,** and **-ir** verbs.

■ Some verbs that undergo this change:

cerrar	to close	**pensar (+ infinitive)**	to plan
comenzar	to begin, to start		(to do something)
empezar	to begin, to start	**perder**	to lose
entender	to understand	**querer**	to want, to wish, to
pensar	to think		love

---

[1] The preposition **a** is used after **empezar** and **comenzar** when they are followed by an infinitive.

PRÁCTICA

A. Complete the following dialogues, using the verbs given. Then act them out with a partner, expanding each dialogue by adding one or two sentences.

1. preferir   —¿Dónde _____ comer Uds.? ¿En un café o en su casa?

                  — _____ comer en nuestra casa.

2. querer   —¿Qué _____ comer Uds.?

                  —Rosa _____ comer pollo y Oscar y yo _____ comer entremeses.

3. pensar   —¿Adónde _____ Uds. ir el domingo?

                  — _____ ir al club.

4. cerrar   —¿No _____ (ellos) la cafetería los sábados?

                  —No, creo que no _____ la cafetería los sábados.

5. perder   —Cuando Uds. van a Las Vegas, ¿ _____ mucho dinero?

                  —Sí, _____ mucho.

6. empezar   —¿A qué hora _____ Uds. a trabajar?

                  —Nosotros _____ a las ocho y Luis _____ a las nueve.

B. You have just enrolled at a new university, and some current students are helping to orient you. Compare their routines and preferences with your own.

1. Comenzamos las clases a las nueve.
2. No entendemos inglés.
3. Pensamos trabajar mañana.
4. Queremos ir al club.
5. Preferimos beber refrescos.
6. No cerramos las ventanas por la noche.

C. Interview a classmate, using the following questions. When you have finished, switch roles.

1. ¿Entienden tú y tus amigos el inglés?
2. ¿Entiendes una conversación en español?
3. ¿Entiendes la lección?
4. ¿Quieres tomar un refresco?
5. ¿Prefieres Coca-Cola o Sprite?
6. ¿Prefieren Uds. comer en su casa o en la cafetería?
7. ¿Piensas ir a un baile el sábado?
8. Para bailar, ¿prefieres una orquesta o discos?

¡A ver cuánto aprendió!

¡Repase el vocabulario!

Complete the following sentences with the appropriate words; then read them aloud.

1. ¿ _____ es el disco? ¿De Teresa?
2. En las fiestas de _____ de año en España, comen doce _____ a la _____ .
3. La orquesta es muy, muy buena. ¡Es _____ !
4. ¿Por qué no comen? _____ no tienen hambre...
5. ¿ _____ vas? ¿Al club?
6. ¡Feliz Año _____ !
7. Marta está _____ porque va al baile del club.
8. ¿Tienes refrescos? Tengo mucha _____ .
9. No tengo cintas pero tengo _____ .
10. No quiero bailar ahora porque estoy muy _____ .
11. ¿ _____ dinero tiene Ud.? ¿Mil pesos?
12. Tiene dos hermanos. La _____ vive en Bogotá y el hermano vive en Lima.
13. Vamos a _____ con sidra.
14. Hoy vamos a celebrar el _____ de Julio.
15. ¿Estudiamos esta noche o vas a estar _____ ?

Entrevista

Interview a classmate, using the **tú** form.

Pregúntele a su compañero(-a) de clase...

1. ...cuántos años tiene.
2. ...si es feliz.
3. ...si da muchas fiestas en su casa.
4. ...si va a dar una fiesta el sábado.
5. ...si baila muy bien.
6. ...si prefiere beber vino, cerveza o refrescos.
7. ...si es una buena idea tener una fiesta hoy.
8. ...adónde va a ir esta noche.
9. ...si tiene discos, cintas o discos compactos.
10. ...si tiene hambre.
11. ...si quiere comer pollo o entremeses.
12. ...si va a comer en la cafetería mañana.

Situaciones

What would you say in the following situations? What might the other person say? Act out the scenes with a partner. Take turns playing each role.

1. You want to ask someone to dance with you.
2. You are having a party. Offer one of your guests a selection of beverages.
3. Your friend is hungry. You have plenty of food in the house.
4. You call a friend to say that you are going to bring the drinks for a party.
5. It's 12:00 A.M. on January 1.
6. It's your best friend's birthday.

Para escribir

Look at the photo and make up a story about the people you see. Give their names, describe them, and say how they are related. Say who is giving the party, the occasion for the party, what the guests are eating and drinking, what they are doing, and so on.

En la vida real

UNA VISITA

With a classmate, plan activities you would have in your hometown to entertain a visitor from a Spanish-speaking country. Give your visitor a name and decide which country he or she is from. In your plans include a party, visits to places of interest, and outdoor activities. Decide who is going to do what, and include food and drinks you are going to offer your visitor.

Some additional words or phrases you may want to include are:

la **hamburguesa** *hamburger*		la **montaña** *mountain*	
el **perro caliente** *hot dog*		el **picnic** *picnic*	
el **pollo frito** *fried chicken*		la **playa** *beach*	
el **cine** *movie theater*			
la **discoteca** *disco*		el **partido** *(game)* de	**béisbol**
el **museo** *museum*			**básquetbol**
el **teatro** *theater*			**fútbol** *(soccer)*
			fútbol americano

UN ESPECTÁCULO

In Spain, you and a classmate come across this ad about a show and decide to go see it. What information can you get from the ad? After reading the ad, take turns answering the questions below.

1. ¿Cómo se llama el espectáculo?
2. ¿Dónde presentan el espectáculo?
3. ¿Hasta *(Until)* cuándo va a estar en Madrid el grupo?
4. De Madrid, ¿adónde va el grupo?
5. ¿Cuántos artistas hay en el grupo?
6. ¿Son todos mexicanos?
7. ¿A qué países dedican los artistas el espectáculo?
8. ¿El espectáculo es a las nueve y media de la mañana o de la noche?
9. En España no usan dólares; usan pesetas. ¿Cuánto dinero necesitan Uds. para comprar las entradas *(buy the tickets)*?
10. ¿En qué calle está el Palacio de Deportes de la Comunidad?

MADRID ABIERTO

«Holiday on Ice», en el Palacio de Deportes

✷✷✷✷✷✷

Música y acrobacias en una fiesta sobre hielo

Setenta artistas del patinaje, de diversas nacionalidades, participan en el espectáculo musical «Holiday on Ice», que se presenta en Madrid solamente hasta el 2 de agosto, antes de continuar hacia Valladolid y Bilbao.

El «show» ofrece dos horas de números musicales, bailes y acrobacias dedicadas a México y a Rusia. La «danza de los platillos» y las acrobacias de los hermanos Ribelli son lo mejor.

El espectáculo se presenta a las 21,30 horas. Hay entradas desde 500 a 1.400 pesetas, con precios especiales para los niños menores de doce años. Venta anticipada por las tardes, de 18 a 21 horas, en el **Palacio de Deportes de la Comunidad** (avenida Felipe II, 19).

Zdenek Pazdirek, doble campeón checoslovaco.

¡DAMOS UNA FIESTA!

Get together with two or three students and plan a party. Discuss the following:

1. how much money you have
2. when you are going to have the party
3. where you are going to have the party
4. whom you are going to invite
5. what you are going to eat and who is going to bring the food
6. what you are going to drink and who is going to bring the drinks
7. what you are going to do
8. who is going to bring the records and tapes
9. what kinds of music you want

¡VAMOS A LEER!

ANTES DE LEER

As you read the following paragraphs, find the answers to these questions.

1. ¿Cuál es el apellido de Cindy?
2. ¿En qué país y en qué ciudad vive y estudia Cindy?
3. ¿Dónde trabajan los padres de Cindy?
4. ¿Cómo es Cindy? ¿Cuántos años tiene?
5. ¿Cindy piensa estudiar en una universidad paraguaya?
6. ¿Cuándo estudia Cindy?
7. ¿Qué hace Cindy los sábados? ¿Y los domingos?
8. ¿Qué día es el cumpleaños de Cindy?
9. ¿Cómo va a celebrar Cindy su cumpleaños?
10. ¿Todos *(All)* los amigos de Cindy son norteamericanos?

¡Feliz cumpleaños, Cindy!

Cindy Brown, una chica norteamericana, vive y estudia en Asunción, la capital de Paraguay. Su padre trabaja para un banco norteamericano y su madre enseña° inglés en un instituto de lenguas. Cindy es <u>rubia</u>, inteligente y muy simpática. Tiene dieciocho años y piensa regresar a los Estados Unidos en agosto para estudiar en la universidad.

    La muchacha tiene clases por la mañana, estudia por la tarde y generalmente tiene la noche libre. Los sábados va con sus amigos a un club para jugar° al tenis y los domingos va a la iglesia° con sus padres.

    El sábado es su cumpleaños y sus padres van a dar una fiesta en su casa. Cindy va a invitar a muchos amigos—norteamericanos y paraguayos—para celebrar su cumpleaños.

teaches

play / church

DÍGANOS

Answer the following questions, based on your own thoughts and experiences.

1. ¿Cuál es el apellido de Ud.?
2. ¿Dónde vive y estudia Ud.?
3. ¿Dónde trabajan sus padres?
4. ¿Cuándo estudia Ud.?
5. ¿Qué hace Ud. los sábados? ¿Y los domingos?
6. ¿Cuándo es su cumpleaños?
7. ¿Cómo prefiere Ud. celebrar su cumpleaños?
8. ¿Todos sus amigos son norteamericanos?

España (I)

España

- Los moros *(Moors)*, del norte de África, dominaron España por más de 700 años. Su influencia es evidente en la arquitectura de Toledo, Córdoba, Granada, Sevilla y otras ciudades.

- El turismo tiene una gran importancia para la economía de España. Más de 40 millones de personas visitan España cada año *(each year)* para disfrutar de *(enjoy)* su clima, sus playas *(beaches)* y su rica historia.

- España atrajo *(attracted)* la atención de todo el mundo en 1992 con la celebración de los Juegos Olímpicos en Barcelona y la participación de más de 100 países en la Exposición Universal de Sevilla.

2

Panorama hispánico

Las Ramblas son el centro tradicional de actividades de Barcelona, la capital de Cataluña. En las Ramblas está el Liceu, uno de los teatros de ópera más famosos de Europa, y hay también numerosos restaurantes, tiendas *(stores)* y hoteles.

¿ Cómo se llama la calle principal de su ciudad?

La ciudad de Ávila, situada al noroeste de Madrid, está completamente rodeada de murallas románicas *(Romanesque walls)*. Aunque las murallas tienen casi *(almost)* 1.000 años, están muy bien conservadas. En Ávila nació *(was born)* Santa Teresa de Jesús, famosa escritora mística del siglo XVI.

¿ En qué parte de los Estados Unidos vive Ud.?

Vista parcial del puerto de San Sebastián en el País Vasco *(Basque Country)*. Situada sobre el Mar Cantábrico y muy cerca de la frontera francesa, San Sebastián es un centro pesquero *(fishing)* importante. La ciudad también es conocida *(known)* por su hermosa *(beautiful)* playa, "La Concha".

¿ Le gusta la playa a Ud.?

El Templo de la Sagrada Familia, del arquitecto catalán Antonio Gaudí, es un símbolo de la ciudad de Barcelona. Gaudí murió en 1926 sin terminar la construcción de la iglesia, que todavía no está acabada *(finished)*.

¿ Cómo se llaman algunos arquitectos norte-americanos famosos?

El pueblo de Alcázar de San Juan, en la región de La Mancha. Esta región, una extensa llanura *(plain),* y sus molinos de viento *(windmills)* son famosos en todo el mundo gracias a la novela *Don Quijote de la Mancha,* de Miguel de Cervantes.

Qué sabe Ud. de Don Quijote?

El Paseo de la Castellana es, actualmente, la calle más popular de Madrid. A uno y otro lado de la avenida se ven magníficos edificios, como los del complejo Azca que aparecen en la foto. En el centro de la avenida hay un parque en el que encontramos fuentes, monumentos y cafés al aire libre. El paseo es centro de reunión de los españoles y también de los turistas que visitan Madrid.

Cuál es la principal avenida en la ciudad donde Ud. vive?

El Patio de los Leones de la Alhambra de Granada. La Alhambra es un palacio inmenso, construido por los árabes en los siglos XIII y XIV. Los salones y jardines del palacio forman una especie *(sort)* de laberinto.

¿ Dónde está su edificio favorito?

Las ferias *(fairs)* son muy populares en toda España. La feria de abril de Sevilla, que se celebra después de la Semana Santa *(Holy Week)*, es una de las más famosas del país. En la foto, dos niñas con el traje típico de Andalucía bailan.

¿ Dónde hay ferias en los Estados Unidos?

Mallorca, Menorca e Ibiza, las Islas Baleares, están situadas en el Mar Mediterráneo y pertenecen a España. Más de un millón de turistas visitan estas islas todos los años. Sin embargo, las islas aún conservan muchas de sus típicas aldeas *(small towns)* de pescadores, como la que vemos en la foto.

¿ Qué islas pertenecen a los Estados Unidos?

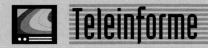
Teleinforme

VOCABULARIO

Granada y Sevilla

al lado de   next to
la belleza   beauty
era   was
la fuente   fountain
hermoso   beautiful
junto a   next to
llegaron   arrived
mismo   same
muestra   shows

podemos ver   we can see
quien no ha visto   he who hasn't
   seen
los reyes   kings
rodeada   surrounded by
el siglo   century
el sur   south
los techos   roofs
la vida   life

Madrid

los aficionados   fans
conocidos   known
el correo   post office
el deporte   sport
la diosa   goddess
el equipo   team
los jugadores   players

las orillas   banks (of a river)
el partido   game
los puentes   bridges
los rascacielos   skyscrapers
el río   river
se juega   is played

PREPARACIÓN

¿Cuánto saben Uds. ya?   After reading the information in **Panorama hispánico 2**, get together in groups of three or four and complete each statement with the appropriate information.

1. Los _____ dominaron España por más de _____ años.
2. La influencia árabe se observa en la arquitectura de ciudades como Toledo, _____ , _____ y _____ .
3. El _____ de los Leones está en la Alhambra.
4. La Alhambra es un _____ inmenso, construido por los _____ en los siglos XIII y XIV.
5. La _____ de abril de _____ se celebra después de la Semana Santa.
6. El Paseo de la _____ es la calle más popular de _____ .

COMPRENSIÓN

A. Granada y Sevilla. Select the word or phrase that best completes each statement, according to what you understood.

1. En 1492 (construyeron [*built*] La Alhambra, llegaron a América) los españoles.
2. La Alhambra era una (fortaleza militar, fuente).
3. Las paredes y los techos de La Alhambra están decorados con (complicados, simples) diseños *(designs)* geométricos.
4. En el Patio de los Leones, la fuente está rodeada de (diez, doce) leones.
5. La Torre de la Giralda está en (Sevilla, Granada).
6. Quien no ha visto (Granada, Sevilla), no ha visto maravilla.

B. Madrid. Read the following statements. After watching the video, circle V (**Verdadero**) or F (**Falso**), according to what you understood.

V F   1. Madrid tiene rascacielos impresionantes.
V F   2. El deporte más popular de los madrileños es el básquetbol.
V F   3. El Manzanares es un río.
V F   4. La Puerta de Alcalá es un monumento.
V F   5. En la Plaza de la Cibeles hay una estatua de Cervantes.
V F   6. El 31 de diciembre, miles de personas comen uvas en la Puerta del Sol.
V F   7. En la Gran Vía no hay mucho tráfico.

AMPLIACIÓN

Dos culturas. With a partner, make a list of counterparts you can find in your city, state, or country for each of the following items.

1. El monumento a La Cibeles
2. El río Manzanares
3. Madrid
4. El estadio Santiago Bernabeu
5. La celebración del 31 de diciembre en la Puerta del Sol
6. La Gran Vía
7. La Torre de la Giralda
8. La Sierra Nevada

¡Vamos a Madrid!

Monumento al rey
Alfonso XII en el
Parque del Retiro en
Madrid, España.

OBJECTIVES

Pronunciation
The Spanish **p, t, c,** and **q**

Structure
Comparative forms • Irregular comparative
forms • Ordinal numbers • Months and sea-
sons of the year • Present indicative of **o:ue**
stem-changing verbs • Weather expressions

Communication
You will learn vocabulary related to family rela-
tionships and personal characteristics.

¡Vamos a Madrid!

Carol, una estudiante de los Estados Unidos, está en España. Asiste a la universidad de Salamanca y vive en una pensión cerca de la Plaza Mayor. Quiere aprender a[1] hablar español perfectamente y por eso nunca pierde la oportunidad de practicar el idioma. Ahora está en un café con dos amigos españoles.

LUIS —Oye, Carol, ¿puedes ir con nosotros a Madrid este fin de semana?

CAROL —No puedo; tengo que escribir muchas cartas: a mi abuela, a mi tío, a mi hermano...

LUIS —Tú echas de menos a tu familia, ¿no?

CAROL —Sí, ...especialmente a mi hermano mayor.

CARMEN —¿Cómo es tu hermano? ¿Rubio? ¿Moreno?

CAROL —Es rubio, delgado y de estatura mediana. Estudia medicina.

CARMEN —¡Muy interesante! ¿Cuándo viene a España? ¿En el verano?

CAROL —No, va a viajar a México con su esposa y sus dos hijas.

CARMEN —¡Bah! Es casado... ¡Qué lástima! ¿No tienes otro hermano?

CAROL —No, lo siento. ¿Quieren ver una fotografía de mis sobrinas?

CARMEN —Sí. *(Mira la foto.)* ¡Son muy bonitas!

CAROL —Empiezan a[1] asistir a la escuela el quince de septiembre.

LUIS —¡Oye! ¿Por qué no vas a Madrid con nosotros? Es más interesante que escribir cartas...

CAROL —¿Van en coche?

LUIS —No, preferimos ir en autobús. Es tan cómodo como el coche, no cuesta mucho y no tenemos que conducir.

CARMEN —Pensamos ir al Museo del Prado...

CAROL —Ah... allí están algunos de los cuadros más famosos del mundo.

LUIS —¡Es muy interesante! ¡Y Madrid tiene unos restaurantes muy buenos! Nosotros siempre comemos en la Casa Botín.

CAROL —Vale. ¡Vamos a Madrid! ...¡Si no llueve!

CARMEN —No, según el pronóstico, va a hacer buen tiempo.

---

[1]The preposition **a** is used after **aprender** and **empezar** when it is followed by a verb in the infinitive.

Vocabulario

Cognados

el café café
especialmente especially
la familia family
famoso(-a) famous
la fotografía, la foto
   photograph, photo

interesante interesting
la medicina medicine
el museo museum
la oportunidad opportunity
perfectamente perfectly

el restaurante restaurant
septiembre September

■ Nombres

la abuela grandmother
el autobús, el ómnibus, el
   camión de pasajeros
   (Mex.) bus
la carta letter
el coche, el carro, el automóvil,
   el auto car, automobile

el cuadro, la pintura painting,
   picture
escuela school
los Estados Unidos United
   States
el fin de semana weekend
el mundo world

la pensión boarding house
la sobrina niece
el tiempo weather
el tío uncle
el verano summer

■ Verbos

asistir (a) to attend
conducir (yo conduzco),
   manejar to drive
costar (o:ue) to cost

echar de menos, extrañar to
   miss (feel homesick for)
llover (o:ue) to rain
poder (o:ue) to be able to,
   can

practicar to practice
ver (yo veo) to see
viajar to travel

■ Adjetivos

cómodo(-a) comfortable
este this *(m.)*

mayor older
otro(-a) other, another

■ Otras palabras y expresiones

Ah Oh
algunos(-as) some
¿cómo es...? what is . . . like?
¿cuándo? when?
de estatura mediana of
   medium height

nunca never
por eso that is why
el pronóstico del tiempo
   weather forecast
¡qué lástima! what a pity!
según according to

si if
va a hacer buen tiempo the
   weather is going to be good
vale okay *(Spain)*
vamos let's go

Vocabulario complementario

■ Características y condiciones

bajo(-a)   short (in <u>height</u>)   Alberto no es alto; es **bajo.**
incómodo(-a)   uncomfortable   Tu silla es muy **incómoda.**
menor   younger   Ana es mi hermana **menor.**
pequeño(-a)   little, small   Es un libro muy **pequeño.**

corto (short in length)
corta

breve (brief in terms of time)

adjectives

■ La familia

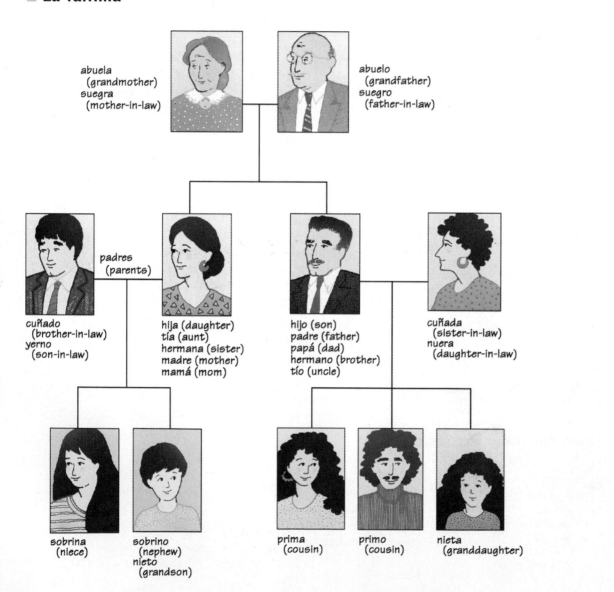

abuela
(grandmother)
suegra
(mother-in-law)

abuelo
(grandfather)
suegro
(father-in-law)

padres
(parents)

cuñado
(brother-in-law)
yerno
(son-in-law)

hija (daughter)
tía (aunt)
hermana (sister)
madre (mother)
mamá (mom)

hijo (son)
padre (father)
papá (dad)
hermano (brother)
tío (uncle)

cuñada
(sister-in-law)
nuera
(daughter-in-law)

sobrina
(niece)

sobrino
(nephew)
nieto
(grandson)

prima
(cousin)

primo
(cousin)

nieta
(granddaughter)

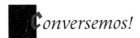

¡Conversemos!

Answer the following questions, basing your answers on the dialogue.

1. ¿Carol es de Madrid?
2. ¿Dónde estudia?
3. ¿Dónde vive?
4. ¿Por qué no puede ir a Madrid este fin de semana?
5. ¿Cómo es el hermano de Carol?
6. ¿Va a venir a España?
7. ¿Con quién va a viajar a México?
8. ¿Tiene Carol otros hermanos?
9. ¿Cuándo empiezan a asistir a la escuela las sobrinas de Carol?
10. Según Luis, ¿por qué es mejor viajar en autobús?
11. ¿Dónde están algunos de los cuadros más famosos del mundo?
12. ¿Dónde comen en Madrid Luis y Carmen?
13. Si llueve, ¿va a ir Carol a Madrid?
14. Según el pronóstico, ¿qué tiempo va a hacer el sábado?

¿Lo sabía Ud.?

- La Universidad de Salamanca es una de las universidades más antiguas y famosas del mundo. Además de los cursos regulares para españoles, ofrece muchas clases para estudiantes extranjeros *(foreign)*.

- El Museo del Prado es uno de los museos más importantes del mundo. Tiene una colección de más de 2.000 cuadros y más de 300 esculturas. Allí están representados los grandes pintores españoles—Goya, Murillo, Velázquez, El Greco y otros. También hay cuadros de otros pintores europeos famosos.

- En la mayoría de los países hispánicos, las universidades no tienen residencias universitarias *(dorms)*. Los estudiantes viven con su familia o en pensiones, donde el precio incluye el cuarto y la comida *(room and board)*.

- El café al aire libre es una parte importante de la cultura hispánica, donde la gente *(people)* conversa mientras come y toma algo *(something)*.

Turistas en el famoso Museo del Prado en Madrid, España.

- En los países de habla hispana, la fecha *(date)* se escribe con el día antes del mes: 2–5–94 equivale al dos de mayo de 1994.

Pronunciación

A. The Spanish p

The Spanish **p** is pronounced like the English *p* as in the word *sparks,* but with no expulsion of air. Listen to your teacher and repeat the following words.

perfectamente	tiempo	oportunidad
pintura	papá	septiembre
pensión	primo	poder

B. The Spanish t

The Spanish **t** is pronounced by placing the tongue against the upper teeth, as in the English word *stop.* Listen to your teacher and repeat the following words.

nieta	restaurante	practicar
tío	carta	auto
otro	este	foto

C. The Spanish c

The Spanish sound for the letter **c** in the combinations **ca, co,** and **cu** is /k/, pronounced as in the English word *scar,* but with no expulsion of air. Listen to your teacher and repeat the following words.

café	coche	cuñado
nunca	cómodo	cuánto
calle	pronóstico	cuándo

D. The Spanish q

The Spanish **q** is always followed by a **u**; it is pronounced like the *c* in the English word *come,* but without any expulsion of air. Listen to your teacher and repeat the following words.

Quintana	Roque	quien
que	quiere	orquesta
aquí	queso	Quevedo

Estructuras

1. Comparative forms *(Formas comparativas)*

A. Comparisons of inequality

■ In Spanish, the comparative of inequality of most adjectives, adverbs, and nouns is formed by placing **más** *(more)* or **menos** *(less)* before the adjective, the adverb, or the noun and **que** *(than)* after it.

más *(more)*		*adjective*			
	+	*or*			
		adverb	+	**que** *(than)*	
menos *(less)*		*or*			
		noun			

—¿Tú eres **más alta que** Ana?　　　*"Are you taller than Ana?"*
—Sí, ella es <u>mucho</u> **más baja**　　*"Yes, she is much shorter than*
　que yo.　　　　　　　　　　　　*I."*

ATENCIÓN De is used instead of **que** before a numerical expression of quantity or amount.

Tiene **más de** treinta años.　　　*She's over thirty years old.*
Hay **menos de** veinte estudiantes　*There are fewer than twenty stu-*
　aquí.　　　　　　　　　　　　　*dents here.*

B. Comparisons of equality

■ To form comparisons of equality with adjectives, adverbs, and nouns in Spanish, use the adjectives **tanto, -a, -os, -as,** or the adverb **tan... como.**

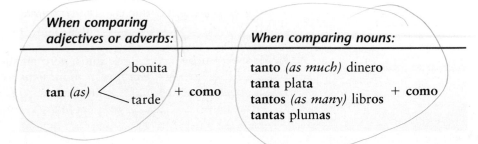

When comparing adjectives or adverbs:	When comparing nouns:
tan *(as)* 〈 bonita / tarde 〉 **+ como**	**tanto** *(as much)* dinero **tanta** plata **tantos** *(as many)* libros **+ como** **tantas** plumas

—¿Vas en autobús?	*"Are you going by bus?"*
—Sí, es **tan** cómodo **como** el coche.	*"Yes, it's as comfortable as the car."*
—Tengo mucho trabajo.	*"I have a lot of work."*
—Yo tengo **tanto** trabajo **como** tú.	*"I have as much work as you (do)."*

C. The superlative

■ The superlative construction is similar to the comparative. It is formed by placing the definite article before the person or thing being compared.

$$\text{definite article} \; + \; \text{(noun)} \; + \; \begin{matrix}\textbf{más} \\ \text{or} \\ \textbf{menos}\end{matrix} \; + \; \text{adjective} \; + \; \textbf{de}$$

—¿Quieres ir al Museo del Prado?	*"Do you want to go to the Prado Museum?"*
—Sí, allí están **los cuadros más famosos** de España.	*"Yes, the most famous paintings in Spain are there."*

ATENCIÓN Note that the Spanish **de** translates to the English *in* after a superlative.

Son los cuadros más famosos **de** España.	*They are the most famous paintings in Spain.*
Es la chica más bonita **de** la clase	*She is the prettiest girl in the class.*
Él es el[1] más inteligente **de** la familia.	*He is the most intelligent (one) in the family.*

PRÁCTICA

A. Complete the following sentences, using the Spanish equivalent of the words in parentheses.

1. Tu primo es _____ tú. *(fatter than)*
   Tú eres _____ que él. *(much thinner)*
2. Mi cuñado es _____ que ella, pero estudia mucho. *(less intelligent)*
3. Mi suegra tiene _____ años, pero mi suegro tiene _____ . *(less than fifty / more than seventy)*
4. Mi abuela tiene _____ mis padres. *(as much money as)*
5. Carlos tiene _____ yo. *(as many records as)*

---

[1] As in English, the noun may be omitted.

6. Mi sobrina es _____ su mamá. *(as tall as)*
7. Tu tía habla español _____ mi padre. *(as well as)*
8. Aquí hay _____ allí. *(as many girls as)*

B. Compare the people in the picture below with each other.

1. María es _____ Rosa.
2. Rosa es _____ María.
3. Carlos es _____ Rosa y que María.
4. Carlos es _____ Juan.
5. Juan es _____ Carlos.
6. Juan es _____ María.
7. Juan es el _____ de todos.
8. Carlos es el _____ de todos.

C. Establish comparisons between the following people and things, using the adjectives provided and adding any necessary words.

1. Michael Jordan / Danny De Vito   (alto)
2. Cuba / Estados Unidos   (pequeño)
3. Michael Jackson / John Candy   (delgado)
4. coche / ómnibus   (cómodo)
5. Maine / Texas   (grande)

Now find a partner. Take turns comparing more people and things.

D. With a partner, act out the following dialogues in Spanish.

1. "I do not have as many opportunities as you (do) to practice Spanish."
   "You are right. I have more opportunities than you."
2. "Are you taller than your sister?"
   "Yes, I am the tallest woman in the family."
3. "You are the most intelligent girl in the world."
   "No, you are as intelligent as I."
4. "I live very far from the university."
   "I live as far as you."

2. Irregular comparative forms
(Formas comparativas irregulares)

■ The following adjectives and adverbs have irregular comparative and
superlative forms in Spanish.

Adjective	Adverb	Comparative	Superlative
bueno	bien	**mejor**	el (la) mejor
malo	mal	**peor**	el (la) peor
grande		**mayor**	el (la) mayor
pequeño		**menor**	el (la) menor

—El clima de Madrid es peor
que el clima de Málaga.
—Tienes razón.

*"Madrid's climate is worse
than Malaga's climate."*
"You're right."

—Eva es una **buena** estudiante.
—Sí, es **la mejor** de la clase.

"Eva is a good student."
*"Yes, she's the best in the
class."*

■ When the adjectives **grande** and **pequeño** refer to size, the regular forms
are generally used.

Tu casa es **más grande** que la
de Carolina.

*Your house is bigger than
Carolina's.*

■ When these adjectives refer to age, the irregular forms are used.

Ella es **mucho** mayor que yo.   *She is much older than I.*

PRÁCTICA

A. Answer the following questions with complete sentences.

1. Mi nieta tiene veinte años y mi nieto tiene treinta. ¿Quién es mayor?
   ¿Quién es menor?
2. Mi yerno tiene cuarenta años y mi nuera tiene treinta y ocho. ¿Quién es
   menor? ¿Quién es mayor?
3. ¿Quién habla mejor el español, tú o el profesor (la profesora)?
4. Pedro tiene una "B" en inglés; Antonio tiene una "C"; y José tiene una
   "F". ¿Quién es el peor estudiante? ¿Quién es el mejor estudiante?

Now write three original comparative situations, using the ones you have just
completed as models. When you have finished, take turns giving and responding to situations with a partner.

B. With a partner, act out the following dialogues in Spanish.

1. "Do you attend Harvard University?"
   "Yes, and I think (that) it is the best university in the world."
2. "Are you older than your cousin?"
   "Yes, she is younger than I."
3. "I speak Spanish better than David."
   "Yes, but he speaks French better than you."
4. "Her car is not very good."
   "Yes, but my car is the worst!"

3. Ordinal numbers *(Números ordinales)*

primero(-a)[1]	*first*	**sexto(-a)**	*sixth*
segundo(-a)	*second*	**séptimo(-a)**	*seventh*
tercero(-a)[1]	*third*	**octavo(-a)**	*eighth*
cuarto(-a)	*fourth*	**noveno(-a)**	*ninth*
quinto(-a)	*fifth*	**décimo(-a)**	*tenth*

un décimo   eleventh
duo décimo   twelfth

■ Ordinal numbers agree in gender and number with the nouns they modify.

el segundo **chico**   la segunda **chica**
los primeros **días**   las primeras **semanas**

■ Ordinal numbers are seldom used after **décimo** *(tenth).*

ATENCIÓN The ordinal numbers **primero** and **tercero** drop the final -o before masculine singular nouns.

el **primer**[2] día   *1er día*   el **tercer**[3] año

PRÁCTICA

Supply the ordinal numbers that correspond to the following cardinal numbers.

1. cuatro
2. diez
3. uno
4. siete
5. dos

6. ocho
7. tres
8. nueve
9. cinco
10. seis

---

[1] abbreviated 1º, 2º, 3º, and so on   *or 1ª, 2ª, 3ª*
[2] abbreviated 1er
[3] abbreviated 3er

4. Months and seasons of the year
(Los meses y las estaciones del año)

mes/
month

El invierno

La primavera

El verano

El otoño

■ To ask for the date, say:

—¿Qué fecha es hoy?　　　　*"What's the date today?"*

■ When giving the date, always begin with the phrase **"hoy es el..."**

—Hoy es el veinte de mayo.　　*"Today is May twentieth."*

■ Begin with the number, followed by the preposition **de** *(of)*, and then the month.

el quince de agosto	*August fifteenth*
el diez de septiembre	*September tenth*

—¿Qué fecha es hoy? **¿El pri-**　　*"What's the date today? May*
mero de mayo?　　　　　　*first?"*
—No, hoy es **el treinta de abril.**　*"No, today is April thirtieth."*

ATENCIÓN Primero is the only ordinal number used with dates.

PRÁCTICA

A. Give the Spanish equivalent of the following dates.

1. July fourth
2. October thirty-first
3. January first
4. May fifth
5. February twelfth
6. December twenty-fifth

7. March twenty-first
8. April second
9. June twentieth
10. September ninth
11. August thirteenth
12. November eleventh

B. Indicate in which season the following months fall in the Northern Hemisphere.

1. febrero
2. agosto
3. mayo
4. enero

5. octubre
6. julio
7. abril
8. noviembre

C. Interview a classmate to obtain the following information, using the **tú** form. When you have finished, switch roles.

1. su cumpleaños
2. el cumpleaños de su madre
3. el cumpleaños de su padre
4. el cumpleaños de su mejor amigo(-a)
5. el aniversario de sus padres

5. Present indicative of **o:ue** stem-changing verbs
(Presente de indicativo de los verbos que cambian en la raíz o:ue)

poder *to be able*	
puedo	podemos
puedes	podéis
puede	pueden

■ Some verbs undergo a stem change in the present indicative. For these verbs, when **o** is the last stem vowel and it is stressed, it changes to **ue.**

—¿A qué hora **vuelven** Uds.?   *"At what time are you returning?"*

—**Volvemos** a las doce.   *"We'll return at twelve o'clock."*

—Entonces comemos a las doce y media.   *"Then we'll have lunch (eat) at twelve-thirty."*

■ Note that the stem vowel is not stressed in the verb forms used with **nosotros(-as)** and **vosotros(-as)**; therefore, the **o** does not change to **ue**.

■ Other verbs that undergo this change:[1]

[handwritten: Poder / (to be able) to be able / can]

almorzar	*to have lunch*	**llover** (impersonal)	*to rain*
contar	*to tell, to count*	**morir**	*to die*
costar	*to cost*	**recordar**	*to remember*
dormir	*to sleep*	**volar**	*to fly*
encontrar	*to find*	**volver**	*to return*

PRÁCTICA

A. Interview a classmate, using the following questions. When you have finished, switch roles.

1. ¿Almuerzas en la cafetería o en tu casa?
2. ¿Cuánto cuestan los sándwiches en la cafetería?
3. ¿Cuántas horas duermes?
4. ¿Cuentas ovejas *(sheep)* para dormir?
5. ¿Hasta qué número puedes contar en español?
6. ¿Encuentras difícil o fácil la clase de español?
7. ¿Cuándo vuelves a tu casa?
8. ¿Llueve mucho en tu ciudad?

B. Marité is talking to her roommate, who is sound asleep. Complete the story, supplying the missing **(o:ue)** verbs. Then read it aloud.

MARITÉ —¡Teresa, me voy! No _encuentro_ mis libros. ¿Dónde están? No _puedo_ ir a mi clase sin *(without)* mis libros. ¡Oye! Hoy _almuerzo_ con Pedro en la cafetería; no tengo dinero y los sándwiches en la cafetería _cuestan_ dos dólares. ¡Ay, Teresa!, hoy tengo que llamar a Marta y no _recuerdo_ su número de teléfono. ¡Teresa!, ¿tú _recuerdas_ el número de Marta? ¡Oye! ¿Roberto _vuela_ a San Francisco hoy? ¿Vas al aeropuerto con él? *(Mira por la ventana.)* ¡Ay, (cómo) _llueve_ ! Necesito tu impermeable *(raincoat)*. ¡Ah!, hoy _vuelvo_ a casa a *[handwritten: now]* las cinco. *(Abre la puerta de Teresa.)* ¡Teresa! ¡Teresa! ¿Por qué no contestas *(answer)*?

TERESA —*(Mmm...)* Nunca _puedo_ dormir cuando tú estás en casa.

MARITÉ —Tú _duermes_ mucho. No necesitas dormir más. Me voy. Nos vemos.
[handwritten: See you later.]

---

[1]For a complete list of stem-changing verbs, see Appendix B.

C. Arnaldo is very nosy and is always asking questions. Here are the answers. What are his questions?

1. ¿ _____ ? Mi tocadiscos cuesta $1.000.
2. ¿ _____ ? Nosotros almorzamos en el restaurante.
3. ¿ _____ ? Volvemos a casa a las cinco.
4. ¿ _____ ? No, yo no duermo mucho.
5. ¿ _____ ? No, no recuerdo el número de teléfono de Ana.
6. ¿ _____ ? Vuelo a San Francisco los domingos. *(flight attendant)*
7. ¿ _____ ? No, no puedo ir a tu casa esta noche.

6. Weather expressions *(Expresiones para describir el tiempo)*

■ In the following expressions, Spanish uses the verb **hacer**, *to make,* followed by a noun.

It makes

Hace (mucho) frío.	*It is (very cold).*
Hace (mucho) calor.	*It is (very) hot.*
Hace (mucho) viento.	*It is (very) windy.*
Hace sol.	*It is sunny.*

calor/warm

■ To ask about the weather say, "**¿Qué tiempo hace?**" *(What's the weather like?).*

—¿Qué tiempo hace hoy? "*What's the weather like today?*"

—Hace buen (mal) tiempo. "*The weather is good (bad).*"

■ The following words used to describe the weather do not combine with **hacer;** they are impersonal verbs used only in the infinitive, present participle, past participle, and third-person singular forms of all tenses.

llover (o:ue) *to rain*	*verb* **Llueve.** *It is raining (It rains).*
lloviznar *to drizzle*	**Llovizna.** *It is drizzling (It drizzles).*
nevar (e:ie) *to snow*	**Nieva.** *It is snowing (It snows).*

noun

■ Other weather-related words are **lluvia** *(the rain)* and **niebla** *(the fog).*

—¿Hace mucho **frío** en Buenos Aires? "*Is it very cold in Buenos Aires?*"

—Sí, pero nunca **nieva.** "*Yes, but it never snows.*"

—¿Vas a volar hoy a San Francisco? "*Are you going to fly to San Francisco today?*"

—No, porque **hay niebla.** "*No, because it's foggy.*[1]"

---

[1]**hay niebla** = *it's foggy*

for water
para agua

PRÁCTICA

A. Study the words in the following list, then complete the dialogues.

el paraguas *umbrella*		**el abrigo** *coat*
el impermeable *raincoat*		**el suéter** *sweater*
la sombrilla *parasol*			

1. —¿Necesitas un paraguas?
   —Sí, porque en Oregón _____ mucho.
2. —¿No necesitas un abrigo?
   —No, porque _____ .
3. —¿Quieres un impermeable?
   —No, gracias, apenas *(hardly)* _____ .
4. —¿Por qué no quieres llevar el suéter?
   —¡Porque _____ !
5. —¿Vas a llevar la sombrilla?
   —Sí, porque _____ .
6. —¿Necesitas un suéter y un abrigo?
   —Sí, porque _____ .
7. —¿Un impermeable? ¿Por qué? ¿Llueve? ¿Llovizna?
   —No, pero _____ .
8. —¡Qué lluvia! Necesito un _____ y un _____ .

B. Say what the weather will be like in different locations at different times of year.

1. Portland, Oregón–el 2 de enero
2. Anchorage, Alaska–el 25 de diciembre
3. Phoenix, Arizona–el 13 de agosto
4. Londres *(London)*–el 5 de febrero
5. Chicago–el 6 de marzo

viento/windy

C. A visiting professor from a Hispanic country is planning a weekend visit to your hometown. What questions is he or she likely to ask about the weather there and what clothes to bring? How will you respond? Act out the scene with a partner. Say at least five lines each.

D. You and a classmate are in charge of preparing the weather report for a local T.V. station. Discuss the weather in your area today.

Sol	Nublado	Cubierto	Posibilidad de lluvia	Lluvia	Tormenta	Nieve

partly cloudy *cloudy*   *storm* *el*

noun

¡A ver cuánto aprendió!

¡Repase el vocabulario!

Match each question in column A with the best response in column B; then read them aloud.

A	**B**
1. ¿Dónde esta tu familia?	a. No, es baja.
2. ¿Qué estudias?	b. Sí, es mi cuñada.
3. ¿Estás incómoda?	c. El 3 de septiembre.
4. ¿Vamos al museo mañana?	d. Medicina.
5. ¿Practicas el español?	e. El 21 de marzo.
6. ¿Pedro es menor que Juan?	f. No, es mi sobrina.
7. ¿No tienen dinero para ir a un hotel?	g. Sí, ¡qué lástima!
8. ¿Es la hermana de tu esposo?	h. ¡Vale!
9. ¿Es tu prima?	i. Sí, es el hijo de mi hija.
10. ¿Van en ómnibus?	j. En los Estados Unidos.
11. ¿Cuándo es tu cumpleaños?	k. No, por eso van a una pensión.
12. ¿Cuándo empieza la primavera?	l. No, vamos en coche.
13. ¿Es tu nieto?	m. Sí, mi silla es muy pequeña.
14. ¿Van a perder la oportunidad de ir a México?	n. Sí, nunca pierdo la oportunidad.
15. ¿Es alta?	o. No, es mayor.

Entrevista

Interview a classmate, using the **tú** form.

Pregúntele a su compañero(-a) de clase...

1. ...si es más bajo(-a) que su papá.
2. ...si su mamá es alta, baja o de estatura mediana.
3. ...si es mayor o menor que el profesor (la profesora).
4. ...si la clase de español es la más interesante que tiene.
5. ...si habla español perfectamente.
6. ...si este verano va a viajar o piensa estudiar o trabajar. ¿Por qué?
7. ...qué estación del año prefiere. ¿Por qué?
8. ...cuál cree que es la ciudad más bonita de los Estados Unidos. ¿Por qué?
9. ...dónde piensa ir este fin de semana y qué piensa hacer.
10. ...cuándo es su cumpleaños.

Situaciones

What would you say in the following situations? What might the other person say? Act out the scenes with a partner. Take turns playing each role.

1. You are describing the weather to a friend from out of state.
2. A Spanish exchange student is visiting your home, and you don't want to miss the opportunity to speak Spanish.
3. Someone asks about your weekend plans.
4. You are teaching a history course in a Hispanic country, and you want to tell your students about some important dates in the United States.
5. You are with a friend who has never seen pictures of your family, and you just happen to have some in your wallet.

Para escribir

Write a composition describing each member of your family. Include the following information for each person:

- color of hair and eyes
- age
- current residence
- place of employment or study
- marital status and number of children
- other personal characteristics (Establish comparisons between the other members of your family and yourself.)

En la vida real

OBJETIVOS

You and a classmate have a goal: to someday speak Spanish like native speakers and to learn as much as possible about the culture of Spanish-speaking countries. Come up with a list of things you are going to do to reach that goal.

Here are some additional words and phrases you may want to include:

escuchar *(to listen to)* $\begin{cases} \text{\textbf{canciones} \textit{(songs)}} \\ \text{\textbf{las cintas del laboratorio de lenguas}} \\ \text{\textbf{programas de radio}} \end{cases}$

gente *people*
películas españolas y latinoamericanas *Spanish and Latin American movies*
revistas *magazines*
tener correspondencia *to correspond*
visitar países de habla hispana *to visit Spanish-speaking countries*

ÁRBOL GENEALÓGICO *(My family tree)*

Prepare your family tree, following the model on page 120. Call it "**Mi árbol genealógico**". Be sure to include each family member's relationship to you.

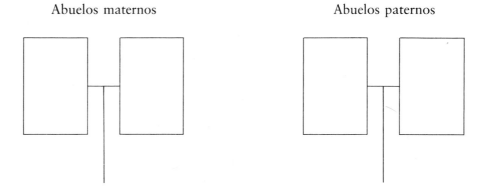

Abuelos maternos   Abuelos paternos

¿QUIERES VER MIS FOTOS?

Bring pictures of your relatives to class and tell a classmate who they are, giving information about each one. Ask each other any pertinent questions.

REAL BALLET
NACIONAL DE ESPAÑA

¿QUÉ TIEMPO HACE?

Based on the information provided in the weather forecast, answer the following questions.

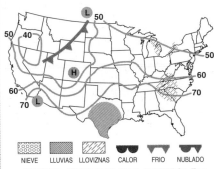

Pronóstico general del estado del tiempo

hía de Miami, serán:

ALTAS: 12:09 a.m. y 6:45 p.m.
BAJAS: 5:45 a.m. y 6:14 p.m.

Temperaturas mínimas (máximas entre paréntesis) en las siguientes ciudades:

Atlanta 66 (81)	Los Angeles 63 (73)
Boston 52 (70)	Miami 77 (88)
Chicago 64 (79)	Minneapolis 58 (80)
Cleveland 64 (75)	New Orleans 75 (91)
Dallas 75 (91)	New York 57 (72)
Denver 51 (90)	Phoenix 74 (108)
Duluth 53 (71)	St. Louis 68 (85)
Houston 76 (89)	San Francisco 50 (74)
Jacksonville 75 (87)	Seattle 47 (63)
Kansas City 66 (85)	Washington 62 (78).
Little Rock 70 (89)	

NIEVE LLUVIAS LLOVIZNAS CALOR FRIO NUBLADO

ESTADO GENERAL DEL TIEMPO: Pronóstico para Miami y sus vecindades.

CIELOS: Parcialmente nublados con turbonadas con un 20 por ciento de probabilidades de lluvias. Para el sábado el cielo estará soleado con un 30 por ciento de posibilidades de lluvias.

TEMPERATURAS: Para esta noche las bajas estarán por encima de los 70 grados y las altas para el sábado estarán por encima de los 90 grados.

VIENTOS: Los vientos para ambos días serán del Este a razón de de 10 a 15 millas por hora.

AGUAS: Desde Júpiter hasta Cayo Largo incluyendo las Bahamas las aguas estarán ligeramente picadas con vientos del Este a razón de 10 a 15 nudos y olas de 2 a 5 pies de altura. Las aguas estarán moderadamente picadas en la costa.

MAREAS: Las mareas a la entrada de la ba-

Relación de las temperaturas, mínimas (máximas entre paréntesis), en grados centígrados registradas en las siguientes capitales:

Amsterdam 10 (18)	Miami 27 (29)
Asunción 9 (24)	Montevideo 5 (18)
Atenas 19 (28)	Nueva York 12 (21)
Berlín 10 (15)	Panamá 22 (29)
Bonn 8 (15)	París 7 (15)
Bogotá 7 (18)	Quito 8 (17)
Bruselas 7 (18)	Rio de Janeiro 19 (31)
Buenos Aires 4 (17)	Roma 20 (25)
Caracas 17 (23)	San José 17 (23)
Ginebra 7 (14)	San Juan 25 (32)
Guatemala 15 (25)	San Salvador 19 (30)
La Paz 5 (14)	Santo Domingo 22 (31)
Lima 12 (19)	Santiago de Chile 6 (20)
Lisboa 16 (28)	Tegucigalpa 16 (28)
Londres 9 (15)	Tokio 18 (24)
Los Angeles 15 (24)	Viena 10 (15)
Madrid 15 (24)	Washington 13 (24)
México 12 (23)	

1. ¿En qué estado está lloviendo?
2. ¿Qué necesitan usar las personas que viven allí?
3. ¿Está lloviznando en la Florida?
4. ¿Dónde está lloviznando?
5. ¿En qué estado hace frío hoy?
6. ¿En qué ciudad de los Estados Unidos hace más calor hoy?
7. ¿En qué ciudad hace más frío hoy?
8. ¿Hay nieve en Boston hoy?
9. ¿Qué por ciento *(percent)* de probabilidades de lluvia tenemos para hoy en Miami?
10. ¿Va a hacer calor o frío en Miami el sábado?
11. ¿Va a hacer mucho viento hoy?
12. ¿Cuál va a ser la temperatura en la capital de Argentina?

Teledrama

Luz Marina y Alfredo visitan el apartamento de Juan Carlos.

VOCABULARIO

a dos pasos   very close (lit., two steps away)
antes   before
el colegio   high school
la contadora   accountant
en avión   by plane
el equipo de natación   swimming team
era   used to be
la estación seca   dry season
el gato   cat
les gusta   they like it
el mes entrante   next month
los monos   monkeys
los negocios   business
no conozco   I don't know
¿No te sientes...?   Don't you feel . . . ?

los países   countries
el perro   dog
pescando   fishing
las playas   beaches
preciosa   beautiful
saben   they know
se va a quedar   he is going to stay
la selva   jungle
¿Te acuerdas...?   Do you remember . . . ?
la temporada de lluvias   rainy season
Va a cumplir ocho años.   She's going to be eight years old.

PREPARACIÓN

¿Cuánto saben Uds. ya?   In this video episode, the characters will be discussing their families, their hometowns, and the weather. Make a list of the words and phrases that you think they will use. Circle the ones you hear as you watch the video.

COMPRENSIÓN

A. ¿Qué pasa?   Select the phrase that best completes each statement, according to what you understood.

1. Juan Carlos está alquilando un cuarto en el apartamento de (Luz Marina, Alfredo, Roberto).
2. El padre de Juan Carlos viene a Bogotá (el año entrante, el mes entrante, la semana entrante).
3. Leticia es una ciudad (más grande que, más pequeña que, tan grande como) Bogotá.
4. (Lo mejor, Lo peor, Lo malo) de Leticia es el clima.
5. En Leticia nunca hace (calor, viento, frío).
6. En Leticia la estación seca empieza en (enero, marzo, julio).
7. La mamá de Juan Carlos es (profesora, contadora, doctora).
8. Las hermanas de Juan Carlos son (mayores, mejores, menores) que él.
9. Roberto es de (Bogotá, Leticia, Cartagena).
10. Según Roberto, no hay playas más hermosas que las del (Mediterráneo, Caribe, Pacífico).

B. ¿Quién lo dice?   Match the characters' names with what they say in the video.

a. Luz Marina   c. Roberto
b. Alfredo   d. Juan Carlos

_____   1. ¿No te sientes muy lejos de todo?
_____   2. Estamos a una hora y media en avión desde Bogotá.
_____   3. Entonces debes hablar portugués.
_____   4. Tienen una pequeña compañía exportadora.
_____   5. Yo recuerdo que tu mamá era muy reservada.
_____   6. Es como mi hermanita Cecilia.
_____   7. Es una ciudad muy interesante con mucha historia.
_____   8. Llegas justo a tiempo para comerte la última presa *(piece)* de pollo.

AMPLIACIÓN

Una entrevista.   Imagine that you are going to interview the people in the video. Make a list of three questions you would want to ask each person.

LAS MAS BAILABLES DE LA SEMANA.
CARIBE
89.1 GRADOS DE TEMPERATURA.

Un viaje a Perú

Máscara precolombina
en el Museo del Oro
en Lima, Perú.

OBJECTIVES

Pronunciation
The Spanish **j, g** (before **e** or **i**), and **h**

Structure
Present indicative of **e:i** stem-changing verbs •
Pronouns as objects of prepositions • Affirmative and negative expressions • Present
progressive • Direct object pronouns

Communication
You will learn vocabulary related to travel:
going through customs, obtaining information,
and getting a room at a hotel.

139

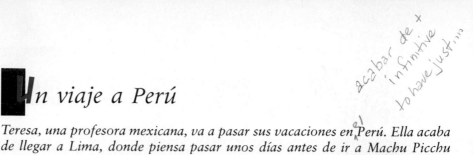

acabar de + infinitive to have just...

Un viaje a Perú

Teresa, una profesora mexicana, va a pasar sus vacaciones en Perú. Ella acaba de llegar a Lima, donde piensa pasar unos días antes de ir a Machu Picchu para visitar las famosas ruinas de los incas. Ahora está en el aeropuerto, que es grande y muy moderno. Teresa muestra su pasaporte y luego pasa por la aduana.

En la aduana, Teresa está hablando con el inspector.

INSPECTOR	—Debe abrir sus maletas. ¿Tiene Ud. algo que declarar?
TERESA	—Tengo una cámara fotográfica y una grabadora. Nada más.
INSPECTOR	—No es necesario declararlas. Todo está en regla.
TERESA	—¿Hay alguna oficina de turismo por aquí?
INSPECTOR	—Sí, está allí, a la izquierda.

En el aeropuerto venden objetos de oro y de plata, y Teresa compra algunos para su familia.

En la oficina de turismo, Teresa pide información.

TERESA	—Buenos días, señor. ¿Tiene Ud. una lista de hoteles y pensiones?
EMPLEADO	—Sí, señorita. También tenemos una lista de restaurantes y lugares de interés. Aquí las tiene.
TERESA	—Gracias. ¿Dónde puedo tomar un taxi?
EMPLEADO	—La segunda puerta a la derecha. También hay un autobús que la lleva al centro.

Teresa toma el autobús y va a un hotel del centro, donde pide una habitación.

TERESA	—Necesito una habitación sencilla con baño privado, por favor. No tengo reservación.
EMPLEADO	—Tenemos una con vista a la calle que cuesta 80 nuevos soles[1] por día. También hay otra interior en el tercer piso por 50 nuevos soles.
TERESA	—Son muy caras para mí. ¿No tiene alguna habitación más barata?
EMPLEADO	—No, no hay ninguna. Ahora hay pocos cuartos libres.
TERESA	—Prefiero el cuarto interior. ¿Aceptan cheques de viajero?
EMPLEADO	—Sí, los aceptamos, y también aceptamos tarjetas de crédito.
TERESA	—¿A cómo está el cambio de moneda?
EMPLEADO	—Un nuevo sol por dólar.[2]

alguna someany

venden theysell

tomar to find

---

[1] Peruvian currency

[2] This exchange rate is subject to change.

Teresa firma el registro.

TERESA	—¿Puede alguien llevar mis maletas al cuarto, por favor?
EMPLEADO	—Sí, en seguida viene el botones a llevarlas. Aquí tiene la llave.
TERESA	—Quiero cenar en mi habitación. ¿Hasta qué hora sirven la cena?
EMPLEADO	—La sirven hasta las once.

[handwritten: en seguida: at once right away]
[handwritten: hard g / algē in]

Vocabulario

Cognados

el **aeropuerto** airport
el **dólar** dollar
el **hotel** hotel
la **información** information
el (la) **inspector(-a)** inspector
el **interés** interest

interior interior
la **lista** list
moderno(-a) modern
el **objeto** object
la **oficina** office
el **pasaporte** passport
privado(-a) private
el **registro** register

la **reservación**, la **reserva** reservation
las **ruinas** ruins
el **taxi** taxi
el **turismo** tourism
las **vacaciones**[1] vacation

Nombres

la **aduana** customs
el **baño**, el **cuarto de baño** bathroom
el **botones** bellhop
la **cámara fotográfica** camera
la **cena** dinner, supper
el **centro** downtown (area)

el **cuarto**, la **habitación** room
el **cheque de viajero** traveler's check
el (la) **empleado(-a)** clerk
la **grabadora** tape recorder
el **lugar** place
la **llave** key

la **maleta**, la **valija** suitcase
la **oficina de turismo** tourist office
el **oro** gold
el **piso** floor
la **plata** silver
la **tarjeta de crédito** credit card

Verbos

aceptar to accept
cenar to have dinner, supper
comprar to buy
declarar to declare
firmar to sign

llegar to arrive
mostrar (o:ue), **enseñar** to show *to teach*
pasar to spend (time)
pasar (por) to go through, by

pedir (e:i) to ask for, request
servir (e:i) to serve
tomar to take
visitar to visit

---

[1] **Vacaciones** is always used in the plural in Spanish.

■ Adjetivos

alguno(-a)   some, any
barato(-a)   inexpensive, cheap
caro(-a)   expensive

libre   vacant, free
pocos(-as)   few
sencillo(-a)   single, simple

■ Otras palabras y expresiones

¿A cómo está el cambio de moneda?   What is the exchange rate?
a la derecha   to the right
a la izquierda   to the left
acabar de + *infinitive*   to have just + *past participle*
algo   something, anything
antes (de)   before
aquí las tiene...   here you have them, here they are

con vista a   overlooking
en seguida   right away
hasta   until
luego   then, afterwards
lugares de interés   places of interest
mí   me
nada más   nothing else
ninguno(-a)   none, not any
por   per, for
por aquí   around here

que   which
tener algo que declarar   to have something to declare
todo está en regla   everything is in order
unos días   a few days

Vocabulario complementario

desear : to want to wish

■ En el hotel

el almuerzo   lunch
✓ **el ascensor, el elevador**   elevator
el desayuno   breakfast
la habitación doble   double room
el jabón   soap
el servicio de habitación   room service
la toalla   towel

El **almuerzo** es a las doce.
El **ascensor** está en el tercer piso.

Servimos el **desayuno** a las siete.
Mi esposo y yo necesitamos una **habitación doble.**
¿Hay **jabón** en el baño?
El hotel no tiene **servicio de habitación.**

Necesito jabón y **toalla.**

■ Para el turismo

la cámara de video   video camera
cancelar   to cancel
confirmar   to confirm
la embajada   embassy

la lista de espera   waiting list
la tarjeta de turista   tourist card

¿Tiene Ud. una **cámara de video?**

Voy a **cancelar** las reservaciones.
Deseo **confirmar** la reservación.
¿Dónde está la **embajada** norteamericana?
Estoy en la **lista de espera.**
Los norteamericanos necesitan una **tarjeta de turista** para visitar México.

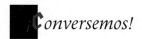

¡Conversemos!

Answer the following questions, basing your answers on the dialogue.

1. ¿Es norteamericana Teresa?
2. ¿Qué ruinas famosas hay en Perú?
3. ¿Dónde piensa Teresa pasar unos días al comienzo de su viaje?
4. ¿Cómo es el aeropuerto de Lima?
5. ¿Qué compra Teresa en el aeropuerto?
6. ¿Tiene Teresa algo que declarar?
7. ¿Qué pide Teresa en la oficina de turismo?
8. ¿Qué toma para ir al centro?
9. ¿Pide Teresa una habitación sencilla o doble?
10. ¿Qué cuarto prefiere Teresa? ¿Por qué?
11. ¿Cómo puede Teresa pagar el hotel?
12. ¿A cómo está el cambio de moneda?
13. ¿Quién lleva las maletas de Teresa al cuarto?
14. ¿Hasta qué hora sirven la cena?

¿Lo sabía Ud.?

- Lima, la capital de Perú, es una ciudad de contrastes. Junto a *(Next to)* edificios *(buildings)* muy modernos hay otros de arquitectura colonial. El 25% de la población es de origen indio.

- La moneda *(currency)* que utilizan con más frecuencia los latinoamericanos cuando viajan fuera de su país es el dólar norteamericano. Esto se debe a que *(is due to the fact that)* es fácil cambiar dólares en la mayoría de los bancos principales de los países hispanoamericanos.

Fachada de uno de los edificios que rodean la Plaza de San Martín en Lima, Perú.

▪▪ Pronunciación

A. The Spanish **j**

The Spanish **j** sounds somewhat like the *h* in the English word *hit*. It is never pronounced like the English *j* in *John* or *James*. Listen to your teacher and repeat the following words.

Julia	dejar	embajada
pasaje	jabón	viajero
tarjeta	objeto	jueves

B. The Spanish **g** (before **e** or **i**)

When followed by **e** or **i**, the Spanish **g** sounds like the Spanish **j** mentioned above. Listen to your teacher and repeat the following words.

Gerardo	inteligente	agente
agencia	general	Genaro
registro	Argentina	ingeniero

C. The Spanish **h**

The Spanish **h** is always silent. Listen to your teacher and repeat the following words.

hay	Hilda	habitación
Honduras	hermano	hasta
ahora	hotel	hija

Estructuras

1. Present indicative of **e:i** stem-changing verbs
*(Presente de indicativo de los verbos que cambian en la raíz **e:i**)*

servir	*to serve*
sirvo	servimos
sirves	servís
sirve	sirven

■ Some -**ir** verbs undergo a special stem change in the present indicative. For these verbs, when **e** is the last stem vowel and it is stressed, it changes to **i**.

—¿Qué **sirven** Uds. en sus fiestas?	*"What do you serve at your parties?"*
—**Servimos** champán.	*"We serve champagne."*

■ Note that the stem vowel is not stressed in the **nosotros(-as)** and **vosotros(-as)** verb forms; therefore, the **e** does not change to **i**.

■ Other verbs that undergo this change:[1]

conseguir	*to get, to obtain*	**pedir**	*to ask for, to request,*
decir	*to say, to tell*		*to order*
		seguir	*to follow, to continue*

■ The verb **decir** undergoes the same change, but in addition it has an irregular first-person singular form: **yo digo.**

■ Note that in the present tense **seguir** and **conseguir** drop the **u** before **a** or **o**: **yo sigo, yo consigo.**

PRÁCTICA

A. Form complete sentences by combining the words in the three columns (in sequence, starting with A). Form complete sentences. Use each subject and each verb at least once.

A	B	C
yo	decir	el desayuno
el inspector	servir	habitaciones
nosotros	pedir	que necesitamos
Ana y Eva	conseguir	cheques de viajero
mis padres	seguir	la solicitud
tú		aduana
la recepcionista		que debo abrir las maletas
		jabón y toalla
		al botones
		un cuarto con baño privado
		la llave del cuarto
		pollo y refrescos
		al empleado

---

[1] For a complete list of stem-changing verbs, see Appendix B.

B. Complete the following dialogues, using the verbs given. Then act them out with a partner, adding a sentence or two to each dialogue.

1. decir   —¿Tú _____ que Roberto es simpático?
             —Sí, yo _____ que es simpático, pero Carmen
             _____ que es antipático.

2. servir   —¿Qué _____ Uds. en sus fiestas?
             — _____ entremeses y refrescos.
             —¿Qué _____ tú?
             —Yo _____ sándwiches y cerveza.

3. pedir   —¿Qué _____ Uds. cuando van a un restaurante
             mexicano?
             —Yo _____ tacos y Ernesto _____
             enchiladas.

4. conseguir —Yo no _____ trabajo.
             —Tú no _____ trabajo porque no hablas dos
             idiomas.

2. Pronouns as objects of prepositions
(Pronombres usados como objetos de preposición)

■ The object of a preposition is the noun or pronoun that immediately follows it: **La fiesta es** *para María (ella).* **Ellos van** *con nosotros.*

Singular		*Plural*	
mí	*me*	**nosotros(-as)**	*us*
ti	*you* (fam.)	**vosotros(-as)**	*you* (fam., pl.)
Ud.	*you* (form.)	**Uds.**	*you* (form., pl.)
él	*him*	**ellos**	*them* (masc.)
ella	*her*	**ellas**	*them* (fem.)

—¿Hablan de **mí**?   *"Are you talking about me?"*
—No, no hablamos de **ti**.   *"No, we are not talking about you."*

—¿Vas **conmigo** o con Carlos?   *"Are you going with me or with Carlos?"*
—No voy **contigo**; voy **con él**. *"I'm not going with you; I'm going with him."*

■ In Spanish, the pronouns that function as objects of prepositions are the same as the subject pronouns, except for the first- and second-person singular forms, **mí** and **ti**. The object pronoun **mí** has a written accent to distinguish it from the possessive pronoun **mi** *(my).*

■ **Mí** and **ti** combine with **con** to become **conmigo** *(with me)* and **contigo** *(with you)*, respectively.

PRÁCTICA

A. You and your friends are going on a trip and want to buy gifts to bring home. Complete the sentences below, indicating who is traveling with whom or whom the gifts are for.

1. Carlos va _____ *(with me)* y tú vas _____ *(with them)*.
2. Yo voy _____ *(with you)*, Paquito.
3. Las chicas van _____ *(with you)*, señoras.
4. Las toallas no son para _____ *(me)*, Anita; son para _____ *(you)*.
5. La grabadora es para _____ *(him)* y la cámara fotográfica es para _____ *(us)*.
6. Las maletas son para _____ *(her)*.

B. Interview a classmate, using the following questions and two questions of your own. When you have finished, switch roles. Use the appropriate prepositions and pronouns in your responses.

1. ¿Hablas con tus amigos en la clase?
2. ¿Puedes estudiar español conmigo?
3. ¿Trabajas para tus padres?
4. ¿Vives cerca de tus abuelos?
5. ¿Hablas mucho con tus amigos por teléfono?
6. ¿Vas de vacaciones con tu familia?

3. Affirmative and negative expressions
(Expresiones afirmativas y negativas)

Affirmative	Negative
algo *something, anything*	**nada** *nothing, not anything*
alguien *someone, somebody, anyone*	**nadie** *nobody, no one, not anyone*
alguno(-a), algún *any, some*	**ninguno(-a), ningún** *no, none, not any*
siempre *always*	**nunca, jamás** *never*
también *also, too*	**tampoco** *neither, not either*
o... o *either . . . or*	**ni... ni** *neither . . . nor*

(handwritten note in margin: Ninguno will NEVER be plural)

—¿Tiene **algo** que declarar?	*"Do you have anything to declare?"*
—No, no tengo **nada**.	*"No, I don't have anything."*
—¿Quieren comprar **algunos** objetos?	*"Do you want to buy some objects?"*
—No, no queremos comprar **ningún** objeto.	*"No, we don't want to buy any objects."*

ATENCIÓN **No** is never used as an adjective, as it sometimes is in English (*No person could do all that.*).

■ **Alguno** and **ninguno** drop the -o before a masculine singular noun: *algún* niño, *ningún* niño; but *alguna* niña, *ninguna* niña.

ATENCIÓN Note that **alguno(-a)** may be used in the plural forms, but **ninguno(-a)** is not pluralized.

■ Spanish sentences frequently use a double negative form to express a degree of negation: the adverb **no** is placed before the verb and the second negative word either follows the verb or appears at the end of the sentence. If, however, the negative word precedes the verb, **no** is never used.

> No hablo español **nunca.**
> *or:* **Nunca** hablo español. } *I never speak Spanish.*

> No compro **nada nunca.**
> *or:* **Nunca** compro **nada.** } *I never buy anything.*

■ Note that Spanish often uses several negatives in one sentence.

> Yo **no** quiero **nada tampoco.** *I don't want anything either.*

PRÁCTICA

A. Your friend Oscar always gets the facts wrong when he talks about other people. Set him straight!

> MODELO: Ana necesita *algo.*
> *Ana no necesita **nada.***

1. Raquel siempre viaja en el verano.
2. Ana va con Raquel y Jorge va con ella también.
3. Siempre piden habitaciones dobles.
4. Siempre compran algo cuando viajan.
5. Siempre compran algunos objetos de oro.
6. Cenan en la pensión o en una cafetería.
7. Siempre hay alguien en su casa.
8. El esposo de Luisa nunca habla con nadie.

[handwritten in margin: alguien / someone, somebody]

B. Answer these personal questions negatively, using the expressions you have just learned.

1. ¿Quiere Ud. viajar a Bolivia o a Perú?
2. ¿Tiene Ud. algunos amigos en Perú?
3. Yo no hablo portugués. ¿Y Ud.?
4. ¿Siempre viaja Ud. en invierno?
5. ¿Siempre viaja Ud. con alguien?
6. ¿Compra Ud. algo cuando viaja?

C. With a partner, act out the following dialogues in Spanish.

1. "Do you need anything else?"
   "No, I do not need anything else."
2. "There aren't any vacant rooms in the hotel."
   "Yes, there are some, but they are very expensive."
3. "Are there any Spanish employees at the American embassy?"
   "Yes, there are some."
4. "I never serve wine."
   "I never serve wine, either. I always serve soda or coffee."
5. "I don't have a camera or a video camera."
   "Neither do I."

D. With a partner, write a list of complaints frequently heard on campus. Use the expressions you have just learned.

   MODELO: *Nunca podemos comer nada en la cafetería.*

4. Present progressive *(Estar + gerundio)*

■ The present progressive describes an action that is in progress. It is formed with the present tense of **estar** and the **gerundio,** which is equivalent to the English present participle (the *-ing* form of the verb).

GERUNDIO		
hablar	**comer**	**escribir**
habl **-ando**	com **-iendo**	escrib **-iendo**
speaking	*eating*	*writing*

Yo estoy comiendo.
I   am   eating.

—¿Estás estudiando?   "Are you studying?"
—No, estoy escribiendo una   "No, I am writing a letter."
carta.

■ The following forms are irregular:

pedir: **pidiendo**
decir: **diciendo**
servir: **sirviendo**
dormir: **durmiendo**
traer: **trayendo**
leer: **leyendo**

■ Note that as shown with **traer** and **leer,** the i of **-iendo** becomes y between vowels.

ATENCIÓN In Spanish, the present progressive is *never* used to indicate a future action. The present tense is used in future expressions that would require the present participle in English.

<table>
<tr><td>**Trabajo** mañana.</td><td>*I'm working tomorrow.*</td></tr>
</table>

■ Some verbs, such as **ser, estar, ir,** and **venir,** are rarely used in the progressive construction.

PRÁCTICA

A. Complete the following dialogues, using the present progressive of the verbs given. Then act them out with a partner, adding a sentence or two to each dialogue.

1. comer   —¿Qué _estás comiendo_ tú?
              —Yo _estoy comiendo_ ensalada.

2. leer   —¿Qué libro _están leyendo_ Uds.?
              —_Estamos leyendo_ *Don Quijote.*

3. servir   —¿Qué _están sirviendo_ Uds.?
              —Yo _estoy sirviendo_ refrescos y Luisa _está sirviendo_ cerveza.

4. decir   —¿Qué _está diciendo_ Juan Carlos?
              —No _está diciendo_ nada.

5. estudiar   —¿Carlos _está estudiando_?
   dormir   —No, _está durmiendo_.

B. With a partner, discuss what you think these people are doing. Give two or three possibilities for each situation.

1. la secretaria / en la oficina
2. el turista / en la aduana
3. los estudiantes / en la clase
4. los chicos / en la cafetería
5. el botones / en el hotel
6. los muchachos y las muchachas / en la fiesta
7. el Sr. Vega / en su cuarto
8. mi compañero(-a) de clase y yo / en el laboratorio
9. el camarero *(waiter)* / en el restaurante
10. la Srta. Barrios / en la oficina de turismo

VIASA
LA LINEA AEREA DE VENEZUELA

5. Direct object pronouns
(Pronombres usados como complemento directo)

A. The direct object

■ In addition to a subject, most sentences have an object that directly receives the action of the verb.

> Ellos compran el libro.
> S.   V.   D.O.

In the preceding sentence, the subject (**Ellos**) performs the action, while **el libro,** the direct object, directly receives the action of the verb. The direct object of a sentence may be either a person or a thing.

■ The direct object can be easily identified as the answer to the questions *whom?* and *what?* about what the subject is doing.

> Ellos compran **el libro.**   (What are they buying?)
> Pepe llama **a su primo.**   (Whom is he calling?)

■ Direct object pronouns may be used in place of the direct object.

B. Forms of the direct object pronouns

	Singular			**Plural**	
me	*me*		nos	*us*	
te	*you* (fam.)		os	*you* (fam.)	
lo	{ *you* (form., masc.)		los	{ *you* (form., masc.)	
	him, it (masc.)			*them* (masc.)	
la	{ *you* (form., fem.)		las	{ *you* (form., fem.)	
	her, it (fem.)			*them* (fem.)	

—¿Tiene **la llave?**	*"Do you have the key?"*	
—Sí, **la** tengo.	*"Yes, I have it."*	
—¿Compra Ud. **los pasajes?**	*"Are you buying the tickets?"*	
—Sí, los compro.	*"Yes, I'm buying them."*	

C. Position of direct object pronouns

■ In Spanish, object pronouns are normally placed before a conjugated verb.

D.O.		
Ellos sirven **la cena.**	*They serve dinner.*	
Ellos **la** sirven.	*They serve it.*	

■ In negative sentences, the **no** must precede the object pronoun.

		D.O.		D.O.

Ellos sirven **la cena.**   *They serve dinner.*
Ellos   **la**   sirven.   *They serve it.*
Ellos **no**   **la**   sirven.   *They don't serve it.*

■ When an infinitive is used with a conjugated verb, the direct object pronoun may either be attached to the infinitive or be placed before the conjugated verb. The same principle applies with the present participle in progressive constructions.

Puedo firmar**lo.** ⎫
Lo puedo firmar. ⎬ *I can sign it.*

Estoy leyéndo**lo.** ⎫
Lo estoy leyendo. ⎬ *I am reading it.*

ATENCIÓN When a direct object pronoun is attached to a present participle (**leyéndolo, firmándola**), an accent mark is added to maintain the correct stress.

PRÁCTICA

A. You and your friends are planning a party. Volunteer to do the following tasks yourself.

MODELO: ¿Quién invita a las chicas?
Yo las invito.

1. ¿Quién llama a los muchachos?
2. ¿Quién compra las bebidas?
3. ¿Quién va a traer los discos?
4. ¿Quién consigue el tocadiscos?
5. ¿Quién trae a mi compañera?
6. ¿Quién prepara *(is preparing)* los entremeses?
7. ¿Quién va a traer a Luis?
8. ¿Quién lleva a las chicas a su casa?

familia®
En calidad y economía lo tiene todo.

B. You and some friends will be traveling in Mexico shortly. Answer another friend's questions about your arrangements. Use direct object pronouns in your answers.

1. ¿Tus amigos te van a llamar esta noche?
2. ¿Tienen Uds. reservaciones para el hotel?
3. ¿Vas a comprar cheques de viajero?
4. ¿Tienes tu tarjeta de crédito?
5. ¿Llevas tu cámara fotográfica?
6. ¿Van a visitar Uds. las ruinas de Teotihuacán?
7. ¿Quién los va a llevar a Uds.[1] al aeropuerto?
8. ¿Me llevan con Uds. a México?

C. With a partner, act out the following dialogues in Spanish.

1. "Do you love me?"
   "Yes, I love you."
2. "Are you going to sign the register?"
   "No, I'm not going to sign it."
3. "Do I have to show my passport?"
   "Yes, you have to show it, sir."
4. "Do your cousins visit you?"
   "Yes, they visit us on Sundays."
5. "Are you going to buy the suitcases?"
   "Yes, I'm going to buy them today."

¡A ver cuánto aprendió!

¡Repase el vocabulario!

Choose the word or phrase that best completes each sentence.

1. En el aeropuerto debo mostrar...
   a. la llave.   b. el baño.   c. el pasaporte.
2. Quiero una habitación...
   a. en la oficina de turismo.   b. con vista a la calle.
   c. en el autobús.
3. No tiene que declarar...
   a. la reservación.   b. esta cámara fotográfica.
   c. la lista de hoteles.
4. Debes pasar por la aduana...
   a. con el restaurante.   b. con el piso.   c. con las maletas.

---

[1] A **Uds.** is needed for clarification because **los** could also be *them*.

5. Voy a comprar algo para...
   a. mis padres.   b. la aduana.   c. la llave.
6. El botones va a llevar...
   a. el interés.   b. la plata.   c. las maletas.
7. ¿Dónde puedo tomar...
   a. el jabón?   b. el ascensor?   c. la tarjeta de turista?
8. Sirven la cena...
   a. a las nueve de la mañana.   b. a las tres de la tarde.
   c. a las nueve de la noche.
9. En el verano hay pocos cuartos...
   a. libres.   b. modernos.   c. casados.
10. En el Hilton una habitación con vista a la calle cuesta cien dólares...
    a. por año.   b. por mes.   c. por día.
11. No tengo reservación, pero estoy en...
    a. el centro.   b. la lista de espera.   c. el cuarto.
12. La habitación no es barata; es...
    a. cara.   b. libre.   c. sencilla.

Entrevista

Interview a classmate, using the **tú** form.

Pregúntele a su compañero(-a) de clase...

1. ...cuántas maletas lleva cuando viaja.
2. ...si lleva cheques de viajero cuando viaja.
3. ...si siempre lleva su cámara fotográfica cuando viaja.
4. ...qué lugares de interés hay en la ciudad donde vive.
5. ...a qué hora sirven el desayuno en la cafetería de la universidad.
6. ...si quiere llevarlo(la) a Ud. a almorzar.
7. ...si quiere comprar una grabadora.
8. ...si prefiere objctos dc oro o de plata.
9. ...si hay alguien en su cuarto ahora.
10. ...si su cuarto tiene baño privado.

Situaciones

What would you say in the following situations? What might the other person say? Act out the scenes with a partner. Take turns playing each role.

1. You have just checked into a hotel. You want to know what time they serve breakfast and whether they have room service.
2. You are going through customs at the airport. You have nothing to declare to the inspector, but you want to make sure that everything is in order.
3. You are talking to the clerk at a tourist office. You need a list of hotels and boarding houses and a list of places of interest right away.

4. You work at an airport tourist office. Some tourists want to get downtown, and you know that they can take either a taxi or a bus.

5. You are a hotel clerk. A tourist has come in looking for a single room with a private bathroom, but there are few vacant rooms in July, and you don't have any.

¿Qué pasa aquí?   *(What is happening here?)*

In groups of three or four, look at the photo on page 121 and make up a story about the people you see. Give them names and say where they are coming from and where they are going. Where are they going to stay? What places of interest are they going to visit?

Para escribir

Complete the following dialogues.

1. *Carlos va a Tijuana.*

CARLOS —¿Dónde está tu pasaporte?
ROBERTO —_____
CARLOS —¡Sí, lo necesitas! ¿No vas a ir a México?
ROBERTO —_____
CARLOS —¿Tijuana? ¿Y para eso necesitas todas esas maletas?
ROBERTO —_____
CARLOS —¡No! ¡No puedo llevarlas al coche!

2. *En el hotel*

TURISTA —¿Tienen habitaciones?
HOTELERO —_____
TURISTA —No, interior.
HOTELERO —_____
TURISTA —¡Cincuenta dólares por día! ¿Aceptan cheques de viajero?
HOTELERO —_____

Barcelona

En la vida real

DISCUSIÓN

Four or five students (or more, according to class size) will pretend to own hotels and will make up signs describing accommodations and prices. The rest of the class will discuss the similarities and differences and will decide in pairs or individually where they would like to stay. At the end of this activity each student will explain his or her choice.

A follow-up activity: After staying at the hotel people will have encountered one or more of the following problems:

(no) hay {
agua caliente   *hot water*
cucarachas   *cockroaches*
frazadas, cobijas   *blankets*
sábanas limpias   *clean sheets*

no funciona
(it's not working) {
el aire acondicionado   *air conditioning*
el ascensor, el elevador   *elevator*
la calefacción   *heater*

Prepare a list of complaints on a card and drop it in the "suggestion box" (the instructor's desk).

Plaza Las Glorias
Puerto Vallarta

Plaza Las Glorias
Cancún

Plaza Las Glorias
Cozumel

¿DÓNDE HOSPEDARSE?   *(Where shall we stay?)*

Imagine it's the month of August. Say whether these people are going to stay at the **Aloha Puerto Sol** hotel or at the **Atlanterra Sol** hotel. Give reasons for your choice, according to the information provided in the following ads. You should also indicate how much each group will have to pay. Start out by saying "Se van a hospedar en... porque..."

ESTANCIAS EN EL HOTEL ALOHA PUERTO SOL****

LE OFRECEMOS:
- Alojamiento en régimen de habitación y desayuno.
- Todas las habitaciones son mini-suites.
- Mini-bar.
- Cesta de fruta en la habitación.
- Botella de vino en la habitación.
- Entrada al Aquapark con 50% de descuento.
- Entrada gratis al Zoo de Fuengirola.
- Programa completo de deportes y animación para adultos y niños (Mini-Club).
- Espectáculos - actuaciones.

ALOHA PUERTO SOL H.D.

Precio por persona y día en habitación doble-habitación y desayuno			SUPL. M.P.	SUPL. P.C SOBRE M.P.	SUPL. INDIV.	DESCUENT 3ª PERSON
01/05 - 15/07 01/10 - 31/10	01/09 - 30/09	16/07 - 31/06				
3.165	4.060	4.455	1.340	610	1.310	15%

Código 048	IVA NO INCLUIDO

ESTANCIAS EN EL HOTEL ATLANTERRA SOL****

LE OFRECEMOS:
- Régimen de habitación y desayuno. Habitación doble.
- Cesta de fruta en la habitación.
- Botella de vino en la habitación.
- 1 hora de tenis gratis.
- 1 copa gratis en la discoteca.
- Programa completo de deportes y animación para niños (Mini-Club) y adultos.
- Espectáculos - actuaciones.
- Salida de la habitación a las 14 horas.
- Condiciones especiales en nuestro restaurante grill «Oasis»
- Oferta novios 10%.

ATLANTERRA SOL H.D.

Precio por persona y día en habitación doble-habitación y desayuno		SUPL. M.P.	SUPL. PC. SOBRE M.P.	SUPL. INDIV.	DESCUENT 3ª PERSON
01/10 - 31/10	16/07 al 30/09				
4.970	6.495	1.490	1.320	2.295	15%

Desc. niños 2 - 15 años	1º 50% 2º 35%	1º 35% 2º 35%	IVA NO INCLUIDO

Código 054			

1. La familia Salcedo: el papá, la mamá y dos niños. Jorgito tiene diez años y Alicia tiene ocho. No tienen mucho dinero.
2. Gustavo y Carolina, que son recién casados *(newlyweds)*. Desean ver un espectáculo y bailar. Tienen mucho dinero.
3. Teresa, Raquel y Rebeca, tres muchachas españolas que están viajando juntas. Les gusta *(They like)* jugar al tenis y bailar.

DE VIAJE   *(Traveling)*

Get together with a couple of your classmates and plan a trip to a Spanish-speaking country. Visit a travel agency to obtain brochures of the country you are going to visit. Find out about hotels, rates of exchange, places of interest, and so on. Discuss how and when you will be leaving, how much spending money you'll bring, what cities and special sites you intend to visit, and what you will need to take with you.

¡VAMOS A LEER!

As you read about Mark and Craig, find the answers to the following questions.

1. ¿De dónde son Mark y Craig? ¿Dónde están ahora?
2. ¿Qué van a estudiar?
3. ¿A qué universidad van a asistir?
4. ¿Cuánto tiempo duran las clases?
5. ¿Qué van a hacer por las mañanas?
6. ¿Adónde van a ir los fines de semana?
7. ¿Qué museos van a visitar?
8. ¿Qué ruinas quieren ver?
9. ¿Qué piensan comprar?

Un curso de verano

Mark y Craig son dos estudiantes norteamericanos que van a tomar clases de arqueología y de antropología en la Universidad Nacional de San Marcos, en Lima, la capital de Perú.

last / advisor Las clases duran° ocho semanas y, según su consejero,° los chicos van a estar muy ocupados todo el tiempo. De lunes a viernes tienen clases en la universidad por la mañana, y por las tardes, los profesores van a llevarlos a visitar la ciudad y sus museos. Además, van a ir de excursión los fines de semana a varios lugares de interés cerca de Lima.

During / course Durante° el curso° van a visitar, entre otros, el Museo Nacional de Arqueología y Antropología y el Museo Nacional de Historia. Mark quiere
old visitar, además, los edificios antiguos° de Lima, especialmente la famosa iglesia de San Francisco, y Craig quiere pasar mucho tiempo en el Museo del Oro.

Los dos quieren ver también las ruinas de Machu Picchu. Piensan ir en autobús hasta Cuzco, y allí tomar un tren para llegar a las ruinas. Van a
stay quedarse° unos días en Cuzco, y ya tienen reservaciones para un hotel. Los
handicraft dos muchachos piensan comprar objetos típicos de artesanía° para sus amigos y para sus familias.

DÍGANOS

Answer the following questions, based on your own thoughts and experiences.

1. ¿Cuánto tiempo duran sus clases?
2. ¿Tiene Ud. clases por la mañana o por la tarde?
3. ¿Hay algunos edificios antiguos en la ciudad donde Ud. vive? ¿Cuáles?
4. ¿Hay algún museo en su ciudad? ¿Cuál es?
5. ¿Qué lugares de interés hay en la ciudad donde Ud. vive?

Lección 4

A. Expressions with *tener*

Write the following sentences in Spanish.

1. My classmates are in a hurry.
2. I'm not hungry, but I'm very thirsty.
3. Are you hot? I'm cold!
4. My friends are sleepy.
5. We are not scared.
6. You are right, Miss Peña. Mary is thirty years old.

B. The personal *a*

Form sentences, using the elements provided. Include the personal **a** when necessary.

1. yo / llevar / mis hermanos / a / la fiesta de Navidad
2. nosotros / llevar / la cerveza / a / la cafetería
3. ellos / invitar / Julio / y / su novia
4. nosotros / tener / cuatro hijos

C. Contractions

Answer the following questions, using the information provided to formulate your answers.

1. ¿De dónde vienen Uds.?   (el club)
2. ¿Adónde vas?   (el baile de fin de año)
3. ¿A quién llama tu novio?   (el hermano de su compañero)
4. ¿A quiénes invitan ellos?   (las chicas)
5. ¿De dónde vienes?   (la terraza)
6. ¿A quién llevan Uds.?   (las muchachas uruguayas)
7. ¿De dónde viene la novia de Roberto?   (el hospital)
8. ¿De dónde es la hermana de tu novio?   (la Ciudad de México)

D. Present indicative of the irregular verbs *ir, dar,* and *estar*

Complete the following sentences, using the present indicative of **ir, dar,** or **estar,** as appropriate.

1. Yo no _____ al baile con mis compañeros.
2. Nosotros _____ una fiesta aquí esta noche.
3. Mi hermana _____ en su casa.
4. ¿Dónde _____ el champán? ¿En la mesa?
5. Las chicas _____ a la fiesta con sus amigos.
6. Tus primos no _____ mucho dinero.
7. Yo _____ cansado.
8. ¿Adónde _____ tus primos?
9. ¿Dónde _____ tú?
10. Yo no _____ mi número de teléfono.

E. *Ir a* + infinitive

Form sentences that tell what *is* or *is not* going to happen. Use the given elements.

MODELO: mi prima / dar / fiesta / el domingo
Mi prima va a dar una fiesta el domingo.

1. yo / no hablar / con mi hermana
2. mis hijos / estudiar / en España
3. mi amiga / leer / el anuncio
4. Uds. / bailar / en la fiesta
5. tú / no vivir / cerca / de la universidad
6. nosotros / brindar / con sidra

F. Present indicative of *e:ie* stem-changing verbs

Complete the following sentences, using the present indicative of the verbs in the list, as necessary.

entender   cerrar   empezar   preferir
pensar   querer   perder   comenzar

1. Mi primo no _____ beber café.
2. Nosotros no _____ la Lección 2.
3. Ella siempre _____ mucho dinero en Las Vegas.
4. ¿ _____ tú la ventana?
5. Las clases _____ esta noche.
6. Nosotros _____ a bailar ahora.
7. Yo no _____ trabajar el domingo.
8. Luis y yo _____ beber refrescos.

G. Just words . . .

Choose the word or phrase in parentheses that best completes each sentence.

1. (Invitamos, Brindamos, Bailamos) a nuestros compañeros a la fiesta.
2. Siempre (comemos, empezamos, estamos) doce uvas a la medianoche el día de fin de año.
3. Aquí no beben (sidra, entremeses, pollo).
4. Esta orquesta es muy buena. ¡Es (magnífica, antipática, feliz)!
5. ¡Feliz Año (Simpático, Nuevo, Guapo)!
6. No bebo (cocteles, refresco, Coca-Cola) porque yo no tomo bebidas alcohólicas.
7. Aquí todos (bailamos, brindamos, estamos) con vino.
8. Tengo todos los (tocadiscos, pollos, discos) de Julio Iglesias.

LECCIÓN 5

A. Comparative forms

Form sentences, using the elements provided. Use the comparative or the superlative, as necessary.

1. Alfredo / estudiante / más / inteligente / clase
2. la Lección 12 / menos / interesante / la Lección 7
3. mi novia / más / bonita / tu novia
4. Roberto / más / guapo / familia
5. el profesor / tener / menos / veinte estudiantes
6. Ana / tan / alta / Roberto

B. Irregular comparative forms

Complete the following sentences, using regular or irregular comparative forms, as necessary.

1. California es _____ que Maine.
2. El profesor de español habla español _____ que los estudiantes.
3. Eva tiene "A" en español, Roberto tiene "B" y Marisa tiene "F". Eva es la _____ alumna. Marisa es la _____ alumna.
4. Yo tengo veinte años y Raquel tiene catorce años. Yo soy _____ que Raquel.
5. Rhode Island es _____ que California.

C. Ordinal numbers

Complete the following sentences.

1. Marzo es el _____ mes del año.
2. Mayo es el _____ mes del año.
3. Abril es el _____ mes del año.
4. El _____ mes del año es octubre.
5. Agosto es el _____ mes del año.
6. Enero es el _____ mes del año.

D. Present indicative of *o:ue* stem-changing verbs

Complete the following sentences, using the present indicative of the verbs in the list, as necessary.

recordar	almorzar	costar
contar	volver	poder

1. ¿Cuánto _____ el libro?
2. Ellos no _____ ir hoy.
3. ¿ _____ Ud. cuál es su número de teléfono?
4. Yo _____ de uno a veinte en español.
5. Tengo hambre. ¿A qué hora _____ (nosotros)?
6. ¿Cuándo _____ tú a España?

E. Weather expressions

Complete the following sentences appropriately.

1. Necesito un paraguas. _____ mucho.
2. ¿No te vas a poner el abrigo? ¡Brrr! ¡ _____
   _____ _____ !
3. ¡No necesito abrigo! ¡Hace _____ !
4. En Alaska _____ mucho en el invierno.
5. Necesitas la sombrilla. Hoy _____ _____ _____ .
6. No quiero vivir en Oregón porque allí llueve mucho, y no me gusta la
   _____ .

F. Just words . . .

Choose the word or phrase in parentheses that best completes each sentence.

1. El hijo de mi hija es mi (yerno, nieto, cuñado).
2. Roberto no es alto; es el más (bajo, guapo, moreno) de la familia.
3. ¡Pedro no es gordo! ¡Es muy (rubio, cómodo, delgado)!
4. Vamos a ver (los cumpleaños, las pinturas, a la abuela) de Picasso en el museo.
5. Tengo que escribir muchas (medicinas, cartas, pensiones) este fin de semana.
6. ¿Quieres (extrañar, asistir, mirar) televisión? ¡Vale!
7. ¿Tú (asistes, echas de menos, viajas) mucho a tu familia?
8. ¿No vamos a tener oportunidad de practicar el español? (¡Qué famoso!, ¡Qué lástima!, ¡Qué pequeño!)
9. Ellos quieren viajar en ómnibus; nunca (conducen su auto, comen en este restaurante, hablan francés).
10. ¿Quieres ver algunas (bebidas, fotos, cintas) de mi novia? ¡Es la chica más bonita del mundo!
11. Según el (verano, pronóstico, cumpleaños) del tiempo, va a llover hoy.
12. No es alto. Es de estatura (fea, incómoda, mediana).

LECCIÓN 6

A. Present indicative of *e:i* stem-changing verbs

Give the Spanish equivalent of the following.

1. At the Mexico Restaurant they serve dinner at nine.
2. She requests a room overlooking the street.
3. We follow the bellhop to the room.
4. Do you *(pl.)* get reservations in December?
5. I'm saying (I say) that he must sign the register now.

B. Pronouns as objects of prepositions

Complete the following sentences, using the Spanish equivalent of the words in parentheses.

1. La maleta es para _____ . *(me)*
2. Los empleados están hablando de _____ . *(you, fam.)*
3. Hay sólo dos valijas para _____ . *(them)*
4. La cámara fotográfica es para _____ . *(us)*
5. ¿Quieres visitar la capital _____ ? *(with me)*
6. Bueno. Voy a dejar la grabadora _____ . *(with you, fam.)*

C. Affirmative and negative expressions

Change the following sentences to the affirmative.

1. Ellos no van a querer nada.
2. No hay nadie en el baño.
3. No tengo ningún objeto de oro y plata.
4. Ellos nunca pasan por la aduana.
5. Yo tampoco ceno a las nueve.
6. Jamás tiene las listas de los hoteles.
7. No puedes ir ni a la derecha ni a la izquierda.
8. Ellos nunca quieren nada tampoco.

D. Present progressive

Complete the following sentences, using the present progressive of the verbs in the list, as necessary.

pedir	comer	hablar
leer	decir	dormir

to ask for

1. Ella _____ que nosotros necesitamos más dinero.
2. Yo _____ con el empleado.
3. Nosotros _____ una novela de Cervantes.
4. ¿Qué _____ tú? ¿Pollo?
5. Luis _____ en su cuarto.
6. ¿Uds. _____ una habitación con vista a la calle?

E. Direct object pronouns

Complete the following sentences with the Spanish equivalent of the words in parentheses.

1. ¿El libro? No quiero _____ . Es muy caro. *(buy it)*
2. Yo _____ más tarde, Anita. *(call you)*
3. ¿La cena? Ellos _____ a las siete. *(serve it)*
4. Ella tiene una grabadora, pero no va a _____ . *(declare it)*
5. Mamá no _____ al baile. *(take me)*

6. ¿Las toallas? Yo no _____ . *(need them)*
7. Yo tengo cheques de viajero pero ellos no _____ . *(accept them)*
8. Yo no puedo _____ , Sr. Vega. *(take you)*
9. Ellos quieren las cámaras fotográficas pero yo no _____ . *(have them)*
10. Nosotros no podemos _____ , Srta. Roca. *(call you)*

F. Just words . . .

Choose the correct response to each question or statement.

1. ¿Son caras las habitaciones en los hoteles del centro?
   a. No, son de oro y de plata.   b. No, son baratas.
   c. No, están en el segundo piso.
2. ¿Dónde vas a conseguir la lista de hoteles?
   a. En la oficina de turismo.   b. En el baño.
   c. En un restaurante.
3. ¿Qué documentos debo mostrar?
   a. Veinte dólares.   b. El pasaporte.   c. El ascensor.
4. ¿A cómo está el cambio de moneda?
   a. Aquí tiene la llave.   b. Nada más.   c. Un nuevo sol por dólar.
5. ¿Tengo que declarar mi cámara fotográfica?
   a. Necesito una lista de lugares de interés.   b. No, no es necesario declararla.   c. Sí, van a declararla.
6. Necesitamos una habitación doble y dos habitaciones sencillas.
   a. No tenemos ningún cuarto libre.
   b. Hay pocas habitaciones modernas.   c. Todo está en regla.
7. ¿Dónde trabaja el inspector?
   a. En el autobús.   b. En la aduana.   c. En el hospital.
8. El cuarto con vista a la calle es muy caro.
   a. ¿Quiere una habitación interior?
   b. El ascensor está a la izquierda.
   c. No hay muchas oficinas de turismo por aquí.
9. ¿Qué desea, señorita?
   a. Una habitación sencilla con baño privado.
   b. El autobús está a la derecha.   c. No tengo nada que declarar.
10. ¿No puedes ir a México?
    a. No, voy a confirmar los pasajes.
    b. No, voy a cancelar las reservaciones.
    c. No soy de México; soy de Guatemala.
11. ¿Tienen jabón?
    a. Están en la embajada norteamericana.
    b. Sí, tenemos uno con vista a la calle.   c. Sí, pero no tenemos toallas.
12. ¿Están Uds. en la lista de espera?
    a. Tengo una lista de los lugares de interés.
    b. El botones tiene la lista.   c. No, nosotros tenemos reservaciones.

España (II)

■ El gobierno de España es una monarquía constitucional similar a la de Gran Bretaña, pero el rey *(king)* Juan Carlos tiene más poder *(power)* que Isabel II de Inglaterra porque es el jefe supremo de las fuerzas armadas.

■ Algunos de los pintores más famosos del mundo son españoles: el Greco, Velázquez, Picasso, Miró y Dalí.

■ El día siete de julio se celebra en Pamplona la fiesta de San Fermín. Ese día sueltan los toros *(turn the bulls loose)* y la gente corre delante de *(in front of)* ellos hasta llegar a la plaza de toros para la corrida.

■ Entre los deportes *(sports)* más populares de España están el fútbol, el jai-alai, el baloncesto *(basketball)* y el ciclismo.

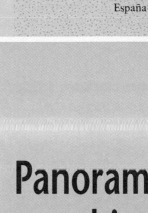

España

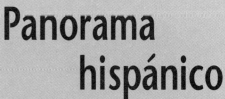

Panorama hispánico

Una pareja *(couple)* saborea unas tapas en un bar de Málaga. Las tapas son pequeñas porciones de diferentes comidas *(foods)* típicas de España. Generalmente las tapas se sirven en los bares por la tarde.

¿Cuáles son algunas *(some)* comidas típicas de los Estados Unidos?

Juan Carlos de Borbón, rey de España, habla con el presidente del gobierno, el líder socialista Felipe González.

¿ Quién es el presidente de los Estados Unidos?

La Fundación Joan Miró está en el Parque de Montjuïc de Barcelona, en un edificio diseñado por el arquitecto catalán Josep Lluís Sert. Aquí está el Centro de Estudio de Artes Contemporáneas, establecido por Miró. La fundación contiene muchas de las pinturas y esculturas del gran artista.

¿ Quiénes son sus pintores favoritos?

Julio Iglesias vio terminada su carrera de futbolista al sufrir un accidente. Entonces se decidió por la música, y hoy es uno de los cantantes españoles más famosos del mundo. Iglesias ha vendido *(has sold)* más de cien millones de discos, y ha recibido el premio Grammy como el mejor cantante de música popular en español.

¿ Conoce Ud. alguna canción en español? ¿Cuál es?

La procesión de la Semana Santa, en Sevilla, es la más famosa de las procesiones religiosas en España. Todos los años, mientras miles de españoles caminan por las calles detrás de la imagen de Jesucristo, turistas de todo el mundo contemplan el espectáculo.

¿ Qué fiestas religiosas se celebran en los Estados Unidos?

Una pareja come paella en un pueblo cerca de Barcelona. La paella es un plato *(dish)* típico de todas las regiones de España, pero su preparación varía de región a región. La más famosa es la paella valenciana, que es de mariscos *(shellfish)*.

¿ Cuáles son sus platos favoritos?

El Ballet Real aparece aquí en los jardines del Generalife, en Granada. El repertorio del Ballet Real incluye bailes clásicos y folklóricos. Aquí vemos una representación del baile flamenco, típico del sur de España.

¿ **Qué tipo de baile prefiere Ud.: clásico, moderno o folklórico?**

La corrida de toros tiene orígenes antiquísimos y es uno de los espectáculos más populares de España. Las corridas generalmente tienen lugar *(take place)* los domingos por la tarde en estadios especiales llamados plazas de toros, de las cuales hay más de 400 en España.

¿ **Quiere Ud. ver una corrida de toros algún día?**

 Teleinforme

VOCABULARIO

Los cuadros de Velázquez
al fondo   in the background
el dios pagano   pagan god
fíjense   notice
el hecho histórico   historical fact
hizo   he made

el paisaje   landscape
que se basa   that is based
real   royal
los retratos   portraits
usó   used

La Semana Santa (Holy Week)
las capuchas   hoods
largas   long
la madera   wood

últimos   last
las velas encendidas   lit candles

La corrida de toros
a caballo   on horseback
a pie   on foot
cuando el toro embiste   when the
  bull charges

la destreza   skill
los pasos   steps
sobre   over
el traje de luces   matador's outfit

PREPARACIÓN

¿Cuánto saben Uds. ya?   After reading the information in **Panorama hispánico 3,** get together in groups of three or four and answer the following questions.

1. ¿Pueden Uds. mencionar tres o cuatro pintores españoles famosos?
2. ¿Qué cantante español es muy popular en todo el mundo?
3. ¿En qué fecha se celebra en Pamplona la fiesta de San Fermín?
4. ¿Qué fiesta religiosa se celebra en España con procesiones durante la primavera?
5. ¿Cuál es uno de los espectáculos más populares de España?
6. ¿Qué día de la semana tiene lugar la típica corrida?
7. ¿Cómo se llaman los estadios especiales donde tienen lugar las corridas de toros?
8. ¿Cuántas plazas de toros hay en España?

COMPRENSIÓN

A. Los cuadros de Velázquez.   Read the following statements. After watching the video, circle V (**Verdadero**) or F (**Falso**), according to what you understood.

V F   1. Los cuadros de Velázquez están en el Museo del Prado.
V F   2. Velázquez nunca pintó retratos.
V F   3. *Las Meninas* es el cuadro más famoso de Velázquez.

V F   4. No hay temas mitológicos en los cuadros de Velázquez.
V F   5. *La rendición de Breda* es un cuadro basado en un hecho histórico.

B. Julio Iglesias en concierto.   Select the word that best completes each statement.

1. La música de Julio Iglesias es del estilo (pop, jazz, clásico).
2. Julio Iglesias canta *(sings)* ("Amor, amor" *(Love, love)*; "Mi vida" *(My life)*.
3. Julio Iglesias (baila, toca el piano) mientras canta.

C. La Semana Santa.   Complete the following statements with the appropriate words.

1. Durante la Semana Santa hay _____ procesiones.
2. En las procesiones vemos a hombres con hábitos de penitentes con sus características _____ .
3. Los pasos son plataformas con enormes figuras de _____ .
4. Algunos pasos muestran escenas de los _____ momentos de la vida de Cristo.
5. Las estatuas de la Virgen están adornadas con flores y _____ encendidas.

D. La corrida de toros.   Answer the following questions.

1. ¿A qué son aficionados muchos españoles?
2. ¿Cómo realiza el torero su trabajo?
3. ¿Cómo se llama el traje que usa *(wears)* el torero durante la corrida?

AMPLIACIÓN

Entrevistas.   In groups of three, prepare two or three questions that you would like to ask the following people.

- A Julio Iglesias
- Al matador
- A un español sobre *(about)* la Semana Santa

En un restaurante cubano

Restaurante con vista al mar en una de las hermosas playas de Puerto Rico.

⚡ OBJECTIVES

Pronunciation
The Spanish ll and ñ

Structure
Demonstrative adjectives and pronouns • Uses of **ser** and **estar** • Indirect object pronouns • Verbs with irregular first-person forms • **Saber** vs. **conocer; pedir** vs. **preguntar**

Communication
You will learn vocabulary related to restaurant menus, ordering meals at a restaurant, and paying the bill.

171

En un restaurante cubano

Hoy es el 15 de diciembre. Es el aniversario de bodas de Lidia y Jorge Torres. Lidia no sabe que su esposo piensa llevarla a cenar a uno de los mejores restaurantes de Miami para celebrarlo. Cuando ella le pregunta qué van a hacer hoy, él le dice que van a ir al cine o al teatro. Son las siete de la noche y Lidia está lista para salir.

Llegan al restaurante El Caribe.

LIDIA —¡Qué sorpresa! ¡Éste es un restaurante muy elegante!

MOZO —Por aquí, por favor. Aquí está el menú.

LIDIA —Gracias. *(Lee el menú.)* Bistec, cordero asado con puré de papas, pavo relleno, camarones...

JORGE —¿Por qué no pides langosta? ¿O un filete? Aquí preparan unos filetes muy ricos.

LIDIA —Tú sabes que no me gusta la langosta. Ay, ¡no sé qué pedir!

MOZO —Les recomiendo la especialidad de la casa: lechón asado y arroz con frijoles negros. De postre, helado, flan o torta helada.

JORGE —Yo quiero lechón asado y arroz con frijoles negros. ¿Y tú?

LIDIA —Yo quiero sopa, camarones y arroz.

MOZO —¿Y para tomar?

JORGE —Primero un vermut y después media botella de vino tinto.

MOZO —Muy bien, señor. *(Anota el pedido.)*

Antes de cenar, Lidia y Jorge toman vermut y conversan.

LIDIA —¿Qué hacemos después de cenar?

JORGE —¿Quieres ir a la fiesta de Eva? Es en el club Los Violines.

LIDIA —No... yo no la conozco muy bien. Prefiero ir al teatro.

JORGE —Buena idea. En el Teatro Martí ponen una obra muy buena.

LIDIA —Sí, es una comedia española.

El mozo trae la comida.

LIDIA —¡Estos camarones están muy sabrosos!

JORGE —El lechón también. Este restaurante es excelente.

Después de comer el postre, Lidia y Jorge beben café. Ya son las nueve. Jorge pide la cuenta, la paga, le deja una buena propina al mozo y salen.

JORGE —Feliz aniversario, mi amor. *(Le da un beso.)*

LA CASA DE LA
PAELIA

Vocabulario

Cognados

el **aniversario**   anniversary
la **comedia**   comedy
cubano(-a)   Cuban

la **especialidad**   specialty
excelente   excellent
favorito(-a)   favorite

el **menú**   menu
la **sorpresa**   surprise
el **vermut**   vermouth

■ Nombres

el **amor**   love
el **arroz**   rice
el **beso**   kiss
el **bistec**   steak
la **botella**   bottle
los **camarones**   shrimp
el **cine**   movie theater, movies
la **comida**   food, meal
el **cordero**   lamb

la **cuenta**   bill
el **filete**   tenderloin steak
el **flan**   caramel custard
los **frijoles**   beans
el **helado**   ice cream[1]
la **langosta**   lobster
el **lechón**   suckling pig (pork)
el **mozo, camarero, mesero**
   (*Mex.*)   waiter[2]

la **obra de teatro**   play
el **pavo**   turkey
el **pedido**   order
el **postre**   dessert
la **propina**   tip
la **sopa**   soup[1]
el **teatro**   theater
la **torta helada**   ice cream
   cake

llegar - to arrive
llamar to call

llevar - take
hablar to speak; to talk

■ Verbos

anotar   to write down
conocer   to know, to be
   acquainted with
dejar   to leave (behind)
hacer   to do, to make

pagar   to pay
pedir (e:i)   to order, to ask for
preguntar   to ask (a question)
preparar   to prepare

recomendar (e:ie)   to
   recommend
saber   to know
salir   to leave, to get (go) out

poner   to put; to place

■ Adjetivos

asado(-a)   roasted
helado(-a)   iced, ice cold
listo(-a)   ready

medio(-a)   half
relleno(-a)   stuffed

sabroso(-a), rico(-a)   tasty,
   delicious
tinto   red (wine)

■ Otras palabras y expresiones

aniversario de bodas   wedding
   anniversary
de postre   for dessert
después de   after

mi amor   my love, my darling
poner una obra de teatro   to
   put on a show *or* play
por aquí   this way

puré de papas   mashed
   potatoes
ya   already

---

[1] In Spanish, the verb **tomar** is used with **sopa** and **helado**.

[2] *waitress:* la **camarera, mesera**

Vocabulario complementario

RESTAURANTE EL CARIBE
ESPECIALIDAD EN CARNES Y MARISCOS

Menú

PARA EL ALMUERZO

Sándwich de pollo	$3.50	Tortilla a la española	$2.50
Sándwich de jamón y queso	$2.50	*(Omelette)*	
Sándwich de huevo *(egg)*	$1.50	Tortilla mexicana	$ .50
Sopa del día	$2.00	Frijoles	$1.75
Ensalada	$3.50	Arroz	$1.80
Hamburguesa[1]	$2.50	Arroz con frijoles negros	$2.00
Papas fritas *(French fries)*	$1.00		

PARA LA CENA

(Todos los platos de la lista se sirven[2] con la sopa del día y ensalada.)

Pescados y mariscos *(Fish and shellfish)*

Langosta	$18.00	Trucha *(Trout)*	$11.50
Salmón[1]	$14.50	Camarones	$11.00

Carne *(Meat)*

Albóndigas *(Meatballs)*	$ 6.00	Pavo relleno	$10.00
Bistec	$12.00	Pollo frito	$ 8.50
Cordero	$13.00	Arroz con pollo	$ 6.00
Lechón asado	$17.00	*(Chicken and rice)*	

POSTRES

Arroz con leche	$2.00	Helado	$1.50
(Rice pudding)		Frutas[1]	$1.25
Torta de chocolate[1]	$2.50	Queso	$3.00
Flan con crema	$2.50		

BEBIDAS

Agua mineral	$1.00	Café	$ .80
(Mineral water)		Té[1]	$ .80
Cerveza	$3.00	Chocolate caliente	$1.20
Champán[1]	$6.00	*(Hot chocolate)*	
Vino blanco	$3.50	Jugo de frutas	$1.50
Vino tinto	$3.50	*(Fruit juice)*	
Vermut	$3.50	Leche fría *(Cold milk)*	$1.20

---

[1] These words are cognates, so you can guess what they mean.

[2] **se sirven** = *are served*

■ Para poner la mesa

(To set the table)

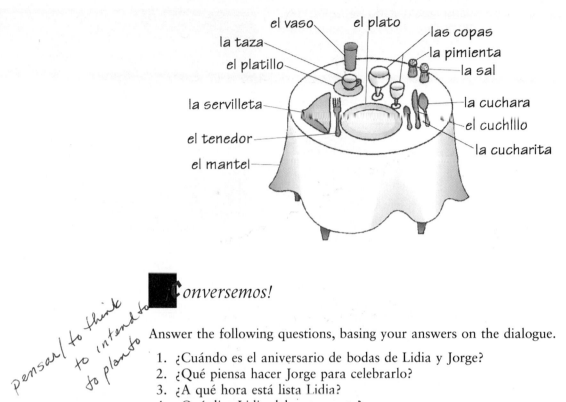

el vaso — el plato — las copas
la taza — la pimienta
el platillo — la sal
la servilleta — la cuchara
el tenedor — el cuchillo
el mantel — la cucharita

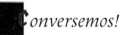

Conversemos!

Pensar/ to think
to intend to
to plan to

Answer the following questions, basing your answers on the dialogue.

1. ¿Cuándo es el aniversario de bodas de Lidia y Jorge?
2. ¿Qué piensa hacer Jorge para celebrarlo?
3. ¿A qué hora está lista Lidia?
4. ¿Qué dice Lidia del restaurante?
5. ¿Cuál es la especialidad de la casa?
6. ¿Qué pide Lidia?
7. ¿Qué pide Jorge?
8. ¿Qué beben Lidia y Jorge?
9. ¿Por qué no quiere ir Lidia a la fiesta de Eva?
10. ¿Adónde piensan ir después de la cena?
11. ¿Qué deja Jorge para el mozo?
12. ¿Qué dice Jorge al salir del restaurante?

¿Lo sabía Ud.?

- La ciudad de Miami en el estado de la Florida es uno de los centros turísticos más importantes del mundo. Cientos de miles de turistas latinoamericanos la visitan todos los años. Más de un millón de hispanos viven en Miami, en su mayoría cubanos. El español se usa tanto en Miami que en muchos lugares hay letreros *(signs)* que dicen *"English spoken here."*

- En los países de habla hispana, el café se sirve después del postre, nunca durante la comida. Generalmente es café tipo exprés *(espresso)*, y se sirve en tazas muy pequeñas.

- Después de comer, los hispanos generalmente se quedan sentados *(remain seated)* alrededor de la mesa y conversan. A esto se le llama "hacer la sobremesa".

- En los países de habla hispana, la propina que generalmente se ofrece en los restaurantes es del 10%, pero hay variación según el país y el tipo de restaurante. Con frecuencia la propina está incluida en la cuenta.

Cubanos en un café de la Pequeña Habana en Miami, Florida.

Pronunciación

A. The Spanish ll

In most countries, the Spanish ll has a sound similar to the *y* in the English word *yes*. Listen to your teacher and repeat the following words.

calle	cuchillo	llave	botella
llevar	relleno	pollo	platillo

B. The Spanish ñ

The Spanish ñ is similar to the *ny* in the English word *canyon*. Listen to your teacher and repeat the following words.

español	niño	mañana	España
señor	señorita	otoño	año

Estructuras

1. Demonstrative adjectives and pronouns
(Los adjetivos y los pronombres demostrativos)

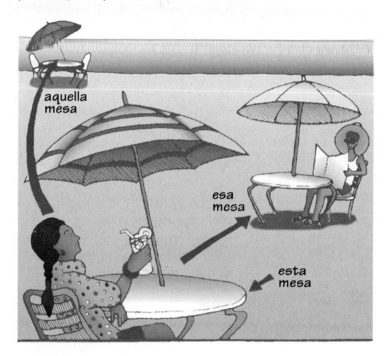

aquella
mesa

esa
mesa

esta
mesa

A. Demonstrative adjectives

■ Demonstrative adjectives point out persons or things. Like all other adjectives, they agree in gender and number with the nouns they modify. The form of the demonstrative adjectives are as follows.

no accent — they go w/ a noun

Masculine		Feminine		
Singular	*Plural*	*Singular*	*Plural*	
este	estos	esta	estas	*this, these*
ese	esos	esa	esas	*that, those*
aquel	aquellos	aquella	aquellas	*that, those* (at a distance in space or time)

—¿Qué necesitas?   *"What do you need?"*
—Necesito **esta** pluma, **ese**   *"I need this pen, that notebook,*
  cuaderno y **aquellos** libros.   *and those books* (over there)."

B. Demonstrative pronouns

■ The forms of the demonstrative pronouns are as follows.

Masculine		Feminine		Neuter	
Singular	Plural	Singular	Plural		
éste	éstos	ésta	éstas	esto	*this* (one), *these*
ése	ésos	ésa	ésas	eso	*that* (one), *those*
aquél	aquéllos	aquélla	aquéllas	aquello	*that* (one), *those* (at a distance)

—¿Quieres este jabón o **ése**?   *"Do you want this soap or that one?"*

—No quiero ni **éste** ni **ése**; quiero **aquél**.   *"I don't want this one or that one; I want that one over there."*

■ The masculine and feminine demonstrative pronouns are the same as the demonstrative adjectives, except that they have a written accent.

■ Each demonstrative pronoun has a neuter form. They are **esto, eso,** and **aquello.** The neuter forms, which do not change in number or gender, are used to refer to situations, ideas, and nonspecific objects or things, equivalent to the English *this, that matter; this, that business;* and *this, that stuff.*

—¿Entiendes **eso**?   *"Do you understand that?"*
—No, no lo entiendo.   *"No, I don't understand it."*

PRÁCTICA

A. Change the demonstrative adjectives according to the gender and number of the nouns.

1. *esta* lista de espera, _____ terrazas, _____ elevador, _____ cuadros
2. *ese* empleado, _____ orquesta, _____ tenedores, _____ copas
3. *aquella* señora, _____ cheque, _____ toallas, _____ cuchillos

B. Complete the following sentences according to the cue given.

1. Firmo este registro y _____ *(that one over there)*.
2. Quiero estos lápices y _____ *(those)*.

3. Necesito esta llave y _____ *(that one over there)*.
4. Voy a comprar esta toalla y _____ *(those)*.
5. No quiero esas maletas; quiero _____ *(these)*.
6. No voy a comer en ese restaurante. Voy a comer en _____ *(this one)*.

C. With a partner, use demonstrative adjectives to describe people or objects that are at varying distances from you.

1. sus cuadernos
2. la pizarra
3. las ventanas
4. la puerta
5. los coches en la calle
6. las chicas que están en la cafetería
7. los libros del profesor
8. su pluma (o lápiz)

the speaker is not expecting change

2. Uses of **ser** and **estar** *(Usos de ser y estar)*

The English verb *to be* has two Spanish equivalents, **ser** and **estar.** As a general rule, **ser** expresses *who* or *what* the subject is *essentially,* and **estar** indicates *state* or *condition.* **Ser** and **estar** are *not* interchangeable.

A. Uses of *ser*

Ser expresses a fundamental quality and identifies the essence of a person or thing.

◼ It describes the basic nature or character of a person or thing. It is also used with expressions of age that do not refer to a specific number of years.

> Este restaurante **es** excelente.
> Yo **soy** mayor que María Isabel.

◼ It describes the material that things are made of.

> Estos objetos **son** de oro y plata.

◼ It is used to denote nationality, origin, and profession or trade.

> Sandra **es** norteamericana.
> Yo **soy** de Caracas.
> Mi mamá **es** profesora.

◼ It is used with expressions of time and with dates.

> Hoy **es** miércoles, cuatro de abril.
> **Son** las cuatro y cuarto de la tarde.

■ It is used with events as the equivalent of *taking place.*

　　La fiesta **es** en el club Los Violines.

■ It is used to indicate possession or relationship.

　　La grabadora **es** de Julia.
　　El inspector de aduanas **es** el hermano de Raúl.

(handwritten margin note: grabadora tape recorder)

PRÁCTICA

Interview a classmate, using the following questions and two of your own. When you have finished, switch roles.

1. ¿Eres norteamericano(-a)? ¿De dónde eres?
2. ¿De qué ciudad eres?
3. ¿Cómo son tus padres?
4. ¿Quién es tu mejor amigo(-a)?
5. ¿Eres mayor o menor que yo?
6. ¿Eres feliz? *Characteristic*
7. ¿Dónde son tus clases?
8. ¿Qué día es hoy?
9. ¿Qué fecha es hoy?
10. ¿Qué hora es?

B. Uses of *estar*

Estar is used to express more transitory qualities and often implies the possibility of change.

(handwritten margin note: How you feel / where you are / Lets you know to use estar)

■ It indicates place or location.

　　El mozo no **está** aquí. ¿Dónde **está**?

■ It is used to indicate condition.

　　Mis padres **están** muy cansados.

■ With personal reactions, it describes what is perceived through the senses—that is, how a person or thing seems, looks, tastes, or feels.

　　¡Estos camarones **están** muy ricos!

■ It is used with the **-ando** and **-iendo** forms of the verb in the present progressive.

　　Lidia **está comiendo** camarones.

PRÁCTICA

A. Imagine that you and a friend are at a restaurant, and answer the following questions.

1. ¿En qué calle está el restaurante?
2. ¿Ud. está comiendo filete, camarones o pavo?
3. ¿Cómo está la comida? ¿Está sabrosa?
4. ¿Qué está comiendo su amigo(-a)?
5. ¿Ud. está tomando vino tinto o un refresco?
6. ¿Qué está tomando su amigo(-a)?
7. ¿Dónde está el camarero (la camarera)?
8. ¿Qué está haciendo el mozo (la mesera)?
9. ¿Está Ud. leyendo el menú para pedir el postre?
10. ¿Qué está comiendo su amigo(-a) de postre?

[handwritten: hacer: to make / to do]

B. **¿Ser** o **estar?** Complete the following dialogues, using **ser** or **estar** as appropriate. Then act them out with a partner.

1. —¿De dónde ___son___ tus padres? ¿ ___Son___ mexicanos?
   —Sí, pero ahora ___están___ en California.
   —¿Tu papá ___es___ profesor?
   —No, ___es___ médico.

2. —¿Olga ___es___ tu prima?
   —No, ___es___ mi sobrina.
   —¿Cómo ___es___ ella? *[thin]*
   —___Es___ alta, morena y delgada. ___Es___ muy bonita.
   —¿Dónde ___está___ ella ahora?
   —___Está___ en su casa.

3. —¿Qué hora ___es___ ?
   —Ya ___son___ las siete.
   —¿Dónde ___es___ la fiesta de Navidad?
   —___Es___ en el Club Náutico. ¿Tú vas a ir?
   —No, ___estoy___ muy cansada.

   [handwritten: Ya/Already]

4. —¿Qué ___estás___ comiendo (tú)?
   —___Estoy___ comiendo arroz con pollo.
   —¿ ___Está___ rico? *[tasty, delicious]*
   —¡Sí, ___está___ muy sabroso! *[tastes]*

5. —¿Éste ___es___ tu reloj?
   —Sí, ___es___ mi reloj.
   —¿ ___Es___ de oro?
   —No. ¡Oye! ¿Qué día ___es___ hoy?
   —Hoy ___es___ jueves.

C. With a partner, act out the following dialogues in Spanish.

1. "Are you (an) American, Mr. Cortés?"
   "No, I am (a) Spaniard. I am from Madrid."
2. "How is the food?"
   "It's very tasty."
3. "What's the date today?"
   "It's September third. Is it your birthday?"
   "No, it's my wedding anniversary."
4. "What are you doing, Anita?"
   "I'm reading my favorite book."

D. With two or three other students, prepare a description of a famous person. Include as much information as possible (nationality, profession, physical characteristics, etc.). Read your description to the rest of the class and see who can identify your subject.

3. Indirect object pronouns
(Pronombres usados como complemento indirecto)

■ In addition to a subject and a direct object, a sentence may have an indirect object.

Él **le** da **el libro a María.**	*He gives the book to María.*
D.O.　　 I.O.	D.O.　　 I.O.

[handwritten: to]

[handwritten: Clue: always preceded by "a"]

■ An indirect object describes *to whom* or *for whom* an action is done. An indirect object pronoun can be used in place of an indirect object. In Spanish, the indirect object pronoun includes the meaning *to* or *for*: Yo **les** mando los libros **(a los estudiantes).**

[handwritten in left margin: mandar - to order]

■ The forms of the indirect object pronouns are as follows.

Singular		Plural	
me	*(to, for) me*	**nos**	*(to, for) us*
te	*(to, for) you* (fam. sing.)	**os**	*(to, for) you* (fam. pl.)
le	*(to, for) you* (form. sing.) *(to, for) him* *(to, for) her*	**les**	*(to, for) you* (form. pl.) *(to, for) them* (masc., fem.)

■ In Spanish, the indirect object pronouns are the same as the direct object pronouns, except in the third person.

■ Indirect object pronouns are usually placed in front of the conjugated verb.

—¿Qué **te** dice tu papá en la carta?　　　　　　　　*"What does your Dad say to you in the letter?"*

—**Me** dice que viene por unos días.　　　　　　　　*"He tells me (says to me) that he is coming for a few days."*

■ In sentences with a conjugated verb followed by an infinitive, the indirect object pronoun may either be placed in front of the conjugated verb or be attached to the infinitive.

Le quiero dar un beso. ⎫
Quiero dar**le** un beso. ⎭ *I want to give him a kiss.*

■ When used in sentences with the present progressive, an indirect object pronoun may either be placed in front of the conjugated verb or be attached to the present participle.

Nos está diciendo que es lunes. ⎫
Está diciéndo**nos**[1] que es lunes. ⎭ *He's telling us that it's Monday.*

ATENCIÓN The indirect object pronouns **le** and **les** sometimes require clarification when the person to whom they refer is not specified. Spanish provides clarification (or emphasis) by using the preposition **a** + *personal pronoun or noun.*

Le doy la cuenta.　　　　　　*I am giving the bill . . . (to whom? to him? to her? to you?)*

but: **Le** doy la cuenta **a ella**.　　*I am giving the bill to her.*

Note, however, that the prepositional phrase is optional, while the indirect object pronoun must always be used.

Le traigo un libro **a Roberto**.　　*I am bringing a book to Roberto.*
¿**Les** vas a dar el dinero a **ellas**?　*Are you going to give the money to them?*

---

[1] When an indirect object pronoun is attached to a present participle, an accent mark is added to maintain the correct stress.

PRÁCTICA

A. You have a new job waiting tables at a fancy restaurant. As you wait on your first customers, double-check what you need to do with a fellow employee.

1. _Nos_ dan los abrigos *(coats)*.   (a nosotros)
2. _Les_ doy el menú.   (a ellos)
3. _Le_ doy un vermut.   (a él)
4. _Le_ doy los camarones.   (a ella)
5. _Les_ traigo una botella de vino.   (a ellos)
6. _Le_ leo la lista de postres.   (a ella)
7. _Te_ traigo los platos.   (a ti)
8. _Le_ traigo la cuenta.   (a él)
9. _Les_ digo "gracias".   (a ellos)
10. _Me_ dan una propina.   (a mí)
11. _Les_ ofrezco *(I offer)* parte de la propina.   (a Uds.)

B. You and your friends Marta and Juan are going to set the table for a banquet. Say whether the people in charge are going to give you what you need to complete the task.

> MODELO: —¿Van a darle los vasos a Juan?
> —*Sí, le van a dar los vasos.*

1. ¿Van a darme el mantel?
2. ¿Van a darle los tenedores a Marta?
3. ¿Van a darles las cucharitas a ellos?
4. ¿Van a darnos las copas?
5. ¿Van a darte las tazas?
6. ¿Van a darles las cucharas a Uds.?
7. ¿Van a darte los platos?
8. ¿Van a darnos las servilletas?

C. You are going on a trip to Miami to visit your aunt and uncle. Discuss with a classmate what you are doing now and what you are going to do once you get there.

1. ¿Les estás escribiendo a tus tíos de la Florida?
2. ¿Qué les estás diciendo?
3. ¿Qué les vas a llevar a tus tíos?
4. ¿Tu papá te va a dar su cámara fotográfica?
5. ¿Nos vas a escribir desde *(from)* Miami?
6. ¿Me vas a dejar la llave de tu casa?
7. ¿Qué les vas a traer a tus padres?
8. ¿Qué me vas a traer a mí?

D. With a partner, act out in Spanish the following dialogue between a couple celebrating their anniversary.

"The waiter is coming. Shall I ask him for a bottle of wine?"
"No, he should bring us champagne."
"I'm going to tell him that we want the specialty of the house."
"No, I don't want it. I prefer lobster."
"Is the waiter going to bring us the dessert?"
"No, and we aren't going to leave him a tip."
"What are you going to give me for our anniversary?"
"I am going to give you a kiss, my darling."

4. Verbs with irregular first-person forms
(Verbos irregulares en la primera persona)

■ The following verbs are irregular in the first-person singular of the present tense.

Verb	yo form	Regular forms
salir *(to go out)*	salgo	sales, sale, salimos, salís, salen
hacer *(to do, make)*	hago	haces, hace, hacemos, hacéis, hacen
poner *(to put, place)*	pongo	pones, pone, ponemos, ponéis, ponen
traer *(to bring)*	traigo	traes, trae, traemos, traéis, traen
conducir *(to drive; to conduct)*	conduzco	conduces, conduce, conducimos, conducís, conducen
traducir *(to translate)*	traduzco	traduces, traduce, traducimos, traducís, traducen
conocer *(to know)*	conozco	conoces, conoce, conocemos, conocéis, conocen
caber *(to fit)*	quepo	cabes, cabe, cabemos, cabéis, caben
ver *(to see)*	veo	ves, ve, vemos, veis, ven
saber *(to know)*	sé	sabes, sabe, sabemos, sabéis, saben

A. Interview a classmate, using the following questions. When you have finished, switch roles.

1. ¿Sabes español?
2. ¿Ves al profesor (a la profesora) todos los días?
3. ¿Conoces a la familia del profesor (de la profesora)?
4. ¿Traes tu libro de español a la clase?
5. ¿Haces la tarea *(homework)* los domingos?
6. ¿Traduces la lección al inglés?
7. ¿A qué hora sales de tu casa?
8. ¿Conduces el coche de tus padres?
9. ¿Dónde pones las llaves de tu coche?
10. Hay seis chicas en el coche. ¿Cabes tú también?

B. Read this paragraph about Lucía's day and then rewrite it as if you were Lucía, starting with **Yo...**

Lucía sale de su casa a las siete de la mañana. Va a la universidad en coche; ella conduce muy bien. Su clase de francés es a las ocho, pero ella sale temprano porque sabe que hay mucho tráfico. Siempre trae dinero para almorzar en la cafetería, donde ve a muchos de sus amigos. Por la tarde vuelve a su casa y hace la tarea; generalmente traduce del inglés al francés.

5. Saber vs. conocer; pedir vs. preguntar

A. *Saber vs. conocer*

Spanish has two verbs that mean *to know,* **saber** and **conocer.**

■ When *to know* means *to know something by heart, to know how to do something,* or *to know a fact,* **saber** is used.

No sé los verbos irregulares.	*I don't know the irregular verbs.*
Juan **sabe** hablar ruso.	*John knows how to speak Russian.*
Ellos **saben** dónde está el teatro.	*They know where the theater is.*

■ When *to know* means *to be familiar with* or *to be acquainted with a person,* *a thing,* or *a place,* it is translated as **conocer.**

Nosotros **conocemos** a tu tía.	*We know your aunt.*
Elisa **conoce** las novelas de García Márquez.	*She knows (is acquainted with) García Márquez's novels.*
¿**Conoces** Miami?	*Do you know (have you been to) Miami?*

PRÁCTICA

A. Complete the following dialogues, using **saber** or **conocer** as appropriate. Then act them out with a partner.

conozco
conoces
conoce

sé
sabes
sabe
sabemos
saben

1. —¿ _Conoces_ tú al abuelo de Olga?
   —Sí, lo _conozco_ , pero no _sé_ dónde vive.
2. —Tú _conoces_ Brasil, ¿no?
   —Sí, pero no _sé_ hablar portugués.
3. —¿Tú _conoces_ el poema *"The Raven"*?
   —¡Lo _sé_ de memoria!
4. —¿ _Sabes_ tú qué hora es?
   —Sí, son las ocho.
5. —Jorge conduce muy mal.
   —Sí, no _sabe_ conducir muy bien.

B. Interview a classmate, using the following questions. When you have finished, switch roles.

1. ¿Cuántos idiomas sabes hablar? ¿Cuáles son?
2. ¿Conoces a los padres de tu mejor amigo(-a)?
3. ¿Qué sabes hacer?
4. ¿Qué instrumento sabes tocar *(play)*?
5. ¿Conoces un buen restaurante por aquí? ¿Dónde está?
6. ¿Conoces a alguien famoso? ¿Quién es? ¿Cómo es?
7. ¿Qué platos (postres) sabes preparar?

B. *Pedir* vs. *preguntar*

■ **Pedir** means *to ask for something* in the sense of requesting an object or service.

¿**Pido** más servilletas?	*Should I ask for more napkins?*
Vamos a pedir la llave.	*We are going to ask for the key.*

■ **Preguntar** means *to ask a question,* in the sense of requesting information.

Ellos **preguntan** a qué[1] hora sirven la comida.	*They ask at what time dinner is served.*
Voy a preguntar dónde[1] está el mozo.	*I'm going to ask where the waiter is.*

ATENCIÓN   Note that **pedir** means *to ask for;* the preposition *for* has no Spanish equivalent in this case.

PRÁCTICA

A. Complete the following dialogues, using **pedir** or **preguntar** as appropriate. Then act them out with a partner.

1. —¿Vas a _pedir_ información sobre *(about)* Antonio?
   —No, pero voy a _preguntar_ cuál es su número de teléfono.
2. —¿Por qué no _preguntas_ (tú) qué obra de teatro ponen hoy?
   —Porque no quiero ir al teatro este fin de semana.
3. —¿Vas a _pedir_ una habitación sencilla o una doble?
   —No sé. Primero voy a _preguntar_ cuánto cuesta un cuarto exterior con baño privado.
4. —¿Qué está _pidiendo_ el botones?
   —La llave del cuarto.

B. With a partner, act out the following dialogue between two roommates in Spanish.

"You know Irene Torres, don't you? What is her address?"
"I don't know her address, but I have her phone number. Here it is."
"Thank you. I want to ask her if she wants to go to the movies with me."
"But you always tell me that you don't have (any) money!"
"Yes, but I'm going to ask my parents for money today."

---

[1]Interrogative words have written accent marks whether they are used in direct or indirect questions.

¡A ver cuánto aprendió!

¡Repase el vocabulario!

Match each question in column A with the answer in column B, and then read them aloud.

A

1. ¿Qué celebran hoy? n
2. ¿Está rico el pavo relleno? i
3. ¿Cuál es la especialidad de la casa? d
4. ¿Qué bebidas prefieres? p
5. ¿Qué quieres de postre? a
6. ¿Vas a pedir agua mineral? k
7. ¿Qué está anotando el mozo? c
8. ¿Quieres bistec? o
9. ¿Adónde vamos esta noche? m
10. ¿Es bueno este restaurante? e
11. ¿No quieres camarones? b
12. ¿Cuánto vas a dejar de propina? h
13. ¿Qué venden en McDonald's? f
14. ¿Quién paga la cuenta? j
15. ¿Quieres café? l
16. ¿Es un sándwich de jamón? g

B

a. Flan con helado
b. Sí, quiero pedirlos, pero son muy caros.
c. El pedido.
d. Lechón asado con arroz y frijoles negros.
e. Sí, es excelente.
f. Hamburguesas.
g. No, de huevo.
h. Ocho dólares.
i. Sí, está muy sabroso.
j. Ana.
k. Sí, una botella.
l. No, prefiero té.
m. Al teatro.
n. Su aniversario de bodas.
o. Sí, quiero comer carne.
p. Vermut o vino tinto.

Entrevista

You and a classmate are at the El Caribe Restaurant. Look at the menu on page 174 and ask the following questions, using the **tú** form.

Pregúntele a su compañero(-a) de clase...

1. ...qué va a pedir.
2. ...qué le recomienda para comer.
3. ...qué prefiere tomar: vino blanco, champán o refresco.
4. ...qué quiere de postre: arroz con leche, torta o flan con crema.
5. ...cuánto es la cuenta.
6. ...cuánto va a dejar de propina.
7. ...qué van a hacer después de cenar.
8. ...si sabe preparar algún plato sabroso.

Situaciones

What would you say in the following situations? What might the other person say? Act out the scenes with a partner. Take turns playing each role.

1. You are at a restaurant, and you are very hungry. Ask to see the menu; order a first and second course and something to drink while you wait for your food. Then tell the waiter what you want for dessert.
2. You are a waiter or waitress. Recommend two or three main dishes and a dessert to your customers. Ask them if they want coffee or tea.
3. You are cooking a gourmet dinner. Ask your roommate to set the table. Name the utensils and other items you want.
4. You are hosting a party at your home. Some of your guests have brought children. Offer a selection of beverages.

Para escribir

Write a dialogue between a waiter or waitress and a customer. Include the following exchanges.

- asking for a menu
- ordering the food, drink(s), and dessert
- asking for the check

En la vida real

¿QUÉ LES SERVIMOS?

You and a classmate are hosting a special weekend for some foreign students. Discuss the breakfast, lunch, and dinner menus you will be preparing, taking into account your guests' different peculiarities.

- María Inés Soto is a vegetarian.
- Juan Carlos Reyes loves meat and dairy products.
- Isabel Peña is on a diet.
- Francisco Rojas is extremely thin and wants to gain weight.
- Raquel Arias loves seafood.

Some additional words and phrases that you might include:

el chorizo *sausage* ⎱ con huevos
el tocino   *bacon*   ⎰ *with eggs*
el cereal   *cereal*
la mantequilla *butter*
la mermelada *jam*

el pan *bread*
el panqueque *pancake*
el yogur *yogurt*
las zanahorias *carrots*

¡BUEN PROVECHO!

You and a friend have decided to go out to dinner tonight. Read the following ads for Hispanic restaurants in Miami, and answer the questions on page 192.

campestre/ country

estilo/ style

sabor/ taste, flavor

LA CARRETA
RESTAURANT

Un restaurant campestre en estilo y sabor, al servicio de usted con gran especialidad en comidas típicas cubanas.

Nuestras Especialidades.

- BISTEC CARRETERO CON MOJO CRIOLLO
- COSTILLAS BBQ CON SU SALSA ESPECIAL
- LECHON ASADO CON YUCA
- MASITAS DE PUERCO CON FRIJOLES o MOROS.

PARA NUESTROS CLIENTES, AHORA EN TRES LOCALIDADES.

3632 S.W. 8 ST.
447-7501
ABIERTO 24 HORAS

8650 S.W. 40 ST. (BIRD RD)
553-8383 ● 553-8614
DOM-JUEVES 7 A.M.-2 A.M.
VIERNES-SAB. 7 A.M.-4:30 A.M.

DADELAND SHOPPING CENTER
AL LADO DE JC PENNEY
662-9288
7 DIAS DE 7 A.M.-2 A.M.

Segovia
RESTAURANT

JORGE SANTANA

ABRE DE NUEVO SU RESTAURANT FAMOSO POR EL BISTEC CUBANO CON UNA MONTAÑA DE PAPAS FRITAS.
$3⁹⁵

BUSINESSMAN'S LUNCH desde
Especialidad en Carnes y Mariscos.

Piano Melódico
Fines de Semana

Abrimos 7 días de
11 A.M. a 11 P.M.

3535 Coral Way, Miami ● 446-3555

El Bodegón Castilla
(Gloria de España)

- Regios salones para Banquetes y Fiestas
- Delicada elegancia en su servicio profesional
- Decorado rústico Castellano con Barra Privada
- Riguroso Control de Calidad que da su Buena Fama

¡HAY QUE SABER VIVIR!
CONSULTE AL JEFE DE RECEPCIONES

Tel.: 649-0863
Calle 8 S.W. y 25 Ave., Miami

LAS REDES
RESTAURANT

Les invita a que disfruten de sus suculentas comidas de Pescados y Mariscos, en un ambiente agradable y familiar, con una atención esmerada y cordial.

Deléitese con nuestra famosa especialidad de la casa:

"LANGOSTA FLORIDA A LAS REDES"

Pruebe también nuestro Super Lunch, con platos exquisitos a muy módicos precios. Saborée la "Sopa del Día" a base de marisco o pescado, en el Lunch. Abrimos de Lunes a Jueves hasta las 9 p.m. Viernes y Sábados hasta la 10 p.m. con la magnífica actuación de Duo Antillano amenizando sus comidas. Visítenos y vea nuestro Fish Market con los precios más bajos del mercado.

Abrimos los domingos de 3 a 9 p.m.

3970 West 16 Ave. En el Shopping Celimar
Hialeah, Fla. Telef.: 825-2607

1. Ud. y un amigo quieren comer pescado. ¿A qué restaurante pueden ir?
2. Si quieren hacer reservaciones en ese restaurante, ¿a qué número deben llamar?
3. ¿Cuál es la especialidad del restaurante Las Redes?
4. ¿Por qué es famoso el restaurante Segovia?
5. ¿Cuándo hay música en el restaurante Segovia?
6. ¿Cuánto cuesta el almuerzo allí?
7. ¿Qué comidas típicas cubanas sirven en el restaurante La Carreta?
8. Si quieren dar un banquete, ¿a qué restaurante deben ir?
9. ¿En qué calle está El Bodegón Castilla?
10. ¿Cree Ud. que en El Bodegón Castilla sirven comida cubana o española?

¡VAMOS A CENAR!

You and a classmate have received a $40.00 gift coupon to eat dinner at the El Caribe Restaurant. Select what you are going to have, including drinks and dessert. And don't forget to leave a tip!

Teledrama

Alfredo y Luz Marina comen en un restaurante muy elegante.

VOCABULARIO

apurarnos to hurry
bienvenidos welcome
la carta menu
con tres días de anticipación three days in advance
denos give us
divertida funny, amusing
en mantequilla in butter
fue it was
la gaseosa soft drink

hice I made
...lo han abierto hace poco . . . they opened it a short time ago
tengo unas ganas I feel like
todo el mundo me ha dicho everybody has told me
tuve I had
la verdad truth

PREPARACIÓN

¿Cuánto saben Uds. ya? In this video episode, the characters will be at a restaurant ordering dinner. What words and expressions come to mind about this topic? Make a list and then circle the ones you hear as you watch the video.

COMPRENSIÓN

¿Verdadero o falso? Read the following statements. After watching the video, circle V (**Verdadero**) or F (**Falso**), according to what you understood.

V F 1. La reservación que tienen Luz Marina y Alfredo está a nombre de ella.

V F 2. Alfredo decide inmediatamente lo que va a pedir.

V F 3. Luz Marina pide pollo con arroz.
V F 4. Luz Marina bebe vino tinto con la comida.
V F 5. La especialidad del día es trucha en mantequilla.
V F 6. Después de la cena, Luz Marina y Alfredo van a un club a bailar.
V F 7. Ellos van a ver un drama.
V F 8. Luz Marina toma café después de cenar.
V F 9. Según Luz Marina, los precios del restaurante no son muy caros.
V F 10. El restaurante donde comen los chicos es muy popular.
V F 11. Luz Marina paga la cuenta.
V F 12. Los amigos de Luz Marina y Alfredo los están esperando.

AMPLIACIÓN

A. En el restaurante. With a partner, role-play this situation.

CAMARERO(-A)	—¿A nombre de quién está la reservación?
UD.	—_____
CAMARERO(-A)	—¿Le traigo algo de beber?
UD.	—_____
CAMARERO(-A)	—¿Qué desea comer?
UD.	—_____
CAMARERO(-A)	—La especialidad del día es bistec con langosta.
UD.	—_____
CAMARERO(-A)	—¿Qué desea de postre?
UD.	—_____
CAMARERO(-A)	—¿Desea tomar café?
UD.	—_____
CAMARERO(-A)	—Muy bien, aquí tiene la cuenta.
UD.	—_____
CAMARERO(-A)	—No, no aceptamos ni tarjetas de crédito ni cheques de viajero.
UD.	—_____
CAMARERO(-A)	—Pues entonces tienen que lavar los platos *(wash the dishes).*

B. La continuación. Imagine that you are the scriptwriter for this video. What do Luz Marina and Alfredo do after leaving the restaurant? Write the sequel to this video episode.

Hablando de las vacaciones

Las famosas ruinas de Machu Picchu en Perú son la mayor muestra de la gran civilización inca.

OBJECTIVES

Pronunciation
The Spanish **l**, **r**, **rr**, and **z**

Structure
Constructions with **gustar** • Possessive pronouns • Time expressions with **hacer** • Preterit of regular verbs • Direct and indirect object pronouns used together

Communication
You will learn vocabulary related to traveling.

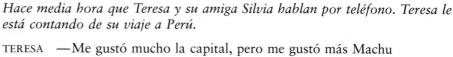

Hablando de las vacaciones

Hace media hora que Teresa y su amiga Silvia hablan por teléfono. Teresa le está contando de su viaje a Perú.

TERESA —Me gustó mucho la capital, pero me gustó más Machu Picchu.

SILVIA —¡Y no me mandaste una tarjeta postal!

TERESA —Compré dos, pero no te las mandé; las tengo aquí.

SILVIA —¿Y cuándo piensas dármelas?

TERESA —Mañana. Tengo que devolverte la maleta y el bolso de mano que me prestaste.

SILVIA —¿Llevaste mucho equipaje?

TERESA —Sí, mis dos maletas y la tuya. Pagué exceso de equipaje.

SILVIA —¿Cuánto te costó el pasaje? ¿Viajaste en primera clase?

TERESA —¿Estás loca? Viajé en clase turista. ¡Y me costó dos mil quinientos pesos![1] Ida y vuelta, claro...

SILVIA —¿Qué tal el vuelo?

TERESA —Un poco largo... Y como el avión salió con dos horas de retraso, llegamos muy tarde.

SILVIA —¿Te pasó algo interesante en Lima?

TERESA —Bueno... en la agencia de viajes donde compré el pasaje para Machu Picchu, conocí a un muchacho[2] muy simpático.

SILVIA —¿Viajó contigo? ¡Tienes que contármelo todo!

TERESA —Sí, viajé con él en avión a Cuzco, donde almorzamos juntos. Después, conversamos durante todo el viaje en tren a Machu Picchu.

SILVIA —No sé por qué tus vacaciones siempre son magníficas y las mías son tan aburridas.

TERESA —Pues la próxima vez tenemos que viajar juntas.

SILVIA —Bueno, pero sólo si vamos en tren o en barco. A mí no me gusta viajar en avión.

TERESA —Bueno, viajamos en tren. Oye, es tarde. Nos vemos mañana al mediodía.

SILVIA —Sí, hasta mañana.

---

[1] Mexican currency

[2] Note that **muchacho(-a)** can be used familiarly to refer to men and women under thirty.

Vocabulario

Cognados

la **capital**   capital (city)

el **exceso**   excess

Nombres

la **agencia de viajes**   travel agency
el **avión**   plane
el **barco**   boat, ship
el **bolso de mano**   carry-on bag
la **clase turista**   tourist class
el **equipaje**   luggage
la **hora**   hour

el **pasaje, el billete** *(Spain)* ticket (for plane, train, or bus)
_____ **de ida**   one-way ticket
_____ **de ida y vuelta**   round-trip ticket
_____ **de primera clase**   first-class ticket
el **retraso, atraso**   delay

la **tarjeta**   card
_____ **postal**   postcard
el **tren**   train
la **vez**   time (occasion)
el **viaje**   trip
el **vuelo**   flight

[can also be Playbill]

Verbos

conocer   to meet
contar (o:ue)   to tell
devolver (o:ue)   to return (something)

gustar   ~~to like,~~ to be pleasing to
pasar   to happen
prestar   to lend

salir to leave
llegar to arrive

pagar - to pay

Adjetivos

aburrido(-a)   boring
juntos(-as)   together
largo(-a)   long

loco(-a)   crazy
próximo(-a)   next

Otras palabras y expresiones

bueno, bien   okay, fine
como   since
de   about
durante   during
exceso de equipaje   excess baggage
hablar por teléfono   to talk on the phone

míos, mías   mine
primera clase   first class
pues   then
¿qué tal...?   how was (is) . . . ?
sólo   only
tarde   late
todo   all

todo el viaje   the whole trip
tuyo(-a)   yours
un poco + *adjective*   a little + *adjective*

Vocabulario complementario

■ En el aeropuerto

el asiento seat	Necesitamos dos **asientos** en el vuelo a Buenos Aires.
_____ **de pasillo (de venta-nilla)** aisle (window) seat	¿Prefiere Ud. un **asiento de pasillo** o **de ventanilla**?
¡Buen viaje! Have a nice trip!	¡Adiós, Marisa! **¡Buen viaje!**
la entrada entrance	¿Dónde está la **entrada** al aeropuerto?
la puerta de salida gate (i.e., at an airport)	¿Cuál es la **puerta de salida** para el vuelo a Caracas?
la salida exit	Aquella puerta no es la entrada; es la **salida**.
la sección de (no) fumar (no) smoking section	Prefiero estar en la **sección de no fumar**.
tener... de retraso to be . . . behind schedule	El avión **tiene dos horas de retraso**.
el (la) turista tourist	Muchos **turistas** visitan México todos los años.
el (la) viajero(-a) traveler	Los **viajeros** llegan esta noche por tren.

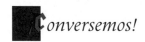

¡Conversemos!

Answer the following questions, basing your answers on the dialogue.

1. ¿Hace una hora que Teresa y Silvia hablan por teléfono?
2. ¿De qué le está contando Teresa a su amiga?
3. ¿Qué le gustó más a Teresa, Machu Picchu o Lima?
4. ¿Silvia recibió una tarjeta postal de Teresa?
5. ¿Qué le prestó Silvia a Teresa para su viaje?
6. ¿Pagó Teresa exceso de equipaje?
7. ¿Cuántas maletas llevó Teresa?
8. ¿Cuánto le costó a Teresa el pasaje?
9. ¿Con cuántas horas de retraso salió el avión?
10. ¿Viajó Teresa a Cuzco en avión o en tren?
11. ¿Las vacaciones de Teresa son magníficas o aburridas?
12. ¿Cómo van a viajar Teresa y Silvia la próxima vez?

llegar – arive
desde – from

¿Lo sabía Ud.?

10,000 ft.

- **Cuzco**, situada a más de <u>diez mil pies</u> de altura en los Andes peruanos, es la antigua capital del imperio de los incas. Hoy día, la ciudad es un gran centro turístico y artístico.

- **Machu Picchu**, conocida también como la ciudad perdida de los incas, está situada en la cordillera de los Andes a unos ciento diez kilómetros al noroeste de Cuzco. El imperio de los incas se extendió desde el sur de Colombia hasta el norte de Chile y Argentina.

La iglesia de San Pedro, en Cuzco, Perú. Note su estilo colonial español.

Pronunciación

A. The Spanish l

The Spanish l is pronounced like the *l* in the English word *lean*. The tip of the tongue must touch the palate. Listen to your teacher and repeat the following words.

loco	Silvia	sólo
capital	vuelo	bolso
postal	él	salida

B. The Spanish r

The Spanish r sounds something like the *dd* in the English word *ladder*. Listen to your teacher and repeat the following words.

tren	hora	tarde
contar	Teresa	claro
largo	primera	turista

C. The Spanish **rr** (spelled **r** at the beginning of words and **rr** between vowels)

The Spanish **rr** is a strong trill. Listen to your teacher and pronounce the following words.

aburrido	Rosa	Reyes
retraso	arriba	Roberto
retirar	Raúl	reservación

D. The Spanish **z**

In Latin America the Spanish **z** is pronounced like the *ss* in the English word *pressing*. In Spain it is pronounced like the *th* in the English word *think*. Avoid using the buzzing sound of the English *z* in the words *zoo* and *zebra*. Listen to your teacher and repeat the following words.

pizarra	vez	Pérez
Zulema	zoológico	taza
lápiz	mozo	azul

Estructuras

1. Constructions with **gustar** *(Construcciones con gustar)*

■ The verb **gustar** means *to like* (literally, *to be pleasing to*). **Gustar** is always used with an indirect object pronoun (**me** in the following example).

Me gusta tu casa.			I like your house.		
I.O.	V.	S.	S.	V.	D.O.

Your house is pleasing to me.
S.   V.   I.O.

[handwritten margin note: to gustar — desgustar — disgust]

■ The two most commonly used forms of **gustar** are the third-person singular form, **gusta,** used if the subject is singular or if **gustar** is followed by one or more infinitives; and the third-person plural form, **gustan,** used if the subject is plural.

Indirect object pronouns

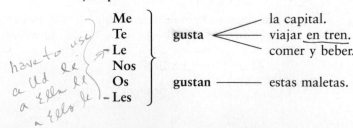

Me		
Te		la capital.
Le	gusta	viajar en tren.
Nos		comer y beber.
Os		
Les	gustan	estas maletas.

■ Note that the verb **gustar** agrees with the *subject* of the sentence—that is, with the person or thing being liked.

Me gust**a** **Lima.**	*I like Lima.*
Me gust**an** **los vuelos cortos.**	*I like short flights.*

ATENCIÓN When what is liked is an activity, **gustar** is followed by the infinitive.

Me gust**a** **hablar** por teléfono.	*I like to talk (talking) on the phone.*

■ The person who does the liking is the indirect object.

Me gustan los restaurantes elegantes.
I.O.

—¿**Te** gusta la langosta?	*"Do you like lobster?"*
—Sí, **me** gusta mucho la lan-gosta, pero **me** gustan más los camarones.	*"Yes, I like lobster very much, but I like shrimp better."*
—**A Eva le** gusta el pollo.	*"Eva likes chicken."*

ATENCIÓN Note that the words **mucho** and **más** *(better)* immediately follow **gustar.**

■ The preposition **a** + *noun or pronoun* may be used to emphasize or specify the name of the person referred to by the indirect object pronoun.

A Eva (**A ella**) le gusta el pollo y **a mí** me gusta el pescado.	*Eva (She) likes chicken and I like fish.*

PRÁCTICA

A. You and some friends are at a restaurant. Using **gustar,** say what everybody likes to eat and drink.

MODELO: Yo / las papas fritas
(A mí) me gustan las papas fritas.

1. ellas / las albóndigas
2. tú / el jugo
3. nosotros / comer lechón asado
4. Marta y Elena / el agua mineral
5. yo / el pollo frito
6. ellos / el salmón
7. Uds. / las frutas
8. Ud. / tomar vino tinto
9. Eduardo / el pavo relleno
10. los niños / los camarones

albóndiga — meat ball / fish ball

B. Interview a classmate to learn one thing that the following members of his or her family like and don't like to do on weekends. When you have finished, switch roles.

> Modelo: A tu hermana, ¿qué (no) le gusta hacer?
> *A mi hermana le gusta ir a bailar. No le gusta trabajar.*

1. A ti...
2. A tus hermanos...
3. A mi padre...
4. A nosotros(-as)...
5. A tus primos...

C. Be an interpreter. What are these people saying?

1. "Do you like this blue carry-on bag, Lolita?"
   "No . . . I like the green carry-on bag better."
2. "Do your children like to travel by ship, Mr. Vega?"
   "Yes, they like (to) very much."
3. "Do you like this seat, sir?"
   "No, I don't like window seats."
4. "What do you like to do, ladies?"
   "We like to read and to travel."
5. "Do you like that hotel, Miss Rojas?"
   "No, I like this one better."

D. Compare your likes and dislikes with those of two classmates. Consider your tastes in food, music, classes, and travel.

2. Possessive pronouns *(Pronombres posesivos)*

Singular		Plural		
Masculine	*Feminine*	*Masculine*	*Feminine*	
el mío	la mía	los míos	las mías	*mine*
el tuyo	la tuya	los tuyos	las tuyas	*yours* (fam.)
el suyo	la suya	los suyos	las suyas	{ *yours* (form.) *his* *hers*
el nuestro	la nuestra	los nuestros	las nuestras	*ours*
el vuestro	la vuestra	los vuestros	las vuestras	*yours* (fam.)
el suyo	la suya	los suyos	las suyas	{ *yours* (form.) *theirs*

■ In Spanish, possessive pronouns agree in gender and number with the thing possessed. They are generally used with the definite article.

—Aquí están **mis maletas.** ¿Dónde están **las tuyas?**	*"Here are my suitcases. Where are yours?"*
—**Las mías** están en mi cuarto.	*"Mine are in my room."*
—**Nuestro profesor** es de Colombia.	*"Our professor is from Colombia."*
—**El nuestro** es de Venezuela.	*"Ours is from Venezuela."*

ATENCIÓN After the verb **ser**, the definite article is frequently omitted.

—¿Estos billetes son **suyos,** señor?	*"Are these tickets yours, sir?"*
—No, no son **míos.**	*"No, they're not mine."*

■ Because the third-person forms of the possessive pronouns (**el suyo, la suya, los suyos, las suyas**) can be ambiguous, they can be replaced by the following for clarification.

el de	⎧ Ud.	el [libro] de él
la de	⎪ él	el **de él**
los de	⎨ ella	
las de	⎪ Uds.	Es **suyo.** *(unclarified)*
	⎪ ellos	Es **el de él.** *(clarified)*
	⎩ ellas	

—Estas maletas son de Eva y de Jorge, ¿no?	*"These suitcases are Eva's and Jorge's, aren't they?"*
—Bueno, la maleta azul es **de ella** y la maleta marrón es **de él.**	*"Well, the blue suitcase is hers, and the brown suitcase is his."*

PRÁCTICA

A. Provide the correct possessive pronoun for each subject.

> MODELO: Yo tengo una tarjeta postal. Es...
> *Yo tengo una tarjeta postal. Es mía.*

1. Mario tiene un billete. Es...
2. Nosotros tenemos dos pasajes. Son...
3. Tú tienes una llave. Es...
4. Inés tiene dos pinturas. Son...
5. Yo tengo dos casas. Son...
6. Ud. tiene una carta. Es...
7. Ellos tienen las toallas. Son...
8. Paco tiene una botella de vino. Es...

[handwritten margin: mío / tuyo / suyo / nuestro / suyo]

B. With a partner, make comparisons between the objects and people described and those in your own experience. Use appropriate possessive pronouns when asking each other questions.

> MODELO: —El hermano de Teresa tiene quince años. ¿Y el tuyo?
> —*El mío tiene dieciocho. ¿Y el tuyo?*
> —*El mío tiene veintidós.*

1. Los mejores amigos de Rosa son de Cuba.
2. La casa de Ana tiene cuatro cuartos.
3. Los padres de Ramiro viven en San Diego.
4. El cumpleaños de Jorge es en septiembre.
5. Las maletas de Alina son verdes.
6. La hermana de Rafael es muy bonita.
7. El idioma de Hans es alemán.
8. Las primas de Enrique son uruguayas.

Now, with your partner, compare other aspects of your lives, such as your room or apartment, relatives, classes, car, records, jobs, and so on.

[handwritten margin: poder—to be able to; can]

C. With a partner, act out the following dialogue between two tourists in Spanish.

"My tickets are here. Where are yours, Anita?"
"Mine are here, too, but Pedro doesn't have his."
"I don't have suitcases, but Teresa is going to lend me hers."
"Or I can lend you one of mine . . ."
"But you are going to need yours!"
"I have three suitcases."

3. Time expressions with **hacer**
(Expresiones de tiempo con el verbo **hacer**)

■ English uses the present perfect progressive or the present perfect tense to express how long something has been going on.

*I **have been living** here **for** twenty years.*

■ Spanish uses the following construction.

Hace + *length of time* + **que** + *verb* (in the present tense)
Hace   veinte años   que   vivo aquí.

—¿**Cuánto tiempo hace que** Ud. estudia español?   *"How long have you been studying Spanish?"*

—**Hace** tres meses **que** estudio español.   *"I have been studying Spanish for three months."*

—¿Tienes mucha hambre?   *"Are you very hungry?"*

—¡Sí! **Hace** ocho horas **que** no como.   *"Yes! I haven't eaten for eight hours."*

PRÁCTICA

A. Interview a classmate, using the following questions and two questions of your own. When you have finished, switch roles.

1. ¿Cuánto tiempo hace que vives en esta ciudad?
2. ¿Cuánto tiempo hace que estudias aquí?
3. ¿Cuánto tiempo hace que trabajas en esta ciudad?
4. ¿Cuánto tiempo hace que hablas español?
5. ¿Cuánto tiempo hace que no comes?
6. ¿Cuánto tiempo hace que no ves a tus padres?

B. With a partner, act out the following dialogues in Spanish.

1. "How long have you been studying Spanish?"
   "I have been studying it for six months."
2. "How long has he been working at the travel agency?"
   "Five years."
3. "How long have you known your professor?"
   "I have known her for two weeks."
4. "Are you still working?"
   "Yes, I've been working for two hours."

C. In groups of three, prepare six questions to ask your instructor, using time expressions with **hacer.** You may want to use the verb **enseñar** *(to teach)* in your questions.

Past - Completed Action CAN BE FRAMED

4. Preterit of regular verbs *(Pretérito de verbos regulares)*

■ Spanish has two simple past tenses: the preterit and the imperfect. (The imperfect tense will be studied in **Lección 10.**) The preterit tense is used to refer to actions or states that the speaker views as completed in the past.

■ The preterit of regular verbs is formed as follows. Note that the endings for the **-er** and **-ir** verbs are the same.

	-ar *verbs*	**-er** *verbs*	**-ir** *verbs*
	tomar *to take*	**comer** *to eat*	**escribir** *to write*
yo	tomé	comí	escribí
tú	tomaste	comiste	escribiste
3RD person sing. / Ud, el, ella	tomó	comió	escribió
nosotros	tomamos (same)	comimos	escribimos
	tomasteis	comisteis	escribisteis
Uds, ellos, ellas	tomaron	comieron	escribieron

llegar - to arrive
empecar - to start

■ The first-person plural of **-ar** and **-ir** verbs is identical to the present tense forms.

—**Salimos** de casa a las seis.   *"We left home at six."*
—Y nosotros no **llegamos**   *"And we didn't arrive until*
  hasta las siete.   *seven."*

■ Verbs ending in **-gar, -car,** and **-zar** change **g** to **gu, c** to **qu,** and **z** to **c** before **é** in the first person of the preterit: **pagar → pagué; buscar** *(to look for)* **→ busqué; empezar → empecé.**

—¿A qué hora **llegaste** al   *"What time did you arrive at*
  hospital?   *the hospital?"*
—**Llegué** a las siete y **empecé** a   *"I arrived at seven and I*
  trabajar.   *started to work."*

■ Verbs of the **-ar** and **-er** groups that are stem-changing in the present indicative are regular in the preterit.

Rosa **volvió** a las seis y **cerró**   *Rosa returned at six o'clock*
  las puertas.   *and closed the doors.*

Spanish has no equivalent for the English word *did* used as an auxiliary verb in questions and negative sentences.

Yo no lo terminé.   *I did not finish it.*
¿Tú lo terminaste?   *Did you finish it?*

PRÁCTICA

A. Complete the following dialogues, using the verbs given. Then act them out with a partner.

1. hablar / hablar / llamar / charlar
   to call
   —¿Tú _hablaste_ por teléfono con tus suegros ayer? ~~llamé~~ *in-laws*
   —Sí, _charlé_ con ellos. Los _llamé_ por la mañana. _Hablamos_ hasta las once.

2. volver / volver / volver
   return
   —¿A qué hora _volvieron_ Uds.?
   —Yo _volví_ a las cuatro y Mario _volvió_ a las seis.

3. recibir / mandar / recibir
   receive   *to send*
   to arrive
   —¿_Recibiste_ (tú) las tarjetas que yo te _mandé_?
   —No, no las _recibí_.

4. llegar / llegar / comenzar
   to start
   —¿A qué hora _llegó_ Ud., señorita?
   —_Llegué_ a las nueve y _comencé_ a trabajar a las nueve y media.

5. cerrar / cerrar / abrir
   to close
   to open
   —¿_Cerraron_ Uds. las puertas?
   —Sí, _cerramos_ las puertas y _abrimos_ las ventanas.

B. Say what you and your friends did yesterday (**ayer**).

1. ¿Qué comió Ud. ayer?
2. ¿Qué bebió Ud.?
3. ¿Estudiaron Uds. español anoche *(last night)*?
4. ¿A qué hora salió Ud. de su casa?
5. ¿A qué hora llegó Ud. a su primera clase?
6. ¿Trabajaron ayer sus amigos?
7. ¿Dónde almorzó su mejor amigo(-a)?
8. ¿A qué hora volvió Ud. a su casa?

C. With a partner, use the verbs listed to ask each other what you did yesterday and last night.

almorzar	devolver	mandar	salir
cenar	escribir	mirar	trabajar
cerrar	leer	pagar	ver
conversar	llegar	practicar	

I saw — Vi

5. Direct and indirect object pronouns used together
(Pronombres de complemento directo e indirecto usados juntos)

■ When an indirect object pronoun and a direct object pronoun are used together, the indirect object pronoun always comes first.

(handwritten margin note: D.O. Pronouns)
(handwritten: me, te, lo, la, nos, los, las)

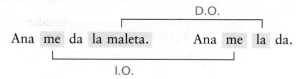

```
                              D.O.
                       ┌──────────────┐
        Ana  me  da  la maleta.     Ana  me  la  da.
             └──────────────────────────────┘
                        I.O.
```

■ With an infinitive, the pronouns can either be placed before the conjugated verb or be attached to the infinitive.

(handwritten margin note: I.O. Pronouns)
(handwritten: me, te, le, nos, les)

```
        I.O.  D.O.
    Ana  me   la    va a  dar.
    Ana              va a  dármela.¹
```

■ With the present progressive, the pronouns can either be placed before the conjugated verb or be attached to the gerund.

(handwritten margin note: She is saying it to you)

```
        I.O.  D.O.
    Ella  te   lo    está  diciendo.
    Ella              está  diciéndotelo.
```

■ If both pronouns begin with **l**, the indirect object pronoun (**le** or **les**) is changed to **se**.

(handwritten margin note: verbs that have to have an audience such as give)

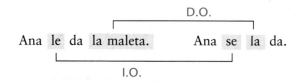

```
                              D.O.
                       ┌──────────────┐
        Ana  le  da  la maleta.     Ana  se  la  da.
             └──────────────────────────────┘
                        I.O.
```

For clarification, it is sometimes necessary to add **a él, a ella, a Ud., a Uds., a ellos,** or **a ellas.**

—¿A quién le da la maleta Ana?
—**Se la** da a él.

---

¹Note the use of the written accent, which follows the rules for accentuation. See Appendix A.

PRÁCTICA

A. You have a friend who is always willing to help others. Explain how, using the information provided.

> MODELO: *Yo necesito una maleta.*   (comprar)
> *Mi amigo **me la** compra.*

1. *Yo necesito dos tarjetas postales.*   (comprar)
2. *Tú necesitas los discos.*   (traer)
3. *Nosotros queremos frutas.*   (servir)
4. *Elsa necesita un bolso de mano.*   (prestar)
5. *Mis hermanos necesitan dinero.*   (dar)
6. *Mi prima necesita las maletas.*   (traer)
7. *Ud. necesita la cinta.*   (enviar)
8. *Yo quiero los periódicos.*   (dar)

B. You are in a bad mood, and people keep asking you to do things you don't want to do. Tell them you can't do the favors they are requesting.

> MODELO: —¿Puedes traer*me el tocadiscos?*
> —*No, no puedo traér**telo.***

1. —¿Puedes mandar*me el dinero?*
2. —¿Puedes dar*le los discos* a Julio?
3. —¿Puedes comprar*le el periódico* a mamá?
4. —¿Puedes prestar*me tus libros?*
5. —¿Puedes traer*nos el helado?*
6. —¿Puedes dar*le las maletas* a Luis?

C. Now repeat Exercise B, following the model below.

> MODELO: —¿Puedes traer*me el tocadiscos?*
> —*No, no **te lo** puedo traer.*

D. Interview a classmate, using the following questions and two questions of your own. When you have finished, switch roles.

1. Cuando tú necesitas dinero, ¿a quién se lo pides?
2. Cuando tú les pides dinero a tus padres, ¿te lo dan?
3. Si yo necesito tu libro de español, ¿me lo prestas?
4. Si Uds. no entienden algo, ¿se lo preguntan a su profesor(-a)?
5. Si tú y yo somos amigos y yo necesito tu coche, ¿tú me lo prestas?
6. Necesito tu pluma. ¿Puedes prestármela?

E. With a partner, act out the following dialogues in Spanish.

1. "Are you going to give me the tickets?"
   "Yes, I'm going to give them to you tonight, Miss Peña."
2. "When did you send him the postcards, Paquito?"
   "I sent them to him yesterday."
3. "And the suitcase? Can you lend it to me?"
   "Yes, Anita, I am going to lend it to you."
4. "Did your grandmother send you the cake, Mr. Vega?"
   "Yes, she sent it to us yesterday."
5. "Are they going to give us the letter?"
   "Yes, they're going to give it to us."

¡A ver cuánto aprendió!

¡Repase el vocabulario!

Complete the following sentences with words from the lesson vocabulary.

1. No me gusta viajar en la _____ de fumar.
2. No es la puerta de entrada; es la puerta de _____ .
3. Le voy a _____ a Teresa las maletas que me prestó.
4. ¿Quiere un _____ de ventanilla o de pasillo?
5. Caracas es la _____ de Venezuela.
6. Si vas a tomar el avión a las ocho, tienes que estar en la _____ a las siete.
7. Como Ana y Elsa viajan _____ , conversan durante _____ el viaje.
8. —¿Qué _____ el vuelo?
   —Un _____ largo.
9. Los viajeros llegaron tarde; llegaron con dos horas de _____ .
10. —Roberto, ¿le vas a prestar mil dólares para ir a Las Vegas?
    ¡¿Estás _____ ?!
11. Yo les deseé un _____ viaje a los turistas.
12. Compré un pasaje de ida y _____ .
13. Le voy a enviar una _____ postal.
14. —¿Tienes seis maletas? ¡Vas a pagar exceso de _____ !

Entrevista

Interview a classmate, using the **tú** form.

Pregúntele a su compañero(-a)...

1. ...adónde le gusta ir cuando tiene vacaciones.
2. ...si le gusta más viajar en avión o en tren.

3. ...si viaja en primera clase o en clase turista.
4. ...si cuando viaja les manda tarjetas postales a sus amigos.
5. ...si lleva mucho equipaje cuando viaja.
6. ...si conoció a alguien interesante en sus vacaciones. (¿A quién?)
7. ...si sus vacaciones son magníficas o aburridas.
8. ...adónde va a ir de vacaciones la próxima vez.

Situaciones

What would you say in the following situations? What might the other person say? Act out the scenes with a partner. Take turns playing each role.

1. You are checking in for a flight at the airport. The airline representative wants to know how many suitcases you have. You are not sure whether you can take your carry-on bag on the plane.
2. You are seeing a friend off at the airport.
3. A friend has borrowed your suitcase. You want to know when he or she plans to return it to you, because you are going on a trip. Arrange to see your friend tomorrow at noon.

Para escribir

Write a short composition about the people in the photo. Tell who they are, where they went last summer, what they did, and also what they plan to do next summer.

EN UNA AGENCIA DE VIAJES

You and a classmate will play the roles of a travel agent and a tourist. Discuss the following.

- ticket prices according to destination and different kinds of transportation
- prices for first class or tourist class, one-way or round-trip
- flight schedules
- seat reservations
- how much luggage can be taken

PLANES PARA UN VIAJE

You are helping some friends plan a trip. With a classmate, study the ad and answer your friends' questions.

Caribe Asómese al paraíso . . . *República Dominicana*

SALIDAS EN AVION LINEA REGULAR DE IBERIA, DIRECTO A SANTO DOMINGO, TODOS LOS JUEVES Y VIERNES

PRECIOS POR PERSONA EN HABITACION DOBLE Y REGIMEN DE MEDIA PENSION

TEMPORADAS	7 NOCHES	14 NOCHES
Mayo y 1 al 21 de Junio	114.900	137.800
22 al 30 de Junio	125.900	148.800
Julio y Septiembre	137.500	165.000
Agosto	142.900	176.400
Octubre	131.500	159.000
Noviembre y Diciembre (1 al 12)	132.900	161.800

Suplemento Habitación Individual: Consultar al efectuar la reserva.
LOS PRECIOS INCLUYEN: Avión línea regular clase turista ida y vuelta. Traslados aeropuerto/hotel/aeropuerto. Estancia en habitación doble en régimen de Media Pensión (Hotel Bávaro Casino).

OFERTA VALIDA PARA SALIDAS Y REGRESOS DESDE MADRID.

1. ¿A qué país vamos a viajar?
2. ¿En qué clase viajamos?
3. ¿En qué hotel vamos a estar?
4. Queremos viajar en julio. ¿Cuánto tenemos que pagar (en pesetas) por una semana? ¿Y por dos semanas?
5. ¿El precio incluye el traslado *(transportation)* del aeropuerto al hotel y del hotel al aeropuerto?
6. ¿De qué ciudad salen los vuelos?
7. ¿Qué días de la semana salen los vuelos?

¿ADÓNDE VAMOS?

You and a friend have won a radio contest. The prize is $5,000 to spend on a dream vacation. With a classmate, decide where you will go, how long you will be away, where you will stay, and what you will need to take with you.

¡VAMOS A LEER!

ANTES DE LEER

As you read Teresa's letter, find the answers to the following questions.

1. ¿Son buenas amigas Teresa y Ángela? ¿Cómo lo sabe Ud.?
2. ¿Teresa está de vacaciones todavía?
3. ¿Qué dice Teresa de las ruinas de Machu Picchu?
4. ¿A quién le mandó Teresa tarjetas postales?
5. ¿Cómo se llama el muchacho a quien Teresa conoció en Lima? ¿De dónde es?
6. ¿De qué conversaron Teresa y el muchacho?
7. ¿Qué dice Teresa de los peruanos?
8. ¿Adónde la llevaron los amigos de sus padres?
9. ¿Qué le recomienda Teresa a Ángela?
10. ¿Adónde va a ir Teresa? ¿Por qué?

Una carta de Teresa

12 de septiembre de 1994

Querida Ángela:

Hace mucho tiempo que no te escribo, pero siempre pienso en ti. Ya estoy de vuelta° de mi viaje a Perú. Me gustó todo, pero especialmente Machu Picchu, las famosas ruinas de los incas, que son muy interesantes. Ya sé que no te mandé tarjetas postales, pero tampoco le mandé ninguna a nadie.

estoy... *I'm back*

topic

En Lima conocí a un muchacho argentino muy simpático y muy edu-
cado. Se llama José Luis Vera Vierci. Conversamos mucho, de todo tema°
imaginable. Me mandó una tarjeta desde Buenos Aires, donde él vive.

charming / They treated

Los peruanos son encantadores.° Me trataron° muy bien. Los amigos de
mi padre me llevaron a muchos lugares, especialmente al teatro, al cine y...

gained

¡a restaurantes! La comida es muy buena, tan buena que aumenté° dos
kilos.

Bueno, para tus próximas vacaciones, te recomiendo una visita a Perú. Y
ahora te dejo porque voy a ir a cenar con mis padres. Hoy es su aniversario

married

de bodas. Hace treinta y cinco años que están casados.°

Te extraño mucho. Saludos a Sandra y a Marcelo.

Un abrazo,

Teresa

DÍGANOS

Answer the following questions, based on your own thoughts and feelings.

1. ¿Cuánto tiempo hace que Ud. no le escribe a su mejor amigo(-a)?
2. ¿A quién le manda Ud. tarjetas postales cuando va de vacaciones?
3. ¿Qué lugares interesantes visitó Ud. el verano pasado?
4. ¿Conoció Ud. a alguien simpático(-a) durante sus vacaciones?
5. Cuando Ud. conversa con sus amigos, ¿de qué temas hablan Uds.?
6. Cuando Ud. visita a sus amigos, ¿adónde lo (la) llevan?
7. ¿Qué me recomienda Ud. para mis próximas vacaciones?
8. ¿Cuándo es el aniversario de bodas de sus padres?

México

México

■ Con más de veintitrés millones de habitantes en el área metropolitana, la Ciudad de México es el centro urbano más grande del mundo. Fundada por los aztecas en el año 1325, es también la capital más antigua de América.

■ El turismo es una de las principales fuentes de ingresos *(sources of income)* para la economía mexicana. Cancún, Acapulco, Puerto Vallarta, Mazatlán y otros centros turísticos reciben millones de visitantes todos los años, principalmente de los Estados Unidos.

■ La comida mexicana es muy conocida *(well known)* en los Estados Unidos. Muchos de los alimentos típicos mexicanos, como los frijoles y las tortillas de maíz, son de origen indígena. Los platos más populares son las enchiladas, el guacamole, los tamales y los tacos.

■ Antes de la conquista de México por parte de los españoles, existían allí numerosas culturas indígenas, las de los aztecas, los mayas, los toltecas y los miztecas, entre otras. Aún hoy existen grandes concentraciones de indígenas en las regiones de Yucatán, Chiapas y Oaxaca.

El Paseo de la Reforma en la Ciudad de México. El paseo contiene numerosos monumentos impresionantes, entre ellos la estatua del rey Carlos IV de España; el espléndido monumento a Cristóbal Colón *(Christopher Columbus)*; el del último emperador azteca, Cuauhtémoc; y el del Ángel de la Independencia, que vemos en la foto.

¿Qué monumentos históricos hay en la ciudad de Washington, D.C.?

La Pirámide del Mago en Uxmal, una antigua ciudad maya en la península de Yucatán. La pirámide está formada por cinco templos construidos uno encima *(on top)* del otro. La pirámide fue un elemento importante de la arquitectura prehispánica. En muchos lugares de México es posible visitar ruinas arqueológicas muy bien conservadas.

¿ Qué culturas indias existen en los Estados Unidos?

La península de Yucatán es famosa no sólo por sus ruinas mayas sino también *(but also)* por sus playas *(beaches)* de aguas cálidas *(warm)* y cristalinas. A cien kilómetros de Cancún está Akumal, un centro turístico de belleza *(beauty)* inigualable.

¿ Qué centros turísticos hay en el estado donde Ud. vive?

El mercado del pueblo de Tlacolula, en el estado de Oaxaca, es uno de los más famosos de México. Allí los indios de la región venden productos agrícolas y también objetos de artesanía, como vasijas de barro *(clay pots)* y sarapes. Lo más popular de la artesanía de Oaxaca es la cerámica negra.

¿ Le gustan a Ud. los objetos de artesanía?

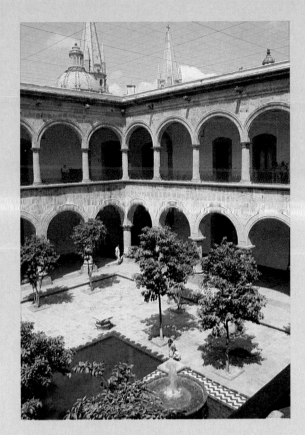

Guadalajara, capital del estado de Jalisco, con más de tres millones de habitantes es la segunda ciudad de México en población. La ciudad tiene una rica tradición cultural. En ella se mezclan magníficos ejemplos de la arquitectura y el arte español coloniales con modernas avenidas y edificios contemporáneos. Aquí vemos el patio del Museo del Estado, famoso por sus magníficas pinturas de José Clemente Orozco.

¿Cuál es la capital del estado donde Ud. vive?

El primero y el dos de noviembre se celebra en México el Día de los Muertos *(Dead)*. En la foto, una mujer reza *(prays)* en el Cementerio de Patzcuaro, en el estado de Michoacán. Los habitantes del pueblo llevan comida a las tumbas de sus familiares y se quedan *(they stay)* allí toda la noche. Miles de velas *(candles)* y flores de papel adornan el cementerio, creando un espectáculo inolvidable.

¿Existe un equivalente al Día de los Muertos en los Estados Unidos?

218

¿ Conoce Ud. otros pintores mexicanos? ¿Cuáles?

Mural del famoso artista mexicano Diego Rivera, que presenta la historia y las costumbres de la civilización Totonec. El mural está en el Palacio Nacional, construido en el lugar donde antes estaba el palacio del emperador azteca Moctezuma. Otros murales famosos de Rivera están en el Ministerio de Educación y en la Universidad Nacional Autónoma de México, ambos (both) en la Ciudad de México.

El Ballet Folklórico de México le ofrece al público espectáculos llenos (full) de arte y color. El ballet actúa (performs) los miércoles y los domingos en el Palacio de Bellas Artes de la Ciudad de México. Sus danzas y trajes típicos son de una gran belleza (beauty).

¿ A Ud. le gusta bailar? ¿Por qué sí o por qué no?

El Parque de Chapultepec está situado en el centro de la Ciudad de México, al final del Paseo de la Reforma. El parque contiene un jardín botánico, un zoológico, un parque de diversiones (amusement park) y un lago con barcas de remo (rowboats). Hay también numerosos museos, entre los cuales están el Museo de Arte Moderno y el famosísimo Museo Antropológico.

¿ Cuáles de las atracciones que ofrece el parque le gustan a Ud.?

 **Teleinforme**

VOCABULARIO

La Ciudad de México y Teotihuacán
el comienzo beginning
el descubrimiento discovery
fue tallada was carved
la gran urbe the big city
los ladrillos secados al sol sun-dried bricks
el orgullo pride

el peso weight
la piedra stone
proporciona offers
el pueblo mexicano the Mexican people
vencido defeated

Guadalajara
apuntando hacia el cielo pointing to the sky
la ayuda help
el corazón heart, center
corre libremente runs freely

doradas golden
la población population
se arrodillaron knelt down
la tierra land
los viejos muros old walls

Cancún
la altura height
los costados sides
de primera categoría first-class
los escalones steps
el mar sea

los rincones corners
rodeada de murallas surrounded by walls
se halla is found
una de las pocas one of the few

El Día de los Muertos
el ánima spirit, soul
bullanguera noisy
las costumbres customs
los deudos the relatives of the deceased
el día siguiente the following day

los dulces sweets
hoy en día nowadays
los juguetes toys
la pelona *(Mex.)* death (colloquial; literally, the bald one)

PREPARACIÓN

¿Cuánto saben Uds. ya? After reading the information in **Panorama hispánico 4**, get together in groups of three or four and answer the following questions.

1. ¿Cuál es el centro urbano más grande del mundo?
2. ¿Cuántos millones de habitantes tiene la Ciudad de México?
3. ¿Por quiénes fue fundada la Ciudad de México?
4. ¿Cuáles son algunos de los centros turísticos de México?
5. ¿Qué monumentos importantes hay en el Paseo de la Reforma de la Ciudad de México?
6. ¿Cuándo se celebra el Día de los Muertos?

7. ¿Qué llevan ese día los familiares a las tumbas de sus muertos?
8. ¿Con qué adornan el cementerio el Día de los Muertos?

COMPRENSIÓN

A. La Ciudad de México y Teotihuacán. Complete the following statements with the appropriate words.

1. La Ciudad de México comenzó a construirse en el siglo _____ .
2. El Paseo de la _____ es la principal arteria de la gran urbe mexicana.
3. El _____ de América fue *(was)* en 1492.
4. Cuauhtémoc fue el último emperador _____ .
5. A la entrada del Museo Antropológico está la _____ del dios de la lluvia. Esta estatua tiene 170 toneladas *(tons)* de _____ .
6. La Pirámide del _____ está en Teotihuacán.
7. Se usaron _____ secados al sol para construir la gran pirámide.

B. Guadalajara. Select the word or phrase that best completes each statement.

1. En Guadalajara, la música (de salsa, de mariachis) corre libremente por la ciudad.
2. (Guadalajara, Guanajuato) es la capital del estado de Jalisco.
3. La población de Guadalajara es de unos (tres, cinco) millones de habitantes.
4. Guadalajara es la (segunda, tercera) ciudad en importancia en México.

C. Cancún. Read the following statements and circle V (**Verdadero**) or F (**Falso**), according to what you understood.

V F   1. Hay ruinas mayas cerca de Cancún.
V F   2. En Cancún no hay playas.
V F   3. En Cancún hay muchos hoteles de primera categoría.
V F   4. Solamente los mexicanos visitan Cancún.
V F   5. La pirámide de Copá es la más alta de la península de Yucatán.

D. El Día de los Muertos. Complete the following statements with the appropriate words.

1. El Día de los Muertos es una festividad _____ y _____ .
2. En México llaman a la muerte "la _____ ".
3. Flores, pan de muerto, _____ para los niños, _____ y velas dan ambiente *(atmosphere)* a esta celebración.
4. Los deudos velan *(keep vigil over)* las ofrendas *(offerings)* toda la _____ y todo el día _____ .

AMPLIACIÓN

Planes de vacaciones. In groups of three or four, discuss which places you want to visit in Mexico City, Teotihuacán, Guadalajara, and Cancún and what you want to do and see while you are there.

Un día muy ocupado

Dos chicas conversan en la sala de un apartamento en Barcelona, España.

OBJECTIVES

Pronunciation
La entonación

Structure
Reflexive constructions • Some uses of the definite article • Preterit of **ser, ir,** and **dar** • Preterit of **e:i** and **o:u** stem-changing verbs

Communication
You will learn vocabulary related to household chores and the beauty parlor.

Un día muy ocupado

Aunque hoy es sábado, Mirta e[1] Isabel se levantaron temprano para terminar de limpiar el apartamento. Esta noche las dos chicas están invitadas a la fiesta de cumpleaños de su amiga Eva, que va a ser en el mejor club de Asunción. Isabel está un poco cansada porque anoche se acostó tarde y no durmió muy bien.

MIRTA —¿Por qué llegaste tan tarde anoche? ¿Fuiste al cine?

ISABEL —Sí, y también fui a la tienda y compré el regalo para Eva. Bueno, ¿empezamos a limpiar?

MIRTA —Ayer yo barrí la cocina, le pasé la aspiradora a la alfombra y limpié la terraza. *running the vacuum*

ISABEL —Entonces yo voy a limpiar el baño, a cocinar y a planchar mi vestido rojo. Me lo voy a poner esta noche.

MIRTA —Yo no sé qué ponerme.

ISABEL —¿Por qué no te pones el vestido azul? Es muy bonito.

MIRTA —No, me lo probé ayer y no me queda bien. ¿Sabes si tu hermano me consiguió las entradas para el concierto?

ISABEL —Sí, las compró la semana pasada.

MIRTA —*(Mira el reloj.)* Tengo prisa. Necesito bañar al perro, ducharme y vestirme... ¡y tengo turno en la peluquería a las tres!

ISABEL —¡Ay! Yo quiero lavarme la cabeza y no me acordé de *wash the head* comprar champú. ¿Lo compraste tú?

MIRTA —Sí, yo fui a la farmacia ayer y lo compré. Está en el botiquín.

Cuando llegó a la peluquería, Mirta le pidió una revista a la peluquera y se sentó a esperar su turno.

MIRTA —*(A la peluquera)* Quiero corte, lavado y peinado.

PELUQUERA —Tiene el pelo muy lacio. ¿No quiere una permanente?

MIRTA —No, cuando quiero rizos, uso el rizador. ¡Ay, tengo el pelo muy largo!

PELUQUERA —Ahora está de moda el pelo corto. *(Le corta el pelo y, cuando termina, Mirta se mira en el espejo.)*

MIRTA —¡Muy bien! Ahora quiero pedir turno para mi amiga para la semana próxima.

PELUQUERA —¿El miércoles a las nueve y media? Generalmente hay menos gente por la mañana.

MIRTA —Está bien. Mi amiga se llama Isabel Rocha.

---

[1]Note that before a word beginning with **i** or **hi**, the equivalent of *and* is **e**.

Vocabulario

Cognados

el **apartamento** apartment
el **concierto** concert
el **champú** shampoo
la **farmacia** pharmacy, drugstore

generalmente generally
la **permanente** permanent wave

■ Nombres

panjuelo washcloth

la **alfombra** carpet, rug
la **aspiradora** vacuum cleaner
el **botiquín** medicine cabinet
la **cocina** kitchen
el **corte** haircut
la **entrada** ticket (i.e., to a show)
el **espejo** mirror
la **gente**[1] people

el **lavado** shampoo, wash
el **peinado** hairdo, style
el **pelo** hair
la **peluquería, el salón de belleza** salon, beauty parlor
el (la) **peluquero(-a)** hair-dresser, beautician
el **perro** dog

gel

el **regalo** present, gift
la **revista** magazine
el **rizador** curling iron
el **rizo** curl
la **semana** week
la **tienda** store
el **turno, la cita** appointment
el **vestido** dress

el querpo – body

■ Verbos

always

acordarse (o:ue)[2] *(de)* to remember
acostarse (o:ue) to go to bed
bañar(se) to bathe (oneself)
barrer to sweep
cocinar to cook
cortar(se) to cut (oneself)

ducharse to take a shower
esperar to wait (for)
levantarse to get up
limpiar(se) to clean (oneself)
llamarse to be called
planchar to iron
ponerse to put on

probarse (o:ue) to try on
quedar to fit
sentarse (e:ie) to sit down
terminar to finish
vestirse (e:i) to get dressed

■ Adjetivos

corto short
lacio straight (hair)
pasado(-a) last

pedir – to ask for, request, order

peine – comb (pain A)
pene – penis (pene)

---

[1]Gente is used in the singular in Spanish.
[2]Acordarse is always used with a reflexive pronoun.

Otras palabras y expresiones

anoche last night
aunque although
ayer yesterday
cortarse el pelo to get a haircut

estar de moda to be in style
estar invitado(-a) to be invited
lavarse la cabeza to wash (one's) hair

pasar la aspiradora to vacuum
pedir turno, cita to make an appointment
temprano early

Vocabulario complementario

En la barbería

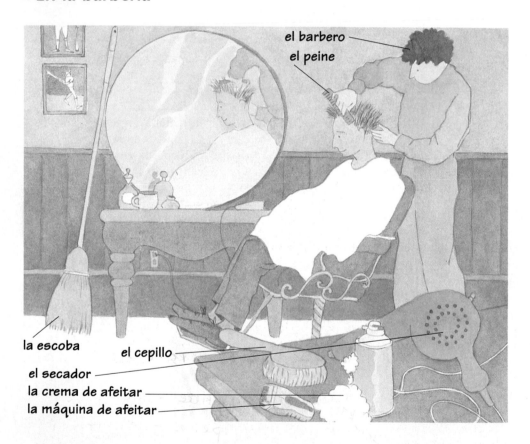

el barbero
el peine
la escoba
el cepillo
el secador
la crema de afeitar
la máquina de afeitar

Verbos útiles

ensuciar(se) to get (oneself) dirty
olvidarse (de) to forget
peinar(se) to comb or style one's hair
regalar to give (as a gift)

El niño **se ensució** las manos.
Me olvidé de pedir turno en la peluquería.
Me voy a peinar antes de salir.
María me **regaló** un vestido verde.

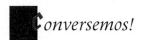

onversemos!

Answer the following questions, basing your answers on the dialogue.

1. ¿Para qué se levantaron temprano hoy Mirta e Isabel?
2. ¿Cómo durmió Isabel?
3. ¿Qué van a hacer las chicas esta noche?
4. ¿Quién le pasó la aspiradora a la alfombra?
5. ¿Qué va a planchar Isabel?
6. ¿Para qué lo va a planchar?
7. ¿Quién celebra su cumpleaños esta noche?
8. ¿Sabe Mirta qué ponerse esta noche?

ponerse

→ 9. ¿Por qué no se pone Mirta el vestido azul?
10. ¿Qué tiene que hacer Mirta antes de ir a la peluquería?
11. ¿Qué compró Mirta en la farmacia ayer?
12. ¿Por qué no quiere Mirta una permanente?
13. ¿Qué dice Mirta cuando se mira en el espejo?
14. ¿Por qué es mejor ir a la peluquería por la mañana?
15. ¿Cuál es el apellido de Isabel?

¿Lo sabía Ud.?

- Las peluquerías "unisex" (para hombres y mujeres) empiezan a ser populares en los países de habla hispana, pero todavía la mayoría de los hombres van a las barberías y las mujeres van a las peluquerías.

Pronunciación

La entonación

Intonation refers to the variations in the pitch of your voice when you are talking. Intonation patterns in Spanish are different from those in English. Note the following regarding Spanish intonation.

1. For normal statements, the pitch generally rises on the first stressed syllable.

Yo compré el regalo para Elena.

2. For questions eliciting information, the pitch is highest on the stressed syllable of the interrogative pronoun.

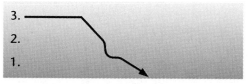

¿Cómo está tu mamá?

3. For questions that can be answered with **sí** or **no,** the pitch is generally highest on the last stressed syllable.

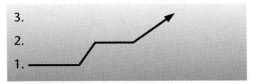

¿Fuiste al mercado ayer?

4. In exclamations, the pitch is highest on the first stressed syllable.

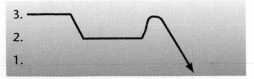

¡Qué bonita es esa alfombra!

Listen to your teacher and repeat the following sentences, imitating closely your teacher's intonation.

1. Marta no trabajó anoche.
2. ¿Dónde vive tu hermano?
3. ¿Le diste el dinero a Ramona?
4. ¡Qué delgado es ese muchacho!

Estructuras

1. Reflexive constructions   *(Construcciones reflexivas)*

A. Reflexive pronouns

Subjects		Reflexive pronouns
yo	**me**	*myself, to (for) myself*
tú	**te**	*yourself, to (for) yourself* (**tú** form)
nosotros(-as)	**nos**	*ourselves, to (for) ourselves*
vosotros(-as)	**os**	*yourselves, to (for) yourselves* (**vosotros** form)
Ud.		*yourself, to (for) yourself* (**Ud.** form)
Uds.		*yourselves, to (for) yourselves* (**Uds.** form)
él	**se**	*himself, to (for) himself*
ella		*herself, to (for) herself*
		itself, to (for) itself
ellos, ellas		*themselves, to (for) themselves*

■ Reflexive pronouns are used whenever the direct or indirect object is the same as the subject of the sentence.

■ Note that except for **se**, the reflexive pronouns have the same forms as the direct and indirect object pronouns.

■ The third-person singular and plural **se** is invariable.

■ Reflexive pronouns are positioned in the sentence in the same manner as object pronouns. They are placed in front of a conjugated verb: **Yo *me* levanto**; or they may be attached to an infinitive or to a present participle: **Yo voy a levantar*me*. Yo estoy levantándo*me*.**

B. Reflexive verbs

■ Many verbs can be made reflexive in Spanish, that is, they can be made to act upon the subject, by the use of a reflexive pronoun.

Julia baña al perro.

Julia se baña.

Elsa acuesta a su hijo a las siete.

Elsa se acuesta a las diez.

lavarse *to wash oneself*	
Yo **me lavo**	*I wash (myself)*
Tú **te lavas**	*You wash (yourself)* (**tú** form)
Ud. **se lava**	*You wash (yourself)* (**Ud.** form)
Él **se lava**	*He washes (himself)*
Ella **se lava**	*She washes (herself)*
Nosotros(-as) **nos lavamos**	*We wash (ourselves)*
Vosotros(-as) **os laváis**	*You wash (yourselves)* (**vosotros** form)
Uds. **se lavan**	*You wash (yourselves)* (**Uds.** form)
Ellos **se lavan**	*They (masc.) wash (themselves)*
Ellas **se lavan**	*They (fem.) wash (themselves)*

■ In addition to the verbs included in the dialogue, the following verbs are commonly used in reflexive constructions.

>   **afeitarse** *to shave*
>   **despertarse (e:ie)** *to wake up*
>   **desvestirse (e:i)** *to get undressed*
>   **preocuparse (por)** *to worry (about)*
>   **sentirse (e:ie)** *to feel* (mood or physical condition)

—¿A qué hora **se acuestan** Uds.?	*"What time do you go to bed?"*
—Yo **me acuesto** a las diez y Ana **se acuesta** a las doce.	*"I go to bed at ten and Ana goes to bed at twelve."*

ATENCIÓN The Spanish reflexives are seldom translated using the reflexive pronouns in English: **Yo me acuesto** = *I go to bed.*

■ The following verbs have different meanings when they are used with reflexive pronouns.

acostar (o:ue) *to put to bed*	**acostarse** *to go to bed*
dormir (o:ue) *to sleep*	**dormirse** *to fall asleep*
ir *to go*	**irse** *to go away, leave*
levantar *to raise, lift*	**levantarse** *to get up*
llamar *to call*	**llamarse** *to be called*
poner *to put, place*	**ponerse** *to put on*
probar (o:ue) *to try; to taste*	**probarse** *to try on*
quitar *to take away*	**quitarse** *to take off*

PRÁCTICA

A. Say what you and your relatives normally do by adding the correct form of the missing verbs.

1. Mi tía siempre _____ (despertarse) tarde. *se despierta*

2. Yo _____ (levantarse) muy temprano. *me levanto*

3. Mi padre _____ (afeitarse) en el baño. *se afeita*

4. Nosotros _____ (bañarse) por la mañana. *nos bañamos*

5. Mi hermana _____ (lavarse) la cabeza todos los días. *se lava*

6. Mis primos _____ (vestirse) en diez minutos. *se visten*

7. Yo _____ (desvestirse) y _____ (acostarse). *me desvisto me acuesto*

8. Mi mamá _____ (preocuparse) mucho cuando yo llego tarde. *se preocupa*

B. Interview a classmate, using the following questions and two of your own. When you have finished, switch roles.

1. ¿A qué hora te levantaste hoy?
2. ¿A qué hora te acostaste anoche?
3. ¿Puedes bañarte y vestirte en diez minutos?
4. ¿Te lavas la cabeza cuando te bañas?
5. ¿Te miras en el espejo para peinarte?
6. ¿Te acordaste de traer el libro de español?
7. ¿Cómo se llama tu mejor amigo(-a)?
8. ¿Se preocupan tus padres por ti?

C. Say what these people are doing.

duerme

1. María _____ bien.

se duerme

2. Los estudiantes _____ en la clase.

quita

3. Juan le __*quita*__ el dinero al niño.

quitarse

4. Pepito __*se quita*__ el suéter.

levantar

levantarse

5. Yo _levanto_ la _mano_
   en la clase.

6. Yo _me levanto_ a las seis.

poner

ponerse

7. Rosa _pone_ el _plato_
   en la _mesa_ .

8. Rosa _se pone_ el _vestido_ .

llamar

EVA

llamarse

SERGIO PAZ

9. Sergio _llama_ a Eva.

10. El muchacho _se llama_
    Sergio _Paz_ .

D. With a partner, act out the following conversation between two room-mates in Spanish.

"What are you doing?"
"I'm putting on your yellow sweater."
"But I lent you the red one!"
"Yes, I tried it on, but I didn't like it."
"I still have to shower and wash my hair. Where's the shampoo?"
"It's in the bathroom. I always put it there."
"I like Anita's parties, but I want to go to bed early tonight."
"Me, too. I didn't sleep well last night."

SUMMARY OF PERSONAL PRONOUNS				
Subject	**Direct object**	**Indirect object**	**Reflexive**	**Object of prepositions**
yo	me	me	me	mí
tú	te	te	te	ti
usted *(fem.)*	la			usted
usted *(masc.)*	lo	le	se	usted
él	lo			él
ella	la			ella
nosotros(-as)	nos	nos	nos	nosotros(-as)
vosotros(-as)	os	os	os	vosotros(-as)
ustedes *(fem.)*	las			ustedes
ustedes *(masc.)*	los	les	se	ustedes
ellos	los			ellos
ellas	las			ellas

2. Some uses of the definite article
(Algunos usos del artículo definido)

The definite article has the following uses in Spanish.

■ The possessive adjective is often replaced by the definite article. An indirect object pronoun or a reflexive pronoun (if the subject performs the action upon himself or herself) usually indicates who the possessor is. Note the use of the definite article in Spanish in the following specific situations indicating possession.

● With parts of the body

Voy a cortar**le el pelo.**	*I'm going to cut his hair.*
Me lavé **las manos.**	*I washed my hands.*

- With articles of clothing and personal belongings

¿Te quitaste **el vestido?**	*Did you take off your dress?*
Ellos se quitaron **el suéter.**	*They took off their sweaters.*

ATENCIÓN The number of the subject and verb generally does not affect the number of the thing possessed. Spanish uses the singular to indicate that each person has only one of any particular object.

Ellas se quitaron **el vestido.** (Each one has one dress.)	*They took off their dresses.*
but: Ellas se quitaron **los zapatos.** (Each one has two shoes.)	*They took off their shoes.*

■ The definite article is used with abstract and generic nouns.

Me gusta **el té,** pero prefiero **el café.**	*I like tea, but I prefer coffee.*
Las madres siempre se preocupan por sus hijos.	*Mothers always worry about their children.*
La educación es muy importante.	*Education is very important.*

■ The definite article is used with certain nouns, including **cárcel** *(jail)*, **iglesia** *(church)*, and **escuela** when they are preceded by a preposition.

—¿Vas a **la iglesia** los viernes?	*"Do you go to church on Fridays?"*
—No, voy a **la escuela.**	*"No, I go to school."*

■ Remember that the definite article is also used with days of the week, when indicating titles in indirect address, and when telling time.

El Sr. Vega viene **el sábado** a **las tres** de la tarde.	*Mr. Vega is coming on Saturday at three o'clock in the afternoon.*

PRÁCTICA

A. Interview a classmate, using the following questions. When you have finished, switch roles.

1. ¿Qué te gusta más, el pavo relleno o el arroz con pollo?
2. ¿Qué les gusta más a tus padres, el café o el té?
3. ¿Te gustan los rizos o prefieres el pelo lacio?

4. ¿Quién te corta el pelo?
5. ¿Con qué champú te lavas la cabeza?
6. ¿Te quitas los zapatos cuando llegas a tu casa?
7. ¿Te gustan los idiomas extranjeros?
8. ¿Te gusta más el francés o el español?
9. ¿Vas a la iglesia los domingos?
10. ¿Qué es más importante para ti, el amor o el dinero?

B. With a partner, act out the following dialogues in Spanish.

1. "What are the girls doing?"
   "They are putting on their dresses."

2. "Did you get your hands dirty, Paquito?"
   "Yes, but I washed them."

3. "Women are more intelligent than men."
   "Women always say that."

4. "Is he in school?"
   "No, he is in jail."

5. "I don't want to go to college."
   "But education is very important!"

3. Preterit of **ser, ir,** and **dar**
(Pretérito de los verbos **ser, ir** y **dar**)

■ The preterits of **ser, ir,** and **dar** are irregular.

(was) *(went)* *(gave)*

ser *to be*	ir *to go*	dar *to give*
fui	fui	di
fuiste	fuiste	diste
fue	fue	dio
fuimos	fuimos	dimos
fuisteis	fuisteis	disteis
fueron	fueron	dieron

use ar ir endings

■ Note that **ser** and **ir** have identical forms in the preterit.

—Ayer **fue** el cumpleaños de Lucía, ¿no?
—Sí, Ana y yo **fuimos** a su casa y le **dimos** el regalo.

"Yesterday was Lucía's birthday, right?"
"Yes, Ana and I went to her house and gave her the present."

PRÁCTICA

A. Complete the following dialogues, using the preterit of **ser, ir,** or **dar** as appropriate. Then act them out with a partner, adding a sentence or two to each dialogue.

1. —¿Adónde _fuiste_ tú ayer?
   —_fui_ a la barbería. El barbero me _dio_ un champú muy bueno.
2. —¿_fueron_ Uds. a casa de tía Eva ayer?
   —Sí, _fuimos_ y le _dimos_ el regalo que tú mandaste para ella.
3. —¿Uds. _fueron_ alumnos del Dr. Paz?
   —Carlos _fue_ su estudiante, pero Raquel y yo _fuimos_ alumnos de la Dra. Guerra.
4. —¿A quién le _diste_ (tú) la máquina de afeitar?
   —Se la _di_ a Jorge.
5. —¿Adónde _fueron_ Uds. anoche?
   —_fuimos_ al concierto. Los padres de Dora nos _dieron_ las entradas.

B. Interview a classmate, using the following questions. When you have finished, switch roles.

1. ¿Quién fue tu profesor(-a) favorito(-a) el año pasado?
2. ¿Fuiste a la cafetería ayer? ¿A qué hora?
3. ¿Adónde fuiste el sábado pasado?
4. ¿Tus amigos fueron también?
5. ¿Dieron tus amigos una fiesta para celebrar tu cumpleaños?

4. Preterit of **e:i** and **o:u** stem-changing verbs
(Pretérito de los verbos que cambian en la raíz: **e:i** y **o:u**)

■ Verbs of the -ir conjugation that have a stem change in the present tense change **e** to **i** and **o** to **u** in the third-person singular and plural of the preterit.[1]

preferir *to prefer*		**dormir** *to sleep*	
preferí	preferimos	dormí	dormimos
preferiste	preferisteis	dormiste	dormisteis
prefirió	prefirieron	durmió	durmieron

---

[1]Remember that the -ar and -er stem-changing verbs are regular in the preterit: **Él cerró, Ellos volvieron.** Exceptions are **poder** and **querer,** which are explained in **Lección 10.**

preferir   *dormir*   *decir*

■ Other verbs that follow the same pattern:

pedir	*to order*	seguir	*to follow or continue*
mentir	*to lie*	conseguir	*to get; to obtain*
servir	*to serve*	morir	*to die*
repetir *(to repeat)*		*sentir*	*to feel*

Ella dice que no **durmió** anoche.
     She says she didn't sleep last night.

PRÁCTICA

A. Read the following story and supply the missing verbs from the list of stem-changing -ir verbs.

Anoche Andrés no _durmió_ muy bien porque se acostó muy tarde y se _sintió_ muy mal toda la noche. Su mamá le _sirvió_ una taza de té esta mañana, pero él le _pidió_ Pepto Bismol; ella _siguió_ dándole té. Él _repitió_ —Quiero Pepto Bismol—. Su mamá fue a la farmacia, pero no _consiguió_ la medicina y Andrés _murió_ .

Pero todo fue un sueño *(dream)*. Andrés se despertó a las siete y fue a trabajar.

B. Now do the same exercise as above, but add another character: **Anoche Andrés y su hermano Pablo...**

decir

giving him

see ğeeo
siguió

¡A ver cuánto aprendió!

¡Repase el vocabulario!

Say whether the following statements are logical or not. If they're not logical, give a statement that is.

1. El perro limpió el apartamento.
2. No puedo afeitarme porque no tengo escoba.
3. Elvira lee una revista en la peluquería.
4. Tengo el pelo muy lacio. Necesito un rizador.
5. Generalmente pongo los mariscos en el botiquín.
6. Tengo que ir a la tienda porque necesito corte, lavado y peinado.
7. No estoy haciendo nada. Estoy muy ocupado.
8. Ahora podemos comer porque yo ya cociné. Preparé cordero y arroz.
9. No quiero una permanente porque no me gustan los rizos.
10. Una semana tiene diez días.
11. Me voy. El peluquero no terminó de cortarme el pelo.
12. Nunca me olvido de nada. Siempre me acuerdo de todo.

13. El peluquero me cortó el pelo.
14. Necesito el secador para planchar mi vestido.
15. Generalmente hay menos gente en la peluquería por la mañana.

Entrevista

Interview a classmate, using the **tú** form.

Pregúntele a su compañero(-a) de clase...

1. ...si le gustan los rizos o el pelo lacio.
2. ...si va a pedir turno en la peluquería y para cuándo.
3. ...si se lava la cabeza todos los días.
4. ...si cree que está de moda el pelo corto o el pelo largo.
5. ...si está invitado(-a) a alguna fiesta el sábado.
6. ...si tiene algo que ponerse para ir a una fiesta.
7. ...qué le va a regalar a su mejor amigo(-a) para su cumpleaños.
8. ...si barre la cocina o le pasa la aspiradora.
9. ...si sabe cocinar.
10. ...si siempre limpia la cocina cuando la ensucia.

Situaciones

What would you say in the following situations? What might the other person say?

1. You are at home. Ask your younger brother if he bathed and combed his hair. Also ask if he cleaned his room, and tell him to sweep the kitchen.
2. Someone asks about your schedule. Tell him or her what time you generally go to bed and get up. Also say how long it takes you to bathe and get dressed.
3. You are at the beauty parlor (barbershop). Tell the hairdresser what you want done. Then make an appointment for next month.

Para escribir

Write a composition about your daily routine. Say what you do from the time you wake up until the time you go to bed.

En la vida real

¡VAMOS A LA PELUQUERÍA!

Carefully read the following ads for two hair salons, and then answer the questions that follow.

PELUQUERÍA ANABEL

Especiales de esta semana
Permanentes de . . . . $35 a $50
Tinte $15
Manicura $7
Corte $8
Corte, lavado y peinado $20

Abierto de martes a sábado
Martes a viernes de 9 a 5
Sábados de 8 a 6

Avenida Paz #28 Teléfono 287–3574

Si presenta este anuncio Ud. recibe un 10% de descuento.

Salón de belleza La Época

- Expertos peluqueros y barberos
- Especialidad en permanentes
- Tenemos los mejores equipos
  y los precios más bajos para
  hombres y mujeres.

**Abierto de lunes a sábado de 9 a 5
Calle Bolívar No. 439**

Para pedir su turno llame al teléfono 287–2308

Martes precios especiales para mayores de 50 años.

1. En la peluquería Anabel, ¿cuál es el precio mínimo de una permanente?
2. Si Ud. quiere cortarse el pelo el lunes, ¿a qué peluquería puede ir?
3. Su hermano desea afeitarse y cortarse el pelo. ¿Puede ir a la peluquería Anabel? ¿Por qué sí o por qué no?
4. ¿Adónde puede ir? ¿Por qué?
5. ¿Por qué es importante tener el anuncio de la peluquería Anabel?
6. ¿Cuánto hay que pagar por un tinte y por un corte de pelo?
7. Mi abuela tiene 58 años. ¿Por qué debe ir a la peluquería La Época y qué día debe ir?
8. ¿A qué teléfono debe llamar ella para pedir turno?
9. ¿Cuál es la especialidad del salón de belleza La Época?
10. ¿Cuál es la dirección de la peluquería Anabel?

Una visita importante

With a classmate, act out a scene involving two roommates who are expecting a visitor. Discuss what you have to do in order to get the house (apartment) and yourselves ready for your guest, and divide up the chores that must be done.

¿Qué es?

The class will be divided into two teams. The teacher will give each student an item from the vocabulary list in this lesson to draw on the board. The other members of the team must try to guess what is being drawn. If they guess within one minute, they get a point.

◢ Teledrama

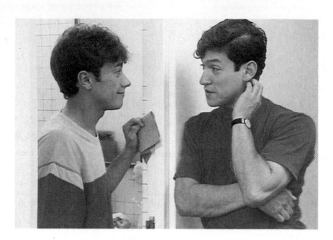

Juan Carlos está lim-
piando el apartamento
y habla con Roberto.

VOCABULARIO

A caballo regalado no se le mira el colmillo. You don't look a gift horse in the mouth.

a lo mejor perhaps

a pesar de que in spite of (the fact that)

los aretes earrings

Aún no he comprado nada. I haven't bought anything yet.

la broma joke

la camisa shirt

el collar necklace

el conjunto de música musical group, band

la corbata tie

cuando vaya when I go (later)

la chaqueta jacket

hay que it's necessary

me falta I need

me parece it seems to me

me podrías prestar you could lend me

no me toca it's not my turn

no podía I couldn't

no tendría I wouldn't have

pensaba I was planning

por suerte luckily

¿Qué has hecho? What have you done?

la ropa clothes

sacar la basura to take out the garbage

secar to dry

suizo Swiss

Te ves muy cansado. You look very tired.

único only

usar to wear

PREPARACIÓN

¿Cuánto saben Uds. ya? This video episode focuses on daily routines and household chores. With a partner, brainstorm possible words and phrases that the characters might use in these contexts. Make a list of them and then circle the ones you hear as you watch the video.

COMPRENSIÓN

Preguntas.   Answer the following questions about this video episode.

1. ¿Quién se ve muy ocupado?
2. ¿A quién no le toca limpiar la casa esta semana?
3. ¿Por qué está cansado Juan Carlos?
4. ¿Qué hizo ya Juan Carlos esta mañana y qué está haciendo cuando el video comienza?
5. ¿Qué tiene que hacer Juan Carlos todavía *(still)*?
6. ¿Quién es Susana?
7. ¿Qué celebra ella la semana entrante?
8. ¿Qué quiere regalarle Juan Carlos a Susana?
9. ¿Quién llamó para invitar a los chicos a un café-concierto?
10. ¿A qué hora es el concierto?
11. ¿Qué ropa hay que usar para ir al concierto?
12. ¿Qué ropa le va a prestar Roberto a Juan Carlos?

AMPLIACIÓN

Otro guión *(script).*   Watch the video episode without sound. With a partner, describe what the characters are doing and create an original dialogue between them.

Take this test. When you have finished, check your answers in the answer key provided in Appendix E. Then use a red pen to correct any mistakes you may have made. Are you ready?

SELF TEST

Lecciones 7-9

LECCIÓN 7

A. Demonstrative adjectives and pronouns

Give the Spanish equivalent of the following.

1. these knives and those
2. that tablecloth and this one (here)
3. these offices and those (over there)
4. this theater and that one (over there)
5. this waiter and that one
6. these napkins and those

B. Summary of the uses of *ser* and *estar*

Form sentences with the elements provided. Use the appropriate forms of **ser** or **estar,** as needed, and add the necessary connectors.

1. ella / mamá / María
2. club nocturno / calle Siete
3. ¡Hmmm! / este lechón asado / muy sabroso
4. Roberto / de España / ahora / en los Estados Unidos
5. sopa / fría
6. reloj / oro
7. hoy / martes / mañana / miércoles
8. mozo / sirviendo / comida
9. fiesta / casa / Julia
10. teatro / muy grande

C. Indirect object pronouns

Rewrite the following sentences, using indirect object pronouns to replace the words in italics.

1. Ella trae la torta helada *para ellos.*
2. Yo voy a preparar un puré de papas *para ti.*
3. Él trae el flan y el helado *para Ud.*
4. Ana va a comprar las tazas *para mí.*
5. El camarero trae una botella de vino tinto *para nosotros.*
6. Traen el filete y la langosta *para ellos.*

D. Irregular first person

Complete the following sentences with the present indicative of the verbs in the list, as needed.

traducir   hacer   conocer   saber   salir
poner   caber   ver   traer   conducir

1. Yo _____ un Ford modelo 1989.
2. Yo no _____ dónde están los platos.
3. Yo no _____ en este coche. ¡Hay ocho personas!
4. Yo siempre _____ de casa a las siete y media.
5. Yo _____ las lecciones del inglés al portugués.
6. ¿Dónde está el vermut? Yo no lo _____ .
7. Le digo que yo no _____ nada los domingos por la mañana.
8. Yo _____ los tenedores y los cuchillos en la mesa.
9. Yo no _____ al hermano de Francisco.
10. Yo _____ a mis hijos a la universidad.

E. *Saber* vs. *conocer; pedir* vs. *preguntar*

Give the Spanish equivalent of the following sentences.

1. I'm going to ask them when their wedding anniversary is.
2. I know that they want to go to that restaurant.
3. I don't know your mother-in-law, Mrs. Peña.
4. He is going to ask for the menu.
5. I don't know (how to) speak Russian.

BRUCE SPRINGSTEEN
AREA RESERVADA
SALIDA

F. Just words . . .

Match each question in column A with the best response in column B. Use each response once.

<table>
<tr><td>

A

1. ¿Qué quieres de postre?
2. ¿Quieres café?
3. ¿Quieres albóndigas?
4. ¿Cuánto vas a dejar de propina?
5. ¿Qué vas a pedir?
6. ¿Ya está lista la comida?
7. ¿Qué vas a anotar?
8. ¿Qué me recomiendas?
9. ¿Quieres salmón?
10. ¿Qué sirven en este restaurante?
11. ¿Vas a beber cerveza?
12. ¿Quieres chocolate caliente?
13. ¿Vamos a celebrar nuestro aniversario?
14. ¿Van al teatro?
15. ¿Qué me vas a traer?
16. ¿Vamos a tomar vermut?
17. ¿Cuál es la especialidad de la casa?
18. ¿Quieres la sal?
19. ¿No vas a servir el té?
20. ¿Necesitas el mantel y las servilletas?

</td><td>

B

a. No, prefiero cordero.
b. Sí, con champán.
c. No, agua mineral.
d. Los frijoles son muy buenos aquí.
e. Es una sorpresa...
f. No, prefiero jugo de frutas. Hace mucho calor.
g. No, no me gusta el pescado.
h. No sé. ¿Quieres ver el menú?
i. Sí, con crema, por favor.
j. No, la pimienta.
k. Sí, traigan las copas.
l. Sí, ¿dónde están las tazas, los platitos y las cucharitas?
m. Cinco dólares.
n. Creo que es pescado y mariscos.
o. El pedido.
p. Sí, porque voy a poner la mesa.
q. La cuenta.
r. No, al cine.
s. Arroz con leche o flan.
t. Sí, voy a servirla ahora.

</td></tr>
</table>

LECCIÓN 8

A. Constructions with *gustar*

Write the following sentences in Spanish.

1. I don't like that travel agency.
2. He likes the aisle seat.
3. Do you like this carry-on bag?
4. We don't like to travel by plane.
5. Do they like their hotel?

B. Possessive pronouns

Give the Spanish equivalent of the pronouns in parentheses.

1. El pasaje de Nora está en la mesa. _____ está en mi cuarto. *(Mine)*
2. Mis tarjetas están aquí. ¿Dónde están _____ , Sr. Vega? *(yours)*
3. Ellos van a enviar sus cartas hoy. ¿Cuándo vamos a enviar _____ ? *(ours)*
4. No tengo maletas. ¿Puedes prestarme _____ , Anita? *(yours)*
5. Aquí están los libros de Jorge. ¿Dónde están _____ ? *(ours)*
6. Enrique necesita tu cuaderno, Eva _____ está en la universidad. *(His)*

C. Time expressions with *hacer*

Form sentences with the elements provided, using the expression **hace... que** to report how long an event has been going on. Follow the model.

> MODELO: una hora / nosotros / trabajar
> *Hace una hora que nosotros trabajamos.*

1. dos días / yo / no dormir
2. un mes / tú / no llamarme
3. media hora / nosotros / estar aquí
4. un año / ellos / vivir / España
5. doce horas / mi hija / no comer

D. Preterit of regular verbs

Rewrite the following sentences so that instead of describing things that *are going to happen*, they describe things that *have already happened*.

1. Mañana Luisa y yo vamos a comprar los billetes. (ayer)
2. La semana próxima yo voy a viajar. (la semana pasada)
3. Hoy ella va a esperarme en el aeropuerto. (ayer)
4. ¿No van a pagar Uds. la cuenta esta noche? (anoche)
5. Esta tarde ellos van a abrir las ventanas. (al mediodía)
6. Nosotros vamos a comer en la cafetería. (el lunes)
7. ¿Vas a empezar a estudiar mañana? (esta mañana)
8. Yo voy a prestarle las maletas. (ayer)

E. Direct and indirect object pronouns used together

Answer the following questions, using the cues provided, substituting direct object pronouns for the italicized words, and making any necessary changes.

1. ¿Cuándo le van a mandar *el pasaje* a Jorge? (mañana)
2. ¿Quién te va a comprar *las tarjetas postales*? (Elsa)
3. ¿Quién les va a traducir *las cartas* a Uds.? (Luis)

4. ¿Cuándo me vas a traer *el pasaje*?   (esta tarde)
5. ¿Quién le va a dar *la pluma* a Ud.?   (la profesora)

F. Just words . . .

Complete the following sentences, using appropriate words or phrases from the vocabulary list in **Lección 8**.

1. Voy a la agencia de _____ para comprar el pasaje.
2. ¿Uds. van a volar a México mañana? ¡ _____ !
3. No puedo comprar un pasaje de primera clase. Tengo que viajar en clase _____ .
4. Voy a Buenos Aires, pero no vuelvo. Quiero un pasaje de _____ .
5. ¡Son las cuatro! El avión tiene tres horas de _____ .
6. Mañana te voy a _____ el bolso de mano que me prestaste.
7. La _____ vez tenemos que viajar juntas.
8. Aquí está la entrada y ahí está la _____ .
9. No tengo valijas; sólo un bolso de _____ .
10. Tus vacaciones son siempre magníficas. Las mías son muy _____ .
11. Llevé cinco maletas y pagué _____ de equipaje.
12. Puedo ir de California a Arizona en avión, en coche, en tren o en ómnibus, pero no en _____ .

LECCIÓN 9

A. Reflexive constructions

Rewrite each sentence according to the new cue. Follow the model.

> MODELO: Yo *me despierto* a las nueve.   (levantarse)
> *Yo me levanto a las nueve.*

1. *La gente* se viste muy bien.   (Tú)
2. Ellos *se bañan* todos los días.   (afeitarse)
3. *Nosotros* nos acostamos a las once.   (Ellos)
4. ¿*Tú* no te preocupas por tus hijos?   (Ud.)
5. Yo *me pruebo* el vestido.   (ponerse)
6. *Nosotros* nos sentamos aquí.   (Juan)
7. *Ella* se lava la cabeza todos los días.   (Tú)
8. Yo no *me peiné*.   (cortarse el pelo)
9. *Ellos* no se acordaron de eso.   (Yo)
10. Yo me fui.   (Uds.)
11. ¿Cómo se llama *ella*?   (tú)
12. *Los niños* no se despertaron hasta las diez.   (Daniel)

B. Some uses of the definite article

Form sentences with the elements given, adding the necessary connectors. Use verbs in the present tense. Follow the model.

> MODELO: yo / ponerse / vestido
> Yo *me pongo el vestido.*

1. ¿ / tú / quitarse / zapatos / ?
2. el barbero / cortarme / el pelo
3. la peluquera / lavarme / cabeza
4. Uds. / no lavarse / manos
5. nosotros / preferir / té
6. madres / preocuparse / por / sus hijos
7. libertad / ser / lo más importante

C. Preterit of *ser, ir,* and *dar*

Change the following sentences according to the new subjects.

1. *Yo* fui a la cocina y comí hamburguesas. (Nosotros)
2. *Ud.* no fue mi profesor el año pasado. (Él)
3. ¿*Ud.* le dio la revista, *señora*? (tú, querido)
4. Alguien rompió el espejo. ¿Fuiste *tú, Anita*? (Ud., señorita)
5. *Ella* no le dio el champú al peluquero. (Nosotros)
6. *Ellos* fueron a la peluquería. (Yo)
7. *Nosotros* no le dimos el rizador. (Yo)
8. ¿Fueron *ellos* a la farmacia anoche? (tú)
9. *Carlos y yo* fuimos a la barbería la semana pasada. (Ellos)
10. ¿Fueron *Uds.* mis estudiantes el año pasado? (Raúl y Eva)
11. *Nosotros* te dimos la alfombra. (Yo)
12. *Ella* nos dio una escoba. (Ellos)

D. Preterit of *e:i* and *o:u* stem-changing verbs

Complete the following sentences, using the preterit tense of the verbs listed below, as needed.

mentir	pedir	dormir	repetir
seguir	morir	conseguir	servir

1. ¿ _____ ellos en el hotel el jueves?
2. Los chicos _____ a sus padres a la tienda.
3. Nosotros _____ sándwiches de jamón y queso.
4. Ella me _____ . No tiene veinte años; tiene diez y siete.
5. ¿No _____ Ud. el dinero para ir de vacaciones?
6. ¿Qué le _____ los niños a Santa Claus?
7. El hombre _____ en un accidente.
8. Ella me _____ la pregunta.

E. Just words . . .

Complete the following sentences, using the appropriate words and phrases from the vocabulary list in **Lección 9.**

1. Necesito la _____ para barrer la cocina.
2. Voy a pedir turno en la peluquería para corte, _____ y _____ .
3. Prefiero el pelo largo porque el pelo corto no está de _____ .
4. ¿Por qué no le pasas la _____ a la alfombra?
5. Siempre como en restaurantes porque no me gusta _____ .
6. Tengo que comprar _____ para lavarme la cabeza.
7. No tiene rizos; tiene el pelo muy _____ .
8. No le di el dinero para comprar las _____ para el concierto.
9. No puedo peinarme porque no tengo _____ .
10. Voy a afeitarme. ¿Dónde está la _____ de _____ ?
11. Es el cumpleaños de Jorge. Tengo que comprarle un _____ .

Planes de vacaciones

Bariloche es un famoso centro turístico de invierno de la América del Sur.

◆ OBJECTIVES

Structure
Irregular preterits • Uses of **por** • Uses of **para** • The imperfect

Communication
You will learn vocabulary related to leisure activities.

Planes de vacaciones

Marisa y Nora, dos chicas chilenas que viven en Buenos Aires, están sentadas en un café de la Avenida de Mayo. Están planeando sus vacaciones de verano, pero no pueden ponerse de acuerdo porque a Nora le gustan las actividades al aire libre y Marisa las odia.

MARISA —Traje unos folletos turísticos sobre excursiones a Punta del Este para mostrártelos.

NORA —Yo estuve allí el año pasado. Me gustó mucho la playa, pero había demasiada gente.

MARISA —Cuando yo era niña mi familia y yo siempre íbamos de vacaciones a Montevideo o a Río de Janeiro.

NORA —Nosotros íbamos al campo o a las montañas. Acampábamos, montábamos a caballo y en bicicleta, pescábamos truchas en un lago...

MARISA —¡Qué horrible! Para mí, dormir en una tienda de campaña en un saco de dormir es como un castigo.

NORA —¿Pues sabes lo que yo hice ayer? Compré una caña de pescar para ir de pesca contigo.

MARISA —Tengo una idea. Podemos ir al Hotel del Lago y tú puedes pescar mientras yo nado en la piscina.

NORA —¿Por qué no alquilamos una cabaña en las montañas por unos días? Te vas a divertir...

MARISA —El año pasado me quedé en una cabaña con mi familia y me aburrí horriblemente.

NORA —*(Bromeando)* Porque yo no estaba allí para enseñarte a pescar.

MARISA —¡Por suerte! Oye, en serio, tenemos que ir a la playa porque mi traje de baño me costó un ojo de la cara.

NORA —Yo también quería comprarme uno, pero no pude ir a la tienda.

MARISA —Voy contigo a comprarlo si salimos para Punta del Este el sábado.

NORA —Está bien, pero en julio vamos a Bariloche a esquiar.

MARISA —¡Perfecto! Voy a casa para empezar a hacer las maletas.

Vocabulario

Cognados

chileno(-a) Chilean
la excursión excursion
horriblemente horribly

la montaña mountain
perfecto(-a) perfect
los planes plans

▇ Nombres

el caballo horse
la cabaña cabin
el campo country
la caña de pescar fishing rod
el castigo punishment
el folleto turístico tourist
  brochure

el lago lake
el (la) niño(-a) child
la piscina, la alberca
  (Mex.) swimming pool
la playa beach
el saco (la bolsa) de dormir
  sleeping bag

la tienda de campaña tent
el traje de baño bathing suit
la trucha trout

▇ Verbos

aburrirse to be bored
acampar to camp, to go
  camping
alquilar to rent
bromear to kid, to joke

divertirse (e:ie) to have a
  good time
enseñar[1] to teach
esquiar to ski
nadar to swim

odiar to hate
pescar to fish, to catch (a
  fish)
planear to plan
quedarse to stay, remain

▇ Adjetivos

sentado(-a) sitting, seated

▇ Otras palabras y expresiones

al aire libre outdoors
demasiado(-a) too many
en serio seriously
está bien fine, all right
hacer las maletas to pack
ir a casa to go home
ir de pesca to go fishing
ir de vacaciones to go on
  vacation

me costó un ojo de la cara it
  cost me an arm and a leg
montar a caballo to ride a
  horse
montar en bicicleta to ride a
  bicycle
ponerse de acuerdo to agree
por suerte luckily
por supuesto of course

pues well
¡Qué horrible! How horrible!
sobre about
solamente only

---

[1] Enseñar takes the preposition a when followed by an infinitive: **Mi hermano me enseñó a esquiar.**

Vocabulario complementario

■ Términos geográficos

el desierto desert	El Sahara es un **desierto**.
el mar sea	Nosotros nadamos en el **mar**.
el océano ocean	El **océano** Pacífico es muy grande.
el país country	España es un **país** magnífico.
el río river	El **río** Amazonas está en Brasil.
cazar to hunt	Me gusta **cazar** en el bosque.
la nieve snow	Hay **nieve** en la montaña.
el (la) salvavidas lifeguard	Es una buena idea tener **salvavidas** en las playas.

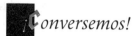

¡Conversemos!

Answer the following questions, basing your answers on the dialogue.

1. ¿Quiénes están sentadas en un café de la Avenida de Mayo?
2. ¿Por qué no pueden ponerse de acuerdo las chicas?
3. ¿Para qué trajo Marisa los folletos turísticos?
4. ¿Cree Ud. que Punta del Este es un lugar popular? ¿Por qué?
5. ¿A qué países iban de vacaciones Marisa y su familia?
6. ¿Qué es un castigo para Marisa?
7. ¿Qué compró Nora ayer? ¿Por qué?
8. ¿Qué idea tiene Marisa?
9. ¿Se divirtió Marisa en sus vacaciones el año pasado?
10. ¿Es caro el traje de baño de Marisa? ¿Cómo lo sabe Ud.?
11. ¿Qué van a hacer las chicas en Bariloche?
12. ¿Qué va a hacer en casa Marisa?

casar / to marry

¿Lo sabía Ud.?

- Mar del Plata (Argentina), Viña del Mar (Chile) y Punta del Este (Uruguay) están entre *(among)* las playas más hermosas e importantes de la América del Sur. Estas ciudades son centros turísticos internacionales.

- Mucha gente va a Chile y al sur de Argentina (Bariloche) para esquiar durante junio, julio y agosto, que son los meses de invierno en el hemisferio sur *(southern)*.

Vista de Mar del Plata, uno de los centros turísticos más importantes de Argentina.

Estructuras

1. Irregular preterits   *(Pretéritos irregulares)*

■ The following Spanish verbs are irregular in the preterit.

to have   tener: tuve, tuviste, tuvo, tuvimos, tuvisteis, tuvieron

to be   **estar:**   estuve, estuviste, estuvo, estuvimos, estuvisteis, estuvieron

to be able to **poder:**   pude, pudiste, pudo, pudimos, pudisteis, pudieron

to put   **poner:**   puse, pusiste, puso, pusimos, pusisteis, pusieron

to know   **saber:**   supe, supiste, supo, supimos, supisteis, supieron

to do
to make   **hacer:**   hice, hiciste, hizo,[1] hicimos, hicisteis, hicieron

to come   **venir:**   vine, viniste, vino, vinimos, vinisteis, vinieron

to want   **querer:** quise, quisiste, quiso, quisimos, quisisteis, quisieron

to tell   **decir:**   dije, dijiste, dijo, dijimos, dijisteis, dijeron[2]

to bring   **traer:**   traje, trajiste, trajo, trajimos, trajisteis, trajeron[2]

to drive   **conducir:** conduje, condujiste, condujo, condujimos, condujisteis, condujeron[2]

to translate **traducir:** traduje, tradujiste, tradujo, tradujimos, tradujisteis, tradujeron[2]

—¿Por qué no **viniste** anoche?   *"Why didn't you come last night?"*

—No **pude; tuve** que trabajar. Y tú, ¿qué **hiciste?**   *"I wasn't able to; I had to work. And you? What did you do?"*

—Yo **estuve** en casa toda la noche.   *"I was home all night."*

ATENCIÓN The preterit of **hay** (impersonal form of **haber**) is **hubo** *(there was, there were).*

Anoche **hubo** una fiesta.   *Last night there was a party.*

---

[1] Note that in the third-person singular form, **c** changes to **z** in order to maintain the soft sound.

[2] Note that in the third-person plural ending of these verbs, the **i** is omitted.

PRÁCTICA

A. Respond to the questions by saying that you (or you and a friend) have already completed the tasks mentioned.

> MODELO: ¿No vas a traer el saco de dormir?
> *Ya lo traje.*

1. ¿No vas a poner la caña de pescar en el coche?
2. ¿No vas a hacer la reservación?
3. ¿No vas a decirle que no vamos?
4. ¿No van a traer los folletos?
5. ¿No van a poner los trajes de baño en la maleta?
6. ¿No vas a hacer las maletas?

B. Elsa and David are arguing. Complete their dialogue, using the preterit of the verbs given. Then act it out with a partner.

ELSA —¿Dónde _estuviste_ (estar) (tú) anoche?
¡ _Viniste_ (venir) muy tarde!

DAVID —¡Te lo _dije_ (decir)! _Estuve_ (Estar) en casa de
mamá. _Tuve_ (Tener) que hablar con papá. No te
llamé porque no _pude_ (poder).

I told you!

ELSA —¿No _pudiste_ (poder) o no _quisiste_ (querer)?

DAVID —Bueno. ¿Dónde _pusiste_ (poner) tú las cartas que yo
traduje (traducir) ayer en la oficina?

ELSA —¡Tú no _trajiste_ (traer) ninguna carta!

DAVID —No... los empleados las _trajeron_ (traer) cuando
vinieron (venir) ayer.

ELSA —Ellos no me _dijeron_ (decir) nada. ¡Son unos idiotas!

C. Answer the following questions about yourself and your friends.

1. ¿Qué tuvo que hacer ayer?
2. ¿Qué hicieron sus amigos ayer?
3. ¿Dónde estuvieron Uds. anoche?
4. ¿Hubo una fiesta en su casa ayer?
5. ¿Uds. tuvieron que limpiar la casa?
6. ¿Vino a clase la semana pasada?
7. ¿Pudo venir Ud. temprano a la universidad ayer?
8. ¿Condujo su coche ayer?

D. In groups of three, prepare some questions for your instructor about what he or she did yesterday, last night, or last week. Use irregular preterit forms in your questions.

2. Uses of **por**   *(Usos de por)*

The preposition **por** is used to express the following concepts.

- motion or approximate location *(through, around, along, by)*

Luis entró **por** la ventana.	*Luis came in through the window.*
Yo fui **por** la playa.	*I went along the beach.*
Enrique va **por** la calle Juárez.	*Enrique is going down Juárez Street.*
Gustavo pasó **por** la cabaña.	*Gustavo went by the cabin.*

- cause or motive of an action *(because (of), on account of, on behalf of)*

Llegamos tarde **por** el tráfico.	*We were late because of the traffic.*
No compré las entradas **por** no tener dinero.	*I didn't buy the tickets because I didn't have any money.*
Lo hago **por** ellos.	*I do it on their behalf.*

fue ? →   *due to*

- means, manner, unit of measure *(by, for, per)*

means of transportation
means of communication

Siempre viajamos **por** tren.	*We always travel by train.*
Le envié cien dólares **por** correo.	*I sent him a hundred dollars by mail.*
Van a 100 kilómetros **por** hora.	*They're going 100 kilometers per hour.*

- *in exchange for*

Te doy cien dólares **por** ese caballo.	*I'll give you* one *hundred dollars for that horse.*

- period of time during which an action takes place *(during, in, for)*

Lo veo mañana **por** la mañana.	*I'll see him tomorrow morning.*
Va a estar aquí **por** dos meses.	*He's going to be here for two months.*

por

- *in search of, for*

Mario fue **por** el doctor.	*Mario went in search of the doctor.*
Voy a venir **por** ti a las siete.	*I'll come by for you at seven.*

PRÁCTICA

A. Interview a classmate, using the following questions. When you have finished, switch roles.

1. ¿Tienes una clase por la mañana?
2. Antes de ir a clase, ¿vas por tus amigos?
3. ¿Cuánto pagaste por tu libro de español?
4. ¿Pasaste por mi casa anoche?
5. Si tú pierdes la llave de tu casa, ¿entras por la ventana?
6. ¿Tus padres hacen mucho por ti?
7. ¿Tú les escribes a tus padres o prefieres llamarlos por teléfono?
8. ¿Prefieres viajar por tren o por avión? ¿Por qué?

B. With a partner, act out the following dialogues in Spanish.

1. "How much did you pay for the tent, sir?"
   "It cost me an arm and a leg. I paid three hundred dollars."
2. "Did you go through the desert?"
   "No, we went through the mountains."
3. "When we went on vacation last year we went by train."
   "I prefer to travel by plane."
4. "We were in Mexico for one week."
   "How much did you pay for the excursion?"
   "A thousand dollars."

3. Uses of **para**   (Usos de para)

The preposition **para** is used to express the following concepts.

■ destination

Quiero un pasaje **para** Montevideo.	*I want a ticket for Montevideo.*
¿A qué hora hay vuelos **para** Buenos Aires?	*What time are there flights to Buenos Aires?*

■ goal for a point in the future (*by* or *for* a certain time)

Quiero el dinero **para** el sábado.	*I want the money for Saturday.*
Debo estar allí **para** el mes de noviembre.	*I must be there by the month of November.*

■ whom or what something is for

Compré una escoba **para** la cocina.	*I bought a broom for the kitchen.*
Compramos los regalos **para** Fernando.	*We bought the gifts for Fernando.*

■ in order to

<table>
<tr><td>Necesito mil dólares **para** pagar el viaje.</td><td>I need a thousand dollars in order to pay for the trip.</td></tr>
<tr><td>Vamos al teatro **para** celebrar nuestro aniversario de bodas.</td><td>We are going to the theater to celebrate our wedding anniversary.</td></tr>
</table>

■ comparison *(by the standard of, considering)*

<table>
<tr><td>El niño es muy alto **para** su edad.</td><td>The child is very tall for his age.</td></tr>
<tr><td>**Para** francés, habla muy bien el italiano.</td><td>For a Frenchman, he speaks Italian very well.</td></tr>
</table>

■ objective or goal

<table>
<tr><td>Nora y yo estudiamos **para** ingenieros.</td><td>Nora and I are studying to be engineers.</td></tr>
<tr><td>Mi novio estudia **para** médico.</td><td>My boyfriend is studying to be a doctor.</td></tr>
</table>

PRÁCTICA

A. Imagine that you and your best friend are planning a trip to Uruguay. Answer the following questions.

1. ¿Cuánto dinero necesitan Uds. para pagar el viaje?
2. ¿Van a pedirles dinero a sus padres para el viaje?
3. ¿Para qué día quieren los pasajes?
4. ¿A qué hora sale el avión para Uruguay?
5. ¿Van a traer regalos para su familia?
6. Para norteamericanos, ¿hablan Uds. bien el español?
7. ¿Van Uds. a Uruguay para practicar el español?
8. John estudia para profesor de español y quiere visitar Uruguay. ¿Puede ir con Uds.?

B. With a partner, act out the following dialogues in Spanish.

1. "This dress is for Lupita? It's very long . . . "
   "Well, she is very tall for her age."
2. "I want a ticket for Santiago for Tuesday."
   "In order to leave on Tuesday you have to make a reservation today."
3. "Is Adela studying at the university?"
   "Yes, she is studying to be a teacher."

C. Complete the following description of a trip to Paraguay, using **por** or **para.**

Robert y yo salimos _____ Asunción la semana próxima. Vamos a viajar _____ avión. Tenemos pasajes _____ el sábado _____ la mañana. Tuvimos que pagar tres mil dólares _____ los billetes, pero como pensamos pasar _____ Caracas y _____ Lima, donde vamos a estar _____ unos días, no es muy caro. Mañana _____ la tarde vamos a Bloomingdale's _____ comprar algunos regalos _____ nuestros amigos paraguayos. Desde Lima, vamos a llamar _____ teléfono a nuestros amigos en Asunción, y ellos van a ir al aeropuerto _____ nosotros. Robert me dice que, _____ americana, hablo muy bien el español. ¡Pensamos divertirnos mucho!

D. Plan a trip to a Hispanic country with a classmate. Using the paragraph in Exercise C as a model, describe your travel plans.

4. The imperfect *(El imperfecto de indicativo)*

There are two simple past tenses in the Spanish indicative: the preterit, which you studied in **Lecciones 8, 9,** and **10,** and the imperfect.

A. Regular forms

■ To form the regular imperfect, add the following endings to the verb stem.

-ar *verbs*		-er *and* -ir *verbs*	
hablar		**comer**	**vivir**
habl-	**aba**	com- **ía**	viv- **ía**
habl-	**abas**	com- **ías**	viv- **ías**
habl-	**aba**	com- **ía**	viv- **ía**
habl-	**ábamos**	com- **íamos**	viv- **íamos**
habl-	**abais**	com- **íais**	viv- **íais**
habl-	**aban**	com- **ían**	viv- **ían**

■ Note that the endings of the -er and -ir verbs are the same, and that there is a written accent on the first í of the endings of the -er and -ir verbs.

■ The Spanish imperfect tense is equivalent to three English forms.

Yo **vivía** en Santiago.
$\begin{cases} \textit{I used to live in Santiago.} \\ \textit{I was living in Santiago.} \\ \textit{I lived in Santiago.} \end{cases}$

■ The imperfect is used to refer to habitual or repeated actions in the past, with no reference to when they began or ended.

—¿Tu **asistías** a la universidad cuando **vivías** en Cuba?

"Did you attend the university when you were living in Cuba?"

—No, **trabajaba** cuando **vivía** en Cuba.

"No, I worked when I was living in Cuba."

■ The imperfect is also used to refer to actions, events, or conditions that the speaker views as *in the process of* happening in the past, again with no reference to when they began or ended.

Veníamos para casa cuando vimos a Raúl.

We were coming home when we saw Raúl.

B. Irregular forms

■ Only three verbs are irregular in the imperfect tense: **ser, ver,** and **ir.**

to be   to see   to go

ser	ver	ir
era	veía	iba
eras	veías	ibas
era	veía	iba
éramos	veíamos	íbamos
erais	veíais	ibais
eran	veían	iban

—¿**Ibas** mucho a casa de tus abuelos cuando **eras** niño?

"Did you often go to your grandparents' house when you were a child?"

—Sí, los **veía** todos los sábados.

"Yes, I used to see them every Saturday."

PRÁCTICA

A. Ten years ago María wrote this composition about herself and her family. Rewrite her composition, using the imperfect tense.

Mi familia y yo vivimos en Buenos Aires. Mi padre trabaja para la compañía Sandoval y mi madre enseña en la universidad. Es una profesora excelente. Mis hermanos y yo asistimos a la escuela. Generalmente pasamos las vacaciones en Mar del Plata. Allí nadamos, pescamos y tomamos el sol. Como a mi padre le gusta ir a la montaña para esquiar, en invierno vamos a Bariloche. Mis abuelos viven en Rosario y no los vemos mucho, pero siempre les escribimos.

B. Now write a paragraph about your own childhood, using Exercise A as a model.

C. Interview a classmate, using the following questions and two of your own. When you have finished, switch roles.

1. ¿Dónde vivías tú cuando eras niño(-a)?
2. ¿A qué escuela asistías?
3. ¿Odiabas estudiar o te gustaba?
4. ¿Eras buen estudiante?
5. ¿Adónde iban tú y tu familia de vacaciones?
6. ¿Qué les gustaba hacer?
7. ¿Preferías pasar las vacaciones en el campo o en la ciudad?
8. ¿Te divertías mucho o te aburrías?
9. ¿Veías mucho a tus abuelos?
10. ¿Vivías cerca o lejos de tus abuelos?

D. Compare your teenage years with those of a classmate by taking turns completing the following sentences.

1. Cuando yo era adolescente...
2. Mi familia y yo siempre...
3. Mis abuelos...
4. Mi mejor amigo(-a)...
5. Nosotros siempre...
6. Cuando yo tenía dieciséis años...
7. En la escuela secundaria, yo...
8. Todos los fines de semana, mis amigos y yo...
9. En el verano...
10. Cuando yo quería salir con mis amigos, mis padres....

¡A ver cuánto aprendió!

¡Repase el vocabulario!

Choose the correct word or phrase to complete each statement.

1. Rosa nada en (el desierto, el mar, la nieve).
2. Ya hice (la propina, la playa, las maletas).
3. Los muchachos montaron (en el pasaje, a caballo, en el país).
4. Miguel es de Santiago; es (argentino, uruguayo, chileno).
5. Está bien. No vamos a comprar la cabaña. Vamos a (barrerla, alquilarla, bañarla).
6. ¿No sabes nadar? Pues voy a (enseñarte, afeitarte, vestirte).
7. Por suerte los chicos se (aburrieron, murieron, divirtieron) mucho.

8. No te lo digo en serio. Estoy (planeando, <u>bromeando,</u> acampando).
9. El Misisipí es un (lago, <u>río,</u> mar).
10. ¡Perfecto! Todos podemos dormir en (<u>la tienda de campaña</u>, la trucha, el museo).
11. Mis vacaciones fueron magníficas. (Me aburrí horriblemente., No hice nada interesante., <u>Me divertí muchísimo.)</u>
12. Pagué cien dólares por ese espejo. (Fui de pesca., Pedí turno., <u>Me costó un ojo de la cara.)</u>
13. Fuimos de pesca y por supuesto llevamos la (máquina de afeitar, <u>caña de pescar</u>, cabaña) nueva.
14. Hay demasiada gente en (el desierto, el océano, <u>las ciudades grandes</u>).

Entrevista

Interview a classmate, using the **tú** form.

Pregúntele a su compañero(-a) de clase...

1. ...si acampó este fin de semana.
2. ...si le gusta ir a las montañas.
3. ...si prefiere montar a caballo o en bicicleta.
4. ...si quiere ir a cazar con Ud. la próxima vez.
5. ...si quiere ir de pesca al lago.
6. ...si pescó alguna vez una trucha enorme.
7. ...si vive cerca del océano Pacífico o del océano Atlántico.
8. ...si es una buena idea tener un salvavidas en la playa.
9. ...si bromea mucho con el profesor (la profesora).
10. ...si le costó un ojo de la cara el libro de español.

Situaciones

What would you say in the following situations? What might the other person say? Act out the scenes with a partner. Take turns playing each role.

1. On your vacation, you learned how to swim and ride a horse, and you caught a trout. Someone asks whether you had a good time. Say what you did.
2. A friend invites you to go camping. You don't have a tent or a sleeping bag, and you want to know what else you will need.
3. You are trying to convince a friend to go camping. Tell him or her how much fun it can be.

¿Qué pasa aquí?

In groups of three or four, look at the photo on page 262 and make up a story about the people you see. Say who they are, their professions, how long they have been on vacation, what they did yesterday, and so on.

 Para escribir

Tomás and Víctor are very good friends, but their tastes differ: Tomás likes the outdoors, while Víctor prefers city life. Using your imagination, write an account of how each of them spent his vacation last summer.

En la vida real

NUESTRAS VACACIONES

You and a classmate are going on a vacation. Make plans for the trip, including activities and things you might need to take with you. Then tell a group of classmates about your plans.

Here are some other words and phrases you might want to include:

la mochila *backpack*
los esquís *skis*
el rifle *rifle*

hospedarse *to stay (i.e., at a hotel)*
escalar *to climb*

VIAJES A MÉXICO

Ángela and Elena went to Ixtapa on vacation, and Alberto and Julio went to Playa Blanca on the Pacific coast of Mexico. The four went with Club Mediterranée. Read the ad below and answer the following questions.

1. ¿Cómo son las excursiones en los viajes Bojorquez?
2. ¿Para qué tipo de viajeros son?
3. Las chicas viajaron con el plan 1 a Ixtapa. ¿Qué día salieron y cuántas noches estuvieron en Ixtapa?
4. ¿Cuánto pagaron por el viaje?
5. Las chicas usaron la tarjeta American Express para pagar el viaje. ¿Qué beneficios recibieron?
6. Los muchachos viajaron con el plan 2 y estuvieron en Playa Blanca por cinco noches. ¿Cuánto les costó el viaje?

El viaje de fin de curso

Imagine that your class is planning a field trip. One group of students would like to do outdoor activities such as camping, fishing, and swimming. Another group would prefer a visit to a large city and stay in hotels, visit museums, see films, etc. After preparing for a discussion, each group must try to convince the other to agree to its plan.

¡VAMOS A LEER!

Antes de leer

As you read what Javier wrote in his diary, find the answers to the following questions.

1. ¿Javier se levantó temprano o tarde?
2. ¿Qué problema tuvo Javier todo el día?
3. ¿Por qué no pudo afeitarse?
4. ¿Salió con Anabel por la tarde? ¿Qué pasó entre ellos?
5. ¿Qué pasa cuando Javier y Estela están juntos?
6. ¿Fue interesante la clase de historia?
7. ¿Cómo tiene Javier el pelo ahora?
8. ¿Quién es Yolanda? ¿Qué pasó la última vez que su perro estuvo en el coche de Javier?

Del diario de Javier

6 de enero de 1994

Querido diario:

lo... *which* · Hoy me levanté a las cinco de la mañana, lo cual° no fue una buena idea porque todo el día tuve mucho sueño. No pude afeitarme porque la

I looked like · máquina de afeitar no funcionaba. Anabel me dijo que parecía° un terrorista y no aceptó mi invitación para ir al cine por la tarde. Según ella, iba a

No... *It doesn't matter* · quedarse en casa porque tenía que lavarse la cabeza. ¡No importa!° Puedo ir con Estela. Siempre nos divertimos mucho juntos.

Por la tarde fui a mi clase de historia y me aburrí muchísimo. ¡Qué horrible! Después fui a la barbería para cortarme el pelo y el barbero me dejó

bald · casi calvo.°

¡Acabo de recibir una llamada telefónica de Yolanda, la mujer de mis

dreams · sueños!° Tiene que llevar a su perro al veterinario y no tiene coche. La

paws última vez que ese monstruo de cuatro patas° estuvo en mi auto, tuve que
cute pasar cuatro horas limpiándolo. ¡Pero Yolanda es tan mona!° ¡Y tan simpá-
A... *Perhaps* tica! A lo mejor° acepta mi invitación para ir a montar a caballo el sábado
próximo... ¡Mañana te cuento!

DÍGANOS

Answer the following questions, based on your own thoughts and experiences.

1. ¿A qué hora se levantó Ud. hoy?
2. Si alguien lo (la) invita a salir y Ud. prefiere quedarse en su casa, ¿qué excusas da?
3. ¿Con quién se divierte más Ud.? ¿Qué hacen Uds. para divertirse?
4. ¿En qué circunstancias se aburre Ud.?
5. ¿Cómo es la mujer (el hombre) de sus sueños?
6. ¿Le gustan a Ud. los animales? ¿Tiene Ud. un animal doméstico?

5

Panorama hispánico

América Central

■ El canal de Panamá es actualmente la única vía de comunicación que conecta los dos grandes océanos. Ahorra *(It saves)* 16.000 kilómetros de travesía *(voyage)* para los barcos que ya no *(no longer)* tienen que pasar por el Cabo de Hornos.

■ Costa Rica es el país con el mayor ingreso por persona, y el más alto nivel de educación de Centroamérica. Es un país democrático y no tiene ejército. A Costa Rica la llaman "la Suiza *(Switzerland)* de América" por su tradición pacifista. Uno de sus presidentes, Oscar Arias, recibió el Premio Nóbel de la Paz.

■ El Salvador es el país más pequeño de Centroamérica, pero es el más densamente poblado. Más de cinco millones de habitantes viven en un área aproximadamente del tamaño del estado de Massachusetts. Nicaragua, en comparación, es cinco veces más grande que El Salvador, pero tiene una población de sólo unos tres millones de habitantes.

ejército: army

Nicaragua se siente orgullosa *(proud)* de su poeta nacional, Rubén Darío, creador y líder del Modernismo, un movimiento literario que comenzó a fines del siglo XIX. Las obras más importantes de Darío son *Azul, Prosas profanas* y *Cantos de vida y esperanza*. En la foto aparece una de las muchas estatuas del gran poeta que hay en Managua, la capital del país.

¿ Qué poetas norteamericanos puede nombrar Ud.?

Costa Rica

El Salvador

Guatemala

La agricultura es la base económica de Guatemala. El producto principal es el café, de fama internacional por su alta calidad. Aquí vemos un secadero de café *(coffee drier)* a orillas *(banks)* del lago Atitlán. El lago está a 1.562 metros sobre el nivel del mar *(above sea level)* y ocupa el cráter de un volcán inactivo.

¿ **Qué otros países latinoamericanos cultivan café?**

calidad: quality; importance

Honduras

Nicaragua

Panamá

Estudiantes de la Universidad Nacional Autónoma de Honduras se dirigen a sus clases. Esta universidad, que está en Tegucigalpa, la capital de Honduras, es el centro educativo más importante del país.

¿ **Cuál es la universidad más importante del estado donde Ud. vive?**

267

En la ciudad de Antigua, Guatemala, una mujer indígena teje *(weaves)* uno de los tapetes *(small rugs)* tradicionales de la región. Utilizando técnicas de tejido españolas y diseños y colores indígenas, los indios han establecido una industria floreciente *(flourishing)*. Otros ejemplos de artesanía de la región son las joyas *(jewelry)* y los artículos de cerámica.

¿ Qué tipos de artesanías se producen en la región donde Ud. vive?

Tikal, situada en un bosque *(forest)* tropical al noroeste de Guatemala, es la ciudad más grande y más antigua de la civilización maya. En esta ciudad vivían unas 80.000 personas. Aquí se ve el Templo del Gran Jaguar, el edificio más alto y más importante de Tikal.

¿ Cuáles son algunas de las ciudades más antiguas de los Estados Unidos?

El cultivo del banano *(banana tree)* es una de las principales fuentes de ingreso *(sources of income)* de los países centroamericanos. El banano se cultiva en Panamá, Costa Rica, El Salvador, Honduras, Nicaragua y Guatemala. En la foto, un agricultor verifica el tamaño *(size)* de las bananas en una hacienda de El Salvador.

¿ Qué frutas se cultivan en la región donde Ud. vive?

268

Costa Rica es el país centroamericano que más se preocupa por la preservación del medio ambiente *(environment)*. El parque nacional Braulio Carrillo es uno de los centros establecidos por el gobierno para evitar la extinción de las plantas y los animales indígenas de la región.

Cuáles son los principales parques nacionales de los Estados Unidos?

La construcción del canal de Panamá por parte de los Estados Unidos duró *(lasted)* siete años y se terminó en el año 1914. La administración del canal, que hoy está bajo el control de los Estados Unidos, pasará *(will pass)* al gobierno panameño en el año 1999.

Puede Ud. identificar otros canales famosos?

Teleinforme

VOCABULARIO

El canal de Panamá

a cada paso   at each step
a nivel del mar   at sea level
adiestrando   training
la alta calidad   high quality
ancho   width
atraviesa   goes across, through
bajo   under
cambió   changed
la cordillera   mountain range
duras   difficult, hard

las esclusas   locks (canal)
intentaron   attempted
logradas   achieved
más allá   further
la nave   ship
la represa   dam
se encargaron de la obra   took charge of the work
el sueño   dream

Costa Rica

a raíz de   due to
las cadenas   chains
los cerros   hills
disimular   to hide
la enseñanza   education
entre   between
el llano   plain

los paseantes   people out for a walk
los recuerdos   souvenirs
la salud pública   public health
últimamente   lately
los vendedores   salespeople

PREPARACIÓN

¿Cuánto saben Uds. ya?   After reading the information in **Panorama hispánico 5**, get together in groups of three or four and answer the following questions.

1. ¿Cuál es la única vía de comunicación que conecta el Pacífico con el Atlántico?
2. ¿Cuánto tiempo duró la construcción del canal?
3. ¿Cuál es el país centroamericano con el ingreso por persona más alto?
4. ¿Con qué país europeo se compara a Costa Rica?
5. ¿Cuál es un cultivo importante en Panamá y en Costa Rica?
6. ¿Qué premio recibió Oscar Arias, ex presidente de Costa Rica?
7. ¿Qué tipo de gobierno tiene Costa Rica?

COMPRENSIÓN

A. El canal de Panamá.   Read the following statements. After watching the video, circle V (**Verdadero**) or F (**Falso**), according to what you understood.

V   F   1. El gobierno de los Estados Unidos está encargado de las operaciones del canal de Panamá.

V   F   2. El canal de Panamá está en muy malas condiciones.

V F   3. En 1999, Panamá va a asumir el control del canal.
V F   4. Vasco Núñez de Balboa era un explorador portugués.
V F   5. Los franceses intentaron construir un canal al nivel del mar a fines del siglo pasado.
V F   6. El lago Gatún se extiende casi a todo lo ancho del istmo.
V F   7. Las esclusas elevan los barcos al nivel del lago.
V F   8. A través del canal, un barco recorre cincuenta millas en quince horas.
V F   9. El canal de Panamá cambió la geografía del mundo.

B. Costa Rica. Complete the following statements with the appropriate words.

1. Costa Rica está entre Panamá y _____ .
2. La población de Costa Rica desciende, en su mayor parte, de inmigrantes _____ .
3. Costa Rica se divide en _____ zonas.
4. Una cadena de montañas divide al país en _____ zonas climáticas.
5. _____ es la ciudad más grande de Costa Rica.
6. En San José vive el _____ por ciento de la población.
7. En San José se concentran las instituciones de _____ y los centros de salud _____ .
8. El instrumento que tocan *(play)* es la _____ .
9. Los _____ de recuerdos caracterizan el auge *(expansion)* turístico de la ciudad.
10. El turismo de Costa Rica proviene *(comes)* principalmente de los _____ .

AMPLIACIÓN

A. Entrevista. If you could go back in time and interview one of the men working on the construction of the Panama Canal, what questions would you ask him? What possible answers might you get? With a partner, prepare the interview.

B. Dos culturas. With a partner, discuss in Spanish the differences and similarities between life styles in Costa Rica and the area where you live.

En el hospital

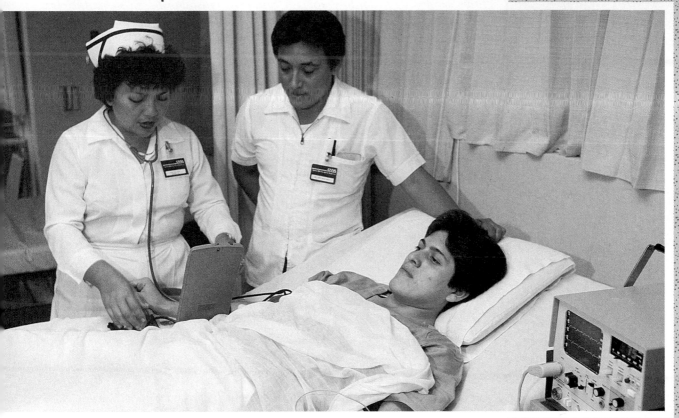

Un hospital en Mérida, México.

 OBJECTIVES

Structure

The preterit contrasted with the imperfect •
Verbs that change meaning in the preterit •
Hace... meaning *ago* • Formation of adverbs

Communication

You will learn vocabulary related to medical
emergencies and visits to the doctor's office.

273

En el hospital

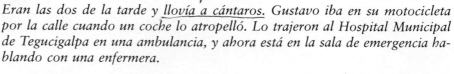 *it was raining pitchforks*

 X: *a'kers*

Eran las dos de la tarde y llovía a cántaros. Gustavo iba en su motocicleta por la calle cuando un coche lo atropelló. Lo trajeron al Hospital Municipal de Tegucigalpa en una ambulancia, y ahora está en la sala de emergencia hablando con una enfermera.

ENFERMERA	—¿Qué le pasó?
GUSTAVO	—Tuve un accidente. Me atropelló un coche. No lo vi venir.[1]
ENFERMERA	—¡Qué horrible!
GUSTAVO	—No sabía que era una calle de dos vías. Lo supe cuando me atropelló el coche.
ENFERMERA	—¿Cómo se siente ahora?
GUSTAVO	—Me duele mucho la pierna.[2] Creo que me la rompí.
ENFERMERA	—El doctor dijo que necesitaba una radiografía. Voy a llevarlo a la sala de rayos X. Veo que también se cortó el brazo.
GUSTAVO	—Sí, me sangraba mucho.
ENFERMERA	—Voy a desinfectarle y vendarle la herida. ¿Cuándo fue la última vez que le pusieron una inyección antitetánica?
GUSTAVO	—Me pusieron una hace dos meses.

En otra sección del hospital, una señora está en el consultorio del médico.

DOCTOR	—¿Hace mucho que tiene esos dolores de cabeza y esos mareos?
SEÑORA	—Me empezaron hace dos semanas. Pero cuando era chica tomaba aspirina frecuentemente porque siempre me dolía la cabeza.
DOCTOR	—¿La operaron alguna vez?
SEÑORA	—Sí, me operaron de apendicitis cuando tenía veinte años.
DOCTOR	—¿Es Ud. alérgica a alguna medicina?
SEÑORA	—Sí, soy alérgica a la penicilina.
DOCTOR	—¿Qué enfermedades tuvo cuando era niña?
SEÑORA	—Varicela, sarampión... creo que las tuve todas porque siempre estaba enferma.
DOCTOR	—¿Está Ud. embarazada?
SEÑORA	—No, doctor.

---

[1] Note the use of the infinitive after the verb **ver: No lo vi venir.** = *I didn't see it coming.*

[2] Note that definite articles, rather than possessive adjectives, are used in Spanish with parts of the body.

DOCTOR —Bueno. Vamos a hacerle unos análisis.
SEÑORA —Y para los mareos, doctor, ¿va a recetarme alguna medicina?
DOCTOR —Sí, voy a recetarle unas pastillas. Debe tomarlas tres veces al día. Aquí tiene la receta.

Vocabulario

Cognados

el **accidente** accident
alérgico(-a) allergic
la **ambulancia** ambulance
la **apendicitis** appendicitis
la **aspirina** aspirin

la **emergencia** emergency
frecuentemente frequently
la **inyección** injection, shot

la **motocicleta**, la **moto** motorcycle
la **penicilina** penicillin
la **sección** section
el **tétano** tetanus

Nombres

el **análisis**[1] test, analysis
el **brazo** arm
la **cabeza** head
el **consultorio** doctor's office
el **dolor** pain
la **enfermedad** disease, sickness

el (la) **enfermero(-a)** nurse
la **herida** wound
el **mareo** dizziness, dizzy spell
el (la) **médico(-a)** doctor
la **pastilla** pill
la **pierna** leg
la **radiografía** X-ray

la **receta** prescription
la **sala de emergencia** emergency room
la **sala de rayos X** X-ray room
el **sarampión** measles
la **varicela** chicken pox

Verbos

vomitar to romit

atropellar to run over, hit someone (i.e., with a car)
desinfectar to disinfect
doler[2] (o:ue) to hurt, ache

operar to operate
recetar to prescribe
romper(se), **quebrar(se)** (e:ie) to break

sangrar to bleed
vendar to bandage

Adjetivos

embarazada pregnant
enfermo(-a) sick

último(-a) last (in a series)

" sangre de toro"
good wine
dry red

---

[1] Note that the article shows the number—singular: *el* **análisis**; plural: *los* **análisis**.

[2] The construction used with the verb **doler** is the same as the one used with **gustar**: Me <u>duele</u> la cabeza.

"something hurts me"   *duele{ only choices*

avergonzado - embarassed /ashamed

■ Otras palabras y expresiones

alguna vez   ever
calle de dos vías, calle de doble vía   two-way street
dolor de cabeza   headache
inyección antitetánica   tetanus shot

llover a cántaros   to rain cats and dogs, to pour down raining
poner una inyección   to give an injection, a shot
la última vez   the last time

Vocabulario complementario

■ El cuerpo

1. el pelo, el cabello
2. el ojo
3. la nariz
4. los dientes
5. la lengua
6. la boca
7. la oreja
8. el oído

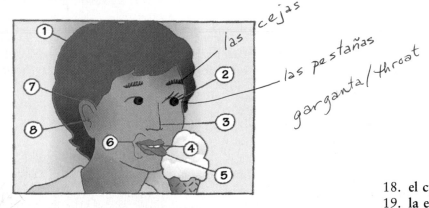

las cejas
las pestañas
garganta/throat

9. la cabeza
10. la cara
11. el pecho
12. el estómago
13. la mano
14. la rodilla
15. el tobillo
16. el dedo del pie
17. el pie

18. el cuello
19. la espalda
20. el dedo

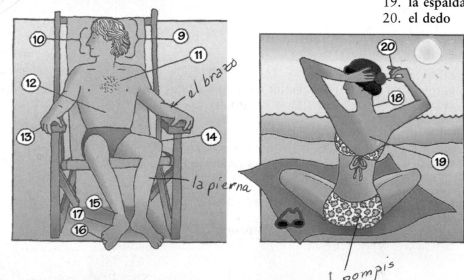

el brazo
la pierna
el pompis
los pechos breasts
chi chis slang

■ Enfermedades y síntomas

la fiebre   fever
la gripe   flu
el resfriado, resfrío, catarro   cold
tener tos   to have a cough

No me siento bien. Creo que tengo **fiebre**.
Estoy enfermo. Creo que tengo **gripe**.
No puedo ir a la playa porque tengo un **resfriado** terrible.
¿Tienes tos? ¿Quieres una pastilla para la tos?

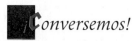

¡Conversemos!

Answer the following questions, basing your answers on the dialogue.

1. ¿Qué estaba haciendo Gustavo cuando lo atropelló un coche?
2. ¿En qué lo llevaron al hospital?
3. ¿Sabía Gustavo que la calle era de dos vías?
4. ¿Qué dijo el doctor que necesitaba Gustavo?
5. ¿Gustavo se rompió el brazo?
6. ¿Por qué tomaba la señora aspirinas?
7. ¿A qué es alérgica la señora?
8. ¿De qué operaron a la señora cuando tenía veinte años?
9. ¿Está embarazada la señora?
10. ¿Le va a recetar el doctor alguna medicina a la señora? ¿Para qué?

¿Lo sabía Ud.?

- En la mayoría de los países de habla hispana, los hospitales son gratis *(free)* y subvencionados *(subsidized)* por el gobierno. Hay clínicas privadas para la gente de mejor posición económica que no quiere ir a un hospital público.

- Especialmente en las grandes ciudades hispanas, la medicina está muy adelantada *(advanced)*, pero en muchos pueblos *(towns)* remotos no hay médicos ni hospitales. En ese caso, mucha gente recurre a *(turn to)* los servicios de un curandero *(healer)*. Muchas mujeres tienen sus bebés con la ayuda de una partera *(midwife)*.

- En España y en algunos países latinoamericanos, las farmacias venden principalmente medicinas. En algunos países hispanos es posible comprar medicinas como la penicilina sin tener receta médica.

Comprando medicinas en una farmacia de Humacoa, Puerto Rico.

Estructuras

1. The preterit contrasted with the imperfect
(El pretérito contrastado con el imperfecto)

■ The difference between the preterit and the imperfect can be visualized in the following way.

Imperfect | Preterit

The wavy line representing the imperfect shows an action or event taking place over a period of time in the past. There is no reference to when the action began or ended. The vertical line representing the preterit shows an action or event as completed in the past.

In many instances, the choice between the preterit and the imperfect depends on how the speaker views the action or event. The following table summarizes some of the most important uses of both tenses.

I was sick for two weeks

within a time frame

I was sick yesterday

Preterit	Imperfect
1. Reports past actions that the speaker views as finished and completed. Gustavo **tuvo** un accidente anoche. Me **pusieron** una inyección ayer.	1. Describes past actions in the process of happening, with no reference to their beginning or end. **Iba** a la biblioteca cuando lo vi.
2. Sums up a condition or state viewed as a whole (and no longer in effect). Me **dolió** la pierna toda la noche.	2. Refers to repeated or habitual actions or events: *used to . . .* Cuando **era** niña, tomaba[1] aspirina todos los días.
	3. Describes a physical, mental, or emotional state or condition in the past. Me **dolía** mucho la cabeza.

---

[1]Note that this use of the imperfect also corresponds to the English *would* used to describe a repeated action in the past: *When I was a child, I used to take aspirin every day.* = *When I was a child, I would take aspirin every day.*

Imperfect

4. <u>Expresses time</u> in the past.
   Eran las dos de la tarde cuando lo trajeron al hospital.

5. Is generally used in <u>indirect discourse</u>.
   El doctor dijo que **necesitaba** una radiografía.

6. Describes <u>age</u> in the past.
   Cuando **tenía** veinte años, vivía en Chile.

7. Describes or <u>sets the stage</u> in the past.
   Hacía frío y **llovía.**

—¿Qué te **pasó?**
—**Estaba** en la esquina cuando me **atropelló** un coche.
—¿Qué te **dijo** el doctor?

—Me **dijo** que **necesitaba** una radiografía.

"What happened to you?"
"I was on the corner when a car ran me over."
"What did the doctor tell you?"
"He told me I needed an X-ray."

PRÁCTICA

A. Write the Spanish equivalent of the following sentences, paying special attention to the use of the preterit or the imperfect in each situation.

Preterit	*Imperfect*
1. I *went* to the library with Peter last night. *(Narrates an action as a completed whole.)*	1. I *was going* to the library when I saw Mary. *(Describes an action in progress.)*
2. I *had* dizzy spells yesterday. *(Sums up a condition or state viewed as a whole.)*	2. I always *used to have* dizzy spells. *(Describes what used to happen.)*
	3. I *was* cold. They *were* very happy here. *(A physical, mental, or emotional state or condition in the past.)*
	4. He said he *wanted* a prescription. *(Indirect discourse.)*
	5. It *was* six o'clock in the morning. *(Time in the past.)*
	6. My niece *was* five years old. *(Age in the past.)*
	7. My boyfriend *was* tall and handsome. *(Description in the past.)*

B. This interview takes place in Buenos Aires. Play the role of a reporter interviewing a famous star.

—_____

—Yo nací *(I was born)*[1] en Sevilla, y no le digo cuándo.

—_____

—No, no vivíamos en Sevilla. Cuando yo tenía diez años nos fuimos a vivir a Madrid.

—_____

—¿Cuando era niña? Era fea y un poco gorda.

—_____

—Sí, tenía un perro que se llamaba Chispita.

—_____

—Cuando era niña me gustaba la vida al aire libre. Me gustaba nadar y montar a caballo.

—_____

—Estudié en la Escuela de Arte Dramático.

—_____

—Empecé a trabajar en televisión en 1980.

---

[1] **Nacer** is a regular verb in the preterit.

—Primero trabajé con el famoso actor Pedro Lagar.

—Siempre hice comedias; nunca hice dramas.

—Vine a Buenos Aires en el año 1985.

—Sí, el año pasado fui a París y trabajé en un club nocturno.

—Estuve allí por tres meses.

—No, no pienso volver a España por ahora.

C. Read these two stories aloud, supplying the missing verbs in the preterit or the imperfect, as appropriate.

1. _Era_ (ser) la una y media de la tarde cuando Marta _llegó_ (llegar) al hospital. La cabeza le _dolía_ (doler) mucho y _tenía_ (tener) una pierna rota. El médico _vino_ (venir) en seguida y le _puso_ (poner) una inyección. Marta le _dijo_ (decir) al médico que le _dolía_ (doler) mucho la cabeza y que _tenía_ (tener) mareos. El doctor le dijo que _necesitaba_ (necesitar) una radiografía. La enfermera la _llevó_ (llevar) a la sala de rayos X.

2. Cuando nosotros _éramos_ (ser) niños, _vivíamos_ (vivir) en Acapulco. Todos los días _íbamos_ (ir) a la playa y _nadábamos_ (nadar). Un día, cuando _volvíamos_ (volver) de la playa, mi hermana _se cortó_ (cortarse) el pie y papá _tenía_ (tener) que llevarla al hospital. El médico le _desinfectó_ (desinfectar) y _vendó_ (vendar) la herida, le _recetó_ (recetar) penicilina y _dijo_ (decir) que no _debía_ (deber) caminar por cinco días. Mi hermana _estuvo_ (estar) muy triste todo el día.

D. Write the following paragraph in Spanish, paying special attention to proper use of the preterit and the imperfect tenses.

It was nine o'clock in the morning. John was going to the university when a car ran him over. An ambulance came and took him to the hospital. His leg was bleeding, and he was dizzy. The doctor said John needed an X-ray, and the nurse took him to the X-ray room. When they went back to the doctor's office, the nurse gave John a tetanus shot.

E. Ask your instructor to name a year in the past. Then, in groups of four or five, prepare 8 to 10 questions to ask your instructor about his or her life during that year. Be careful to use the preterit and the imperfect appropriately.

2. Verbs that change meaning in the preterit
(Verbos que cambian de significado en el pretérito)

■ Some Spanish verbs change meaning when they are used in the preterit. Note the usage of the verbs in the following examples.

conocer:	conocí (preterit)	*I met*
	conocía (imperfect)	*I knew (was acquainted or familiar with)*

Anoche **conocí** a una enfermera muy simpática. *(met her for the first time)*
Yo no **conocía** la ciudad. *(I wasn't familiar with the city.)*

saber:	supe (preterit)	*I found out, I learned*
	sabía (imperfect)	*I knew*

Lo **supe** cuando me atropelló el coche. *(I found it out.)*
Yo no **sabía** que la calle era de dos vías. *(I wasn't aware of it.)*

no querer:	no quise (preterit)	*I refused*
	no quería (imperfect)	*I didn't want*

Raúl **no quiso** comer. *(didn't want to and refused)*
Rita **no quería** ir pero después decidió ir. *(didn't want to at the time)*

—¿Tú **conocías** al cuñado de Carmen?   *"Did you know Carmen's brother-in-law?"*
—No, lo **conocí** anoche.   *"No, I met him last night."*

—¿**Sabías** que teníamos un examen?   *"Did you know that we had an exam?"*
—No, lo **supe** esta mañana.   *"No, I found (it) out this morning."*

—¿Y Roberto? ¿No vino?   *"And Roberto? Didn't he come?"*
—No, **no quiso** venir.   *"No, he refused to come."*

PRÁCTICA

A. Interview a classmate, using the following questions and two of your own.

1. ¿Conocías tú al profesor (a la profesora) antes de empezar esta clase?
2. ¿Cuándo lo (la) conociste?
3. ¿Sabías tú la nacionalidad del profesor (de la profesora)?

4. ¿Cuándo la supiste?
5. Yo no quería venir a clase hoy. ¿Y tú?
6. Tú no viniste a mi fiesta anoche. ¿No pudiste o no quisiste?

B. Act out the following scene from a soap opera (**telenovela**) with a partner, providing the missing verbs.

ADRIÁN —¿Tú _____ que Rosaura estaba embarazada?
SARA —No, lo _____ anoche.
ADRIÁN —¡Qué horrible! Dicen que su esposo es un idiota. Los padres de ella no _____ ir a la boda. Ese día se fueron a Europa.
SARA —Pero, ¿dónde _____ Rosaura a Lorenzo?
ADRIÁN —En una fiesta. Rosaura no _____ ir, pero Olga la llevó.
SARA —¿Olga _____ a Lorenzo?
ADRIÁN —Sí, Olga es la ex-esposa de Lorenzo...

3. Hace... meaning *ago* (*Hace... como equivalente de* ago)

In sentences using the preterit and in some cases the imperfect, **hace** + *period of time* is the equivalent of the English *ago*. When **hace** is placed at the beginning of the sentence, the construction is as follows.

Hace + *period of time* + **que**
Hace + dos años + **que** la conocí.

—¿Cuánto tiempo hace que conociste a tu novia? *"How long ago did you meet your girlfriend?"*
—**Hace tres años que** la conocí. *"I met her three years ago."*

PRÁCTICA

A. With a partner, take turns asking each other how long ago you did each of the following things.

1. ir al médico
2. ir al dentista
3. tomar alguna medicina
4. tener dolor de cabeza
5. estar enfermo(-a)
6. empezar a estudiar español
7. ver a tus padres
8. ir de vacaciones
9. llamar a tu mejor amigo(-a)
10. levantarte

B. With a partner, act out the following dialogues in Spanish.

1. "How long ago did they give you a tetanus shot?"
   "They gave me a tetanus shot four years ago."
2. "Is he in the emergency room?"
   "Yes, they brought him to the hospital an hour ago."
3. "How long ago did the pain start?"
   "It started two days ago."

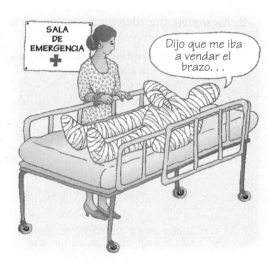

4. Formation of adverbs   *(La formación de los adverbios)*

■ Most Spanish adverbs are formed by adding **-mente** (the equivalent of the English *-ly*) to the adjective.

especial	*special*	especial**mente** *especially*
reciente	*recent*	reciente**mente** *recently*

■ Adjectives ending in **-o** change the -o to -a before adding **-mente**.

lento	*slow*	lent**amente** *slowly*
rápido	*rapid*	rápid**amente** *rapidly*

■ If two or more adverbs are used together, both change the -o to -a, but only the last adverb takes the **-mente** ending.

   Habló clara y **lentamente**.   *He spoke clearly and slowly.*

■ If the adjective has an accent, the adverb retains it.

   difícil   **difícilmente**

PRÁCTICA

A. Change the following adjectives to adverbs.

1. fácil *(easy)*
2. feliz *(happy)*
3. claro *(clear)*
4. raro *(rare)* weird
5. necesario *(necessary)*

6. frecuente *(frequent)*
7. triste *(sad)*
8. trágico *(tragic)*
9. alegre *(merry)*
10. desgraciado *(unfortunate)*

(rare food)
poco cocido
escaz / rare
(hard to find)

B. Complete the following sentences with appropriate adverbs.

1. Ellos hablaron _____ y _____ .
2. Mis padres vienen a verme _____ .
3. Jaime llegó _____ .
4. El muchacho me habló _____ .
5. Tengo _____ diez dólares.
6. Los muchachos bailan _____ .
7. _____ no tengo dinero.
8. Compré ese champú _____ para tí.

¡A ver cuánto aprendió!

¡Repase el vocabulario!

A. Say whether the following statements are logical or not. If a statement is not logical, give one that is.

1. En serio, los muchachos vinieron a esquiar en una ambulancia.
2. Cuando tengo dolor de estómago voy al médico.
3. Si necesito una radiografía voy al aeropuerto.
4. Me vendaron la herida porque me sangraba mucho.
5. Me operaron de apendicitis porque me dolía la nariz.
6. Algunas personas son alérgicas a la penicilina.
7. Las orejas sirven para planchar.
8. Le hicieron análisis para ver si era divorciado.
9. La lengua está en la boca.
10. La rodilla es parte de la cara.
11. Tenemos treinta dedos.
12. Necesitamos la nariz para caminar.
13. Para hacerle una radiografía, debemos ir a la sala de rayos X.
14. Roberto está embarazado.
15. Está enferma. Debe ir al consultorio del médico.
16. Cada vez que tengo dolor de cabeza tomo dos aspirinas.

17. Lo atropelló una bolsa de dormir en el mar.
18. Hay un salvavidas en la playa.
19. Fuimos de pesca a la sala de emergencia y nos divertimos mucho.
20. Llovía a cántaros, pero por suerte pudimos dormir en la cabaña. No tuvimos que dormir afuera.
    <u>Outside</u>

B. Name all the parts of the body numbered below.

Entrevista

Interview a classmate, using the **tú** form.

Pregúntele a su compañero(-a) de clase...

1. ...cómo se siente hoy.
2. ...si le duelen los oídos.
3. ...qué hace cuando le duele la cabeza.
4. ...si le sangra la nariz frecuentemente.
5. ...si es alérgico(-a) a alguna medicina.
6. ...si le hicieron radiografías del pecho alguna vez.
7. ...adónde lo (la) llevaron para hacerle las radiografías.
8. ...si lo (la) operaron de apendicitis alguna vez.

Situaciones

What would you say in the following situations? What would the other person say? Act out the scenes with a partner. Take turns playing each role.

1. A friend wants you to go to the store with him or her. You can't go, for the following reasons: you've just taken two aspirins because you have a headache, your little brother cut his hand and you have to disinfect the wound, and it's raining cats and dogs and you don't like to go out when it rains.

2. You have had an accident and are in the emergency room, talking to the doctor. You need something for the pain.

3. You are at the doctor's office because you started having headaches three days ago. The doctor wants to know whether you are allergic to any medications.

Para escribir

Adela Ríos is Dra. Vera's patient. You can hear the beginning of the conversation, but not the rest. Imagine what the patient is complaining about and what the doctor advises. Be sure to consult the **Vocabulario complementario** section.

DOCTORA	—¿Cómo se siente, señora?
ADELA	—Muy mal, doctora.
DOCTORA	—¿Qué problemas tiene?
ADELA	—_____ ...

LLENANDO UNA HOJA CLÍNICA

With a partner, play the role of a health care worker who is taking the history of a new patient. Refer to the list of words and phrases on page 288. Be as thorough as possible in obtaining both personal information (such as date of birth, family history, childhood experiences, education, and marital status) and medical data (including illnesses, accidents, and surgeries, and how long ago the patient had them; allergies; and any general pains the patient is currently suffering) for the patient's permanent file. Write down his or her responses. When you have finished, switch roles with your partner.

7. La doctora le receta (aspirinas, antibióticos) a Juan Carlos.

8. Después de hablar con la doctora, Juan Carlos va a la (universidad, farmacia).

B. ¿Quién lo dice?   Match the characters' names with what they say in the video.

a. Juan Carlos
b. Luz Marina
c. La doctora Segovia

_____ 1. No te quedaste ni un día en la cama, como te dije.
_____ 2. Tengo exámenes la semana entrante.
_____ 3. Le presento a mi amigo, Juan Carlos Santander.
_____ 4. El gusto es mío, doctora Segovia.
_____ 5. No está muy inflamada.
_____ 6. No puedo dormir en la noche.
_____ 7. Tiene que tomarse todas las pastillas.
_____ 8. Espero que te sientas mejor pronto.

AMPLIACIÓN

A. ¿Te sientes mejor?   Three days after Juan Carlos's visit to the doctor, Luz Marina drops by his apartment to see how he is feeling. With a partner, create a conversation between them in which he answers her questions about his activities over the past few days.

B. La clínica médica.   Make a list of the scenes and activities you saw in the **Impresiones** section of the video.

Haciendo diligencias

Vista de un banco en Bogotá, la capital de Colombia.

OBJECTIVES

Structure

The subjunctive mood • The subjunctive with verbs of volition • The subjunctive with verbs of emotion • The relative pronouns **que** and **quien**

Communication

You will learn vocabulary related to everyday activities and running errands.

pensar to think

Haciendo diligencias

En una casa de la calle Ponce en San Juan, Puerto Rico, vive la familia Vargas. Sergio está muy cansado hoy y quiere quedarse en la cama hasta tarde. Su mamá quiere que haga varias diligencias, de modo que el pobre muchacho tiene que levantarse en cuanto suena el despertador a las siete de la mañana.
A las nueve, llega a la tintorería.

SERGIO —Vengo a recoger esta ropa. Aquí está el comprobante. *(Piensa)* Ojalá que estén listos mis pantalones.

EMPLEADO —*(Lee)* Un abrigo de mujer y un pantalón. *(A Sergio)* Un momento, por favor. *(Al rato vuelve)* Los pantalones son rosados, ¿verdad?

SERGIO —¡Eran blancos cuando los traje...!

A las diez, Sergio está en el departamento de fotografía de la tienda La Francia.

SERGIO —La semana pasada traje un rollo de película en colores. Espero que esté listo.

EMPLEADO —A ver... ¿Sergio Vargas...? Sí, las fotos salieron muy bien.

SERGIO —¿Y cuánto cobran por revelar un rollo de película?

EMPLEADO —Cinco dólares, señor.

SERGIO —Muy bien. *(Mira las fotografías.)* ¿Pero quién es esta señora? ¡Estas fotos no son mías!

A las once, Sergio estaciona su motocicleta frente al banco.

SERGIO —Quiero depositar este cheque, que está a nombre de mi madre. ¿Es necesario que lo firme ella?

EMPLEADO —Si lo va a depositar en la cuenta corriente de ella, no.

SERGIO —Muy bien, eso es lo que quiero hacer. También quiero sacar doscientos dólares de mi cuenta de ahorros.

EMPLEADO —Tiene que llenar esta tarjeta.

SERGIO —Necesito que me dé el saldo de mi cuenta de ahorros.

EMPLEADO —Sólo tiene veinte dólares. Lo siento, señor Vargas, pero no tiene suficiente dinero.

Cuando Sergio sale del banco, no encuentra su motocicleta.

SERGIO —*(Grita)* ¡Ay, no! ¡Alguien me robó la motocicleta!

SEÑORA —El muchacho que se llevó su motocicleta dijo que Ud. era su hermano...

SERGIO —¡Yo soy hijo único!

SEÑORA —*(Piensa)* Se parecen mucho. Me sorprende que no sean hermanos.

SERGIO —*(Mientras camina hacia la estación de policía)* ¡El próximo martes trece no salgo de casa!

Vocabulario

Cognados

el **banco** bank
el **cheque** check
el **departamento** department, section

suficiente sufficient, enough

■ Nombres

la **cama** bed
el **comprobante** claim check
la **cuenta** account
la **cuenta corriente** checking account
la **cuenta de ahorros** savings account
el **despertador** alarm clock

la **diligencia** errand
la **estación de policía** police station
el **pantalón, los pantalones** pants, trousers
el **rollo de película** roll of film

la **ropa** clothes, clothing
el **saldo** balance
la **tintorería** dry cleaner's

■ Verbos

caminar to walk
cobrar to charge
depositar to deposit
esperar to hope
estacionar, aparcar, parquear to park

gritar to scream
llevarse to take (away)
parecerse (yo me parezco) to look like
recoger to pick up
revelar to develop (film)

robar to steal
sacar to take out, to withdraw
salir to go out, to leave

modo : manner, mode
de modo que : so that; and so

despertador : alarm clock

■ Adjetivos

pobre poor
varios(-as) several

■ Otras palabras y expresiones

a ver... let's see
al rato a while later
de modo que, de manera que so
es (una) lástima it's a pity
en cuanto as soon as

frente a in front of
hacer diligencias to run errands
hacia toward
hijo(-a) único(-a) only child
ojalá I hope, God grant

quedarse en la cama hasta tarde to sleep late
suena el despertador the alarm goes off
¿verdad? right?

Vocabulario complementario

■ En el banco

a plazos on installments	Compré el coche **a plazos.**
ahorrar to save	Tienes que **ahorrar** más dinero.
al contado in cash	No voy a comprarlo a plazos; voy a comprarlo **al contado.**
el cajero automático automatic teller (machine)	Voy a sacar dinero del **cajero automático.**
en efectivo in cash	No pagué **en efectivo;** pagué con un cheque.
fechar to date (a check, a letter, etc.)	Tiene que firmar y **fechar** los documentos.
la firma signature	Necesito su **firma** en este cheque.
gratis free (of charge)	No cuesta nada; es **gratis.**
la libreta de ahorros savings passbook	¿Trajiste tu **libreta de ahorros?**
pedir prestado(-a) to borrow *(to ask for a loan)*	Voy a **pedirle prestados** doscientos dólares a Juan.
pedir un préstamo to apply for a loan	Voy al banco para **pedir un préstamo** de cinco mil dólares.
el talonario de cheques, la chequera checkbook	No puedo darte un cheque porque no tengo mi **talonario de cheques.**

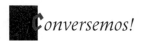

¡Conversemos!

Answer the following questions, basing your answers on the dialogue.

1. ¿Qué quiere hacer Sergio hoy? ¿Por qué?
2. ¿Qué pasa en cuanto suena el despertador?
3. ¿Por qué no puede quedarse en la cama hoy?
4. ¿Dónde estaban los pantalones de Sergio?
5. ¿De qué color eran los pantalones de Sergio? Y ahora, ¿de qué color son?
6. ¿A qué departamento de la tienda La Francia va Sergio?
7. Las fotos que él quiere revelar, ¿son en colores o en blanco y negro?
8. ¿Puede sacar Sergio doscientos dólares de su cuenta de ahorros? ¿Por qué sí o por qué no?
9. ¿Cuál es el saldo de su cuenta de ahorros?
10. ¿Por qué grita Sergio "¡Ay, no!"?
11. ¿Sergio tiene hermanos? ¿Cómo lo sabe Ud.?
12. ¿Qué dice Sergio mientras camina a la estación de policía?

¿Lo sabía Ud.?

- Puerto Rico es una de las Antillas Mayores. Es un Estado Libre Asociado a los Estados Unidos, y sus lenguas oficiales son el español y el inglés. Su capital es San Juan.

  Los indios llamaban a la isla de Puerto Rico "Borinquen", y hoy en día muchos de sus habitantes todavía usan ese nombre: en vez de *(instead of)* decir que son "puertorriqueños" dicen que son "boricuas" o "borinqueños".

- Cada nación latinoamericana tiene un banco central encargado de *(in charge of)* emitir el dinero y de controlar la actividad de los bancos comerciales. En algunos países hay también sucursales *(branches)* de bancos extranjeros. El uso del cheque no es tan común en América Latina como en los Estados Unidos, pero muchos bancos tienen sus propias *(own)* tarjetas de crédito.

Puerta de San Juan, en el Viejo San Juan, parte antigua de la capital de Puerto Rico.

Estructuras

1. The subjunctive mood   *(El modo subjuntivo)*

A. Introduction to the subjunctive

Until now, you have been using verbs in the indicative mood. The indicative is used to express factual, definite events. By contrast, the subjunctive is used to reflect the speaker's feelings or attitudes toward events, or when the speaker views events as uncertain, unreal, or hypothetical.

■ The Spanish subjunctive is most often used in subordinate or dependent clauses.

■ The subjunctive is also used in English, although not as often as in Spanish. Consider the following sentence:

> *I suggest that he* **arrive** *tomorrow.*

The expression that requires the use of the subjunctive is in the main clause, *I suggest.* The subjunctive appears in the subordinate clause, *that he* **arrive** *tomorrow.* The subjunctive is used because the action of arriving is not real; it is only what is *suggested* that he do.

B. Present subjunctive forms of regular verbs

■ To form the present subjunctive, add the following endings to the stem of the first-person singular of the present indicative after dropping the **o.**

-ar *verbs*	-er *verbs*	-ir *verbs*
habl **-e**	com **-a**	viv **-a**
habl **-es**	com **-as**	viv **-as**
habl **-e**	com **-a**	viv **-a**
habl **-emos**	com **-amos**	viv **-amos**
habl **-éis**	com **-áis**	viv **-áis**
habl **-en**	com **-an**	viv **-an**

■ Note that the endings for **-er** and **-ir** verbs are identical.

■ The following table shows how to form the first-person singular of the present subjunctive. The stem is the same for all persons.

Verb	First-person singular present indicative	Subjunctive stem	First-person singular present subjunctive
to obey obedecer	obedezco		
~~try~~ tratar	trato	trat-	**trate**
Learn aprender	aprendo	aprend-	**aprenda**
write escribir	escribo	escrib-	**escriba**
~~differ~~ decir	digo	dig-	**diga**
do hacer	hago	hag-	**haga**
bring traer	traigo	traig-	**traiga**
take out salir	salgo	salg-	**salga** [1]
arrive llegar	llego	lleg-	**llegue** [1]
begin empezar	empiezo	empiez-	**empiece** [1]
to choose / to select / to pick escoger	escojo		

PRÁCTICA

Give the present subjunctive of the following verbs.

1. *yo:*   solicitar, recibir, traer, decir, recetar, comer, ver *to sweep*
2. *tú:*   escribir, operar, decidir, regresar, venir, barrer, tocar *to play/touch*
3. *él:*   retirar, hacer, mandar, salir, anotar, atropellar
4. *nosotros:*   cocinar, depositar, leer, poner, pagar
5. *ellos:*   caminar, deber, bajar, conocer, vender, sangrar, empezar

C. Subjunctive forms of stem-changing verbs

■ Verbs that end in **-ar** and **-er** undergo the same stem changes in the present subjunctive as in the present indicative.

recomendar (e:ie) *to recommend*		recordar (o:ue) *to remember*	
recomiende	recomendemos	recuerde	recordemos
recomiendes	recomendéis	recuerdes	recordéis
recomiende	recomienden	recuerde	recuerden

entender (e:ie) *to understand*		devolver (o:ue) *to return (something)*	
entienda	entendamos	devuelva	devolvamos
entiendas	entendáis	devuelvas	devolváis
entienda	entiendan	devuelva	devuelvan

---

[1]Remember that in verbs ending in **gar**, **car**, and **zar**, **g** changes to **gu**, **c** changes to **qu**, and **z** changes to **c** before **e**.

- In stem-changing verbs that end in **-ir**, the stressed **e** changes to **i** and the unstressed **o** changes to **u** in the first- and second-persons plural (**nosotros** and **vosotros**) forms. The other persons follow the same pattern as the indicative.

mentir (e:ie) *to lie*		**dormir (o:ue)** *to sleep*	
mienta	mintamos	duerma	durmamos
mientas	mintáis	duermas	durmáis
mienta	mientan	duerma	duerman

D. Verbs that are irregular in the subjunctive

- The following verbs are irregular in the subjunctive.

give **dar**	*be* **estar**	*know* **saber**	*be* **ser**	*go* **ir**
dé	esté	sepa	sea	vaya
des	estés	sepas	seas	vayas
dé	esté	sepa	sea	vaya
demos	estemos	sepamos	seamos	vayamos
deis	estéis	sepáis	seáis	vayáis
den	estén	sepan	sean	vayan

ATENCIÓN The subjunctive of **hay** (impersonal form of **haber**) is **haya**.

PRÁCTICA

Give the present subjunctive of the following verbs. *think*

1. *yo:* dormir, mentir, recomendar, dar, pensar, ir
2. *tú:* volver, estar, ser, preferir, recordar, morir, ver, pedir
3. *él:* cerrar, saber, perder, probar, dar, servir, seguir *follow*
4. *nosotros:* sentir, ir, dar, dormir, perder, cerrar, saber, ser *lose close*
5. *ellos:* estar, ser, recordar, saber, encontrar, repetir *to find*

E. Uses of the subjunctive

There are four main concepts that call for the use of the subjunctive in Spanish:

- Volition: demands, wishes, advice, persuasion, and other attempts to impose will

Ella **quiere** que yo **solicite** el trabajo.

She wants me to apply for the job.

Te **aconsejo** que no **vayas** a ese banco.	*I advise you not to go to that bank.*
Les **ruego** que no se **vayan.**	*I beg you not to leave.*

■ Emotion: pity, joy, fear, surprise, hope, and so on

Espero que **lleguen** temprano.	*I hope they arrive early.*
Siento que no **puedas** venir a clase.	*I'm sorry you can't come to class.*
Me **sorprende** que no **vayas** a la fiesta.	*It surprises me that you're not going to the party.*

■ Doubt, disbelief, denial, uncertainty, and negated facts

Dudo que **paguen** la cuenta.	*I doubt they'll pay the bill.*
No creo que ella **sea** una idiota.	*I don't think she's an idiot.*
No es verdad que Antonio **sea** médico.	*It isn't true that Antonio is a doctor.*

■ Unreality, indefiniteness, and nonexistence

¿**Hay alguien** que **esté** libre hoy?	*Is there anyone who's free today?*
No hay nadie que **tenga** los documentos en regla.	*There's nobody that has his or her documents in order.*

2. The subjunctive with verbs of volition
(El subjuntivo con verbos que indican voluntad o deseo)

■ All impositions of will, as well as indirect or implied commands, require the subjunctive in subordinate clauses. The subject in the main clause must be different from the subject in the subordinate clause.

■ Note the sentence structure for this use of the subjunctive in Spanish.

Él **quiere** que yo **estudie.**

He wants	*me to study.*
main clause	subordinate clause

—¿Quiere que le **dé** el número de mi cuenta?	*"Do you want me to give you my account number?"*
—Sí, y dígale a su esposa que **firme** la solicitud.	*"Yes, and tell your wife to sign the application."*
—Roberto quiere que tú **vayas** a la fiesta.	*"Robert wants you to go to the party."*
—Sí, pero yo no quiero ir.	*"Yes, but I don't want to go."*

Learn!

ATENCIÓN Notice that the infinitive is used after a verb of volition if there is no change of subject: **Yo no quiero** *ir.*

■ Some verbs of volition are:

aconsejar	*to advise*	**querer** (e:ie)	*to want*
mandar	*to order*	**recomendar** (e:ie)	*to recommend*
necesitar	*to need*	**rogar** (o:ue)	*to beg, plead, pray*
pedir (e:i)	*to ask for, request*	**sugerir** (e:ie)	*to suggest*

Sí, deseo que me envíen información hoy mismo sobre los cursos en el Centro Koubek.

Nombre *Manuela Rojas*

Dirección *555 N. Beach Street*

Ciudad / Estado / Código Postal *Miami, Florida 33135*

Envíe a: **Koubek Memorial Center**
School of Continuing Studies
University of Miami
2705 S. W. 3rd Street
Miami, Florida 33135
(305) 649-6000

DA6

PRÁCTICA

A. Tell the following people that you want them to do the opposite of what they'd like to do.

MODELO: Yo no quiero lavarme la cabeza ahora.
Yo *quiero que te laves la cabeza ahora.*

1. Nosotros necesitamos comprar una motocicleta.
2. Yo no quiero probarme el vestido. *probarse: to try on*
3. Ella quiere abrir una cuenta corriente.
4. Ellos no quieren ir al banco.
5. Esteban quiere dar una fiesta.
6. Mi hermano quiere ser barbero.
7. Anita y yo no queremos venir mañana.
8. Uds. no necesitan ir al campo en bicicleta.
9. Alicia no quiere pagar la cuenta. *check*
10. Nosotros queremos hacer la comida.

B. Your friends are always coming to you with their problems. Tell them what you suggest, recommend, or advise for each situation.

> MODELO: Mañana tengo un examen. ¿Qué me aconsejas que haga?
> *Te aconsejo que estudies mucho.*

1. Yo no puedo lavar mis pantalones en casa. ¿Adónde me sugieres que los lleve?
2. Un Porsche es muy caro para mí. ¿Qué coche me recomiendas que compre?
3. A mi hermano le regalaron mil dólares. ¿Qué le sugieres que haga con el dinero?
4. Mi prima no tiene suficiente dinero para ir al teatro. ¿Le aconsejas que se lo pida prestado a su papá o a su novio?
5. Alguien nos robó las maletas. ¿Adónde nos aconsejas que vayamos?
6. Me duele la cabeza. ¿Qué me recomiendas que tome?
7. Mi tía está enferma. ¿Qué le aconsejas que haga?
8. Los chicos ensuciaron la alfombra. ¿Qué les sugieres que hagan?
9. A mi hermana no le gusta cocinar. ¿Qué le sugieres que haga?
10. Mañana es el cumpleaños de mi padre. ¿Qué me sugieres que le regale?

C. With a partner, act out the following dialogues in Spanish.

1. "Where can I park, Ana?"
   "I suggest that you park in front of the bank."
2. "Do I need to fill out this card?"
   "Yes, and I need you to sign it and date it."
3. "I always sleep late, and now I have a job . . ."
   "Well . . . I advise you to buy an alarm clock."
4. "My mother wants me to run errands tomorrow."
   "Then I suggest that you get up early, Lupita."

D. Discuss with a classmate things that important people in your lives (parents, relatives, friends, professors, etc.) want you to do. List at least five things, and then compare your results with the rest of the class.

E. Write two or three problems on a slip of paper. Then, form a small group with two or three classmates. Switch slips within the group and take turns offering solutions to each other's problems.

Bienvenido a la era del dinero electrónico

servibanca
Su dinero electrónico

3. The subjunctive with verbs of emotion
(El subjuntivo con verbos de emoción)

■ In Spanish, the subjunctive is always used in subordinate clauses when the verb in the main clause expresses any kind of emotion, such as fear, joy, pity, hope, pleasure, surprise, anger, regret, sorrow, likes and dislikes, and so forth.

—**Siento** que Julia no **venga** hoy.	*"I'm sorry that Julia is not coming today."*
—**Espero** que **pueda** venir mañana.	*"I hope she can come tomorrow."*

■ If there is no change of subject, the infinitive is used instead of the subjunctive.

Me alegro de estar aquí.
(**Yo** me alegro—**yo** estoy aquí.) } *I'm glad to be here.*

■ Some verbs and expressions that express emotion are:

Learn!

alegrarse (de)	*to be glad*	**es una lástima**	*it's a pity*
esperar	*to hope*	**ojalá**	*I hope*
sentir (e:ie)	*to be sorry, to regret*		
sorprender	*to surpirse*		
temer	*to fear*		

dudar : to doubt

PRÁCTICA

A. You are talking to a classmate. Say whether you are glad (**Me alegro de que...**) or sorry (**Siento que...**) about what is happening to your classmate and his or her family.

> MODELO: Estoy enferma.
> *Siento que estés enferma.*

1. Yo quiero salir y tengo que quedarme en casa.
2. Mi hermano y yo no podemos ponernos de acuerdo.
3. Mi mamá estaba enferma pero ahora está mejor.
4. Mi hijo es muy inteligente.
5. Mi hermana sabe cocinar muy bien.
6. No hay suficiente dinero en mi cuenta corriente.
7. Mis padres van a Buenos Aires.
8. Mis profesores me dan muchos problemas.

poder: to be able
poner

Now, tell your classmate about three things that are going on in your life. He or she should react appropriately.

B. With a partner, act out the following dialogues in Spanish.

1. "I'm going to go to bed."
   "I hope the bed is comfortable."
2. "I'm afraid she doesn't have much money in her checking account."
   "I hope she has money in her savings account."
3. "I'm glad you are here, ladies."
   "We're glad to be here."
4. "I'm afraid your pants aren't ready, sir."
   "I hope they're ready tomorrow."
5. "It's a pity that your brother isn't here."
   "I hope he comes back tomorrow."

C. Complete the following sentences to express how you feel, using the infinitive or the subjunctive as appropriate.

1. Yo me alegro mucho de...
2. Yo me alegro mucho de que mis amigos...
3. Yo temo no...
4. Yo temo que mi papá (mamá, hijo(-a)) no...
5. Yo siento...
6. Yo siento que el profesor (la profesora, los profesores)...
7. Yo espero....
8. Yo espero que mis padres (Ud.)...
9. Ojalá que...
10. Es una lástima que...

4. The relative pronouns que and quien
(Los pronombres relativos que y quien)

Relative pronouns are used to combine two sentences that have a common element, usually a noun or a pronoun.

A. The relative pronoun *que* (person or things)

¿Dónde está **la calculadora?**   Trajiste **la calculadora.**

common element

¿Dónde está la calculadora **que** trajiste?
                              R.P.

La chica se llama Rosa.   **La chica** vino esta mañana.

common element

La chica **que** vino esta mañana se llama Rosa.
       R.P.

■ Note that the relative pronoun **que** not only helps to combine the two sentences in each example, but also replaces the nouns **la calculadora** and **la chica** in the second sentences.

■ The relative pronoun **que** is invariable and is used for both persons and things. It is the Spanish equivalent of *that, which,* and *who.* Unlike its English equivalent, the Spanish **que** is never omitted.

—¿Para quién es el libro **que** compraste?   *"For whom is the book that you bought?"*
—Es para la señora **que** enseña español.   *"It is for the woman who teaches Spanish."*

B. The relative pronoun *quien* (person)

—¿La muchacha **con quien** hablabas es americana?   *"Is the girl with whom you were talking an American?"*
—No, es extranjera.   *"No, she's a foreigner."*

—¿Quiénes son esos señores?   *"Who are those gentlemen?"*
—Son los señores **de quienes** te habló José.   *"They are the gentlemen about whom José spoke to you."*

■ The relative pronoun **quien** is used only with persons.

■ The plural of **quien** is **quienes**. **Quien** does not change for gender.

- **Quien** is generally used after prepositions, i.e., **con quien, de quienes.**

- **Quien** is the Spanish equivalent of *whom* and *that.*

A. Combine the following sentences, using **que, quien,** or **quienes.**

MODELO: Necesitan *la foto.* / Yo traje *la foto.*

Necesitan la foto que yo traje.

1. ¿Quién es el profesor? / El profesor enseña literatura cubana.
2. ¿Quiénes son los estudiantes? / Tú hablaste con los estudiantes.
3. Preguntan cuál es la clase. / Nosotros queremos tomar la clase.
4. ¿Cómo se llama el empleado? / Me hablaste del empleado.
5. ¿Cuál es la señora? / La señora está embarazada.

B. With a partner, act out the following dialogues in Spanish.

1. "Who was the girl who called you, Paquito?"
   "My sister. She broke her leg."
2. "Where are the rolls of film that I bought?"
   "They're in your room, with the brochures of Puerto Rico."
3. "This is the girl about whom I spoke to you, Dr. Peña."
   "Is she the person who had an accident?"
   "Yes, she's in the emergency room."
4. "The man who came yesterday brought your checkbook."
   "Yes, I left it at the bank."

C. Interview a classmate, using the following questions. When you have finished, switch roles.

1. ¿Cómo se llama la persona a quien más admiras?
2. ¿Cómo se llaman las personas con quienes vas a salir el sábado?
3. ¿Cuál es el color que más te gusta?
4. ¿Cuál es la comida que más te gusta?
5. ¿Dónde está el banco en el que tienes tu cuenta corriente? ¿Y tu cuenta de ahorros?

¡A ver cuánto aprendió!

¡Repase el vocabulario!

Complete the following sentences with the appropriate words; then read them aloud.

1. Quiero comprar _____ nueva, especialmente unos pantalones.
2. ¿Cuánto _____ Uds. por _____ un rollo de película en colores?
3. Voy a _____ mil dólares de mi cuenta de ahorros y los voy a _____ en mi cuenta corriente.
4. Necesita el _____ para recoger los pantalones.
5. ¡ _____ Julio! ¡Los muchachos se llevaron su motocicleta y nunca se la devolvieron!
6. A ver... No puedo verte esta semana, de _____ que tienes que venir la semana próxima.
7. Llegó Antonio y al _____ llegó Luis.
8. Anita caminó _____ mí y me dio un beso.
9. ¿Lo vas a comprar al _____ o a plazos?
10. Tengo mi _____ de cheques, pero no quiero pagar con cheque; quiero pagar en _____ .
11. Si quieres asistir a la universidad, tienes que empezar a _____ dinero.
12. Tienes tu libreta de _____ contigo, ¿verdad? ¿O la dejaste en casa?
13. ¿Tengo que pagar o es _____ ?
14. No me desperté porque no sonó el _____ .
15. Mi hermano es alto y de ojos azules, como tú. Uds. se _____ mucho.

Entrevista

Interview a classmate, using the **tú** form.

Pregúntele a su compañero(-a) de clase...

1. ...en qué calle y en qué ciudad vive.
2. ...si tiene hermanos o es hijo(-a) único(-a).
3. ...si se parece más a su mamá o a su papá.
4. ...si le gusta levantarse temprano o quedarse en la cama hasta tarde.
5. ...si hizo alguna diligencia ayer.
6. ...si lava su ropa o la lleva a la tintorería.
7. ...si está ahorrando dinero para comprar algo especial. (¿Qué?)
8. ...si prefiere que le regalen un coche o una motocicleta.
9. ...si prefiere que le tomen fotografías en colores o en blanco y negro.
10. ...si la última vez que tomó fotos, las fotos salieron bien.

Situaciones

What would you say in the following situations? What might the other person say? Act out the scenes with a partner. Take turns playing each role.

1. You are at the dry cleaner's and you want to pick up your pants. You are upset because they are not ready. You want to know when they are going to be ready.

2. You are in the photo section of a large department store. Find out how much they charge to develop black and white and color film. Ask about the rolls of film you brought in last week for developing.

3. You are at the bank. You want to withdraw money from your savings account and deposit it in your checking account, but you're not sure what you have to do.

Para escribir

Write a short composition about the people in the photo on page 291. Describe what the employees and the customers do and want to do. Include as many banking transactions as possible.

MIS DILIGENCIAS

Have a conversation with a classmate about the errands you have run lately, including those that did not go as planned.

Here are some words and expressions you may want to include:

mala suerte   *bad luck*
todo me fue mal   *everything went wrong (for me)*
todo el día   *all day long*
el taller de mecánica   *mechanic's shop*

COSAS POR HACER

With a classmate, look at the list of errands that must be done tomorrow. Then take turns saying what you want each other to do, and give different reasons why you can't do it.

MODELO: Yo quiero que tú compres la medicina para Ernesto.
Yo no puedo comprarla porque tengo que estudiar.

Cosas que debemos hacer

1. Llevar los pantalones a la tintorería.
2. Llevar a revelar el rollo de película.
3. Depositar el cheque en el banco.
4. Llevar la motocicleta al taller de mecánica.
5. Comprar las bebidas para la fiesta.
6. Llevar los discos a casa de Ana.
7. Alquilar un video.
8. Comprar los billetes para la excursión.
9. Recoger las entradas para el concierto.
10. Comprar la medicina para Ernesto.
11. Pedirle prestada la grabadora a Rosita.
12. Ir a la oficina de turismo para pedir la lista de hoteles.
13. Comprar el regalo para Eva.
14. Devolverle las maletas a Luis.

¿QUÉ DICE TU HORÓSCOPO?

Read the following horoscopes, and then compare your own horoscope with those of your classmates. Try to find a classmate for each sign of the zodiac by asking, **¿De qué signo eres?** *(What's your sign?)*. Offer each other suggestions on how to fulfill your horoscopes.

CAPRICORNIO

(21 de diciembre–20 de enero)
Tú eres, como siempre, ¡superpráctico! Debes recordar, sin embargo *(however)*, que a veces es bueno ser impulsivo. Si recibes una invitación interesante... ¿por qué no aceptarla?

ACUARIO

(21 de enero–19 de febrero)
Si quieres progresar en tus estudios o en tu profesión, no debes dejar para mañana lo que puedes hacer hoy. Alguien muy importante te está observando.

PISCIS

(20 de febrero–20 de marzo)
Más que nunca, Cupido va a ser parte de tu vida *(life)* este año. Probablemente va a querer que estés preparado para cualquier cosa *(anything)*, incluso una boda.

ARIES

(21 de marzo–20 de abril)
¡Siempre empiezas proyectos con mucho entusiasmo pero casi nunca los terminas! Tienes que hacer lo posible por aprender a ser perseverante. Este año va a ser muy importante para ti.

TAURO

(21 de abril–20 de mayo)
Buena oportunidad para mejorar *(improve)* las finanzas. Un nuevo empleo... una beca *(scholarship)*... Pero tienes que hacer tu parte y aceptar nuevas responsabilidades.

GÉMINIS

(21 de mayo–20 de junio)
¡Tienes que salir de la rutina! ¿Por qué no tomas una clase o das una fiesta? Hay muchas personas que quieren ser tus amigos... pero tú no les das la oportunidad.

CÁNCER

(21 de junio–20 de julio)
Muy pronto vas a tener que tomar una decisión muy importante. Debes pensar en todas las posibilidades antes de decidir lo que vas a hacer. Hay alguien que está esperando ansiosamente *(anxiously)* tu decisión.

LEO

(21 de julio–20 de agosto)
Pronto vas a recibir noticas *(news)* de alguien que hace mucho que no ves. También debes tratar de llamar o de escribirles a aquellas personas que son parte de tu pasado.

VIRGO

(21 de agosto–20 de septiembre)
Como siempre, estás trabajando demasiado. No debes sentirte culpable *(guilty)* si decides tomarte unas vacaciones o simplemente ir al cine o al teatro con tus amigos. Esta semana vas a tener muchas oportunidades de divertirte y debes aprovecharlas *(take advantage of them)*.

LIBRA

(21 de septiembre–20 de octubre)
Tú eres generalmente una persona muy equilibrada, pero últimamente *(lately)* le estás dando más importancia a tu trabajo y a tus proyectos que a tu familia. Tienes que pasar más tiempo con tu familia.

ESCORPIÓN

(21 de octubre–20 de noviembre)
Éstos son los momentos indicados para tomar decisiones importantes. Es muy posible que hagas un viaje muy largo, probablemente al extranjero *(abroad)*.

SAGITARIO

(21 de noviembre–20 de diciembre)
Hay una persona que está secretamente enamorada de *(in love with)* ti. Muy pronto vas a saber quién es. Debes aceptar las invitaciones de tus amigos porque vas a conocer a esa persona en una fiesta o en un picnic.

TENEMOS ALGUNAS QUEJAS...   *(We have some complaints)*

Get ready to complain and to respond to complaints about different commercial establishments. The class will be divided into two groups owning different businesses. Group A owns a restaurant, a hotel, and a travel agency. Group B owns a bank, a beauty salon, and a maid service. Before the two groups express their complaints to each other about bad service, each group should decide on the types of concerns and problems that they'll present.

¡VAMOS A LEER!

ANTES DE LEER

A. Before you read the fable of the hare and the tortoise (**la liebre y la tortuga**), think about things you already know that may be useful to you as you read. For example, what characteristics are typically associated with hares and tortoises? What is the purpose of a fable? With the answers to these questions in mind, make a brief list of vocabulary you might expect to encounter in the reading.

B. As you read the fable, find the answers to the following questions.

1. ¿Por qué se burlaba continuamente la liebre de la tortuga?
2. ¿Qué le hizo la tortuga a la liebre en presencia de los otros animales?
3. ¿Cómo respondió la liebre?
4. ¿A quién nombraron juez de la carrera?
5. Durante la carrera, ¿qué hizo la liebre? ¿Y la tortuga?
6. ¿Cómo terminó la carrera?
7. ¿Cuál es la moraleja *(moral)* de la fábula?

La liebre y la tortuga

(FÁBULA DE ESOPSO°)

Aesop

hare / made fun / tortoise

Una liebre° se burlaba° continuamente de una tortuga,° porque la pobre tortuga era muy lenta.

hacer... *to pay attention to*
fed up / to challenge
race

La tortuga no quería hacer caso de° las burlas de la liebre, pero un día, harta° de oírlas, decidió desafiar° a la liebre, en presencia de los otros animales, a tener una carrera.°

win

—¡Qué idea! —dijo la liebre. —Tú sabes muy bien que no puedes ganar° esa carrera...

—¡Ésa es tu opinión! ¿Estás lista para comenzar?

judge / fox

Los animales nombraron juez° al zorro° y empezó la carrera. En dos segundos, la liebre desapareció. La tortuga empezó a caminar con su lentitud de siempre.

stopped

Al rato, la liebre se detuvo° para esperar a la tortuga. Esperó y esperó hasta que empezó a tener sueño.

—Puedo tomar una siesta y continuar la carrera más tarde —pensó la liebre. Y durmió,

grass

tranquila y feliz, en la verde hierba.°

Mientras...   *Meanwhile /*
sin...   *without stopping*

ashamed
were applauding

a...   *sometimes*

Mientras tanto,° la tortuga seguía caminando lentamente pero sin parar° y pasó a la liebre, que continuaba durmiendo.

Lenta y paciente, la tortuga ganó la carrera. La liebre, avergonzada,° se quedó donde estaba, sin mirar a los animales que aclamaban° a la tortuga victoriosa.

Moraleja: *Con perseverancia se gana a veces° la carrera.*

DÍGANOS

Answer the following questions, based on your own thoughts and experiences.

1. ¿Alguien se burlaba de Ud. cuando era niño(-a)? ¿Ud. se burlaba de alguien? Explique.
2. ¿De qué o de quién está harto(-a) Ud.?
3. ¿Ud. se identifica con la liebre o con la tortuga? ¿Por qué?

Take this test. When you have finished, check your answers in the answer key provided for this section in Appendix E. Then use a red pen to correct any mistakes you may have made. Are you ready?

LECCIÓN 10

A. Irregular preterits

Give the Spanish equivalent of the verbs in parentheses.

1. Ellos _____ que planear la excursión. *(had)*
2. ¿Dónde _____ Uds. anoche? *(were)*
3. Yo lo _____ al italiano. *(translated)*
4. Yo no _____ ir a esquiar. *(was able)*
5. ¿Dónde _____ tú el traje de baño? *(put)*
6. Anoche _____ una fiesta de Navidad. *(there was)*
7. Él no _____ las maletas. *(packed)*
8. Mi abuelo no _____ ayer. *(came)*
9. Ellos _____ nada. *(didn't say)*
10. Ella me _____ un saco de dormir. *(brought)*

B. Uses of *por* and *para*

Complete the following sentences with **por** or **para,** as needed.

Ayer fui a la agencia de viajes _____ comprar un pasaje _____ Madrid. Pagué setecientos dólares _____ el pasaje, pero eso no es demasiado caro. Quería el pasaje _____ el sábado, pero no pude conseguirlo. El avión sale el domingo _____ la mañana. _____ la tarde fui otra vez al centro _____ comprar un regalo _____ mi hermano, porque mañana es su aniversario de bodas. Llamé a mi padre _____ teléfono _____ decirle que no podía ir _____ él hasta las siete. Caminé _____ el centro y pasé _____ la casa de Julia, que estudia _____ médica. Julia me deseó buen viaje.

C. Imperfect tense

Complete the following sentences with the imperfect tense of the verbs in the list. Use each verb once.

montar	acampar	servir	divertirse	~~asistir~~	~~ser~~
pescar	~~vivir~~	trabajar	gustar	ver	~~ir~~

1. Nosotros nunca _____ porque no nos _____ el campo.
2. Yo siempre _____ a caballo y _____ truchas en mis vacaciones.
3. Ellos siempre _____ mucho en las fiestas.
4. Nosotros nunca _____ a nuestros abuelos en el verano.

5. Cuando yo _____ chica siempre _____ a la playa con mis amigos.
6. Cuando nosotros _____ en Chile, yo _____ a la universidad.
7. Nosotros no _____ en el hospital.
8. ¿Tú siempre _____ vino con la cena?

D. Just words . . .

Match the questions in column A with the appropriate responses in column B.

A	B
1. ¿Van a comprar la cabaña?	a. No, es un río.
2. ¿Te aburriste?	b. Blanca.
3. ¿No quieres ir de pesca?	c. Sí, en la piscina.
4. ¿El Amazonas es un lago?	d. No, no les gusta el mar.
5. ¿Qué es el Pacífico?	e. Mi novia.
6. ¿De qué color es la nieve?	f. No, a caballo.
7. ¿No van a la playa ellos?	g. No, solamente mis padres y yo.
8. ¿Compraste la caña de pescar?	h. No, me divertí mucho.
9. ¿Vas a nadar?	i. No, Carlos me va a enseñar.
10. ¿Qué pescaste?	j. Un océano.
11. ¿Quién te enseñó a nadar?	k. Lo mismo que tú.
12. ¿Montaron en bicicleta?	l. No, la vamos a alquilar.
13. ¿Sabes nadar?	m. Una trucha.
14. ¿Fueron todos?	n. Sí, y me costó un ojo de la cara.
15. ¿Qué te dijo él?	o. No, prefiero cazar.
16. ¿Se divirtieron mucho?	p. Sí, fue una fiesta magnífica.

LECCIÓN 11

A. Preterit vs. imperfect

Give the Spanish equivalent of the words in parentheses.

1. Mi hermano _____ un accidente ayer. Yo _____ una ambulancia. *(had / called)*
2. La semana pasada nosotros _____ al consultorio del Dr. Mena. *(went)*
3. _____ las nueve de la noche cuando la enfermera me _____ a la sala de rayos X para tomarme una radiografía. *(It was / took)*
4. El médico me _____ si yo _____ embarazada. *(asked / was)*

5. Cuando ella _____ chica, siempre _____ mareos y dolores de cabeza. *(was / had)*

— repeated, habitual

6. La Dra. Nieto _____ que el niño _____ una inyección de penicilina. *(said / needed)*
7. Anoche _____ un accidente en la calle. *(there was)*
8. Ayer nosotros _____ muy ocupados porque __ *había* __ mucha gente en nuestro restaurante. *(were / there were)*
9. Pedro y yo _____ a la sala de emergencia cuando _____ a Marcela. *(were going / we saw)*
10. La cabeza me _____ _____ dos aspirinas y _____ . *(hurt / I took / went to bed)*

B. Verbs that change meaning in the preterit

Write the following sentences in Spanish.

1. I refused to talk about my sickness.
2. We didn't know she was sick.
3. She found out I was sick.
4. I met your brother last night.
5. I didn't want to take the medicine, but I took it.
6. Paco, did you know Miss Rivera?

C. *Hace...* meaning *ago*

Write questions or statements using the elements provided and the expression **hace... que**. Follow the model.

> MODELO: ¿ / cuánto tiempo / el doctor / recetarle / esa medicina / ?
> *¿Cuánto tiempo hace que el doctor le recetó esa medicina?*

1. dos días / atropellarlo / un coche
2. tres meses / ellos / operarme / de apendicitis
3. una semana / morir / mi perro
4. ¿ / cuánto tiempo / Ud. / ver / al doctor / ?
5. ¿ / cuánto tiempo / ellos / hacerle / los análisis / ?

D. Formation of adverbs

Give the Spanish equivalent of the adverbs in parentheses.

1. Me gustan estas alfombras, _____ la alfombra verde. *(especially)*
2. Yo _____ paso la aspiradora. *(rarely)*
3. El profesor habló _____ . *(slowly and clearly)*
4. Tengo _____ diez dólares; no puedo comprar esa medicina. *(only)*

5. _____ ellos se van de vacaciones a California. *(Generally)*

6. No voy al teatro _____ porque no tengo dinero. *(frequently)*

E. Just words . . .

Choose the word or phrase in parentheses that best completes each of the following sentences.

1. Ella es alérgica a la (sección, penicilina, clase).
2. Comemos con (los oídos, los dientes, el pecho).
3. Hablamos con (la espalda, los dedos, la lengua).
4. Vemos con (los ojos, la boca, las orejas).
5. Caminamos con (las manos, el cuello, los pies).
6. Me desinfectaron (el dolor, la herida, la receta).
7. ¿Te (rompiste, atropellaste, pusiste) el brazo alguna vez?
8. Me sangraba mucho (la pierna, el pelo, el mareo).
9. Le vendé (el tobillo, el análisis, el corazón).
10. Era una calle de dos (narices, caras, vías).
11. ¿Cuándo fue la última vez que le (cortaron, quebraron, pusieron) una inyección contra el tétano?
12. ¿Por qué tomaste aspirinas? ¿Tenías (dolor de cabeza, apendicitis, tétano)?
13. ¿Tienes Alka Seltzer? Es para (el pecho, el estómago, los dedos de los pies).
14. Va a tener un niño. Está (cansada, enferma, embarazada).
15. Raúl no se siente bien. El médico dice que tiene (pastillas, sarampión, recetas).

LECCIÓN 12

A. The subjunctive with verbs of volition

Give the Spanish equivalent of the words in parentheses.

1. Yo te sugiero que _____ al banco mañana. *(you go)*
2. Mis padres quieren _____ una cuenta de ahorros. *(to open)*
3. Elena quiere _____ un cheque. *(to deposit)*
4. El empleado nos sugiere que _____ a plazos. *(we buy it* [masc.]*)*
5. Dígales a ellos que _____ y _____ la solicitud. *(to date / to sign)*
6. Ella quiere que _____ al contado. *(I pay her)*
7. Deseo _____ con un billete de cien dólares. *(to pay him)*

8. Yo les recomiendo a Uds. que _____ el dinero en el banco. *(you deposit)*
9. Nosotros necesitamos _____ más. *(to save)*
10. Yo le sugiero que _____ su talonario de cheques. *(you bring)*
11. Mi esposo quiere que _____ sus pantalones a la tintorería. *(I take)*
12. Ella me sugiere que _____ aquí. *(I park)*
13. Ella quiere _____ por lo menos cincuenta dólares. *(to charge them)*
14. Ellos quieren que tu _____ todo el dinero en el banco. *(leave)*
15. ¿Qué cuenta quieren _____ Uds.? *(to open)*
16. Mis padres quieren que _____ temprano. *(I leave)*
17. Yo les sugiero que _____ cien dólares todos los meses. *(you save)*
18. Mi hermano quiere que su hijo _____ con nosotros por seis meses. *(live)*

B. The subjunctive with verbs of emotion

Write the Spanish equivalent of the following sentences.

1. "I hope you have the claim check, Mr. Vega."
2. "I'm sorry that they can't stay."
3. "We're afraid that Juana isn't coming."
4. "I'm glad you don't have to borrow money, dear."
5. "I hope the photos are ready."

C. The relative pronouns *que* and *quien*

Combine the following pairs of sentences, using **que**, **quien**, or **quienes**, as needed. Follow the model.

> MODELO: Ayer hablé con el señor.
> El señor quería tomar mi clase.
> *Ayer hablé con el señor que quería tomar mi clase.*

1. Ésta es la señorita.
   La señorita le va a dar los pantalones.
2. Éstos son los vestidos.
   Los vestidos están de moda.
3. Ayer vi a las profesoras.
   Ellos nos hablaron de las profesoras.
4. Ésta es la señora.
   Yo le mostré las fotos a la señora.
5. Él compró una maleta.
   La maleta es cara.

D. Just words . . .

Complete the following sentences with vocabulary learned in **Lección 12,** as appropriate.

1. No me desperté porque el _____ no sonó.
2. Si quiero pagar con cheques debo tener una cuenta _____ .
3. Necesito que ponga su _____ y la fecha en la solicitud.
4. No tengo mucho tiempo porque hoy tengo que hacer muchas _____ .
5. Tenía mil dólares en mi cuenta corriente. Escribí un cheque por doscientos. El _____ es de ochocientos dólares.
6. Hoy es domingo y el banco está cerrado. Voy a sacar dinero del _____ .
7. Quiero _____ este rollo de fotografías.
8. No voy a pagarlo al contado sino a _____ .
9. No es _____ ; cobran veinte dólares por persona.
10. Es una lástima que él no se _____ a su padre.
11. Llamé a la policía porque me _____ el coche.
12. Voy a _____ mi coche aquí.
13. Estoy muy cansada. Voy a _____ en la cama hasta tarde.

El Caribe

Cuba

■ El Viejo San Juan es uno de los barrios coloniales mejor conservados de las Américas y fue fundado en 1521. El barrio está casi totalmente rodeado de murallas de piedra *(stone walls)* construidas por los españoles.

■ Puerto Rico es una de las áreas más densamente pobladas del mundo. Con una extensión de unos nueve mil kilómetros cuadrados, tiene una población de más de tres millones y medio de habitantes.

■ La isla donde se encuentra la República Dominicana fue descubierta en 1492 durante el primer viaje de Colón al Nuevo Mundo. Colón le dio a la isla el nombre de La Española. La parte occidental *(western)* está ocupada por la República de Haití, donde se habla francés.

■ La Habana, capital de Cuba, con sus dos millones de habitantes, es la ciudad más grande del Caribe. Es también uno de los lugares donde mejor se conserva la arquitectura colonial española. Antes de la revolución de Castro en 1958, era uno de los mayores centros de atracción turística del Caribe para los norteamericanos. Hoy el gobierno cubano trata de atraer a turistas de Europa y de Latinoamérica.

Panorama hispánico

6

Aunque *(Although)* Puerto Rico forma parte de los Estados Unidos, conserva su cultura y sus tradiciones. Sus costumbres son las típicas de los países latinos y su música es la del Caribe, una mezcla de ritmos hispanos y africanos. Aquí vemos una fiesta de salsa en la Universidad de Puerto Rico, donde hay más de 35.000 estudiantes.

¿ Qué otros tipos de música latina conoce Ud.?

Rep. Dominicana

Puerto Rico

"La Habana Vieja", la sección antigua de la capital cubana, se caracteriza por sus calles estrechas *(narrow),* sus casas de tipo colonial y sus monumentos históricos. En la foto se ve la Plaza de la Fraternidad, un parque moderno construido en la antigua Plaza de Marte, de la época colonial.

¿Cuál es el parque más importante de su ciudad?

La fortaleza *(fortress)* del Morro está situada a la entrada de la bahía *(Bay)* de San Juan, en Puerto Rico. Los españoles la construyeron en el siglo XVI para defender la isla de los ataques de los piratas. Hoy el Morro es un monumento nacional y constituye una importante atracción turística.

¿Qué monumentos históricos se encuentran en el estado donde Ud. vive?

El béisbol es el deporte más popular en los países del Caribe. De sus equipos locales, como éste de Puerto Rico, han salido algunos de los mejores jugadores *(players)* de las Grandes Ligas de los Estados Unidos. El béisbol es también un deporte popular en otros países hispanos como Nicaragua, Panamá, Venezuela y México.

¿ Puede Ud. nombrar algunos jugadores de béisbol hispanos de las Grandes Ligas?

La Catedral de Santa María la Menor en Santo Domingo, capital de la República Dominicana, fue la primera catedral fundada en América. Diego Colón, hijo de Cristóbal Colón, inició su construcción en 1514. La catedral se terminó de construir en 1540. Se dice que aquí están enterrados *(buried)* los restos de Cristóbal Colón.

¿ En qué fecha se celebra la llegada *(arrival)* de Colón al Nuevo Mundo?

Puerto Rico tiene numerosas playas de arena *(sand)* blanca y fina como la Playa de las Croabas. Miles de turistas visitan estas playas todos los años, especialmente en el invierno.

¿ A Ud. le gusta ir a la playa? ¿Por qué sí o por qué no?

La Universidad de la Habana, la más antigua de la isla de Cuba, fue establecida en 1728. La universidad tiene dos sedes *(campuses):* la antigua está en el centro de la ciudad, y la moderna se encuentra en las afueras *(outskirts)* de la ciudad. La universidad fue autónoma hasta poco después de la llegada de Fidel Castro al poder.

¿ Cuál es la universidad más antigua de los Estados Unidos?

El clima tropical del Caribe ofrece condiciones ideales para el cultivo de una gran variedad de frutas: el mango, la papaya, la banana y la guayaba, entre muchas otras. En la foto, un puesto de frutas en el Viejo San Juan muestra esta gran variedad.

¿ Puede Ud. identificar las frutas que aparecen en la foto?

Teleinforme

VOCABULARIO

San Juan, Puerto Rico

amanece	it dawns	calurosa	warm
el arco iris	rainbow	cristalinas	clear
a través de	through	las joyas	jewels
bienvenida	welcome	luce	it shines

La Habana, Cuba

a cada paso	at each step	hermosos	beautiful
a la caída de la tarde	at sunset	el huésped	guest
brindan	offer	los sitios	places
los carnavales	Mardi Gras	la sonrisa	smile
los entretenimientos	amusements		

Santo Domingo, República Dominicana

antigua	old	la iglesia	church
casi	almost	los restos mortales	mortal
el descubridor	discoverer		remains
destruida	destroyed	se halla	is found
el hierro	iron	la tumba	tomb
el huracán	hurricane		

PREPARACIÓN

¿Cuánto saben Uds. ya?   After reading the information in **Panorama hispánico 6**, get together in groups of three or four and answer the following questions.

1. ¿Cuál es la población de Puerto Rico?
2. ¿Quiénes construyeron la fortaleza del Morro? ¿Para qué?
3. ¿Cuál es el deporte *(sport)* más popular de Puerto Rico?
4. ¿Cómo es la música del Caribe?
5. ¿Cuál es la ciudad más grande del Caribe?
6. ¿Cómo se llama la parte antigua de la ciudad de La Habana?
7. ¿Cuál es la universidad más antigua de la isla de Cuba y cuántas sedes tiene?
8. ¿Qué nombre le dio Colón a la isla donde se encuentra la República Dominicana?
9. ¿Qué otro país es parte de la isla?
10. ¿Cuál fue la primera catedral fundada en América?

COMPRENSIÓN

A. San Juan, Puerto Rico. Complete the following statements with the appropriate words.

1. Puerto Rico es una _____ del _____ . Fue descubierta por _____ .
2. San Juan fue _____ por los españoles hace _____ siglos.
3. El Viejo San Juan ha sido declarado Distrito _____ Nacional.
4. En el Nuevo San Juan hay majestuosos _____ y _____ de aguas cristalinas.
5. Hay _____ de especies de peces *(fish)* _____ en el Mar Caribe.

B. La Habana, Cuba. Complete the following statements with the appropriate words.

1. La Habana es una ciudad _____ .
2. Las calles y avenidas de La Habana siempre conducen al _____ .
3. El visitante encuentra en La Habana refrescantes _____ y canchas *(courts, grounds)* para la práctica de _____ .
4. En La Habana siempre hay sitios _____ que ver.
5. En La Habana hay eventos deportivos nacionales e _____ .
6. Los _____ son fiestas tradicionales en La Habana.

C. Santo Domingo, República Dominicana. Read the following statements. After watching the video, circle V (**Verdadero**) or F (**Falso**), according to what you understood.

V F 1. La capital de la República Dominicana es Santo Domingo.
V F 2. Santo Domingo es la ciudad más antigua de Latinoamérica.
V F 3. La ciudad de Santo Domingo fue casi destruida por un huracán en 1930.
V F 4. Santa María la Menor es la catedral más moderna de América.
V F 5. Cada doce de agosto celebran en Santo Domingo el día de Colón.
V F 6. La Calle de las Damas es la primera de estilo europeo en Latinoamérica.

AMPLIACIÓN

Dos culturas. With a partner, prepare some questions that you would like to ask a Cuban, a Puerto Rican, or a Dominican living in the U.S. about how he or she has adapted to life in this country.

Pidiendo información

Una turista le pide información a un policía en la Ciudad de México.

OBJECTIVES

Structure
The **Ud.** and **Uds.** commands • Position of object pronouns with direct commands • The subjunctive to express doubt, disbelief, and denial • Constructions with **se**

Communication
You will learn vocabulary related to asking for directions and postal services.

Pidiendo información

Julia, una chica de Honduras, llegó a Madrid hace una semana. Con sus amigos españoles visitó el Parque del Retiro, el Palacio Real y las antiguas ciudades de Segovia, Ávila y Toledo. En cada lugar compró un montón de tarjetas postales para enviárselas a sus padres y a sus amigos. Hoy decidió ir al correo para enviar las tarjetas y recoger un paquete.

JULIA —*(Piensa)* Dudo que el correo esté abierto a esta hora. Creo que se abre a las nueve. *(A un señor que está parado en la esquina)* Dígame, señor, ¿dónde queda la oficina de correos?

SR. GÓMEZ —Está a cinco manzanas de aquí, en la Plaza de la Cibeles.

JULIA —Es que... soy extranjera y no conozco las calles. ¿Puede decirme cómo llegar allí?

SR. GÓMEZ —¡Ah!, siga derecho por esta calle hasta llegar a la Plaza de Colón.

JULIA —¿Cuántas cuadras?

SR. GÓMEZ —Dos. Después doble a la derecha al llegar al semáforo, en la calle Alcalá.

JULIA —¿La oficina de correos está en esa calle?

SR. GÓMEZ —Sí, allí mismo. Es un edificio antiguo y está frente a la estación del metro.

Julia llega a la ventanilla de información en la oficina de correos.

JULIA —Vengo a recoger un paquete. Me llamo Julia Reyes.

EMPLEADO —¿Tiene un documento de identidad?

JULIA —Mi pasaporte... pero lo dejé en el hotel.

EMPLEADO —No creo que se lo den sin identificación.

JULIA —Bueno, vuelvo esta tarde. ¿Dónde puedo comprar sellos?

EMPLEADO —Vaya a la ventanilla número dos, a la izquierda.

En la ventanilla número dos, Julia le pide al empleado los sellos que necesita.

JULIA —Quiero enviar estas tarjetas postales por vía aérea y una carta certificada a Honduras.

EMPLEADO —Son mil quinientas pesetas,[1] señorita.

JULIA —¿Adónde tengo que ir para enviar un telegrama?

EMPLEADO —Suba al segundo piso. La oficina de telégrafos está arriba.

---

[1] Spanish currency

Después de enviar el telegrama, Julia sale de la oficina de correos y camina hacia la Gran Vía, donde la espera su amiga Pilar.

JULIA —*(A Pilar)* Creía que no ibas a estar aquí.

PILAR —Oye, guapa, no es verdad que los españoles siempre lleguemos tarde. A veces somos puntuales.

Vocabulario

Cognados

la **estación** station
el **palacio** palace

el **parque** park
puntual punctual

Nombres

el **camino** road
el **documento de identidad (identificación)** I.D.
el **edificio** building
la **esquina** (street) corner
la **manzana**[1] *(Spain)*, la **cuadra** *(Sp. Am.)* city block

el **metro** subway
la **oficina de correos**, el **correo** post office
la **oficina de telégrafos** telegraph office
el **paquete** package, parcel

el **sello**, la **estampilla**, el **timbre** *(Mex.)* stamp
el **semáforo** traffic light
la **ventanilla** window

Verbos

doblar to turn, bend
dudar to doubt

quedar to be located
subir to go up, climb

Adjetivos

abierto(-a) open
antiguo(-a), **viejo(-a)**[2] old
certificado(-a) registered, certified

extranjero(-a) foreign
parado(-a) standing

---

[1] In Spanish America, **manzana** is used to refer to a block of buildings, not to the distance between streets.

[2] When referring to people, use **viejo**, not **antiguo**.

▪ Otras palabras y expresiones

allí mismo right there
arriba upstairs
cada each
derecho straight (ahead)
después then, afterwards

dígame tell me
es que... the fact is . . .
está a... de aquí it is . . . from here
frente a across from

por vía aérea by airmail
sin without
un montón de a whole bunch of

Vocabulario complementario

▪ El correo

el buzón mailbox
el casillero mailbox (in an office)
el correo mail
el giro postal money order

¿Hay un **buzón** en el hotel?
La secretaria puso las cartas en mi **casillero.**
¿A qué hora llega el **correo**?
Deseo enviar un **giro postal** a Chile.

abajo downstairs
bajar to descend, go down

No está arriba; está **abajo.**
Ud. debe **bajar** en seguida.

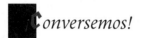

*C*onversemos!

Reread the dialogues in this lesson and be ready to discuss the following.

1. ¿Cuánto tiempo hace que Julia está en Madrid?
2. ¿Qué lugares visitó con sus amigos españoles?
3. ¿A quién le pregunta dónde queda la oficina de correos?
4. En la calle Alcalá, ¿Julia debe doblar a la izquierda o a la derecha?
5. ¿Cómo es el edificio de correos y dónde está?
6. ¿Por qué no puede Julia recoger el paquete?
7. ¿En qué ventanilla puede comprar sellos?
8. ¿Cómo va a enviar las tarjetas postales Julia?
9. ¿Hacia dónde camina Julia cuando sale de la oficina de correos?
10. ¿Qué dice Pilar de los españoles?

¿Lo sabía Ud.?

- Situada en la parte central de la península Ibérica, Madrid es la capital de España. Su población de más de seis millones de habitantes y su importancia cultural y económica la hacen la principal ciudad española.

   Una de las calles principales de la ciudad es la Gran Vía, donde hay muchas tiendas elegantes y cafés al aire libre.

- El correo de Madrid, o el Palacio de Comunicaciones, es un edificio monumental. Está frente a la hermosa fuente *(fountain)* de La Cibeles, que, para muchos, es el símbolo de Madrid.

- El Palacio Real, situado frente a la Plaza de Oriente, fue la antigua residencia de los reyes de España. Está considerado uno de los mejores edificios de su tipo en Europa.

- El metro de Madrid es un sistema de transporte muy eficiente y barato. Es el medio *(means)* de transportación que usa la mayoría de los madrileños. También hay un metro en Barcelona.

- Segovia es un punto de atracción turístico. Entre sus muchos lugares de interés están el Alcázar, un castillo fortaleza *(fortress)*, y el famoso acueducto romano.

El monumento a Cervantes en la Plaza de España en Madrid. Frente a la estatua del escritor vemos a don Quijote y a Sancho Panza, personajes de su obra *Don Quijote de la Mancha.*

Estructuras

1. # The **Ud.** and **Uds.** commands
*(Formas del imperativo para **Ud.** y **Uds.**)*

The command forms for **Ud.** and **Uds.**[1] are identical to the corresponding present subjunctive forms.

A. Regular forms

ENDINGS OF THE FORMAL COMMANDS			
		Ud.	**Uds.**
-ar verbs	cantar	cant **-e**	cant **-en**
-er verbs	beber	beb **-a**	beb **-an**
-ir verbs	vivir	viv **-a**	viv **-an**

—¿Sigo derecho?   *"Do I keep going straight ahead?"*

—No, no **siga** derecho. **Doble** a la izquierda.   *"No, don't keep going straight ahead. Turn left."*

ATENCIÓN To give a negative **Ud.**/**Uds.** command, place **no** in front of the verb: No, **no siga** derecho.

B. Irregular forms

■ The command forms of the following verbs are irregular.

	give **dar**	be **estar**	be **ser**	go **ir**
Ud.	dé	esté	sea	vaya
Uds.	den	estén	sean	vayan

—¿Adónde tengo que ir?   *"Where do I have to go?"*
—**Vaya** a la ventanilla número dos.   *"Go to window number two."*

---

[1] **Tú** commands will be studied in **Lección 15.**

PRÁCTICA

A. What commands would these people give?

1. *El profesor a los estudiantes:*
   venir a clase temprano
   abrir el libro
   ir a la pizarra
   hacer los ejercicios
   cerrar el libro
   hablar solamente español
   no hablar inglés en la clase

2. *La directora a la secretaria:*
   estar en la oficina a las ocho
   traer las cartas
   traducir los documentos
   llevar las cartas al correo
   comprar estampillas
   llamar por teléfono al Sr. Paz
   conseguir la dirección del Banco de Ponce
   no volver hasta las tres

B. Work with two or three classmates to make a list of "commandments" for anyone wishing to achieve the following goals.

   Dominio *(Command)* del español
   Buena salud *(health)*
   Unas vacaciones perfectas
   Un buen matrimonio

2. Position of object pronouns with direct commands
(Posición de los pronombres usados como complementos con el imperativo)

■ In all direct *affirmative* commands, the object pronouns are placed *after* the verb and attached to it.[1]

Ud. *form*		Uds. *form*	
Hágalo.	*Do it.*	Cómprenlo.	*Buy it.*
Dígales.	*Tell them.*	Díganle.	*Tell him.*
Tráiganosla.	*Bring it to us.*	Tráiganselo.	*Bring it to him.*
Quédese.	*Stay.*	Quédense.	*Stay.*

---

[1] A written accent is required (see the rules for accentuation in Appendix A).

■ In all *negative* commands, the pronouns are placed *in front of the verb.*

Ud. *form*		Uds. *form*	
No **lo** haga.	*Don't do it.*	No **los** traigan.	*Don't bring them.*
No **le** hable.	*Don't speak to her.*	No **les** hablen.	*Don't speak to them.*
No **se lo** dé.	*Don't give it to him.*	No **se los** den.	*Don't give them to him.*

■ Remember that when an indirect and a direct object pronoun are used together in the same sentence, the indirect object always precedes the direct object.

PRÁCTICA

A. With a partner, act out a scene between housemates who give contradictory instructions to guests from out of town.

> MODELO: Siéntense aquí.
> *No se sienten aquí.*

1. No se levanten tarde.
2. Báñense con agua fría.
3. No se vistan aquí.
4. Despiértenme temprano, por favor.
5. Sírvanse el desayuno.
6. Díganle a Graciela que vamos a tener una fiesta, pero no se lo digan a Javier.
7. Denle las maletas a él (ella); no me las den a mí.
8. Pídanme comida a mí; no se la pidan a él (ella).

B. You are having dinner at a fancy restaurant. Tell the waiter what you want or don't want him to do.

> MODELO: ¿Le traigo el menú?
> *Sí, tráigamelo, por favor.*
> *No, no me lo traiga, por favor.*

1. ¿Le traigo la lista de vinos?
2. ¿Le sirvo la ensalada primero?
3. ¿Le pongo pimienta a la ensalada?
4. ¿Abro la botella de vino ahora?
5. ¿Le traigo una tortilla a la española?
6. ¿Le sirvo el café ahora?
7. ¿Le traigo la cuenta ahora?
8. ¿Le llamo un taxi?

C. With a partner, take turns playing the roles of a tourist who is planning a trip to an exotic location and a travel agent. The tourist should name a destination and ask whether he or she should bring along certain items. The agent should say whether each article would or would not be appropriate. List five or six items each. Follow the models.

> MODELO: —¿Debo llevar tarjetas postales?
> —*No, no las lleve. Cómprelas allí.*
>
> —¿Debo llevar mi tienda de campaña?
> —*Sí, llévela. No hay hoteles.*

3. The subjunctive to express doubt, disbelief, and denial   *(Uso del subjuntivo para expresar duda, incredulidad y negación)*

■ In Spanish, the subjunctive is always used in a subordinate clause when the verb of the main clause expresses doubt, uncertainty, disbelief, or denial.

Dudo que el correo **esté** abierto.	*I doubt that the post office is open.*
No están seguros de que ella **sea** alérgica.	*They are not sure that she is allergic.*
Dudo que yo **pueda** ir.	*I doubt that I can go.*

■ Note that with the verb **dudar,** the subject in the subordinate clause can be the same as or different from the subject in the main clause.

ATENCIÓN When no doubt is expressed and the speaker is certain of the reality, the indicative is used.

No dudo que el correo **está** abierto.	*I don't doubt that the post office is open.*
Están seguros de que ella **es** alérgica.	*They are sure that she is allergic.*

■ The verb **creer** is followed by the <u>subjunctive</u> when it is used in <u>negative</u> sentences to express disbelief. It is followed by the <u>indicative</u> in <u>affirmative</u> sentences in which it expresses belief or conviction.

No creo que ellos se lo **den.**	*I don't think they'll give it to you.*
No creo que **podamos** conseguir reservaciones.	*I don't think we can get reservations.*
but:	
Creo que ellos se lo **dan.**	*I think they'll give it to you.*
Creo que **podemos** conseguir reservaciones.	*I think we can get reservations.*

■ When the main clause expresses denial of what is said in the subordinate clause, the subjunctive is used.

Niego que él **sea** mi hijo.	*I deny that he is my son.*
No es verdad que él **tenga** los pasajes.	*It's not true that he has the tickets.*
No es cierto que ellas **vayan** a las montañas.	*It's not true that they are going to the mountains.*

ATENCIÓN When the main clause does not deny, but rather confirms, what is said in the subordinate clause, the indicative is used.

No niego que él **es** mi hijo.	*I don't deny that he is my son.*
Es verdad que él **tiene** los pasajes.	*It's true that he has the tickets.*
Es cierto que ellas **van** a las montañas.	*It's true that they are going to the mountains.*

PRÁCTICA

A. Say whether the following statements are true or not. If a statement is false, correct it.

> MODELO: Nosotros celebramos la independencia de Chile.
> *No es verdad que celebremos la independencia de Chile.*
> *Celebramos la independencia de los Estados Unidos.*

1. Texas es más grande que Maine.
2. Hace más calor en Alaska que en Arizona.
3. Buenos Aires es la capital de Chile.
4. Mi abuelo es menor que yo.
5. En las peluquerías venden champú.
6. Las aspirinas son buenas para el dolor de cabeza.
7. El 25 de diciembre celebramos la independencia de los Estados Unidos.
8. La Coca-Cola es una bebida alcohólica.
9. Revelan rollos de película en el correo.
10. Ponemos las cartas en el buzón.
11. Necesitamos un documento de identidad para comprar estampillas.
12. El presidente de los Estados Unidos puede ser extranjero.

B. You and a friend are spending the weekend in a very small town. Your friend wants to know about things to do, places to go, and so on. Answer, expressing belief or disbelief, doubt or certainty.

1. ¿Tú crees que hay habitaciones libres en el hotel?
2. ¿Tú crees que un cuarto cuesta más de cien dólares por noche?
3. ¿Tú crees que aceptan cheques de viajero en el hotel?
4. ¿Tú crees que hay un aeropuerto internacional aquí?
5. ¿Podemos alquilar un coche?
6. Son las siete; ¿tú crees que el correo está abierto?
7. Vamos al centro. Quiero ir a una tienda elegante.
8. Tengo el pelo muy largo. Dicen que aquí hay peluquerías excelentes.
9. Quiero ir a cenar a un restaurante francés.
10. ¿Tú crees que vamos a volver aquí algún día?

C. Complete the following sentences logically, using the subjunctive or the indicative as appropriate.

1. Yo dudo que en mi cuenta de ahorros...
2. Estoy seguro(-a) de que el banco...
3. No creo que la oficina de correos...
4. Estoy seguro(-a) de que la estación del metro...
5. No es verdad que yo...
6. Yo no niego que mis padres...
7. Creo que las estampillas...
8. No dudo que allí mismo...

4. Constructions with **se**   *(Construcciones con se)*

■ In Spanish the pronoun **se** + *the third-person singular or plural form of the verb* is used as an impersonal construction. It is equivalent to the English passive voice, in which the person doing the action is not specified. It is also equivalent to English constructions that use the impersonal subjects *one, they, people,* and *you* (indefinite). The impersonal construction is widely used in Spanish.

Se habla español en Chile.
{
Spanish is spoken in Chile.

They speak Spanish in Chile.

—¿A qué hora **se abren** los bancos?
"*What time do the banks open?*"

—**Se abren** a las nueve de la mañana.
"*They open at nine A.M.*"

—**Se dice** que los españoles no son puntuales.
"*It's said that Spaniards aren't punctual.*"

—Sí, **se dice,** pero no es verdad.
"*Yes, it's said, but it's not true.*"

■ The impersonal **se** is often used in ads, instructions, or directions.

FOR SALE

NO SMOKING

EXIT TO THE RIGHT

PRÁCTICA

A. In groups of three, draw signs with the following information on them.

1. No parking
2. Exit to the left
3. Spanish spoken here
4. No littering (*to litter:* **tirar basura**)
5. No crossing
6. No swimming
7. Cars for sale

B. With a classmate, act out a scene between a tourist in Madrid and a resident of the city who responds to the tourist's questions about the city. Use constructions with **se** in your conversation.

El turista necesita saber...

1. ...el horario *(schedule)* de los bancos, del correo y de las tiendas.
2. ...qué idiomas habla la gente.
3. ...qué y dónde comen.
4. ...si venden objetos de oro y de plata.
5. ...dónde alquilan coches.

¡A ver cuánto aprendió!

¡Repase el vocabulario!

Complete the following sentences with words from the lesson vocabulary.

1. Tengo que bajar porque la oficina de telégrafos no está *arriba*; está abajo.
2. No estamos sentados; estamos *parados*.
3. Hoy vamos a visitar el *parque* del Retiro y el *palacio* ~~Parque~~ Real.
4. La *estación* del metro está en la calle Alcalá.
5. Mis padres me mandaron un *se ho giro* postal porque necesito dinero.
6. Recibí un *montón* de tarjetas de Navidad el año pasado.
7. Le voy a decir a la secretaria que ponga las cartas certificadas en mi *casillero*
8. Mandé el paquete por vía *aérea*
9. Está allí *mismo*, en la esquina.
10. Los colores del *semáfora* son rojo, amarillo y verde.
11. Primero voy a estudiar y *después* voy a tratar de hacer el trabajo.
12. En *cada* ~~palacio~~ lugar que visitamos compramos tarjetas. *subir*
13. La oficina está arriba, pero dudo que ellos puedan ~~abajo~~ *subir* hasta el quinto piso.
14. Elsa pregunta dónde *queda* la oficina de correos. *doblar*
15. Para ir a la oficina de correos no debe seguir derecho. Debe *edificio* *doblar* a la izquierda.

Llame a su Agente de Viajes o al: 5-14-66-78

AERO CALIFORNIA

Entrevista

Interview a classmate, using the **tú** form.

Pregúntele a su compañero(-a) de clase...

1. ...si sabe dónde queda la oficina de correos.
2. ...si es verdad que el correo se abre a las siete de la mañana.
3. ...a cuántas cuadras de su casa queda el correo.
4. ...qué queda frente a su casa.
5. ...si prefiere los edificios antiguos o modernos.
6. ...si para ir a la cafetería debe seguir derecho o doblar a la izquierda o a la derecha.
7. ...si hay metro en la ciudad donde vive.
8. ...si hay muchos extranjeros en la ciudad donde vive.
9. ...si tiene pasaporte.
10. ...si cree que los norteamericanos son puntuales.

Situaciones

What would you say in the following situations? What might the other person say? Act out the scenes with a partner. Take turns playing each role.

1. You are in Madrid, and you want to know where the telegraph office is located. You are a foreigner and you don't know your way around. Ask someone on the street for help.

2. A foreigner asks you for directions to the post office in your town. Explain to him or her how to get there.

3. You are at the post office. You want to send some letters by airmail, buy some stamps, and find out how much it costs to send a registered letter to the United States. You also want to know if there is a package for you.

 ## Para escribir

You are an advice columnist for a Spanish newspaper. How would you respond to the following letters? Use command forms to give your advice in writing.

1. Tengo 25 años y quiero vivir sola *(alone)* en un apartamento, pero mis padres no quieren que me vaya de la casa. ¿Qué me sugiere que haga?

   Ansiosa de libertad

2. Pienso viajar a París este verano y tengo un amigo que quiere ir conmigo. Yo no quiero ofenderlo, pero no deseo ir con él porque es muy aburrido y siempre está cansado. ¿Qué puedo hacer?

   Un viajero

3. Tengo un novio que es muy bueno, pero no es muy interesante. El sábado pasado fui a una fiesta y conocí a un hombre extraordinario y muy guapo que me invitó a salir. ¿Debo aceptar su invitación o no? ¿Qué me aconseja que haga?

Indecisa

4. Tenemos unos vecinos *(neighbors)* que tienen cinco hijos; los niños son terribles y todo lo rompen. Planeamos dar una fiesta muy elegante para celebrar el fin de año y queremos invitarlos pero ellos siempre llevan a sus hijos a todas partes *(everywhere)*. ¿Cómo les pedimos que no traigan a sus hijos a la fiesta?

Entre la espada y la pared[1]

¿Cómo se llega...?

With a classmate, figure out how you would give a new student directions to the following places.

Within the university:

¿Cómo voy de la clase de español...

      1. a la biblioteca *(library)?*
      2. al edificio de administración?
      3. a la cafetería?
      4. al baño?

Outside the university:

¿Cómo voy de la universidad...

      1. al restaurante McDonald's?
      2. a la oficina de correos?
      3. a la gasolinera *(gas station)?*
      4. a tu casa o apartamento?

---

[1] *Between a rock and a hard place (lit., between the sword and the wall)*

EN GRANADA

After spending a few weeks in Madrid, Julia has decided to visit Granada. She would like to visit many places, but doesn't know how to get to them. Using the map below, can you help her?

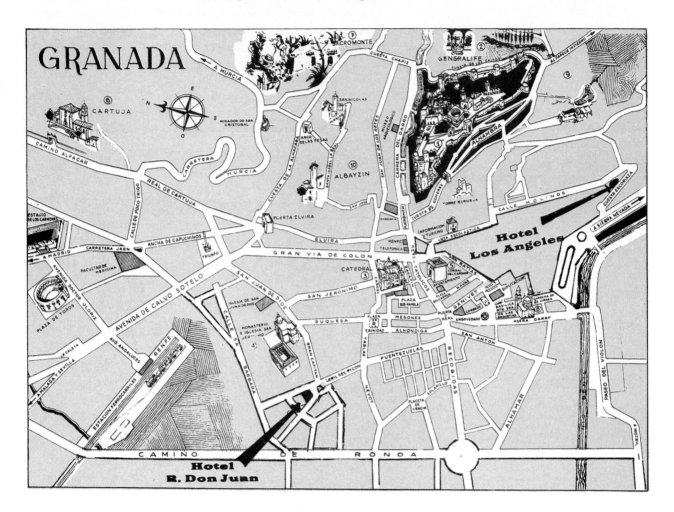

¿Cómo puede ir...

1. del hotel Don Juan a la Puerta Elvira?
2. de la Puerta Elvira a la Catedral?
3. del Albayzín al Sacramonte?
4. del Sacramonte a la Alhambra?
5. de la Alhambra al Generalife?
6. de la estación de trenes a la Plaza de Toros?

NUESTRA CASA ES SU CASA

You and your roommate are going away for a couple of weeks and are letting friends from out of town stay in your apartment. With your roommate (a classmate), prepare a list of 1) recommendations of fun things to do in town, including instructions for how to get to them; 2) household chores or errands they should do in your absence.

 # Teledrama

Juan Carlos necesita enviar unas cartas y un paquete a su familia en Leticia.

VOCABULARIO

cansadísimo   extremely tired
desde aquí se ve   one can see it from here
disculpe   excuse me
la droguería   drugstore
en pleno centro   right in the middle of town

¿Me podría decir...?   Could you tell me . . . ?
pasado mañana   the day after tomorrow
quisiera   I would like
tendré   I'll have

PREPARACIÓN

¿Cuánto saben Uds. ya?   This video episode focuses on asking for information and for directions to the post office. With a partner, brainstorm possible words and phrases that the characters might use in these contexts. Make a list of them and circle the ones you hear as you watch the video.

COMPRENSIÓN

A. ¿Qué pasa? After watching the video, answer the following questions, according to what you understood.

1. ¿Adónde fue Roberto anoche?
2. ¿Se acostó tarde o temprano?
3. ¿Qué quiere enviarle Juan Carlos a su hermana?
4. ¿Marcela va a celebrar su aniversario de bodas o su cumpleaños?
5. ¿Dónde va a almorzar Juan Carlos?
6. ¿Adónde va primero Juan Carlos para enviar el paquete?
7. ¿En qué piso del edificio de Avianca está el Correo Central?
8. Para llegar al edificio de Avianca, ¿qué autobús debe tomar Juan Carlos?

B. ¿Quién lo dice? Match the characters' names with what they say in the video.

a. Juan Carlos
b. Roberto
c. La empleada de la droguería
d. La señorita

_____ 1. Nos vemos a la noche.
_____ 2. Quisiera enviar esta carta por correo aéreo.
_____ 3. Para enviar esta carta por correo aéreo.
_____ 4. ¿Cómo hago para llegar desde aquí a la oficina central?
_____ 5. Siga tres cuadras por esta calle.

AMPLIACIÓN

A. Necesito enviar este paquete. With a partner, role-play the following situation. You want to send a package overnight to your family in Colombia. Call an express mail service and arrange for them to pick up the package. Ask what time they will arrive and how much it will cost.

Se alquila un apartamento

Edificio de aparta-
mentos en Caracas,
Venezuela.

OBJECTIVES

Structure

The subjunctive to express indefiniteness and
nonexistence • The subjunctive or indicative
after certain conjunctions • **¿Qué?** and **¿cuál?**
used with **ser** • Uses of **sino** and **pero**

Communication

You will learn vocabulary related to renting an
apartment and to the various parts of a house.

343

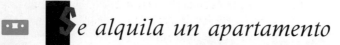

e alquila un apartamento

Irene y Lucía, dos chicas colombianas que estudian en la Universidad Nacional Autónoma de México y viven en una pensión, quieren mudarse porque necesitan un apartamento que esté más cerca de la universidad.

LUCÍA —¡Irene! En el periódico anuncian un apartamento que tiene dos dormitorios y está en un buen barrio.[1]

IRENE —¡A ver! *(Lee el anuncio.)*

Anuncios Clasificados
Se alquila: apartamento amueblado: dos recámaras, sala, comedor, cocina y cuarto de baño. Calefacción central, aire acondicionado, Colonia 1. Llamar al teléfono 481–3520 de 1 a 5 de la tarde. Alquiler: $1200.[2]

LUCÍA —Mañana, tan pronto como regresemos de la universidad, podemos llamar para ir a verlo.

IRENE —No sé... Es muy caro para nosotras, Lucía. Además, necesitamos un apartamento que tenga garaje...

LUCÍA —Bueno, mañana, cuando llamemos, podemos preguntar. A ver... ¿cuál es el número de teléfono?

Al día siguiente, en cuanto vuelven de la universidad, las chicas van a ver el apartamento.

LUCÍA —¡Me encantan los muebles y las cortinas!

IRENE —Con el sueldo que nosotras ganamos no vamos a poder pagar el alquiler.

LUCÍA —Entonces en vez de trabajar medio día podemos trabajar tiempo completo.

IRENE —¡Estás loca! No hay nadie que pueda trabajar tiempo completo y al mismo tiempo estudiar en la universidad.

LUCÍA —¡Eres tan pesimista, Irene!

IRENE —No soy pesimista, sino realista. Además, vamos a necesitar dinero para comprar mantas, sábanas, fundas y utensilios de cocina.

---

[1]The word **colonia** is also used in Mexico.

[2]Based on a currency exchange rate of three Mexican pesos to one U.S. dollar.

LUCÍA —*(No le hace caso y va a la cocina.)* La cocina tiene refrigerador, microondas, lavaplatos, una cocina[1] nueva... y un fregadero grande.

IRENE —No podemos tomar una decisión hasta que veamos otros apartamentos.

LUCÍA —Pero, Irene, no vamos a encontrar ningún apartamento que sea tan bueno como éste.

IRENE —Tal vez, pero no podemos pagar el alquiler de este apartamento a menos que ganemos la lotería. ¡Vámonos!

LUCÍA —*(Enojada)* ¡Aguafiestas!

Vocabulario

Cognados

clasificado(-a) classified
colombiano(-a) Colombian
la decisión decision

el garaje garage
la lotería lottery
el (la) pesimista pessimist
el (la) realista realist

el refrigerador refrigerator
el utensilio utensil

■ Nombres

el (la) aguafiestas spoilsport
el aire acondicionado air conditioning
el alquiler rent
el barrio neighborhood
la calefacción central central heating
el comedor dining room

la cortina curtain
el dormitorio, la recámara *(Mex.)* bedroom
el fregadero kitchen sink
la funda pillowcase
el lavaplatos dishwasher
la manta, la frazada, la cobija blanket

el (horno de) microondas microwave (oven)
los muebles furniture
la pensión boardinghouse
la sábana sheet
la sala living room
el sueldo, el salario salary

■ Verbos

anunciar to advertise
ganar to earn

mudarse to move (from one house or place to another)

■ Adjetivos

amueblado(-a) furnished

enojado(-a), enfadado(-a) angry

---

[1]Cocina means both *kitchen* and *stove*.

■ Otras palabras y expresiones

a menos que   unless
al día siguiente   the following day
al mismo tiempo   at the same time
en vez de   instead of

encantarle a uno   to love *(same construction as **gustar**)*
hacer caso   to pay attention
medio día   half a day, part-time
se alquila   for rent

tal vez   maybe
tan pronto como   as soon as
tiempo completo   full-time
tomar una decisión   to make a decision
¡Vámonos!   Let's go!

Vocabulario complementario

la escalera
el sofá
el jardín
el televisor
el sillón, la butaca

el salón de estar

la lámpara
la cómoda
la almohada
la sobrecama
el colchón
la mesita de noche

el dormitorio

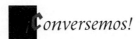

¡Conversemos!

Answer the following questions, basing your answers on the dialogue.

1. ¿Irene y Lucía estudian en su país?
2. ¿Por qué quieren mudarse?
3. Si las chicas alquilan el apartamento que anuncian en el periódico, ¿van a tener que comprar muebles? ¿Por qué sí o por qué no?
4. ¿Cómo describe el apartamento el anuncio?
5. ¿Qué quiere hacer Lucía tan pronto como regresen mañana de la universidad?
6. ¿Cree Ud. que las chicas tienen automóvil? ¿Cómo lo sabe?
7. ¿Cuál es el número de teléfono al que las chicas tienen que llamar?
8. ¿Qué hacen al día siguiente en cuanto vuelven de la universidad?
9. ¿Le gustan a Lucía los muebles y las cortinas del apartamento?
10. ¿Por qué le dice Irene a Lucía que está loca?
11. ¿Qué tiene la cocina del apartamento?
12. Según Irene, ¿qué van a tener que hacer para poder pagar el alquiler del apartamento?

¿Lo sabía Ud.?

- En las grandes ciudades españolas y latinoamericanas, la mayoría de la gente vive en apartamentos, que en España se llaman "pisos". Los apartamentos se alquilan o se compran. Muchos edificios tienen oficinas o tiendas en la planta baja y apartamentos en los otros pisos.

- La palabra "barrio" tiene una connotación negativa en muchos lugares de los Estados Unidos, pero en los países hispanos equivale simplemente al inglés *neighborhood*.

- La Universidad Nacional Autónoma de México está situada en la parte sur de la Ciudad de México. Es la principal universidad del país, y es una de las más grandes del mundo. Unos 400.000 estudiantes asisten a la UNAM.

Mural del pintor mexicano David Alfaro Siqueiros en el edificio de la Administración de la Universidad de México.

Estructuras

1. The subjunctive to express indefiniteness and nonexistence
(El subjuntivo para expresar lo indefinido y lo inexistente)

■ The subjunctive is always used when the subordinate clause refers to someone or something that is indefinite, unspecified, or nonexistent.

Necesitan **un apartamento** que **esté** cerca de la universidad.	*They need an apartment that is close to the university.*
En la oficina necesitan a **alguien** que **sepa** español.	*At the office they need someone who knows Spanish.*
Busco **un empleado** que **hable** inglés.	*I'm looking for an employee who speaks English.*
¡No hay **nadie** que **pueda** trabajar tiempo completo!	*There's nobody who can work full-time!*

■ If the subordinate clause refers to existent, definite, or specific persons or things, the indicative is used instead of the subjunctive.

Viven en **un apartamento** que **está** cerca de la universidad.	*They live in an apartment that is near the university.*
En la oficina hay **alguien** que **sabe** español.	*At the office there is someone who knows Spanish.*
Busco **al empleado** que **habla** inglés.	*I'm looking for the employee who speaks English.*
Hay **alguien** que **puede** trabajar tiempo completo.	*There's someone who can work full-time.*

PRÁCTICA

A. With a partner, play the roles of a newcomer to Mexico City and a helpful long-time resident who is able to offer solutions to all of the newcomer's needs. Follow the model.

> MODELO: una casa – tener piscina
> *Quiero (Necesito, Busco) una casa que tenga piscina.*
> *En mi barrio hay una casa que tiene piscina.*

1. una casa – tener tres dormitorios
2. una casa – estar cerca de la universidad
3. una casa – no costar un ojo de la cara
4. un coche – tener aire acondicionado
5. muebles – ser baratos
6. un empleo – pagar bien

7. alguien – ayudarme a mudarme
8. un restaurante – servir hamburguesas

B. A friend of yours is planning to move to your city or town and wants some information about it. Answer his or her questions as completely as possible.

1. ¿Hay alguna casa en un buen barrio que sea barata?
2. ¿Hay alguna casa que tenga piscina?
3. ¿Hay algún apartamento que esté cerca del centro?
4. Tú necesito una secretaria. ¿Conoces a alguien que sepa hablar alemán y japonés?
5. A mí me gusta la comida argentina. ¿Hay algún restaurante que sirva comida argentina?
6. A mis padres les gusta la comida mexicana. ¿Hay algún restaurante que sirva comida mexicana?

C. With a partner, act out the following dialogues in Spanish.

1. "I'm looking for a receptionist who can work full-time."
   "I'm sorry. I only know students who can work part time."
2. "We want a hotel that has air conditioning."
   "There is a hotel that is near here and that has air conditioning."
3. "Is there anyone who can tell me the weather forecast for tomorrow?"
   "Yes, I know it. It's going to rain cats and dogs."
4. "Do you know anyone who can teach Japanese?"
   "I know many people who speak Japanese, but I don't know anyone who can teach it."

2. The subjunctive or indicative after certain conjunctions
(El subjuntivo o el indicativo después de ciertas conjunciones)

A. Conjunctions that are always followed by the subjunctive

Some conjunctions, by their very meaning, imply uncertainty or condition. They are, therefore, always followed by the subjunctive. Here are some of them.

en caso de que *in case*	**a menos que** *unless*
sin que *without*	**para que** *in order that*
con tal (de) que *provided that*	**antes de que** *before*

—Voy a ir al cine **con tal que** los chicos **vayan** conmigo.

"I'm going to go to the movies provided the boys go with me."

—Llámelos **antes de que** salgan.

"Call them before they leave."

—No me van a dar el prés-
tamo **a menos que** ella **firme**
la carta.

*"They're not going to give me
the loan unless she signs the
letter."*

—Yo puedo firmarla **en caso
de que** ella no **quiera**
hacerlo.

*"I can sign it in case she
doesn't want to do it."*

—Te voy a dar dinero **para que**
vayas a la tienda.

*"I'm going to give you money
so that you can go to the
store."*

—Voy a salir **sin que** los chicos
me **vean,** porque siempre
quieren ir conmigo.

*"I'm going to leave without
the boys seeing me, because
they always want to go with
me."*

B. Conjunctions that are followed by the subjunctive or indicative

■ The subjunctive follows certain conjunctions when the main clause refers
to the future or is a command. Some of these conjunctions are:

cuando *when*	**tan pronto como, en**
hasta que *until*	**cuanto** *as soon as*

—¿Lo van a esperar?

*"Are you going to wait for
him?"*

—Sí, **hasta que llegue.**

"Yes, until he arrives."

—**En cuanto** me **paguen,** voy a
comprar libros.

*"As soon as they pay me, I'm
going to buy books."*

—Cómpreme uno a mí tam-
bién **cuando** le **paguen.**

*"Buy me one, too, when they
pay you."*

■ If there is no indication of a future action, the conjunction of time is followed by the indicative.

—¿Siempre lo esperan?

*"Do you always wait for
him?"*

—Sí, **hasta que llega.**

"Yes, until he arrives."

—**En cuanto** me **pagan,** com-
pro libros.

*"As soon as they pay me, I
buy books."*

—Sí, yo sé que Ud. siempre
compra libros **cuando** le
pagan.

*"Yes, I know that you always
buy books when they pay
you."*

PRÁCTICA

A. Complete the following dialogue between two friends who are expecting a houseguest, using **con tal que, sin que, en caso de que, a menos que, para que,** and **antes de que** and the verbs given. Then act it out with a partner adding two original lines.

—Tenemos que limpiar el apartamento *antes de que llegue* (llegar) él.

—Yo voy a preparar unos sándwiches *en caso de que tenga* (tener) hambre.

—Sí, ¿y por qué no compras unos refrescos *para que podamos* (poder) tomar algo en cuanto llegue?

—Bueno, pero yo no puedo ir al mercado *a menos que* tú me *des* (dar) el dinero.

—Está bien. Yo te voy a dar el dinero *con tal que* tú me lo *devuelvas* (devolver) mañana.

—Vale. Voy ahora mismo. Voy a salir *sin que* me *vea* (ver) Paquito porque va a querer ir conmigo.

—_____

—_____

B. Compare what the people mentioned usually do to what they are going to do.

1. Todos los días yo llamo a mi amiga en cuanto llego a casa.
   Mañana,...
2. Generalmente esperamos al profesor hasta que llega.
   El próximo viernes,...
3. Todos los meses, tan pronto como recibimos el sueldo, lo depositamos en el banco.
   El mes próximo,...
4. Cuando Uds. van a verla, siempre le llevan un regalo.
   La semana próxima,...
5. Ud. se lo dice a ellos cuando los ve.
   Dígaselo a ellos...

C. With a partner, act out the following dialogues in Spanish.

1. "We are going to have lunch as soon as they arrive."
   "I'm going to prepare the salad so that we can eat right away."
2. "I always give my son a kiss when I see him."
   "I don't see mine very frequently."
3. "We have to leave the house without the children seeing us."
   "We can't do that unless we leave through the window!"
4. "I have to clean the apartment before my friends arrive."
   "Why don't you wait until I come back?"
   "I can wait for you provided that you be here before two."

3. ¿Qué? and ¿cuál? used with ser
(Qué y cuál usados con el verbo ser)

■ *What* translates as **¿qué?** when it is used as the subject of the verb and it asks for a <u>definition</u>.

—¿**Qué** es una enchilada?   *"What is an enchilada?"*
—Es un plato mexicano.   *"It's a Mexican dish."*

■ *What* translates as **¿cuál?** when it is used as the subject of a verb and it asks for a <u>choice</u>. **Cuál** carries the idea of selection from among several or many available objects, ideas, and so on.

—¿**Cuál** es su número de teléfono?   *"What is your phone number?"*
—792–4856   *"792–4856."*

PRÁCTICA

Write the questions you would ask to get the following information. Use **qué** or **cuál**, as needed.

1. *¿Cuál es tu apellido?*
   —Mi apellido es Velázquez.
   ¿Cuál es tu dirección?
   —Calle Rosales, número 420.
   ¿Cuál es tu número de teléfono?
   —835–2192.

2. —¿Quiere una sangría?
   ¿Qué es una sangría?
   —Es una bebida que se hace con frutas y vino tinto. ¿Quiere comer una paella?
   ¿Qué es una paella?
   —Es un plato español que se prepara con arroz, pollo y mariscos.

4. Uses of sino and pero *(Usos de sino y pero)*

■ **Sino,** meaning *but* in the sense of *rather* or *on the contrary,* is used only when the second part of a sentence negates or contradicts the first part.

No es la ventanilla número siete **sino** la seis.   *It's not window number seven, but number six.*
No quiero una cuenta corriente **sino** una cuenta de ahorros.   *I don't want a checking account, but a savings account.*

■ **Pero** is used for *but* in all other cases.

La casa es pequeña **pero** cómoda.	*The house is small but comfortable.*
A Juan no le gustaba el apartamento, **pero** lo alquiló.	*Juan didn't like the apartment, but he rented it.*

PRÁCTICA

A. Complete the following sentences, using **sino** or **pero** as needed.

1. Trabaja, _PERO_ no gana mucho dinero.
2. No vive en una casa _SINO_ en un apartamento.
3. No es rubia _SINO_ pelirroja.
4. No tengo sábanas, ~~PERO~~ SINO tengo dos frazadas.
5. No es médico _SINO_ enfermero.
6. No está en el salón de estar _SINO_ en la sala.

B. With a partner, act out the following dialogues in Spanish.

1. "Do you need sheets and pillowcases?"
   "We don't need pillowcases, but we (do) need pillows."
2. "Is he angry?"
   "He's not angry, but tired."
3. "Is Alberto her son?"
   "No, he's not her son, but her nephew."
4. "Did you buy a bedspread?"
   "No, but I bought a mattress for David's room."

¡A ver cuánto aprendió!

¡Repase el vocabulario

Choose the best answer for each of the following questions.

1. ¿Es de Bogotá?
   a. Sí, es uruguayo.   b. Sí, es chileno.   c. Sí, es colombiano.
2. ¿Dónde vas a poner el sofá?
   a. En el comedor.   b. En la sala.   c. En el ascensor.
3. ¿Por qué estás enojado con tu hermano?
   a. Porque no me hace caso.   b. Porque es de estatura mediana.
   c. Porque no tiene nada que ponerse.
4. ¿Para qué quieres la frazada?
   a. Para cruzar la calle.   b. Para ponerla en la cama.
   c. Para que me hagan una radiografía.

5. ¿Por qué no puedes alquilar ese apartamento?
   a. Porque no gano suficiente dinero.   b. Porque se alquila.
   c. Porque tengo que pagar exceso de equipaje.
6. ¿Para dónde son las cortinas?
   a. Para aquella butaca.   b. Para aquella ventana.
   c. Para aquel jardín.
7. ¿Por qué no te gusta Emilio?
   a. Porque es muy simpático.   b. Porque trabaja tiempo completo.
   c. Porque es muy antipático.
8. ¿Qué vas a poner en la sala en vez del sofá?
   a. Un asiento de ventanilla.   b. Un asiento de pasillo.
   c. Una butaca.
9. ¿Es un apartamento amueblado?
   a. Sí, pero no tiene lavaplatos.   b. Sí, pero no tiene tienda de campaña.   c. Sí, pero no tiene consultorio.
10. ¿Qué necesitas para el dormitorio?
   a. Una caña de pescar.   b. Un rizador y un secador.
   c. Una mesita de noche.

Entrevista

Interview a partner, using the **tú** form.

Pregúntele a su compañero(-a) de clase...

1. ...si su casa tiene calefacción central y aire acondicionado.
2. ...qué muebles tiene en su dormitorio.
3. ...si se va a mudar cuando termine el semestre.
4. ...si prefiere alquilar un apartamento o comprar una casa.
5. ...si prefiere una casa que tenga garaje para tres coches o una casa que tenga piscina.
6. ...si trabaja tiempo completo o medio día.
7. ...qué va a hacer mañana en cuanto regrese a su casa.
8. ...si juega a la lotería.
9. ...si es pesimista, optimista o realista.
10. ...si es un(-a) aguafiestas.

Situaciones

What would you say in the following situations? What might the other person say? Act out the scenes with a partner. Take turns playing each role.

1. You are talking to a real estate agent. You are looking for a house that is in a good neighborhood, with at least five bedrooms, air conditioning, and a three-car garage.
2. You are describing the house or apartment where you live to a friend.
3. You and your friend are going to share an apartment. Describe one you have just seen, telling him or her why you should take the apartment. Your friend doesn't think it's a good idea.

Para escribir

Write a composition describing the house of your dreams (**sueños**). Include the following information:

- location
- kind of neighborhood
- what type of rooms you want
- number of bedrooms and bathrooms
- backyard (patio)
- color scheme
- furniture you would have in each room
- conveniences
- what you will have to do to be able to afford such a house

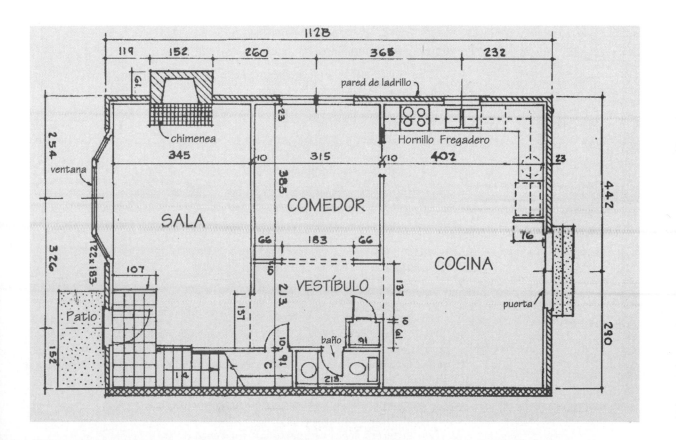

MI PAREJA IDEAL

Pair up with a classmate to write personal ads designed to help you find your ideal mate. Your description of the type of person you are looking for (use **Busco...** or **Quiero conocer a...**) should include physical characteristics, personality, age, economic status, and favorite activities. Don't forget to describe yourselves, as well.

CASAS Y APARTAMENTOS

Imagine that you and several classmates own a real estate agency. Prepare ads for the following types of houses.

1. A very expensive house in a good neighborhood.
2. A small house in a student neighborhood.
3. Two different types of apartment for rent.

EN BUSCA DE APARTAMENTO

Some friends of yours want to buy an apartment in or near Barcelona. Help them by using the information provided in the ads below to answer their questions.

Veranee todo el año en Barcelona. Vista panoramica, por encima capa polución ciudad, 135 m. sobre el nivel del mar

APARTAMENTOS
(JUNTO AL PARQUE GUINARDO)

Calle Dr. Cadevall, 1-3 Barcelona (entrada por Avda. V.de Montserrat y calle Fco. Alegre)
Gran calidad, estar-comedor, 2 ó 3 dorm., cocina, baño, calef. ind., terraza, antena colectiva, y parabólica, 70 a 90 m². A partir de ptas. 7.000.000

Información: MANSUR, S.A. De 5.30 a 8,30 h. tarde
Tel. 257-53-45. Con financiación de Caja Postal

VIVA EN EL CENTRO
DE BLANES
A 5 minutos de la playa
APARTAMENTOS

Con Plazas de Parking, 1 y 2 hab. Salón - Comedor – Cocina equipada – Baño completo - Acabados
ALTO STANDING. Información: **FINCAS VERA.**
C. Muralla, n.° 3. BLANES. Tels.: (972) 33-53-74 y (972) 33-70-47

TORREDEMBARRA

Apartamentos 2 habitaciones, salón comedor, cocina, baño completo con instalación para lavadora. Situados en el centro del pueblo.
Avda. Catalunya. 11.
Precio: 4.000.000 pesetas
Vd. puede ser propietario con 1 millón de pesetas más 3 millones de hipoteca (a 15 años)
Vea apartamento de muestra y compruebe su calidad.

Información en la misma obra laborable de 10 a 14 h. y de 16.30 a 20 hs. Excepto lunes y martes

1. ¿Hay algún apartamento que esté cerca de la ciudad de Barcelona? ¿Cuál? ¿Cuántos dormitorios tiene? ¿Tiene piscina? ¿Cuál es el número de teléfono?

2. ¿Hay algún apartamento que quede cerca de la playa? ¿Cuál es la dirección? ¿Los apartamentos son grandes o pequeños? ¿Se puede estacionar allí?

3. ¿Hay algún apartamento que quede cerca de un parque? ¿Qué parque? ¿A qué hora se puede ver? ¿Cuánto cuesta el más barato?

4. ¿Hay algún apartamento donde se pueda poner una lavadora (*washing machine*)? ¿Cuánto tiempo hay para pagar la hipoteca (*mortgage*)? ¿Se puede ver cualquier (*any*) día de la semana? ¿Cuánto cuesta?

¡VAMOS A LEER!

ANTES DE LEER

A. Before you read *La señorita Julia* in detail, skim it quickly to get the gist of the story, without stopping to look up unfamiliar vocabulary. What is the setting for the story? Who are the main characters? What important events take place? Identifying these points will help you understand the story better the second time through.

B. As you read the story, answer the following questions.

1. ¿Qué problema tiene Alberto y cómo lo soluciona?
2. ¿En qué consiste el trabajo de Alberto?
3. ¿Cómo es el cuarto donde está el cuadro? ¿Cómo es el cuadro?
4. ¿Qué diferencias hay entre la muchacha del cuadro y la señorita Julia?
5. ¿Qué le hace Alberto a la señorita Julia? ¿Por qué?
6. ¿Qué cree la criada que pasó?
7. ¿Qué ven los policías cuando miran el cuadro? ¿Por qué les parece raro?

La señorita Julia

Ana Cortesi-Jarvis

Ana Cortesi-Jarvis nació en Paraguay y es autora de varios libros de texto para la enseñanza del español. Ha publicado también varios cuentos y poemas. Vive y enseña en los Estados Unidos.

Alberto Aguirre necesita ganar algún dinero para poder asistir a la universidad. Solicita y obtiene un trabajo en casa de la señorita Julia Ocampos, *old lady* anciana° de ochenta años, que tiene muchísimo dinero y vive sola, con una *maid* criada.°

El trabajo de Alberto consiste en hacer un inventario completo de todas las posesiones de la señorita Julia.

lace Un día, Alberto sube a un cuarto pequeño, con cortinas de encaje° *hung* blanco y olor a jazmines. Es entonces que nota el cuadro enorme colgado° *portrait / beauty* en la pared. Es el retrato° de una muchacha de belleza° espléndida, sentada *daisies / lap* bajo un árbol grande, con margaritas° en el regazo.°

Alberto pasa horas en el cuarto, contemplando el cuadro. Allí trabaja,
dreams   come, sueña,° vive...
steps   Un día oye los pasos° de la señorita Julia, que viene hacia el cuarto.
pointing to / mixture   —¿Quién es? —pregunta Alberto, señalando° el cuadro con una mezcla°
de admiración, respeto y delirio.

Soy yo... —responde la señorita Julia—, yo a los dieciocho años.

Alberto mira el cuadro y mira a la señorita Julia, alternativamente. En su
hatred   corazón nace un profundo odio° por la señorita Julia, que es vieja y arru-
wrinkled   gada° y tiene el pelo blanco.

Cada día que pasa, Alberto está más pálido y nervioso. Casi no trabaja.
Cada día está más enamorado de la muchacha del cuadro, y cada día odia
más a la señorita Julia.

Una noche, cuando está listo para regresar a su casa, oye pasos que
vienen hacia el cuarto. Es la señorita Julia.

—Su trabajo está terminado —dice—; no necesita regresar mañana...
kills   Alberto mata° a la señorita Julia y pone el cadáver de la anciana a los
pies de la muchacha.

Pasan dos días. La criada llama a la policía cuando descubre el cuerpo de
la señorita Julia en el cuarto de arriba.
robber / weeps   —Estoy segura de que fue un ladrón° —solloza° la criada.
Falta... Is anything of value missing?   —¿Falta algo de valor?° —pregunta uno de los policías.
detailed   La criada tiene una idea. Va a buscar el inventario detallado,° escrito por
handwriting / cramped   Alberto con su letra° pequeña y apretada.° Los dos policías leen el inventario, van por toda la casa y ven que no falta nada.

Regresan al cuarto.

Parados al lado de la ventana con cortinas de encaje blanco y olor a jazmines, leen la descripción del cuadro que tienen frente a ellos: "retrato de
una muchacha de belleza espléndida, sentada bajo un árbol grande, con
margaritas en el regazo".
fruciendo... frowning   —¡Qué raro! —exclama uno de los policías, frunciendo el ceño.°
couple   —Según este inventario, es el retrato de una muchacha, no de una pareja...°

Díganos

Answer the following questions based on your own thoughts and experiences.

1. ¿Qué tipo de cuento considera Ud. *La señorita Julia:* divertido, serio,
   romántico, realista, de suspenso...? ¿Por qué?
2. ¿Qué tipo de cuentos prefiere Ud.?
3. ¿Quiénes son sus escritores favoritos?
4. ¿Qué novelas famosas conoce Ud.?

Panorama hispánico

América del Sur (I)

■ La cuenca *(basin)* del Amazonas, que ocupa partes de Perú, Ecuador, Colombia, Brasil y Venezuela, es la más grande del mundo. El río Amazonas tiene más de 1.000 tributarios.

■ La Paz, la capital de Bolivia, está situada a más de diez mil pies de altura. La ciudad se encuentra al pie del nevado *(snow-covered)* Illimani, que alcanza *(reaches)* una altura de más de veinte mil pies.

■ Las islas Galápagos, frente a las costas de Ecuador, se consideran una de las zonas ecológicas mejor conservadas. Las distintas especies de plantas y animales que allí se encuentran son exclusivas de las islas y no tienen similaridad con las especies del continente.

■ Caracas, la capital de Venezuela, es el lugar de nacimiento de Simón Bolívar, el Libertador de América. Bolívar luchó *(fought)* por la independencia de Colombia, Venezuela, Ecuador, Perú y Bolivia.

Brazalete de oro, usado en ritos funerarios preincaicos, que se encuentra en el Museo del Oro en Lima, Perú. En el museo existe una gran variedad de piezas precolombinas de oro y de plata con piedras preciosas. Esta colección es un ejemplo del talento artístico y de los conocimientos técnicos de las culturas indígenas que habitaban el continente antes de la llegada de Colón.

¿ Cuáles son algunos museos famosos de los Estados Unidos? ¿Dónde están?

Bolivia

Colombia

Ecuador

Perú

Venezuela

La Avenida Doce de Octubre es una de las principales de Quito, la capital de Ecuador. Esta ciudad, situada al pie del volcán Pichincha, goza de *(enjoys)* un clima primaveral todo el año por estar a una altura de 9.250 pies sobre el nivel del mar.

¿ Dónde hay volcanes en los Estados Unidos?

En los llanos orientales *(eastern plains)* de Colombia, la ganadería *(livestock)* es la principal fuente de ingresos. Estos "llaneros" llevan una manada *(herd)* de caballos a los corrales de una hacienda en el departamento de Meta, situado al sureste de Colombia.

¿ Qué región de los Estados Unidos es conocida por la importancia de la ganadería?

Todos los años se celebra en el Parque Central de Caracas, Venezuela, un maratón internacional. El parque es en realidad una pequeña ciudad dentro de Caracas. Su construcción duró 16 años y contiene dos rascacielos *(skyscrapers)*, varios supermercados, una piscina olímpica, un centro para convenciones internacionales y numerosos museos y tiendas.

¿ Cuáles son los maratones más famosos de los Estados Unidos?

El Salto Ángel *(Angel Falls)*, localizado en el Parque Nacional de Canaima en Venezuela, es el más alto del mundo, con una altura de unos 3.200 pies. Las cataratas *(falls)* se llaman Ángel en honor al piloto norteamericano Jimmy Ángel, que fue el primero en aterrizar *(land)* allí en 1937.

¿ Qué cataratas de los Estados Unidos son famosas en todo el mundo?

Vista de una de las típicas calles coloniales de Cartagena de Indias en la costa norte de Colombia.
Durante la Conquista y el período colonial, la parte
antigua de la ciudad estaba completamente amura-
llada *(walled in)* para dar protección contra los
ataques de piratas ingleses y franceses.

**En qué ciudades de los Estados Unidos se ve
la influencia de otros países, y en qué
aspectos?**

En el centro de Lima hay dos
grandes plazas: la Plaza de Armas y
la Plaza de San Martín, conectadas
por la calle Jirón de la Unión. La
Plaza de San Martín, que aparece
en la foto, se llama así en honor a
José de San Martín, considerado
héroe nacional del Perú, por haber
liberado este país, además de
Argentina y Chile, del dominio
español.

**Cuáles son algunos lugares o
monumentos norteamerica-
nos nombrados en honor de
héroes nacionales?**

Las islas Galápagos se hicieron famosas en todo el mundo en el siglo XIX, gracias a los estudios sobre la evolución de las especies que realizó allí el naturalista británico Charles Darwin. En la foto, un grupo de excursionistas sube al punto más alto de la isla Bartolomé.

Cuáles son algunos lugares de Norteamérica que tienen interés especial para los naturalistas?

Una manada de alpacas pace *(grazes)* en las montañas de Bolivia. La alpaca pertenece a la familia de las llamas, especie relacionada con los camellos que habita la región de los Andes. La llama se usa principalmente como animal de transporte mientras que la lana *(wool)* de la alpaca se utiliza para hacer alfombras y diferentes artículos de ropa.

En qué países de Sudamérica podemos encontrar llamas y alpacas?

Teleinforme

VOCABULARIO

Ecuador

a la vez   at the same time
el archipiélago   group of islands
bien cuidados   well maintained
calificándola   qualifying it
crecen   grow
la cúpula   dome
el encuentro   meeting
imponente   imposing

llegó a ser   became
nuevamente   again, over
el puerto   port
se convierte en   turns into
se halla   is found
se mezclan   are mixed
ubicado   located
la vida cotidiana   daily life

Lima, Perú

los aconteceres   events
añadiendo   adding
celosamente   jealously
la ciudad de los virreyes   the city
    of the viceroys
en medio de   in the center of
hecha por   made by
la herencia   inheritance, legacy

los limeños   people from Lima
majestuosa   majestic
quizás   perhaps
el ritmo   rhythm
se hallaba   was found
señorial   elegant
sorprendente   surprising
el testigo   witness

PREPARACIÓN

¿Cuánto saben Uds. ya?   After reading the information in **Panorama hispánico 7**, get together in groups of three or four and answer the following questions.

1. ¿Qué islas se consideran una de las zonas ecológicas mejor conservadas del mundo?
2. ¿Dónde están estas islas?
3. ¿Cuál es la capital de Ecuador?
4. ¿Al pie de que volcán está situada Quito?
5. ¿Cómo es el clima de Quito?
6. ¿Cuál es un museo muy importante en Lima, Perú?
7. ¿Cómo se llaman dos plazas importantes en el centro de Lima?
8. ¿Qué países liberó Simón Bolívar?

COMPRENSIÓN

A. Ecuador.   Complete the following statements with the appropriate words.

1. En Ecuador, ricas tradiciones indígenas _____ con costumbres de la vida de hoy.
2. Quito es una ciudad _____ y _____ a la vez.

3. La Plaza de la _____ es el corazón de la ciudad vieja. En su centro está ubicado el _____ a la libertad.
4. En la plaza hay hermosos y bien cuidados _____ .
5. La catedral se distingue por su singular _____ de color verde.
6. _____ es la ciudad más poblada del Ecuador.
7. En Guayaquil se halla el _____ principal del país.
8. El histórico _____ de _____ y San Martín fue la inspiración para la construcción de un elegante monumento.
9. Por el puerto de Guayaquil pasan el _____ por ciento de las importaciones del Ecuador y el _____ de sus exportaciones.
10. Uno de los lugares más exóticos del mundo es el _____ de las Galápagos.

B. Expedición andina.   Make an "X" before the environmental issues or problems you see presented on the video. Which do you consider the most important? Why?

_____ 1. La cacería *(hunting)* de las especies en peligro *(endangered species)*
_____ 2. La construcción de rascacielos *(skyscrapers)* y de carreteras *(highways)*
_____ 3. La basura *(garbage)*
_____ 4. La destrucción de los bosques *(forests)*
_____ 5. La contaminación del aire
_____ 6. La pesca en exceso

C. Lima, Perú.   Read the following statements. After watching the video, circle V (**Verdadero**) or F (**Falso**), according to what you understood.

V F   1. Lima es una ciudad totalmente moderna.
V F   2. Lima fue llamada "la ciudad de los virreyes".
V F   3. Lima fue fundada por Cristóbal Colón.
V F   4. La población de Lima es de menos de un millón de habitantes.
V F   5. La Plaza de Armas es el centro de la Lima antigua.
V F   6. En el centro de la plaza hay una hermosa fuente de bronce.
V F   7. Uno de los lugares preferidos por los limeños es la Plaza de San Martín.

D. Anuncio.   Answer the following questions about the ad you saw.

1. ¿Cómo se llama el producto?
2. ¿De qué país es el producto?
3. ¿Quiere Ud. comprar este producto? ¿Por qué sí o por qué no?

AMPLIACIÓN

Dos culturas.   The class will be divided into two groups: one group prefers to spend a semester studying in Ecuador and one group prefers to go to Peru. Each group will list the reasons for their choice.

De compras

El Corte Inglés es uno de los almacenes más grandes y populares de Madrid.

OBJECTIVES

Structure

The past participle • The present perfect • The past perfect (pluperfect) • The familiar commands (**tú** and **vosotros**)

Communication

You will learn vocabulary related to clothing and shopping.

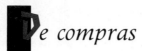e compras

Anita y su esposo Hugo han abierto el armario y han dicho, casi al mismo tiempo, "¡No tengo nada que ponerme!" Han decidido, pues, ir de compras a El Corte Inglés,[1] que está en el centro de Madrid.

   Cuando llegan, la tienda no está abierta todavía, pero ya hay mucha gente porque hoy hay una gran rebaja. A las nueve entran en la tienda. Anita sube por la escalera mecánica hasta el primer piso, donde está el departamento de ropa para señoras. Hugo se queda en el departamento de ropa para caballeros, que está en la planta baja.

   En el departamento de ropa para señoras, Anita se encuentra con su amiga Tere.[2]

ANITA —¿Qué tal? Aprovechando las rebajas, ¿no? Dime Tere, ¿cuánto cuesta esa blusa verde?

TERE —Mil ochocientas pesetas. ¿Qué talla usas?

ANITA —Uso talla treinta y ocho.[3] Voy a probármela.

TERE —Espera, ¿no te gusta esta falda? Combina muy bien con la blusa y es talla mediana. Pruébatela. El probador está a la izquierda.

ANITA —*(Desde el probador)* Tere, hazme un favor. Tráeme una falda talla treinta y seis.

TERE —Espera... Lo siento, no hay tallas más pequeñas.

Anita compró la blusa, pero no compró la falda porque le quedaba grande y era demasiado cara. Después fue a la zapatería porque necesitaba comprar un par de zapatos rojos para combinar con un bolso rojo que Hugo le había regalado.

ANITA —¿Tiene zapatos rojos?

DEPENDIENTE —Lo siento, señora, pero en rojo solamente tengo estas sandalias.

ANITA —Yo calzo el treinta y seis.[4] *(A Tere)* Hacen juego con mi bolso.

El dependiente le prueba las sandalias.

ANITA —Me aprietan un poco, pero me las llevo.

DEPENDIENTE —¿Se las envuelvo o quiere llevárselas puestas?

ANITA —Envuélvamelas, por favor.

---

[1] Note that **a** and **el** do not contract to form **al** since **El** is part of the store name.
[2] nickname for Teresa
[3] equivalent to an American size 10
[4] equivalent to an American size 6

En el departamento de ropa para caballeros, Hugo ha comprado un traje, dos pantalones, tres camisas y una chaqueta. También ha cambiado un par de botas que había comprado, porque le quedaban chicas. Hugo, Anita y Tere se encuentran a la salida.

ANITA —Hugo, llévanos a comer algo. ¡Estamos muertas de hambre!
HUGO —¡Yo también! Esperadme aquí. Yo voy por el coche.

Vocabulario

Cognados

el **par**   pair   las **sandalias**   sandals

▨ Nombres

el **armario**, el **ropero**   el **departamento de (ropa para)**   el **traje**   suit
  wardrobe, closet   **señoras (damas)**   women's   la **zapatería**   shoe department,
la **blusa**   blouse   department   shoe store
el **bolso**, la **bolsa**, la **cartera**   el **(la) dependiente(-a)**   store   el **zapato**   shoe
  handbag, purse   clerk
la **bota**   boot   la **escalera mecánica**   escalator
la **camisa**   shirt   la **falda**   skirt
la **chaqueta**   jacket   la **planta baja**   ground floor
el **departamento de (ropa**   el **probador**   fitting room
  para) caballeros   men's   la **rebaja**, la **liquidación**   sale
  department   la **talla**, la **medida**   size

▨ Verbos

apretar (e:ie)   to be tight   **cambiar**   to exchange, change   **envolver (o:ue)**   to wrap
aprovechar   to take advantage   **encontrarse (o:ue) (con)**   to   **llevarse**   to take (buy)
  of   meet   **usar, llevar**   to wear, use
calzar   to take (a certain size
  in shoes)

▨ Adjetivos

mediano(-a)   medium

◼ Otras palabras y expresiones

casi almost
comer algo[1] to have something to eat
de compras shopping
hacer juego, combinar to match, go together
ir de compras to go shopping
llevar puesto(-a) to wear, have on

me aprietan they feel tight
muerto(-a) de hambre starving
no tener nada que ponerse not to have anything to wear

pues therefore
quedarle grande (chico) a uno to be too big (small) on someone
todavía yet

Vocabulario complementario

◼ Más ropa

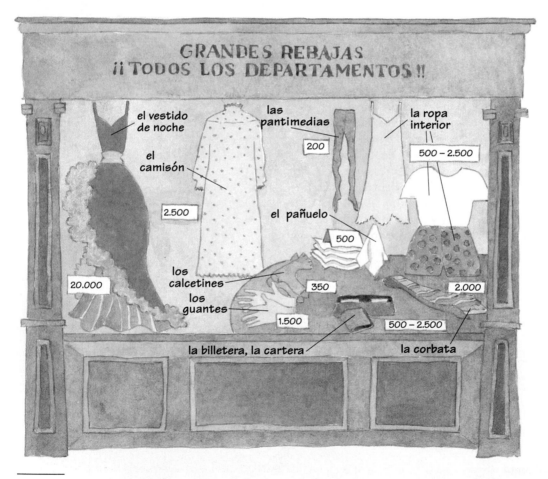

GRANDES REBAJAS
¡¡TODOS LOS DEPARTAMENTOS!!

el vestido de noche
el camisón
2.500
las pantimedias
200
el pañuelo
500
la ropa interior
500 – 2.500
los calcetines
los guantes
20.000
1.500
350
la billetera, la cartera
500 – 2.500
2.000
la corbata

---

[1] **tomar algo** = *to have something to drink*

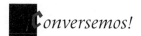

¡Conversemos!

Answer the following questions, basing your answers on the dialogue.

1. ¿Por qué han decidido ir de compras Anita y Hugo?
2. ¿Está cerrado El Corte Inglés cuando llegan Anita y Hugo?
3. ¿Cómo va Anita al primer piso?
4. ¿Tiene Hugo que subir para ir al departamento de caballeros? ¿Por qué sí o por qué no?
5. ¿Es gorda Anita? ¿Cómo lo sabe Ud.?
6. ¿Qué no compra Anita y por qué?
7. ¿Por qué quiere Anita comprar unos zapatos rojos?
8. ¿Tiene Anita los pies grandes?
9. ¿Le quedan bien las sandalias?
10. ¿Qué ha comprado Hugo? ¿Dónde?
11. ¿Por qué ha cambiado Hugo las botas que había comprado?
12. ¿Adónde van Hugo y las chicas?

¿Lo sabía Ud.?

- Lo que *(What)* en los Estados Unidos es el primer piso es la planta baja en los países hispanos. Entonces el primer piso en España, por ejemplo, corresponde al segundo piso en los Estados Unidos.

- En las ciudades hispanas hay excelentes tiendas donde se puede comprar ropa hecha *(ready-to-wear)*, pero muchas personas prefieren utilizar los servicios de un sastre *(tailor)* o de una modista *(dressmaker)*.

- Aunque ahora hay muchos grandes almacenes *(department stores)*, todavía existen en los países hispanos muchas tiendas pequeñas especializadas en un solo producto. Por ejemplo, se vende **perfume** en la **perfumería, joyas** *(jewelry)* en la **joyería** y **relojes** en la **relojería**.

- Actualmente *(Nowadays),* los dependientes de las tiendas a menudo tutean *(use the **tú** form of address)* a los clientes en España.

Una joyería elegante en la Ciudad de México.

Estructuras

1. The past participle   *(El participio pasado)*

A. Forms of the past participle

PAST PARTICIPLE ENDINGS		
-ar *verbs*	**-er** *verbs*	**-ir** *verbs*
habl-**ado** *(spoken)*	com-**ido** *(eaten)*	decid-**ido** *(decided)*

■ The following verbs have irregular past participles.

abrir	**abierto**	*opened*
cubrir	**cubierto**	*covered*
decir	**dicho**	*said*
hacer	**hecho**	*done*
escribir	**escrito**	*written*
morir	**muerto**	*died*
poner	**puesto**	*put*
romper	**roto**	*broken*
ver	**visto**	*seen*
volver	**vuelto**	*returned* (somewhere)
devolver	**devuelto**	*returned* (something)
envolver	**envuelto**	*wrapped*

ATENCIÓN Verbs ending in **-er** and **-ir** whose stem ends in a vowel require an accent mark on the **i** of the **-ido** ending.

creer	**creído**	*believed*
leer	**leído**	*read*
oír	**oído**	*heard*
traer	**traído**	*brought*

PRÁCTICA

Supply the past participle of each of the following verbs.

1. tener	7. cortar	13. entrar	19. ver
2. traer	8. volver	14. salir	20. aceptar
3. cerrar	9. romper	15. hacer	21. devolver
4. decir	10. cubrir	16. poner	22. leer
5. quebrar	11. vendar	17. abrir	23. operar
6. apretar	12. sentir	18. escribir	24. recetar

B. Past participles used as adjectives

■ In Spanish, most past participles may be used as adjectives. As such, they agree in number and gender with the nouns they modify.

La peluquería está **abierta** hoy.　*The beauty parlor is open today.*
El restaurante está **abierto** hoy.　*The restaurant is open today.*
Las peluquerías están **abiertas** hoy.　*The beauty parlors are open today.*
Le mandé dos cartas **escritas** en inglés.　*I sent him two letters written in English.*
No dejen los libros **abiertos**.　*Don't leave the books open.*

PRÁCTICA

A. You are very efficient. When a friend asks whether you did something, you say it is already done.

MODELO: ¿Ya pusiste la mesa?
Sí, ya está puesta.

1. ¿Ya cerraste la puerta?
2. ¿Ya abriste las ventanas?
3. ¿Ya hiciste la gelatina?
4. ¿Ya envolviste el regalo?
5. ¿Ya escribiste las cartas?
6. ¿Ya pagaste la cuenta?
7. ¿Ya cubriste los muebles?
8. ¿Ya lavaste la blusa?

B. Act out the following dialogues with a partner, providing the missing adjectives (past participle form) of the verbs listed.

abrir	hacer	poner
cerrar	morir	romper
escribir	pintar	traducir

1. —Tengo aquí una carta de Pierre, pero no la entiendo porque está _____ en francés.
  —Yo creía que Pierre estaba _____ .
  —No, tuvo un accidente y tiene una pierna _____ , pero no murió.
2. —Oye, ¿está _____ la puerta?
  —Sí, pero las ventanas están _____ .
  —Pues ábrelas porque hace mucho calor.
3. —¿Ya podemos comer?
  —Sí, la mesa ya está _____ y la comida está _____ .
4. —¿Cuándo se van a mudar Uds.?
  —No sé porque la casa no está _____ todavía.
5. —¿Esos libros están _____ en español?
  —Sí, pero también están _____ al inglés y al francés.

2. The present perfect *(El pretérito perfecto)*

■ The present perfect tense is formed by using the present indicative of the auxiliary verb **haber** with the past participle of the verb that expresses the action or state. This tense is equivalent to the English present perfect *(have + past participle,* as in *I have spoken.).*

Present indicative of **haber**

he	hemos
has	habéis
ha	han

FORMATION OF THE PRESENT PERFECT TENSE

	hablar	**tener**	**venir**
yo	**he** hablado	**he** tenido	**he** venido
tú	**has** hablado	**has** tenido	**has** venido
Ud. él ella	**ha** hablado	**ha** tenido	**ha** venido
nosotros(-as)	**hemos** hablado	**hemos** tenido	**hemos** venido
vosotros(-as)	**habéis** hablado	**habéis** tenido	**habéis** venido
Uds. ellos ellas	**han** hablado	**han** tenido	**han** venido

—¿**Has pagado** más de cien dólares por una blusa alguna vez?

—No, nunca **he pagado** tanto dinero.

"Have you ever paid more than one hundred dollars for a blouse?"

"No, I've never paid that much money."

—¿**Has visto** a Teresa?

—No, no la **he visto**.

"Have you seen Teresa?"

"No, I haven't seen her."

■ Note that when the past participle is part of a perfect tense, it is invariable. The past participle only changes in form when it is used as an adjective.

Ella ha **escrito** la carta.

La carta está **escrita**.

She has written the letter.

The letter is written.

■ In the Spanish present perfect tense the auxiliary verb **haber** can never be separated from the past participle as it can in English.

Yo nunca **he estado** en Lima.

I have never been in Lima.

■ Remember that when reflexive or object pronouns are used with compound tenses, the pronouns are placed immediately before the auxiliary verb.

<table>
<tr><td>Le ha dado mucho dinero a su hijo.</td><td>He has given a lot of money to his son.</td></tr>
<tr><td>María y José se han ido.</td><td>María and José have left.</td></tr>
</table>

PRÁCTICA

A. A friend of yours has broken his leg and cut his arm in an accident. Using the cues given, tell what the people named have done for him.

> MODELO: Su hermana / llevarlo al hospital
> *Su hermana lo ha llevado al hospital.*

1. El doctor / hacerle una radiografía
2. La enfermera / ponerle una inyección
3. El médico / vendarle la herida
4. Sus amigas / limpiar el apartamento
5. Nosotros / escribirles a sus padres
6. Yo / hacer la comida
7. Tú / hablar con el médico
8. Sus padres / mandarle una tarjeta

B. With a partner, discuss five things that you and your family and friends have never done. Compare your own experiences with those of your partner.

> MODELO: —*Yo nunca he estado en España.*
> —*Yo tampoco he estado en España.*
> *(Yo he estado en España dos veces.)*

3. The past perfect (pluperfect)   *(El pluscuamperfecto)*

■ The past perfect tense is formed by using the imperfect tense of the auxiliary verb **haber** with the past participle of the verb that expresses the action or state.

■ This tense is equivalent to the English past perfect *(had + past participle,* as in *I had spoken.).* Generally, the past perfect tense expresses an action that has taken place before another action in the past.

Imperfect of haber

había	habíamos
habías	habíais
había	habían

FORMATION OF THE PAST PERFECT TENSE

	estudiar	beber	ir
yo	**había** estudiado	**había** bebido	**había** ido
tú	**habías** estudiado	**habías** bebido	**habías** ido
Ud. él ella	**había** estudiado	**había** bebido	**había** ido
nosotros(-as)	**habíamos** estudiado	**habíamos** bebido	**habíamos** ido
vosotros(-as)	**habíais** estudiado	**habíais** bebido	**habíais** ido
Uds. ellos ellas	**habían** estudiado	**habían** bebido	**habían** ido

—¿No hablaste con Teresa? *"Didn't you speak with Teresa?"*

—No, cuando yo llegué, ella ya se **había ido**. *"No, when I arrived, she had already left."*

PRÁCTICA

A. One of your roommates is never around when there is work to be done. Say what had already been done by the time he or she got home last night.

> MODELO: Nosotros / lavar los platos
> *Cuando él (ella) llegó, nosotros ya habíamos lavado los platos.*

1. yo / barrer la cocina
2. los chicos / pasarle la aspiradora a la alfombra
3. Roberto / hacer la comida
4. Elsa y yo / planchar la ropa
5. tú / limpiar el refrigerador
6. Carmen y Elena / bañar al perro
7. Anita / poner la mesa
8. Raúl y Carlos / comprar la comida

B. With a partner, act out the following dialogues in Spanish.

1. "Did you talk with Carlos, Paquito?"
   "No, when I left he hadn't returned yet."
2. "Didn't you write the letter?"
   "No, Olga had already written it."
3. "I didn't know that the dog had died."
   "I thought that the children had told you (about it)."
4. "Did you have a good time in Barcelona?"
   "Yes, we saw many things that we had never seen before."

4. The familiar commands (**tú** and **vosotros**)
(Las formas imperativas de tú y de vosotros)

Unlike other commands in Spanish, the familiar affirmative commands (corresponding to the **tú** and **vosotros** forms) do not use the subjunctive.

A. *Tú* commands

■ The affirmative command form for **tú** has exactly the same form as the third person singular form of the present indicative.

Verb	Present indicative	Familiar command (tú)
hablar	él habla	**habla** (tú)
comer	él come	**come** (tú)
abrir	él abre	**abre** (tú)
cerrar	él cierra	**cierra** (tú)
volver	él vuelve	**vuelve** (tú)

¡Espera!	*Wait!*
Habla español.	*Speak Spanish.*
¡Come el bistec!	*Eat the steak!*
Abre el refrigerador.	*Open the refrigerator.*
Cierra la puerta.	*Close the door.*
Vuelve a la piscina.	*Go back to the swimming pool.*

■ Spanish has eight irregular **tú** command forms.

decir	**di**	salir	**sal**
hacer	**haz**	ser	**sé**
ir	**ve**	tener	**ten**
poner	**pon**	venir	**ven**

Di la verdad.	*Tell the truth.*
Haz tu trabajo.	*Do your work.*
Ve al sexto piso.	*Go to the sixth floor.*
Ponlo en la mesa.	*Put it on the table.*
¡Sal de mi dormitorio!	*Get out of my bedroom!*
Sé bueno.	*Be good.*
Ten paciencia.	*Have patience.*
Ven lo antes posible.	*Come as soon as possible.*

B. *Vosotros* commands

◼ The affirmative command form for **vosotros** is formed by changing the final **r** of the infinitive to **d**.

Infinitive	Familiar command (vosotros)
hablar	hablad
comer	comed
escribir	escribid
ir	id
salir	salid

◼ When the affirmative command of **vosotros** is used with the reflexive pronoun **os**, the final **d** is dropped.

bañar	bañad	**bañaos**
vestir	vestid	**vestíos**[1]

Bañaos antes de cenar.   *Bathe before dinner.*

◼ Only one verb, **irse**, doesn't drop the final **d** when the pronoun **os** is added.

¡Idos!   *Go away!*

C. Negative forms

◼ The negative **tú** and **vosotros** commands use the corresponding forms of the present subjunctive.

hablar	no **hables** tú	no **habléis** vosotros
vender	no **vendas** tú	no **vendáis** vosotros
decir	no **digas** tú	no **digáis** vosotros

ATENCIÓN Object and reflexive pronouns are positioned with familiar commands just as they are with the formal commands.

Pon**lo** aquí.	*Put it here.*
No **lo** pongas allí.	*Don't put it there.*
Vénde**nosla.**	*Sell it to us.*
No **nos la** vendas.	*Don't sell it to us.*

---

[1] Note that **-ir** verbs take a written accent over the **i** when the reflexive pronoun **os** is added.

PRÁCTICA

A. With a classmate, play the roles of an older sibling giving instructions to a younger brother or sister who doesn't like to take orders. Use the cues provided.

> MODELO: —*Come la espinaca* (spinach).
> —*No quiero comerla. ¡Cómela tú!*

1. levantarse temprano
2. estudiar
3. hacer la tarea
4. escribirle una carta a la abuela
5. bañar al perro
6. ir al mercado y comprar frutas
7. recoger la ropa de la tintorería
8. llamar por teléfono a Carlos y decirle que no venga hoy
9. lavar el mantel y las servilletas
10. tener la cena lista para las siete
11. poner la mesa
12. barrer la cocina

B. Juana always has a hard time deciding what to do. Give her some suggestions, using the cues provided.

> MODELO: No sé qué clase tomar.   (francés)
> *Toma una clase de francés.*

1. No sé adónde ir esta noche.   (cine)
2. No sé con quién salir.   (Mauricio)
3. No sé qué hacer mañana.   (ir de compras)
4. No sé qué comprar.   (un traje de baño)
5. No sé qué regalarle a papá.   (una camisa y una corbata)
6. No sé qué comprarle a mamá.   (una falda y unas pantimedias)
7. No sé qué hacer para comer.   (sopa y pollo)
8. No sé qué decirle a Jorge.   (que te lleve al baile)
9. No sé en qué banco poner mi dinero.   (en el Banco de Ponce)
10. No sé qué hacer con mi pelo.   (cortártelo)

C. Say two commands, one affirmative and one negative, that the following people would be likely to give.

1. una madre a su hijo de quince años
2. un(-a) estudiante a su compañero(-a) de cuarto
3. una muchacha a su novio
4. una médica a una niña
5. un profesor a un estudiante

¡A ver cuánto aprendió!

¡Repase el vocabulario!

Choose the correct word or phrase to complete each statement.

1. Puede probarse (la lengua, la falda, el cuello) en el probador.
2. Mi bolso (hace juego, está muerto de hambre, va de compras) con mis zapatos.
3. Yo calzo el número siete y estos zapatos son número diez. (Me aprietan mucho. Me quedan grandes. Me quedan bien.)
4. Necesito un par de (calcetines, mundos, otoños).
5. Pagué solamente treinta dólares por el vestido; hoy hubo una gran (alfombra, liquidación, sorpresa) en Casual Corner.
6. Estos pantalones son muy caros, pero no los he devuelto todavía porque (me gustan mucho, no me gustan, no me quedan bien).
7. Hace frío. Póngase (la chaqueta, el camino, la cabeza).
8. ¿Quiere llevar las sandalias puestas o se las (desinfecto, envuelvo, peino)?
9. ¿Qué medida (vuela, usa, camina)?
10. El traje tiene que hacer juego con (la corbata, la ropa interior, el camisón).
11. Quítese los (calcetines, pantalones, zapatos). Voy a ponerle una inyección.
12. Puse el dinero en (la billetera, la máquina de afeitar, el secador).
13. No hay ropa en mi ropero. No tengo nada que (ponerme, bañarme, afeitarme).
14. ¿Usa Ud. talla grande, chica o (breve, lacia, mediana)?
15. Me sangra la nariz. ¿Tienes (pantimedias, un pañuelo, un vestido de noche)?
16. Pues yo me quedo en la (taza, trucha, planta baja).

Entrevista

Interview a classmate, using the **tú** form.

Pregúntele a su compañero(-a) de clase...

1. ...si va a ir de compras mañana.
2. ...qué talla de camisa (blusa) usa.
3. ...qué número calza.
4. ...si le aprietan los zapatos que lleva puestos.
5. ...si cuando compra un par de zapatos se los lleva puestos.
6. ...dónde ha comprado esa falda (chaqueta, camisa).
7. ...si su camisa (blusa) y sus pantalones siempre hacen juego.
8. ...cuál es la tienda que más le gusta.
9. ...si prefiere comprar cuando hay una liquidación y por qué.
10. ...si prefiere usar la escalera o la escalera mecánica.

Situaciones

What would you say in the following situations? What would the other person say? Act out the scenes with a partner. Take turns playing each role.

1. You are shopping in a large department store. You need a pair of gloves, a white shirt, and a blue tie. You also saw a brown suit in the window that you liked, and you want to know how much it costs.
2. You are a clerk. A customer is admiring a pink blouse. Ask her what size she wears, and tell her the fitting room is on the left.
3. A clerk at a shoe store wants to sell you a pair of boots. The ones he is showing you are too expensive and too tight on you.
4. Tell your friend that you haven't eaten yet, that you are starving, and that you want to have something to eat.

Para escribir

Write a dialogue between yourself and a clerk at a department store. You should mention what size you wear, what colors you like, and whether or not something fits you. Describe different things you want to buy.

En la vida real

HACIENDO LAS MALETAS

You and a classmate are going on vacation. You are going to Hawaii in August and she or he is going to Colorado in December. Help each other select the type of clothes you will need for the trip, according to the different activities you are planning.

Here are some other words and phrases you may want to use in addition to the lesson vocabulary:

la bufanda   *scarf*
el abrigo   *coat*
de lana   *made of wool*
de algodón   *made of cotton*
el suéter   *sweater*

¡DE COMPRAS!

Help a friend of yours who is shopping at El Corte Inglés in Madrid. Answer her questions, using the information provided in the ad.

En Agosto
MAS VENTAJAS

Ahora en El Corte Inglés, Rebajas sobre Rebajas. Todo cuesta mucho menos.

SEÑORAS
- Vestidos lisos y estampados, en poliéster-algodón **2.995**
- Pareos estampados, en distintos dibujos y colores **995**

CABALLEROS
- Pantalones de sport y de vestir, lisos y fantasía, en poliéster-lana y poliéster-algodón **2.595**
- Mocasines en piel de búfalo, con piso de suela **3.995**

JÓVENES
- Para ellas, bañadores y bikinis, lisos y fantasía **1.595**
- Para ellos, bañadores, lisos y estampados **1.495**

NIÑOS
- Camisetas para niños y niñas, lisas y estampadas **595**
- Playeros en distintos colores, todas las tallas **695**

MENAJE
- Batería de cocina ocho piezas, en acero vitrificado, tres colores **4.495**

TEXTILES
- Mantelería de seis servicios estampada, acabada en festón **2.795**

MUEBLES
- Sillón cromado, con asiento y respaldo en piel **8.160**

LAS REBAJAS
DE EL CORTE INGLÉS

El Corte Inglés

1. ¿En qué mes son las rebajas?
2. Tengo una hija de nueve años. ¿Qué puedo comprarle?
3. Mi esposo necesita zapatos. ¿Qué tipo de zapatos venden y cuánto cuestan?
4. No tengo nada que ponerme. ¿Qué puedo comprar para mí?
5. Pensamos ir a la playa. ¿Qué puedo comprar para mí y para mis hijos?
6. Es el cumpleaños de mi padre. ¿Qué puedo regalarle? ¿Cuánto me va a costar?
7. ¿Para cuántas personas son los manteles?
8. ¿Cuánto cuesta el sillón?

LA ÚLTIMA MODA

Stage a fashion show in class. A few students will play the role of runway models, and other students will describe the clothes and shoes the models are wearing. The rest of the class will be customers and will ask the price and size of the clothes and shoes the models are wearing.

Teledrama

Alfredo y Luz Marina
van de compras.

VOCABULARIO

bañado en oro gold-plated
el bolígrafo ballpoint pen
la cadena chain
la caja cash register
como de costumbre as usual
el escaparate store window
escuchando listening
en oferta on sale
hemos juntado dinero we have
  collected money
incumplido irresponsible, not
  trustworthy

la joyería jewelry store
el juego set
la marca brand
me gustaría I would like
**me gustaría que me
  acompañaras** I'd like you to
  come with me
el papel paper
rebajadas reduced (in price)
el recibo receipt
el vestido suit *(Colombia)*

PREPARACIÓN

¿Cuánto saben Uds. ya? This video episode focuses on shopping for clothes
and other items. With a partner, brainstorm possible words and phrases the
characters might use in these contexts. Make a list of them and circle the ones
you hear as you watch the video.

COMPRENSIÓN

A. ¿Qué pasa? After watching the video, select the word or phrase that best
completes each statement, according to what you understood.

1. Los (padres, abuelos) de Alfredo le dieron dinero.
2. El viernes es el cumpleaños de (Alfredo, la doctora Segovia).

3. Luz Marina y Alfredo se encuentran a las (tres, siete) y media en la entrada principal del Unicentro.
4. Alfredo quiere comprarse (una corbata, un par de zapatos).
5. Alfredo usa la talla (cuarenta, treinta).
6. (Los bolígrafos, Las cadenas) están a mitad de precio.
7. Se puede devolver la cadena si se tiene el (dinero, recibo).
8. La empleada va a hacer un (paquete, vestido) muy bonito.

B. ¿Qué hacen? Match the characters with what they do in the video.

a. Luz Marina
b. Alfredo
c. La empleada de la joyería

_____ 1. Se prueba una camisa.
_____ 2. Le paga 22.000 pesos al empleado.
_____ 3. Recuerda que tienen que comprar zapatos.
_____ 4. Muestra un juego de bolígrafos.
_____ 5. Compra una cadena.

AMPLIACIÓN

Otro guión. Watch the video episode without sound. With a partner, describe what the characters are doing and create an original dialogue between them.

Take this test. When you have finished, check your answers in the answer key provided for this section in Appendix E. Then use a red pen to correct any mistakes you may have made. Are you ready?

LECCIÓN 13

A. The *Ud.* and *Uds.* commands

Complete the following sentences with the command form of the verbs in parentheses.

1. Señorita, _____ (mandar) las cartas por vía aérea y certificadas.
2. _____ (estar) aquí a las siete, señores.
3. _____ (ir) a la oficina de telégrafos ahora, señor.
4. Señora, _____ (caminar) dos cuadras y _____ (doblar) a la derecha.
5. No _Sean_ (ser) impacientes, señoras.
6. _Caminen_ (caminar) Uds. hasta la esquina.
7. _____ (tratar) de comprar los sellos hoy, señor.
8. _Cierren_ (cerrar) las puertas, señoritas. Hace mucho frío.
9. No _____ (dar) su dirección, señoras.
10. No _deje_ (dejar) los paquetes aquí, señorita.

B. Position of object pronouns with direct commands

Give the Spanish equivalent of the words in parentheses.

1. Necesito las estampillas. _____ , señorita. *(Bring them to me)*
2. El señor quiere la cuenta. _Désela él_ , mozo. *(Give it to him)*
3. ¿Las cartas? _____ después, señoritas. *(Write them to him)*
4. La señora quiere leche fría. _llévesela_ , camarero. *(Take it to her)*
5. _____ que ellos son extranjeros, señor. *(Tell him)*
6. Necesito el periódico. _____ ahí mismo, señora. *(Leave it)*
7. Éste es el más caro pero _no se lo diga_ señora. *(don't tell it to him)*
8. Yo no quiero los camarones. _____ , mozo. *(Don't bring them to me)*

C. The subjunctive to express doubt, disbelief, and denial

Rewrite the following sentences with the new beginnings.

1. Creo que el correo queda en la esquina.
   No creo que...
2. No es verdad que ella esté en la oficina de telégrafos.
   Es verdad que...
3. No dudo que tenemos que subir.
   Dudo que...

4. No niego que él maneja muy bien.
   Niego que...
5. Estoy seguro de que Luis sabe dónde está el paquete.
   No estoy seguro de que...
6. Es cierto que necesitamos un documento de identidad.
   No es cierto que...

D. Constructions with *se*

Form questions with the elements given, adding the necessary connectors.
Follow the model.

> MODELO: a qué hora / abrir / las tiendas
> *¿A qué hora se abren las tiendas?*

1. qué idioma / hablar / Chile   *Qué idioma se hablan Chile*
2. a qué hora / cerrar / los bancos   *Que hora se cierran los bancos*
3. a qué hora / abrir / el correo   *AQue hora se abre el correo*
4. dónde / vender / estampillas   *Donde se venden estampillas*
5. por dónde / subir / segundo piso   *Por donde se sube segundo piso*

E. Just words . . .

Match the questions in column A with the appropriate responses in
column B. Use each response once.

A	**B**
1. ¿Dónde queda la oficina?	a. No, está abajo.
2. ¿Vas a caminar?	b. Sí, hasta llegar al semáforo.
3. ¿Dónde puedo comprar estampillas?	c. Sí, necesito comprar estampillas.
4. ¿Qué le van a mandar?	d. Frente a la estación del metro.
5. ¿Vas a la oficina de correos?	e. No, tiene treinta años.
6. ¿Está arriba?	f. No, hacia la estación.
7. ¿Van a subir?	g. No, voy a tomar el metro.
8. ¿Es viejo?	h. No, el correo no llega hasta las diez.
9. ¿Sigo derecho?	i. Un telegrama.
10. ¿Está lejos?	j. No, un giro postal.
11. ¿Dónde están parados ellos?	k. No, vamos a bajar.
12. ¿Tienes la carta de Juan?	l. En Cuatro Caminos, a dos cuadras de aquí.
13. ¿Va hacia el aeropuerto?	m. No, queda allí mismo.
14. ¿Le van a mandar dinero?	n. Sí, todas las semanas.
15. ¿Les escribes a tus padres?	o. En la ventanilla número dos.
16. ¿Es un edificio moderno?	p. No, es muy antiguo.

LECCIÓN 14

A. The subjunctive to express indefiniteness and nonexistence

Give the Spanish equivalent of the following sentences.

1. Is there anybody here who knows how to speak Spanish?
2. We have a house that has five bedrooms.
3. I don't know anybody who is from Spain.
4. Do you want a house that has a swimming pool?
5. I need an armchair that is comfortable.
6. There is a girl who speaks French, but there is no one who speaks Russian.

B. The subjunctive or indicative after certain conjunctions

Give the Spanish equivalent of the verbs in parentheses.

1. Tan pronto como Marta _____ a casa, le voy a mostrar la cómoda nueva. *(arrives)*
2. Voy a esperarlos hasta que _____ . *(they return)*
3. Cuando ellos _____ a trabajar, siempre dejan las ventanas abiertas. *(go)*
4. Cuando lo _____ , dile que somos seis. *(see)*
5. Vamos antes de que _____ la lámpara que te gusta. *(they sell)*
6. Ella va a ir a la fiesta con tal que tú _____ con ella. *(go)*
7. No puedo sacar el sillón de la casa sin que ellos me _____ . *(see)*
8. En caso de que ella _____ otra almohada, aquí está la mía. *(needs)*
9. No puedo comprar las fundas a menos que tú me _____ el dinero. *(give)*
10. Voy a hacer todo lo posible para que él _____ el dinero. *(gets)*

C. *Qué* and *cuál* used with *ser*

Supply the question that elicited the following responses, beginning with **qué** or **cuál,** as needed.

1. Mi número de teléfono es 862–4031.
2. El apellido de mi madre es Lovera.
3. Un pasaporte es un documento que necesitamos para viajar a un país extranjero.
4. Las lecciones que necesitamos son la once y la doce.
5. Su dirección es calle Universidad número treinta.
6. La sidra es una bebida hecha de manzanas.

D. Uses of *sino* and *pero*

Combine the following pairs of sentences into one, using **pero** or **sino** as needed. Follow the model.

>MODELO: Ella es morena.
>Ella no es rubia.
>*Ella no es rubia sino morena.*

1. No voy a comprarlo a plazos.
   Voy a comprarlo al contado.
2. No quiere alquilar la casa.
   Quiere comprarla.
3. El coche vale solamente setecientos dólares.
   Nosotros no podemos comprarlo.
4. Carlos no dijo que tenía el dinero.
   Carlos dijo que tenía los cheques.
5. Ella no quiere que firmemos la solicitud.
   Ella quiere que la leamos.

E. Just words . . .

Match the questions in column A with the appropriate responses in column B. Use each response once.

A	**B**
1. ¿Tienes frío?	a. Pienso viajar a México.
2. ¿Por qué es tan cara la casa?	b. No, uso el fregadero.
3. ¿Por qué necesitas un garaje tan grande?	c. Sí, la cama era muy cómoda.
4. ¿Cuánto va a costar el edificio?	d. Porque era más cómodo.
5. ¿Cuáles son tus planes para el verano?	e. La semana próxima.
6. ¿Es optimista?	f. Está en un buen barrio.
7. ¿Dormiste bien?	g. Una cómoda y una butaca.
8. ¿Tienes lavaplatos?	h. No, tiempo completo.
9. ¿Cuándo se mudan?	i. No, muy pesimista.
10. ¿Tienen dinero?	j. Sí, pero no tenemos fundas.
11. ¿Por qué compraste este sofá en vez del otro?	k. ¡Tengo tres coches!
12. ¿Vas a trabajar medio día?	l. Póngalo en la sala.
13. ¿Qué muebles necesitas?	m. Sí, cierra la ventana, por favor.
14. ¿Dónde pongo el sofá?	n. Sí, ganaron la lotería.
15. ¿Tienen almohadas?	o. Cinco millones de dólares.
16. ¿Dónde vas a poner el pollo?	p. En el microondas.

LECCIÓN 15

A. The past participle

Give the Spanish equivalent of the following past participles.

1. written
2. opened
3. seen
4. done
5. broken

6. gone
7. spoken
8. eaten
9. drunk
10. received

B. Past participles used as adjectives

Give the Spanish equivalent of the words in parentheses.

1. Los espejos están _____ . *(broken)*
2. ¿Están _____ las puertas de la tienda? *(open)*
3. El hombre estaba _____ . *(dead)*
4. El departamento de señoras está _____ . *(closed)*
5. Estas sandalias están _____ aquí. *(made)*

C. The present perfect

Complete the sentences with the present perfect tense of the verbs in the list, as needed.

decir usar comer
quedarse hacer envolver

1. ¿Tú nunca _____ esa falda?
2. Él me _____ los zapatos. No voy a llevarlos puestos.
3. Ellos me _____ que no tienen nada que hacer.
4. Nosotros _____ demasiado.
5. Yo _____ en la planta baja.
6. ¿Uds. no _____ el trabajo todavía?

D. The past perfect

Complete the following sentences with the past perfect tense of the verbs in parentheses.

1. Cuando yo llegué, la liquidación ya _____ . (terminar)
2. Elsa dijo que ellos _____ (ir) al departamento de ropa para caballeros.
3. El dependiente me _____ (decir) que la cartera costaba cincuenta dólares.
4. Yo ya _____ (abrir) el probador.
5. Nosotros todavía no _____ (comprar) la camisa.
6. ¿Tú le _____ (preguntar) qué talla usaba?

E. The familiar command (*tú* form)

Give the Spanish equivalent of the words in parentheses.

1. _____ , Paco. ¿Pusiste los platos en el fregadero? *(Tell me)*
2. _____ el trabajo y luego _____ la cocina, Ana.   *(Do / clean)*
3. _____ de mi recámara, Carlos. *(Leave)*
4. _____ con ella y _____ las cortinas para el cuarto, Pepe. *(Go / buy)*
5. ¿Los libros? _____ en la mesa, querida. *(Put them)*
6. _____ conmigo. *(Come)*
7. _____ buena y _____ las sábanas y la frazada, Anita. *(Be / bring me)*
8. _____ paciencia. _____ unos minutos más. *(Have / Wait for me)*
9. _____ la casa si no tiene aire acondicionado, Luis. *(Don't buy)*
10. ¿El té? _____ todavía, Petrona. *(Don't serve it)*
11. _____ , querido. *(Don't go away)*
12. _____ a las seis y _____ hasta las once. *(Get up / work)*

F. Just words . . .

Choose the appropriate answer to each of the following questions.

1. ¿Qué número calza Ud.?
   a. Talla mediana.
   b. El treinta y seis.
   c. No tengo pantimedias.
2. ¿Quiere las botas negras y el bolso azul?
   a. No, no hacen juego.
   b. Casi al mismo tiempo.
   c. No, me gusta la ropa interior.
3. ¿Puedo probarme estos zapatos?
   a. Sí, pero antes tiene que ponerse calcetines.
   b. Sí, pero necesita esta corbata.
   c. Sí, pero necesita ponerse estos guantes.
4. ¿Va a llevar este par de zapatos?
   a. No, me quedan muy bien.
   b. No, están en la zapatería.
   c. No, me aprietan un poco.
5. ¿Dónde pusiste el traje?
   a. ¡En la billetera, por supuesto!
   b. ¡En el ropero, por supuesto!
   c. ¡En la escalera, por supuesto!

6. ¿Tiene frío, señora?
   a. Sí, tráigame el pañuelo.
   b. Sí, tráigame las sandalias.
   c. Sí, tráigame la chaqueta.
7. ¿Quieres comer algo?
   a. Sí, estoy muerta de hambre.
   b. Sí, me gusta este vestido.
   c. Sí, quiero esa camisa y esa blusa.
8. ¿Cómo subieron al tercer piso?
   a. Nos encontramos en la planta baja.
   b. Por la escalera mecánica.
   c. Compramos ropa.

Camino a San José

Un policía conversa con un conductor en la Ciudad de México.

OBJECTIVES

Structure

The future • The conditional • The future perfect • The conditional perfect

Communication

You will learn vocabulary related to automobiles, including going to a service station and dealing with road emergencies.

Camino a San José

Gloria y Julio, una pareja de recién casados, están de vacaciones en Costa Rica. Ahora están en la carretera, camino a San José.

GLORIA —Julio, ¡estás manejando muy rápido! La velocidad máxima es de noventa kilómetros por hora. ¡Te van a poner una multa!

JULIO —No te preocupes. ¿Dónde estamos? ¿Tú tienes el mapa?

GLORIA —Está en el portaguantes, pero según ese letrero estamos a cuarenta kilómetros de San José.

JULIO —¿Hay una gasolinera cerca? El tanque está casi vacío.

GLORIA —Yo creo que tendrás que esperar hasta llegar a San José. ¡Ah, no! Allí hay una.

Julio para en la estación de servicio para comprar gasolina.

JULIO —*(Al empleado)* Llene el tanque, por favor. Además, ¿podría revisar el aceite y ponerle agua al radiador?

EMPLEADO —Sí, señor.

JULIO —Ayer tuve un pinchazo y el mecánico me dijo que necesitaba neumáticos nuevos...

EMPLEADO —Sí, yo los habría cambiado... y también el acumulador.

GLORIA —¡Caramba! También te dijo que tendrías que arreglar los frenos e instalar una bomba de agua nueva.

JULIO —Haremos todo eso en San José.

GLORIA —¿No dijiste que también cambiarías el filtro del aceite y que comprarías limpiaparabrisas nuevos?

JULIO —Sí, pero ahora pienso que habría sido mejor comprar un coche nuevo antes de salir de viaje.

GLORIA —Sí, porque cuando lleguemos ya habremos gastado una fortuna en arreglos.

JULIO —Y ayer el motor estaba haciendo un ruido extraño. Debe ser el silenciador.

Cuando Julio trata de arrancar, el coche no funciona.

JULIO —¡Ay, no! Tendremos que llamar una grúa para remolcar el coche hasta San José.

GLORIA —No vale la pena. Yo lo dejaría aquí.

Los Mapas y las Guías Michelin se complementan...¡Utilícelos juntos!

Vocabulario

Cognados

el **filtro** filter
la **fortuna** fortune
la **gasolina** gasoline

el **kilómetro** kilometer
el **mecánico** mechanic
el **motor** motor, engine

el **radiador** radiator
el **tanque** tank

Nombres

el **aceite** oil
el **acumulador, la batería**
  battery
el **agua** *(fem.)* [1] water
el **arreglo** repair
la **bomba de agua** water
  pump
la **carretera** highway
el **freno** brake

la **gasolinera, la estación de**
  servicio service station
la **grúa** tow truck
el **letrero** sign
el **limpiaparabrisas** windshield wiper
el **neumático, la llanta, la**
  goma tire
la **pareja** couple

el **portaguantes, la guantera**
  glove compartment
los **recién casados** newlyweds
el **ruido** noise
el **silenciador** muffler
la **velocidad** speed

Verbos

arrancar to start (a car)
arreglar to fix
funcionar to work, function
gastar to spend

instalar to install
parar to stop
remolcar to tow

revisar, chequear to check
tratar (de) to try

Adjetivos

extraño(-a) strange, funny

vacío(-a) empty

Otras palabras y expresiones

camino a... on the way to . . .
(no) vale la pena it's (not)
  worth the trouble
poner (dar) una multa to give
  a ticket (fine)

salir de viaje to leave on a
  trip
tener un pinchazo to have a
  flat
velocidad máxima speed limit

---

[1] The definite article **el** or the indefinite article **un** is used instead of **la** or **una** with feminine
  singular nouns beginning with *stressed* **a** or **ha**.

Vocabulario complementario

▧ Para hablar del coche

la autopista freeway, highway	En California hay muchas **autopistas**.
el carburador carburetor	El mecánico revisó el **carburador**.
la chapa, la placa license plate	La **chapa** de mi coche es 24808.
descompuesto(-a) out of order, not working	No pude usar el coche porque estaba **descompuesto**.
la licencia (el carnet) de conducir driver's license	Él me pidió la **licencia de conducir**.
lleno(-a) full	El tanque está **lleno**.
el maletero, la cajuela *(Mex.)* trunk	¿Pusiste las maletas en el **maletero**?
la milla mile	La velocidad máxima es de 55 **millas** por hora.
el taller repair shop	¿Hay un **taller** cerca de aquí?

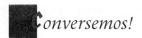

¡Conversemos!

Answer the following questions, basing your answers on the dialogue.

1. ¿Quiénes están en la carretera, camino a San José?
2. ¿Hace mucho tiempo que ellos están casados?
3. ¿Por qué dice Gloria que le van a poner una multa a Julio?
4. Según el letrero, ¿a cuántos kilómetros de San José están Gloria y Julio?
5. ¿Por qué necesitan ir a una gasolinera?
6. ¿Qué tiene que hacer el empleado de la gasolinera?
7. ¿Qué dijo el mecánico que necesitaban arreglar?
8. ¿Dónde dice Julio que van a arreglar el coche?
9. ¿Qué hacía el motor ayer?
10. ¿Qué pasa cuando Julio trata de arrancar el coche?
11. ¿Por qué van a tener que llamar una grúa?
12. ¿Qué quiere hacer Gloria con el coche? ¿Por qué?

¿Lo sabía Ud.?

- En las grandes ciudades como Madrid, Caracas, la Ciudad de México y Buenos Aires, hay muchísimos automóviles y autobuses, lo cual *(which)* está causando graves problemas de contaminación del aire *(smog)*. Sin embargo, en muchas zonas rurales de los países hispanos, particularmente en Hispanoamérica, hay muy pocos automóviles, ya que no hay carreteras, o las que existen están en muy malas condiciones.

- En la mayoría de los países hispanos, la gasolina y los automóviles son mucho más caros que en los Estados Unidos. Por esta razón es muy popular la motocicleta, especialmente entre la gente joven.

- En los países hispanos, se usa el sistema métrico decimal. Un kilómetro equivale a 0,6 millas; un galón equivale a 3,8 litros.

La Calle Mayor de Madrid, donde se ve un anuncio de la Feria del Libro, que se celebra todos los años.

Estructuras

1. The future   *(El futuro)*

■ Most Spanish verbs are regular in the future tense. The infinitive serves as the stem of almost all of them, and the endings are the same for all three conjugations.

THE FUTURE TENSE				
Infinitive		*Stem*	*Ending*	
trabajar	yo	trabajar-	é	trabajaré
aprender	tú	aprender-	ás	aprenderás
escribir	Ud.	escribir-	á	escribirá
hablar	él	hablar-	á	hablará
decidir	ella	decidir-	á	decidirá
dar	nosotros(-as)	dar-	emos	daremos
ir	vosotros(-as)	ir-	éis	iréis
caminar	Uds.	caminar-	án	caminarán
perder	ellos	perder-	án	perderán
recibir	ellas	recibir-	án	recibirán

ATENCIÓN Note that all the endings, except the one for the **nosotros** form, have written accents.

—¿**Venderán** Uds. la compañía?   *"Will you sell the company?"*
—No sé; lo **decidiremos** mañana.   *"I don't know; we will decide tomorrow."*

■ The English equivalent of the Spanish future is *will* or *shall* + *a verb*. As you have already learned, Spanish also uses the construction **ir a** + *infinitive* or *the present tense with a time expression* to express future action, very much like the English present tense or the expression *going to*.

Vamos a ir al cine esta noche. ⎫ *We're going (We'll go) to*
or: **Iremos** al cine esta noche. ⎭   *the movies tonight.*

Anita **toma** el examen mañana. ⎫ *Anita is taking (will take)*
or: Anita **tomará** el examen mañana. ⎭   *the exam tomorrow.*

ATENCIÓN The Spanish future is *not* used to express willingness, as is the English future. In Spanish this is expressed with the verb **querer**.

¿**Quieres** llamar a Tomás?   *Will you call Tomás?*

■ A small number of verbs are irregular in the future. These verbs use a modified form of the infinitive as a stem, but have the same endings as the regular verbs.

IRREGULAR FUTURE STEMS		
Infinitive	*Modified form (Stem)*	*First-person singular*
decir	dir-	**diré**
hacer	har-	**haré**
querer	querr-	**querré**
saber	sabr-	**sabré**
poder	podr-	**podré**
caber	cabr-	**cabré**
poner	pondr-	**pondré**
venir	vendr-	**vendré**
tener	tendr-	**tendré**
salir	saldr-	**saldré**
valer[1]	valdr-	**valdré**

—¿Qué les **dirás** a tus padres?   *"What will you tell your parents?"*

—Les **diré** que no **podremos** venir en enero y que **vendremos** en febrero.   *"I will tell them that we won't be able to come in January and that we will come in February."*

ATENCIÓN The future of **hay** (impersonal form of **haber**) is **habrá**.

¿Habrá una fiesta?   *Will there be a party?*

PRÁCTICA

A. Say what the following people will do after classes are over, using the future tense and the words and expressions given.

1. Jorge / ir de vacaciones / México
2. Marta y yo / salir para Colombia / julio
3. Mis padres / venir / a visitarme / agosto
4. Ana / tener que / trabajar / verano
5. Yo / tomar / una clase / francés
6. Uds. / poner / alfombra nueva / casa
7. Tú / viajar / por Latinoamérica
8. Ud. / pasar / dos semanas / Sevilla

---

[1] *to be worth*

B. You and a friend will be traveling to Spain next year. Answer these questions about your trip.

1. ¿Adónde irán?
2. ¿Cuándo saldrán de viaje?
3. ¿Viajarán en barco o en avión?
4. ¿Cuánto tiempo estarán viajando?
5. ¿Podrán visitar muchas ciudades?
6. ¿Qué lugares visitarán?
7. ¿Les enviarán tarjetas postales a sus amigos?
8. ¿Cuánto dinero necesitarán para el viaje?
9. ¿Se lo pedirán a sus padres?
10. ¿Cuándo volverán?

Now, use the questions as a model to ask a classmate about his or her upcoming vacation plans.

C. You and your parents are traveling across the country by car. Say what everybody will do, according to the circumstances.

Antes del viaje:

1. El radiador no tiene agua. ¿Qué hará su padre?
2. Los frenos no están funcionando muy bien. ¿Qué hará Ud.?
3. El tanque del coche está casi vacío. ¿Qué hará su mamá?
4. El coche está muy sucio. ¿Qué harán Uds.?
5. Hace cinco meses que Uds. no cambian el aceite. ¿Qué harán sus padres?

Durante el viaje:

1. Uds. no saben cómo llegar a algún lugar. ¿Qué hará su mamá?
2. Ud. está manejando demasiado rápido. ¿Qué hará el policía?
3. Tienen un pinchazo. ¿Qué hará su papá?
4. El coche no arranca. ¿Qué harán Uds.?
5. El coche está descompuesto y el mecánico dice que nadie puede arreglarlo. ¿Qué harán sus padres?

2. The conditional   *(El condicional)*

■ The conditional tense in Spanish is equivalent to the conditional in English, expressed by *should* or *would* + *a verb.*[1] Like the future tense, the conditional uses the infinitive as the stem and has only one set of endings for all three conjugations.

THE CONDITIONAL TENSE				
Infinitivo		*Stem*	*Ending*	
trabajar	yo	trabajar-	ía	trabajaría
aprender	tú	aprender-	ías	aprenderías
escribir	Ud.	escribir-	ía	escribiría
ir	él	ir-	ía	iría
ser	ella	ser-	ía	sería
dar	nosotros(-as)	dar-	íamos	daríamos
hablar	vosotros(-as)	hablar-	íais	hablaríais
servir	Uds.	servir-	ían	servirían
estar	ellos	estar-	ían	estarían
preferir	ellas	preferir-	ían	preferirían

■ All of the conditional endings have written accents.

—Él dijo que **cambiaría** el filtro.

—Sí, y también dijo que **revisaría** los frenos.

"He said that he would change the filter."

"Yes, and he also said that he would check the brakes."

■ The conditional is also used as the future of a past action. The future states what *will* happen; the conditional states what *would* happen.

Future	*Conditional*
(states what *will* happen)	(states what *would* happen)
Él **dice** que **estará** aquí mañana.	Él **dijo** que **estaría** aquí mañana.
He says that he will be here tomorrow.	*He said that he would be here tomorrow.*

---

[1] The conditional is never used in Spanish as an equivalent of *used to.*

Cuando era pequeño siempre **iba** a la playa.   *When I was little I would always go to the beach.*

■ The verbs that have irregular stems in the future tense are also irregular in the conditional. The endings are the same as those for regular verbs.

	IRREGULAR CONDITIONAL STEMS	
Infinitive	*Modified form (Stem)*	*First-person singular*
decir	dir-	**diría**
hacer	har-	**haría**
querer	querr-	**querría**
saber	sabr-	**sabría**
poder	podr-	**podría**
caber	cabr-	**cabría**
poner	pondr-	**pondría**
venir	vendr-	**vendría**
tener	tendr-	**tendría**
salir	saldr-	**saldría**
valer	valdr-	**valdría**

be able to fit in (handwritten annotation next to poder/caber)
to be worth (handwritten annotation next to valer)

—¿A qué hora te dijo que **vendría?** "What time did he tell you he would come?"
—Dijo que **saldría** de casa a las dos. "He said he would leave home at two."

ATENCIÓN The conditional of **hay** (impersonal form of **haber**) is **habría**.

Dijo que **habría** una fiesta. He said there would be a party.

PRÁCTICA

A. Nobody would do the things that Carlos does. Say what the following people would do instead, using the conditional tense.

MODELO: Carlos come en la cafetería. (yo)
Yo *no comería en la cafetería; comería en mi casa.*

Carlos...

1. se levanta a las cinco. (Uds.)
2. estudia por la mañana. (Ana y Luis)
3. viene a la universidad en ómnibus. (nosotros)
4. toma clases de alemán. (yo)
5. se baña por la noche. (Elsa)

6. se acuesta a las nueve de la noche.   (Ud.)
7. va a la montaña los fines de semana.   (ellos)
8. sale con Margarita.   (tú)

B. Interview a classmate, using the following questions.

1. ¿Qué harías con mil dólares?
2. ¿Adónde irías de vacaciones?
3. ¿Preferirías un asiento de ventanilla o un asiento de pasillo?
4. ¿Preferirías un cuarto en la planta baja o en el séptimo piso?
5. ¿Manejarías sin tu licencia de conducir?
6. Vamos a tener una fiesta. ¿Qué podrías traer?
7. ¿Te gustaría tener la oportunidad de practicar el español todos los días?
8. ¿Dijiste que vendrías a la universidad el domingo?

C. Say what you would do in the following situations, using the conditional.

1. Su coche no arranca.
2. El tanque de su coche está vacío.
3. Ud. tuvo un pinchazo en la carretera.
4. Le duele la cabeza.
5. Ud. tiene el pelo largo y ahora está de moda el pelo corto.
6. Un amigo le pide diez dólares.
7. Ud. tiene un examen muy difícil mañana.
8. Está lloviendo a cántaros.
9. Ud. quiere ir a la playa y no tiene traje de baño.
10. Su amigo(-a) se ha roto un brazo.

D. With a partner, take turns telling each other what you would do if you won a million dollars in the lottery. Say at least five things each, and then compare your responses with those of other classmates.

3. The future perfect   *(El futuro perfecto)*

■ The future perfect in Spanish corresponds closely in formation and meaning to the same tense in English. The Spanish future perfect is formed with the future tense of the auxiliary verb **haber** + *the past participle* of the main verb.

Future tense of haber

habré	habremos
habrás	habréis
habrá	habrán

FORMATION OF THE FUTURE PERFECT TENSE

yo	**habré terminado**	*I will have finished*
tú	**habrás vuelto**	*you will have returned*
Ud. él } ella	**habrá comido**	*you (he, she) will have eaten*
nosotros(-as)	**habremos escrito**	*we will have written*
vosotros(-as)	**habréis dicho**	*you (fam.) will have said*
Uds. ellos } ellas	**habrán salido**	*you (they) will have left*

■ Like its English equivalent, the future perfect is used to indicate an action that will have taken place by a certain time in the future.

—¿Tus padres estarán aquí <br> para el dos de junio?
 —Sí, para esa fecha ya **habrán**
 vuelto de Madrid.

*"Will your parents be here by
 June second?"*
 "Yes, by that date they will <br> have returned from Madrid."

PRÁCTICA

A. Act out the following dialogues with a partner, providing the missing future perfect forms of the verbs listed.

go to bed   clean

acostarse   limpiar   terminar
cenar   salir   volver

1. —Esta noche a las once voy a llamar a Quique.
   —¿Estás loco(-a)? Para esa hora él ya _____ . Llámalo mañana a las siete.
   —Para esa hora ya _____ de su casa.
2. —¿Uds. _____ de México para el cuatro de julio?
   —No, no _____ todavía. Vamos a estar allí hasta agosto.
3. —Tú y yo podemos salir para España el 12 de diciembre porque ya estaremos de vacaciones.
   —Bueno, tú _____ las clases para entonces, pero yo no las _____ todavía.
4. —No podemos traer a mis amigos esta noche porque la casa está muy sucia.
   —No te preocupes. Para cuando Uds. vengan, las chicas ya la _____ .
5. —¿Quieres cenar con nosotros hoy?
   —Gracias, pero para cuando yo vuelva, Uds. ya _____ .

B. With your partner, discuss things that you will or will not have done by the following times.

1. para las once de la noche
2. para mañana a las cinco de la mañana
3. para mañana a las seis de la tarde
4. para el sábado próximo
5. para junio del año próximo
6. para el año dos mil

4. The conditional perfect   *(El condicional perfecto)*

■ The conditional perfect is formed with the conditional tense of the auxiliary verb **haber** + *the past participle* of the main verb.

Conditional tense of haber

habría	habríamos
habrías	habríais
habría	habrían

FORMATION OF THE CONDITIONAL PERFECT TENSE

yo	**habría vuelto**	*I would have returned*
tú	**habrías comido**	*you would have eaten*
Ud. él ella	**habría salido**	*you (he, she) would have left*
nosotros(-as)	**habríamos estudiado**	*we would have studied*
vosotros(-as)	**habríais hecho**	*you (fam.) would have done*
Uds. ellos ellas	**habrían muerto**	*you (they) would have died*

■ Like the English conditional perfect, the Spanish conditional perfect is used to indicate an action that would have taken place but didn't.

—Yo fui a Lima.   "*I went to Lima.*"
—Yo **habría ido** a Río de Janeiro.   "*I would have gone to Río de Janeiro.*"

PRÁCTICA

A. Last summer, my family, a friend, and I took a trip to New York. Based on what I tell you about our trip, say what you and each member of your family would have done differently, if anything.

Modelo: Mi padre llevó tres maletas.
*Mi padre **habría llevado** una maleta.*

1. Nosotros fuimos a Nueva York.
2. Viajamos en tren.
3. Yo me senté en la sección de no fumar.
4. Mi mamá preparó sándwiches para el viaje.
5. Mi amigo y yo bebimos refrescos en el café del tren.
6. En Nueva York, mi amigo se quedó en casa de su abuelo.
7. Nosotros nos quedamos en un hotel.
8. Mis padres fueron a ver una comedia musical.
9. Yo fui a bailar.
10. Nosotros visitamos el Museo de Arte Moderno.
11. Mi amigo visitó la Estatua de la Libertad.
12. Estuvimos en Nueva York por dos semanas.

B. With a partner, act out the following dialogues in Spanish.

1. "I invited my uncle to spend the weekend with us."
   "I would have invited him to come during the week."
2. "They went to the movies last Saturday."
   "I would have gone to the theater."
3. "We took the car to the mechanic."
   "My husband would have bought a new car."
4. "Do you like my jacket? It cost me a fortune!"
   "I wouldn't have spent ten dollars on that jacket."
5. "She said that she was starving, and I made her a sandwich."
   "We would have taken her to a restaurant."

¡A ver cuánto aprendió!

¡Repase el vocabulario!

Circle the word or phrase that best completes each sentence.

1. Tuve un pinchazo. Tendré que cambiar el (platillo, neumático, helado).
2. Voy a llevar el coche al taller porque está (sabroso, sentado, descompuesto).
3. Tendré que lavar el coche porque está muy (preocupado, sucio, vacío).

4. Te van a poner una multa porque estás (manejando, declarando, pescando) muy rápido.
5. No pude parar porque los (frenos, pedidos, lavaplatos) no funcionaban.
6. Íbamos (autopista, carretera, camino) a Quito cuando tuvimos un accidente.
7. Vino (un edificio, una ambulancia, una grúa) para remolcar el coche.
8. Le puse (pimienta, agua, sal) al radiador.
9. Según (ese letrero, esa valija, esa lluvia), estamos a 100 kilómetros de la capital.
10. Pondré los mapas en el (diente, peine, portaguantes).
11. Gasté una fortuna en el (ruido, arreglo, agua) del coche.
12. No vale la (pareja, chapa, pena) arreglar el coche.

Entrevista

Interview a classmate, using the **tú** form.

Pregúntele a su compañero(-a) de clase...

1. ...si tendrá que ir a la gasolinera mañana.
2. ...si está lleno o vacío el tanque de su coche.
3. ...si tiene que ponerle agua al radiador de su coche.
4. ...cuándo piensa comprar neumáticos para su coche.
5. ...si tiene que cambiar el filtro de aceite de su coche.
6. ...cuál es el número de la chapa de su coche.
7. ...cuántas millas hay de su casa a la universidad.
8. ...cuál es la velocidad máxima en la autopista.
9. ...a qué velocidad maneja generalmente en la autopista.
10. ...si le gustaría manejar un Mercedes Benz.

Situaciones

What would you say in the following situations? What would the other person say? Act out the scenes with a partner. Take turns playing each role.

1. You have a flat tire, and you think the brakes on your car are out of order. You want your mechanic to check them.
2. Tell a tourist that he or she can buy gasoline at the service station located at the next corner.
3. You are a police officer, and you have stopped a motorist. The car doesn't have a license plate, and the lights aren't working. Ask to see the motorist's driver's license.
4. Your car won't start, and you're going to need a tow truck. Someone passes by as you fiddle with the ignition.
5. Your friend bought a car that was a lemon, and then spent three thousand dollars to have it fixed. Say what you would have done in this situation.

¿Qué pasa aquí?

In groups of three or four, look at the photo on page 393 and make up a story about the people you see. Say where they are from, where they are going, what problems they have with their car, and so forth.

Para escribir

What if **Romeo** and **Julieta** were living now? Write an account of what their circumstances would be and what they would be doing. In our story, of course, they *don't* die! Start out with: **Romeo y Julieta vivirían en...**

En la vida real

¡Nos vamos!

You and a classmate are planning to drive to Mexico. Working together, make a list of everything you need to do before you leave. Make sure you include things you need to do to get the car and yourselves ready.

¿Podría arreglarlo para esta tarde?

COMPRANDO COCHE

What questions would you ask before buying a car? Carefully read the following brochure and identify the questions that would cover these topics:

- la condición del coche (dos preguntas)
- la garantía
- las reparaciones (dos preguntas)
- la inspección del estado
- el precio de reventa (resale)

Cuando vaya a comprar un automóvil, ¡pregunte!

Ciertas preguntas le ahorrarán dinero.
Determine primero qué automóvil necesita y cuánto dinero puede invertir.
Consulte por lo menos con tres comerciantes de automóviles antes de decidir a cuál le comprará.

Pregunte a cada comerciante:
—¿Qué garantía tiene el automóvil?
—Si el automóvil se descompone, ¿quién va a componerlo?
—¿El automóvil será aprobado en la inspección del Estado?
—¿Qué precio de reventa tendrá el automóvil cuando Ud. quiera venderlo?
—¿Está el automóvil en perfectas condiciones?
—¿Le dejarán probar el automóvil antes de entregárselo?
—Si el automóvil necesita ser reparado, ¿quién pagará la reparación?
  Recuerde hacer estas preguntas y ahorrará mucho dinero.
  Asegúrese de que el vendedor no lo engañe. Muchos vendedores tratarán de engañarlo para hacer la venta.

¡PREGUNTE EL PRECIO!
Hágale saber al vendedor que Ud. ya conoce los precios de otros competidores.
  Recuerde que los vendedores a veces pueden cambiar el precio. No cierre el trato si el precio que le ofrecen no le parece correcto o justo.

RECUERDE, ES SU DINERO.

EN LA AGENCIA DE SEGUROS

With a classmate, play the roles of an insurance agent and a student who wants to purchase an auto insurance policy (**un seguro de automóvil**). The agent wants to determine the overall condition of the car, whether the student is a conscientious driver, and how much the car is worth. The student is anxious to make a good impression.

¡VAMOS A LEER!

ANTES DE LEER

A. Gustavo Adolfo Bécquer is famous for his love poems. Before you read the *Rimas* in detail, scan them for words that are associated with love and romance.

B. As you read the introduction to Bécquer and the poems that follow, answer the following questions.

1. ¿Dónde y en qué año nació el poeta?
2. ¿En qué año murió?
3. ¿Bécquer es un poeta moderno?
4. ¿Cómo es la poesía de Bécquer y cuáles son sus temas principales?
5. ¿En quién cree hoy el poeta? ¿Por qué?
6. ¿De qué color son los ojos de la mujer que el poeta ama?
7. ¿Qué le pregunta la mujer al poeta? ¿Qué le contesta él?
8. ¿Qué flor ha prendido la mujer junto a su corazón?
9. ¿Con qué compara el poeta el corazón de su amada *(loved one)*?
10. ¿Qué daría el poeta por una mirada de su amada? ¿y por una sonrisa?
11. ¿Qué cree Ud. que sería lo más maravilloso para el poeta?
12. ¿Con qué compara el poeta los suspiros y las lágrimas?

Rimas

GUSTAVO ADOLFO BÉCQUER

Gustavo Adolfo Bécquer nació en Sevilla, España, en 1836 y murió en el año 1870. Se le considera un precursor de la poesía moderna, y se le conoce mayormente por sus Rimas y sus Leyendas. Sus poemas son breves y se consideran la máxima condensación lírica. Los temas principales de su poesía son el amor, la soledad y el misterio.

XVII

earth / me... (they) smile at me · Hoy la tierra° y los cielos me sonríen°
depth / soul · hoy llega al fondo° de mi alma° el sol;
· hoy la he visto..., la he visto y me ha mirado...
God · ¡Hoy creo en Dios!°

XXI

· ¿Qué es poesía?, dices mientras clavas
clavar la pupila to stare · en mi pupila tu pupila° azul;
· ¿Qué es poesía? ¿Y tú me lo preguntas?
· Poesía... eres tú.

XXII

has... you have pinned · ¿Cómo vive esa rosa que has prendido°
· junto a tu corazón?
· Nunca hasta ahora contemplé en el mundo
· junto al volcán la flor.

XXIII

glance · Por una mirada,° un mundo;
smile / heaven · por una sonrisa,° un cielo;°
· por un beso... ¡yo no sé
qué... what I would give you · qué te diera° por un beso!

XXXVII

sighs · ¡Los suspiros° son aire y van al aire!
tears · ¡Las lágrimas° son agua y van al mar!
· Dime, mujer, cuando el amor se olvida,
· ¿sabes tú adónde va?

DÍGANOS

Answer the following questions based on your own thoughts and experiences.

1. ¿Le gusta a Ud. la poesía?
2. ¿Quién es su poeta favorito(-a)?
3. ¿Conoce Ud. otros poetas españoles?
4. ¿Está Ud. enamorado(-a)? ¿De quién? ¿De qué color son los ojos de su amado(-a)?
5. ¿Ud. se considera romántico(-a)?

8

Panorama hispánico

América del Sur (II)

■ Buenos Aires, capital de Argentina, tiene una población de más de diez millones de habitantes y su área metropolitana es una de las más extensas del mundo. Su sistema de metro, "el subterráneo", es el más antiguo de Latinoamérica.

■ Uruguay es el país de habla hispana más pequeño de la América del Sur. El 45% de la población del país está concentrado en Montevideo, la capital. Esta ciudad tiene muy cerca las famosas playas de Pocitos y Punta del Este.

■ La represa *(dam)* de Itaipú, entre el Brasil y Paraguay, es la represa hidroeléctrica más grande del mundo y fue construida por los gobiernos de Brasil y Paraguay.

■ Paraguay es conocido por sus joyas de oro y de plata, sus objetos de madera tallada *(carved)* y sus encajes *(laces)* de "ñandutí". Estos encajes están hechos a mano y para hacerlos se utilizan más de cien diseños diferentes.

El centro de Santiago, capital de Chile, se distingue por el contraste de modernos rascacielos y edificios coloniales como la Casa Colorada, residencia del primer presidente de la República; el Palacio de la Moneda, palacio presidencial actual; y la catedral, construida en 1780.

¿ Cómo se llama en español la residencia del presidente de los Estados Unidos?

Argentina

Chile

Paraguay

Uruguay

Una pareja baila el tango, el baile típico de Argentina. El tango se hizo (*became*) popular en Latinoamérica a principios del siglo XX y fue introducido en los Estados Unidos alrededor de 1912.

¿ Conoce Ud. algunos otros bailes típicos latinoamericanos? ¿Cuáles?

El gaucho argentino, inmortalizado en la literatura y en la música popular argentinas, es hoy día más una leyenda que un personaje real. Una de las costumbres de los gauchos que persiste es la del rodeo, como se ve en la foto.

¿ En qué son similares los vaqueros norteamericanos y los gauchos argentinos?

413

Vista panorámica del puerto de Asunción, la capital de Paraguay. En esta ciudad se mezclan armoniosamente la arquitectura colonial y la moderna. Aquí vemos la Plaza de los Héroes y, al fondo, el río Paraguay, que sirve como vía de comunicación con el océano Atlántico.

¿Cuáles son algunos de los puertos principales de los Estados Unidos?

Vista del Obelisco y la avenida Nueve de Julio, en Buenos Aires. La avenida Nueve de Julio es la más ancha del mundo y lleva este nombre para conmemorar la fecha de la independencia de Argentina.

¿Le gusta a Ud. la idea de vivir en una gran ciudad como Buenos Aires? ¿Por qué o por qué no?

Las cataratas (*falls*) de Iguazú, formadas por los ríos Iguazú y Paraná, están en el punto de unión entre Argentina, Brasil y Paraguay. Se consideran las cataratas más anchas y caudalosas (*abundant*) del mundo, y de ahí su nombre, que en el idioma guaraní significa "agua grande".

¿ Son exclusivamente de los Estados Unidos las cataratas del Niágara?

La argentina Gabriela Sabatini es hoy día una de las tenistas más famosas del mundo. A los quince años empezó a jugar como profesional, y a los dieciséis fue la jugadora más joven en clasificar para los semifinales de Wimbledon. En 1991, a los 21 años de edad, quedó clasificada como una de las tres mejores tenistas del mundo.

¿ Cuál es su deporte favorito?

Viña del Mar, situada al noreste de Valparaíso en Chile, es uno de los centros turísticos más populares de Suramérica. Allí hay numerosas playas, parques, hoteles y casinos. La ciudad es también un importante centro comercial e industrial.

¿ Cómo sabemos al mirar esta foto que ésta es una playa muy popular?

Vista de una calle céntrica de Montevideo, la capital de Uruguay. Los habitantes de esta ciudad son, en su mayoría, de ascendencia europea y poseen uno de los más altos niveles de educación de Hispanoamérica. Montevideo es además un centro cultural de primer orden con numerosos museos, teatros, galerías y centros educativos.

¿ De qué ascendencia es Ud.?

Teleinforme

VOCABULARIO

Buenos Aires, Argentina
la casualidad   coincidence
los griegos   Greeks
levantar edificaciones   to construct
   buildings
no descansa   doesn't rest
el porteño   native of Buenos Aires

el sabor europeo   European flavor
se rinde homenaje   homage is paid
sobre todo   above all
un sinnúmero   a great number
los vivos colores   bright colors

Uruguay
los animales silvestres   wild
   animals
los bosques   forests
brillo   splendor
el campeón   champion
el deporte   sport
fuertes   strong
la ganadería   livestock

la mano de obra   labor
el mate   type of tea
la mitad   half
la orilla   shore
las ovejas   sheep
la superficie   area
el torneo olímpico   Olympic
   games (literally, tournament)

Paraguay
atravesar   to cross
de punta a punta   from one end
   to the other
la fuente   source
el gigante dormido   sleeping giant

la labor conjunta   joint effort
el límite, la frontera   border
la paz   peace
el tratado   treaty

PREPARACIÓN

¿Cuánto saben Uds. ya?   After reading the information in **Panorama hispánico 8,** get together in groups of three or four and answer the following questions.

1. ¿Cuál es la capital de Argentina?
2. ¿Cuál es la población de Buenos Aires?
3. ¿Qué monumento importante está en la avenida Nueve de Julio?
4. ¿Cuál es el país de habla hispana más pequeño de la América del Sur?
5. ¿En qué ciudad está concentrado el 45 por ciento de la población de Uruguay?
6. ¿Qué famosas playas de Uruguay puede mencionar Ud.?
7. ¿Dónde está situada la represa de Itaipú?
8. ¿Qué significa la palabra "Iguazú" en guaraní?

COMPRENSIÓN

A. Buenos Aires, Argentina.   Complete the following statements with the appropriate words.

1. Buenos Aires ha sido llamada "la _____ sudamericana".
2. En Buenos Aires hay inmigrantes griegos, _____ franceses y, sobre todo, _____ .
3. La avenida Nueve de Julio es la más _____ del mundo.
4. El río de la _____ es el mar de Argentina.
5. En el barrio de La Boca se concentró la inmigración _____ .
6. Las casas de La Boca se caracterizan por sus _____ .
7. El porteño es de carácter _____ y _____ .
8. La ciudad de Buenos Aires no _____ en ningún momento del día.
9. El género musical más conocido del país es el _____ .

B. Uruguay.   Select the word or phrase that best completes each statement.

1. Montevideo fue fundada sobre la orilla norte del río (Paraná, de la Plata).
2. El deporte nacional de Uruguay es el (béisbol, fútbol).
3. El mate es una (bebida, comida).
4. Uruguay salió (dos, doce) veces campeón del mundo en fútbol.
5. El 60 por ciento de la superficie de Uruguay está dedicada a la (ganadería, agricultura).

C. Paraguay.   Read the following statements. After watching the video, circle V (**Verdadero**) or F (**Falso**), according to what you understood.

V F   1. La película *La Misión* fue filmada en Paraguay.
V F   2. La capital de Paraguay es Montevideo.
V F   3. El nombre "Paraguay" significa "aguas que corren hacia el mar".
V F   4. El río Paraguay divide el país en dos regiones.
V F   5. Paraguay tiene varias salidas al mar.
V F   6. Itaipú es la planta hidroeléctrica más grande del mundo.
V F   7. Las cataratas de Iguazú están a pocos kilómetros de la frontera de Paraguay con Brasil.

AMPLIACIÓN

Otros países, otras culturas. With a partner, discuss in Spanish what aspect of each country appealed to you and why.

Un fin de semana

Un grupo de jóvenes
conversa en un café
en Caracas, Venezuela.

OBJECTIVES

Structure
First-person plural commands • Reciprocal
reflexives • Forms of the imperfect subjunctive
• Uses of the imperfect subjunctive

Communication
You will learn vocabulary related to shopping
for groceries and typical weekend activities.

Un fin de semana

Hoy es feriado. Oscar y Jorge, dos estudiantes cubanos que viven en Miami, deciden ir al supermercado para hacer las compras de la semana. Por la noche piensan salir con dos chicas, Elsa y Adela. Tienen una cita para ir al cine, pero primero van a cocinar una cena para ellas en su apartamento. El supermercado se abre a las nueve y los muchachos son los primeros en llegar.

OSCAR   —Necesitamos mantequilla, leche, una docena de huevos, pan, azúcar...

JORGE   —¿No vamos a comprar carne?

OSCAR   —Sí, compremos carne, pescado y pollo. También dos latas de frijoles y una de salsa de tomate.

JORGE   —De haber sabido que ibas a invitar a las chicas, habría limpiado el apartamento.

OSCAR   —Te dije que no te preocuparas. A ver... necesitamos manzanas, uvas, naranjas, melón, toronjas y peras para la ensalada de frutas...

JORGE   —¿Dónde están las verduras? Tenemos que comprar lechuga, tomates, papas, zanahorias y cebollas.

OSCAR   —¡Caramba! Esto va a costar una fortuna. Tendremos que ponernos a dieta.

JORGE   —Buena idea. Pongámonos a dieta.

La cena estuvo muy buena. Ahora Oscar, Elsa, Jorge y Adela están en el cine, haciendo cola para comprar las entradas.

OSCAR   —Ana me recomendó que viéramos esta película.

ADELA   —¡Sí! Ganó el premio como la mejor película del año.

ELSA   —Es un drama, ¿verdad? Yo prefiero las comedias.

JORGE   —El próximo sábado podemos ir a ver una película musical.

OSCAR   —No, no vayamos al cine otra vez. Vamos a un club a bailar.

ADELA   —Tengo ganas de comer algo. ¿Por qué no vamos a la cafetería Versailles cuando termine la película?

JORGE   —¿No habrán cerrado para esa hora? Ésta es la última función.

OSCAR   —No, esa cafetería se cierra muy tarde.

La película termina a las doce. Los chicos van a la cafetería a comer algo y a charlar un rato. Como el día siguiente es sábado, Oscar y Adela deciden verse otra vez para ir a la playa. Elsa y Jorge se van a encontrar en la biblioteca para estudiar.

Vocabulario

Cognados

la **dieta**   diet
la **docena**   dozen
el **drama**   drama
el **melón**   melon

musical   musical
el **supermercado**   supermarket
el **tomate**   tomato

Nombres

el **azúcar**   sugar
la **biblioteca**   library
la **cebolla**   onion
la **cita**   date
el **feriado**, el **día de fiesta**
  holiday
la **función**   show
la **lata**, el **bote** *(Mex.)*   can

la **lechuga**   lettuce
la **mantequilla**   butter
la **manzana**   apple
la **naranja**   orange
el **pan**   bread
la **película**   movie
la **pera**   pear
el **premio**   prize

la **salsa**   sauce
la **toronja**, el **pomelo**
  grapefruit
la **verdura**, el **vegetal**
  vegetable
la **zanahoria**   carrot

Verbos

ganar   to win

Adjetivo

siguiente   following, next

Otras palabras y expresiones

de **haber sabido**   had I known
hacer cola   to stand in line
hacer (las) compras   to shop,
  do the shopping
otra vez   again

ponerse a dieta   to go on a
  diet
tener ganas de   to feel like
  (doing something)

Vocabulario complementario

■ Cosas del supermercado

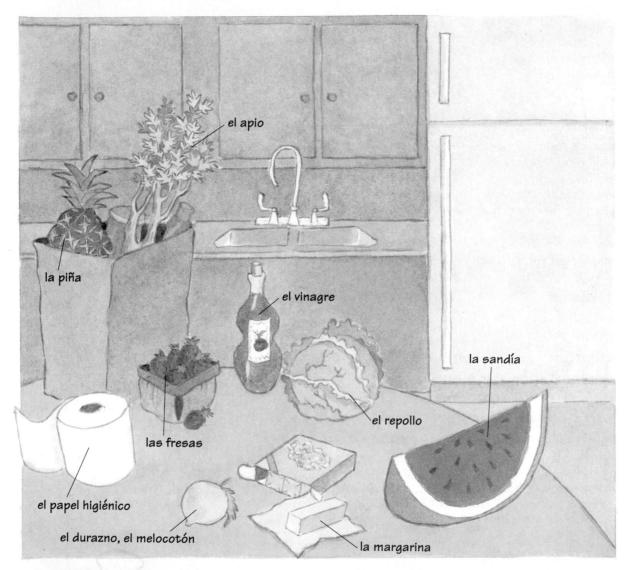

el apio

la piña

el vinagre

la sandía

el repollo

las fresas

el papel higiénico

el durazno, el melocotón

la margarina

■ Las diversiones

el circo   circus
la montaña rusa   roller coaster
el parque de diversiones
   amusement park
el zoológico   zoo

Los niños querían ir al **circo** pero no tenían dinero.
La **montaña rusa** de Disneylandia es la mejor de todas.
Six Flags es mi **parque de diversiones** favorito.

En ese **zoológico** hay muchos animales de África.

¡Conversemos!

Answer the following questions, basing your answers on the dialogue.

1. ¿Adónde van Jorge y Oscar para hacer las compras de la semana?
2. ¿Qué piensan hacer por la noche?
3. ¿A qué hora se abre el supermercado?
4. Según Oscar, ¿qué necesitan comprar?
5. ¿Cuántas latas de frijoles compran los muchachos?
6. De haber sabido que Oscar iba a invitar a las chicas, ¿qué habría hecho Jorge?
7. ¿Qué frutas necesitan para la ensalada?
8. ¿Por qué dice Oscar que tendrán que ponerse a dieta?
9. ¿Para qué tienen que hacer cola los muchachos?
10. ¿Qué premio ganó la película que van a ver?
11. ¿Adónde van a ir después de ver la película?
12. ¿Qué tiene ganas de hacer Adela?
13. ¿Se cierra temprano la cafetería Versailles?
14. ¿Dónde se van a encontrar Elsa y Jorge?

¿Lo sabía Ud.?

- Aunque hoy en día hay un gran número de supermercados en los países hispanos, muchas personas prefieren comprar en los mercados al aire libre o en las tiendas pequeñas que generalmente se especializan en uno o dos productos. Por ejemplo, se vende **carne** en la **carnicería**, **frutas** en la **frutería**, **verduras** en la **verdulería** y **pan** en la **panadería**.

- En España, México y Argentina, entre otros países, la producción de películas ha tenido gran importancia. Las películas hispanas, muchas de ellas de tipo sociopolítico, se han hecho conocer en Europa y en los Estados Unidos.

- Las películas norteamericanas son muy populares en el mundo hispánico. Generalmente tienen subtítulos en español o están dobladas *(dubbed)*. Muchos de los títulos en español son completamente diferentes a los del inglés. Por ejemplo, la película *Beverly Hills Cop* se llama **Un detective suelto** *(loose)* **en Hollywood**; *My Girl* se titula **Mi primer beso**.

Un puesto *(stand)* de frutas en San José, la capital de Costa Rica.

Estructuras

1. First-person plural commands
(El imperativo de la primera persona del plural)

- The first-person plural of an affirmative command *(let's + verb)* may be expressed in two different ways:

  - by using the first-person plural of the present subjunctive

    Compremos carne y pescado. *Let's buy meat and fish.*

  - by using the expression **vamos a** + *infinitive*

    Vamos a comprar carne y pescado. *Let's buy meat and fish.*

- The verb **ir(se)** does not use the subjunctive for the first-person plural affirmative command.

  Vamos a la playa. *Let's go to the beach.*

- For the negative command, the subjunctive is used.

  No vayamos a la playa. *Let's not go to the beach.*

- In all direct affirmative commands, the object pronouns are attached to the verb. An accent must be used to maintain the original stress.

  Llamémos**lo**. *Let's call him.*
  Escribámos**les**. *Let's write to them.*

- If the pronouns **nos** or **se** are attached to the verb, the final **-s** of the verb is dropped before adding the pronoun.

  Vámo**nos**. *Let's go.*
  Sentémo**nos** aquí. *Let's sit here.*
  Vistámo**nos** ahora. *Let's get dressed now.*
  Démo**selo** a los niños. *Let's give it to the children.*
  Digámo**selo** a ella. *Let's tell (it to) her.*

- In direct negative commands, the object pronouns are placed in front of the verb.

  No **lo** planchemos. *Let's not iron it.*
  No **nos** vistamos ahora. *Let's not get dressed now.*
  No **nos** vayamos todavía. *Let's not go yet.*

PRÁCTICA

A. You and a classmate are going to a restaurant. Take turns asking each other what you should do and responding with first-person plural commands.

Antes de ir:

1. ¿A qué restaurante vamos?
2. ¿Hacemos reservaciones?
3. ¿Llevamos el coche o tomamos un taxi?

En el restaurante:

1. ¿Dónde nos sentamos?
2. ¿Qué pedimos para comer?
3. ¿Qué tomamos?
4. ¿Qué comemos de postre?
5. ¿Pedimos algo más?
6. ¿Cuánto le dejamos de propina al mozo?
7. ¿Adónde vamos ahora?
8. ¿Invitamos a alguien?

B. With a partner, act out the following dialogues in Spanish.

1. "Let's do the shopping today."
   "Yes, let's go to the supermarket."
2. "Let's buy butter."
   "No, let's not buy it. I want to go on a diet."
3. "Where do you want to sit?"
   "Let's sit near the window."
4. "Let's go to bed early tonight."
   "Why?"
   "Because we have to get up at six o'clock."

2. Reciprocal reflexives
(Pronombres reflexivos en función recíproca)

As you have already learned in **Lección 9**, the reflexive pronouns are used whenever the subject does the action to itself. The reflexive pronouns may also be used in the plural form (**nos, os, se**) to express a mutual or reciprocal relationship. The reflexive then translates as the expressions *(to) each other* or *(to) one another.*

Nos queremos mucho.	*We love **each other** very much.*
Los amigos **se** escriben.	*(The) friends write **to each other**.*
Ustedes **se** ven.	*You see **each other**.*

PRÁCTICA

A. With a partner, act out the following dialogues in Spanish.

1. "Do you and your mother write to each other often, Miss Vega?"
   "No, we call each other on the phone."
2. "Are they going to meet at the theater?"
   "No, at the zoo."
3. "Tell Carlos that we need vinegar and sauce."
   "I'm sorry, but Carlos and I don't talk to each other."
4. "When are you going to see each other again?"
   "Never. We don't love each other."

B. Describe the relationship or activities shared between the following people, using reciprocal reflexives.

> MODELO: Marta dice que Daniel es tonto y él dice que Marta es antipática.
> *Ellos se odian.*

1. Miguel y Elisa son novios.
2. A Teresa y a Eva les gusta mucho hablar por teléfono.
3. Ana y yo vivimos en la misma calle.
4. Fernando y Tomás van al mismo barbero.
5. Hace veinte años que nosotros somos amigos.

3. Forms of the imperfect subjunctive
(Formas del imperfecto de subjuntivo)

■ To form the imperfect subjunctive of all Spanish verbs—regular and irregular—drop the **-ron** ending of the third-person plural of the preterit and add the following endings to the stem.[1]

IMPERFECT SUBJUNCTIVE ENDINGS	
-ra *form*	
-ra	-ramos
-ras	-rais
-ra	-ran

---

[1] A second form of the imperfect subjunctive ends in **-se** rather than **-ra: hablase, hablases, hablase, hablásemos, hablaseis, hablasen.** The two forms are interchangeable, but the **-ra** form is more commonly used.

FORMS OF THE IMPERFECT SUBJUNCTIVE

Verb	Third-person plural preterit	Stem	First-person singular imperfect subjunctive
hablar	habla**ron**	habla-	**hablara**
aprender	aprendie**ron**	aprendie-	**aprendiera**
vivir	vivie**ron**	vivie-	**viviera**
dejar	deja**ron**	deja-	**dejara**
ir	fue**ron**	fue-	**fuera**
saber	supie**ron**	supie-	**supiera**
decir	dije**ron**	dije-	**dijera**
poner	pusie**ron**	pusie-	**pusiera**
pedir	pidie**ron**	pidie-	**pidiera**
estar	estuvie**ron**	estuvie-	**estuviera**

ATENCIÓN The **nosotros** form of the imperfect subjunctive always takes an accent on the vowel that precedes the **-ra** ending.

PRÁCTICA

Give the imperfect subjunctive forms of the following verbs.

1. yo: ganar, volver, pedir, decir, recibir
2. tú: ser, dormir, querer, dar, conocer
3. él: ir, estar, poner, conducir, servir
4. nosotros: saber, poder, regresar, conseguir, hacer
5. ellos: tener, pescar, comenzar, seguir, mentir

4. Uses of the imperfect subjunctive
(Usos del imperfecto de subjuntivo)

■ The imperfect subjunctive is used in a subordinate clause when the verb of the main clause is in the past and calls for the subjunctive.

—¿Qué te dijo el médico? — *"What did the doctor tell you?"*

—Me dijo que **comiera** menos. — *"He told me to eat less."*

—Yo esperaba que el profesor me **diera** una "A". — *"I was hoping that the professor would give me an A."*

—Bueno, yo te sugerí que **estudiaras** más. — *"Well, I suggested that you study more."*

■ When the verb of the main clause is in the present, but the subordinate clause refers to the past, the imperfect subjunctive is used.

—Es una lástima que no **fueras**   *"It's a pity that you didn't go*
al teatro ayer.   *to the theater yesterday."*
—No me sentía bien.   *"I wasn't feeling well."*

PRÁCTICA

A. Act out the following dialogues with a partner, using the imperfect subjunctive of the verbs given.

1. —¡Te dije que me _trajeras_ (traer) manzanas del mercado!
   —No, me pediste que te _comprara_ (comprar) peras...
   —¿Y dónde están las peras?
   —No había nadie que _vendiera_ (vender) peras hoy. Te traje repollo.
   —¡¿Para la ensalada de frutas?!
   —¡Yo te dije que _fueras_ (ir) tú!
2. —Siento que tú no _pudieras_ (poder) venir a mi fiesta ayer.
   —No me invitaste...
   —No es verdad que yo no te _invitara_ (invitar). Le pedí a Roberto que te _llamara_ (llamar) por teléfono y te _dijera_ (decir) que _viniera_ (venir).
3. —Yo necesitaba una secretaria que _supiera_ (saber) japonés, pero no encontré a nadie que lo _hablara_ (hablar).
   —¿Por qué no llamaste a la embajada japonesa?
   —No creí que ellos _pudieran_ (poder) ayudarme.

B. Describe all the things your parents did and did not want you to do at college, using the cues provided and the imperfect subjunctive.

Mis padres querían que yo...

1. *escribirles* todas las semanas
2. *llamarlos* por teléfono los domingos
3. *tomar* varias clases el primer semestre
4. *estudiar* mucho
5. *abrir* una cuenta corriente en el banco
6. *hacer* la tarea todos los días
7. *levantarme* temprano
8. *visitarlos* en las vacaciones

Mis padres no querían que yo...

1. *vivir* lejos de la universidad
2. *ir* a muchas fiestas
3. *comer* hamburguesas todos los días

4. *pedirles* dinero extra todos los meses
5. *conducir* muy rápido
6. *olvidarme* de escribirles a mis abuelos
7. *acostarme* muy tarde

C. Compare your childhood and adolescence to those of a classmate by completing the following sentences.

1. Cuando yo era chico(-a), mis padres esperaban que yo...
2. Cuando yo era niño(-a), mi mamá no me permitía que...
3. Cuando yo estaba en la escuela primaria, mis maestros *(teachers)* querían que yo...
4. Cuando yo tenía diez años, quería que mis amigos...
5. Cuando yo estaba en la escuela secundaria, no quería que mi papá...
6. Cuando yo tenía dieciséis años, esperaba que mis padres...

¡A ver cuánto aprendió!

¡Repase el vocabulario!

Select the response that best answers each question.

1. ¿Vas a hacer una ensalada de frutas?
   a. Sí, necesito una lata de frijoles.
   b. Sí, necesito dos latas de salsa de tomate.
   c. Sí, necesito naranjas.
2. ¿Qué te gustó más en el parque de diversiones?
   a. El supermercado.
   b. La montaña rusa.
   c. El feriado.
3. ¿Hay mucha gente que quiere comprar entradas?
   a. Sí, tenemos que hacer cola.
   b. Sí, tenemos que llamar una grúa.
   c. Sí, tenemos que ir a la estación de servicio.
4. A ver... ¿qué verduras necesitamos?
   a. Agua y aceite.
   b. Pescado y pollo.
   c. Lechuga, repollo y zanahorias.
5. ¿Vas a ponerle mantequilla al pan?
   a. No, azúcar.
   b. No, margarina.
   c. No, repollo.

6. ¿Adónde vas a llevar a los niños para que se diviertan?
   a. Al médico.
   b. A la biblioteca.
   c. Al circo.
7. ¿No tienes una cita con Juan Carlos?
   a. Sí, pero no puedo ir porque él es famoso.
   b. Sí, pero no puedo ir porque me duele la espalda.
   c. Sí, pero no puedo ir porque hay mucha gente en el supermercado.
8. ¿Qué vas a usar para hacer el jugo?
   a. Huevos.
   b. Toronjas.
   c. Sellos.
9. ¿Bailamos?
   a. No, tengo que ponerme a dieta.
   b. No, me duelen los pies.
   c. No, no tengo el menú.
10. Dicen que esa película es fantástica.
    a. Sí, ganó el primer premio.
    b. Sí, ganó la licencia para conducir.
    c. Sí, a mí tampoco me gustó.
11. Mi hermano quiere ver los elefantes.
    a. Llévalo al parque de diversiones.
    b. Llévalo al zoológico.
    c. Llévalo a la biblioteca.
12. ¿Tienes ganas de tomar algo?
    a. Sí, pescado.
    b. Sí, carne.
    c. Sí, una copa de vino blanco.

Entrevista

Interview a classmate, using the **tú** form.

Pregúntele a su compañero(-a) de clase...
1. ...si prefiere ver una comedia musical o un drama.
2. ...si aceptaría una cita con una persona a quien no conoce.
3. ...si salió con una chica (un chico) y no se divirtió y si saldría con ella (él) otra vez.
4. ...qué hace cuando es feriado.
5. ...si se preocupa cuando alguien viene a comer a su casa, y por qué o por qué no.
6. ...cuántas docenas de huevos compra para una semana.
7. ...qué frutas y qué verduras le gustan.
8. ...si prefiere comer carne, pescado o pollo.
9. ...si sabe a qué hora se cierra el mercado.
10. ...si sabe a qué hora se abre la biblioteca de la universidad.

Situaciones

What would you say in the following situations? What would the other person say? Act out the scenes with a partner. Take turns playing each role.

1. Tell a group of friends you are going to meet them at the amusement park.
2. You and your roommate are having a party tonight, and he or she is about to go to the grocery store. Discuss the items you will need for a fruit salad.
3. Some friends have dropped in to see you. Had you known they were coming, you would have cleaned your apartment.
4. Invite a friend to go see a movie with you this weekend. Discuss possible movies and times, and make plans to do something afterwards.

 Para escribir

Write a dialogue in which you and a friend make plans for the weekend.

En la vida real

DISCUSIÓN

With a classmate, discuss a movie or a T.V. show you have both seen and summarize the plot. Say whether you liked it or not and why.

Here are some words and phrases you might want to use:

actor *actor*
actriz *actress*

(la) película
- **de acción**
- **de ciencia ficción**
- **cómica**
- **dramática**
- **de guerra**
- **de horror**
- **de misterio**
- **policíaca**

DE LA COCINA A LA MESA

You and a classmate are planning a dinner party. One of you has found a recipe (**receta**) for enchiladas, and the other, a recipe for flan. Read your recipe silently, and then tell your partner how to prepare the dish, without looking at the recipe. After your classmate does the same, read each other's recipes to see if your descriptions left out any of the steps.

ENCHILADAS
Ingredientes:
1 docena de tortillas de maíz
1 lata de salsa de enchilada
1/4 taza de aceite
1 libra de queso rallado
1 cebolla grande, rallada

Preparación:
Caliente la salsa en una sartén. En otra sartén caliente las tortillas en el aceite, sin freírlas. Sáquelas del aceite y mójelas en la salsa. Póngalas en un plato, y cúbralas con queso y cebolla. Enrolle las tortillas como tubos y cúbralas con el resto del queso. Póngalas en el horno a 325 grados por cinco minutos.

FLAN

Ingredientes:

Para el flan
2 tazas de leche evaporada
4 huevos
8 cucharadas de azúcar
1 cucharadita de vainilla

Para el caramelo
3 cucharadas de azúcar

Preparación: En el molde donde va a hacer el flan, ponga a derretir al fuego tres cucharadas de azúcar. Después de unos minutos el azúcar va a tener un color dorado. Mueva el molde para cubrirlo todo con el caramelo y déjelo enfriar.

Bata los huevos. Añada el azúcar, la leche y la vainilla y revuélvalo bien. Póngalo todo en el molde y cocínelo a Baño María en el horno a 350 grados por una hora. (Para saber si ya está cocinado, introduzca un cuchillo en el flan y si sale limpio, ya está listo.)

Sáquelo del horno y déjelo enfriar. Póngalo en el refrigerador. Antes de servirlo, voltee el molde en un plato.

Teledrama

Luz Marina y Juan Carlos van al mercado.

VOCABULARIO

las aceitunas olives
alrededor de around
la cocinera cook
¡Chévere! Great! *(Caribbean countries)*
frescas fresh
no es para menos it's not surprising

el perejil parsley
los pimentones bell peppers
la plata money
el puesto stand
te puedo pasar a buscar I can pick you up
unos cuantos a few

PREPARACIÓN

¿Cuánto saben Uds. ya?   This video episode focuses on shopping for groceries. With a partner, brainstorm possible words and phrases the characters might use in this context. Make a list of them and circle the ones you hear as you watch the video.

COMPRENSIÓN

¿Qué pasa?   After watching the video, answer the following questions, according to what you understood.

1. ¿Para qué llama Luz Marina a Juan Carlos?
2. ¿Es muy grande o pequeño el mercado?
3. ¿Qué necesita Luz Marina?
4. ¿De dónde viene la prima de Luz Marina?
5. ¿Quién es una excelente cocinera?
6. ¿Cuáles son algunas de las cosas que compra Luz Marina?
7. ¿Qué quiere comprar Juan Carlos?
8. ¿A quién invita Luz Marina a comer?

AMPLIACIÓN

A. La cena.   In groups of five, create a conversation that takes place during the dinner party at Luz Marina's. Play the roles of the following characters.

1. La mamá de Luz Marina	4. Alfredo
2. La prima de Luz Marina	5. Juan Carlos
3. Luz Marina	

B. Entrevista.   The class will be divided into four groups. Select one of the main characters (Alfredo, Luz Marina, Juan Carlos, or Roberto) and prepare a list of questions to ask him or her. Then write answers to the questions.

Las carreras

Grupo de estudiantes en la universidad de San Juan en Puerto Rico.

▰ OBJECTIVES

Structure

The present perfect subjunctive • The pluperfect subjunctive • *If* clauses • Summary of the uses of the subjunctive

Communication

You will learn vocabulary related to college activities and careers.

435

Las carreras

Alina y Daniel son dos jóvenes latinoamericanos que están estudiando en la Universidad de California en Los Ángeles. Alina es cubana y Daniel es argentino. Los dos están tomando una clase de administración de empresas.

ALINA —Es una lástima que no te hayas matriculado en la clase de sociología de la doctora Parker. Siempre tenemos unas discusiones[1] muy interesantes.

DANIEL —Yo habría tomado esa asignatura si hubiera tenido tiempo este semestre. Mi consejero me sugirió que la tomara, pero yo quería tomar una clase de física o de química a esa hora.

ALINA —¡Ah, sí...! Tu especialización es química, ¿no? ¿Siempre te han gustado las ciencias?

DANIEL —Sí. Mi padre quería que estudiara para abogado, como él, pero yo asistí a la Facultad de Derecho en Buenos Aires y no me gustó.

ALINA —Si yo hubiera seguido los consejos de mis padres, habría estudiado ingeniería o contabilidad, pero yo decidí estudiar periodismo.

DANIEL —¡Y serás una periodista magnífica!

ALINA —Tú te gradúas en junio, ¿verdad? ¿Qué piensas hacer después?

DANIEL —Quiero trabajar en un laboratorio, porque me gusta mucho la investigación. ¿Y tú? ¿Cuáles son tus planes?

ALINA —Trabajar para un periódico, probablemente... sé que tengo que preocuparme por eso, pero por el momento mis planes son terminar el informe que estoy preparando para mi clase de literatura y sacar una "A" en el examen de psicología.

DANIEL —¡Pero, Alina! Hablas como si lo único importante fueran las notas. Sería una buena idea que te divirtieras un poco. ¿Te gustaría ir conmigo al estadio esta noche? Hay un partido de fútbol y juega nuestro equipo.

ALINA —No puedo. Tengo una beca y necesito mantener un buen promedio. Si saco una mala nota, pierdo la beca.

DANIEL —Hablando de notas... ahora me acuerdo de que tengo un examen parcial en mi clase de matemáticas.

ALINA —Supongo que quieres que te preste mi calculadora, como siempre.

---

[1] **Discusión** implies argument or debate more strongly than does the English *discussion*.

DANIEL —Gracias, flaca.[1] Me voy, porque David me pidió que lo
ayudara con su tarea de biología y ya es tarde. ¡Chau!
ALINA —Adiós, Daniel. Buena suerte en el examen.

Vocabulario

Cognados

argentino(-a) Argentinian
la biología biology
la calculadora calculator
la ciencia science
la discusión discussion,
   argument

el estadio stadium
la física physics
latinoamericano(-a) Latin
   American
la literatura literature

la matemática mathematics
la psicología psychology
el semestre semester
la sociología sociology

Nombres

el (la) abogado(-a) lawyer
la administración de empresas
   business administration
la asignatura, la materia
   subject
la beca scholarship
la carrera university studies,
   career
el (la) consejero(-a) advisor
el consejo advice
la contabilidad accounting

el equipo team
la especialización major (field
   of study)
el examen parcial midterm
   exam
la facultad de derecho law
   school
el fútbol soccer
el informe report, paper
la ingeniería engineering
la investigación research

el (la) joven (los jóvenes)
   young person(s)
la nota grade
el partido game
el periodismo journalism
el (la) periodista journalist
el promedio grade point
   average
la química chemistry

Verbos

ayudar to help
graduarse[2] to graduate
jugar[3] to play (a game or
   sport)

mantener to maintain (*conj.*
   like tener)
matricularse to register
sacar to get, receive (a grade)

suponer to suppose (*conj. like*
   poner)

---

[1] **Flaca** literally means "skinny," but is also used affectionately in many Hispanic countries to
address close friends regardless of the person's physical characteristics. Comparable expressions
in English are "kid," "pal," and "buddy."

[2] Present tense: **me gradúo, te gradúas, se gradúa, nos graduamos, os graduáis, se gradúan**

[3] **juego, juegas, juega, jugamos, jugáis, juegan**

▦ Otras palabras y expresiones

como like
como siempre as usual
lo único[1] the only thing

▦ Para hablar de los estudios

aprobar (o:ue) to pass (an exam or course)	**Aprobé** el examen de química ayer.
entregar to turn in, deliver	Le **entregué** la tarea al profesor.
el horario schedule	Este semestre tengo un **horario** muy bueno.
la matrícula registration, tuition	No tengo dinero para pagar la **matrícula**.
quedar suspendido(-a) to fail (an exam or course)	**Quedé suspendida** en el examen parcial.
el requisito requirement	He tomado todos los **requisitos** generales.
el trimestre quarter	Este **trimestre** tengo una clase de matemáticas.

▦ Profesiones y oficios *(trades)*[2]

el (la) bibliotecario(-a) librarian
el (la) carpintero(-a) carpenter
el (la) cocinero(-a) cook, chef
el (la) contador(-a) accountant
el (la) electricista electrician

el hombre (la mujer) de negocios businessman (woman)
el (la) ingeniero(-a) engineer
el (la) plomero(-a) plumber
el (la) programador(-a) programmer
el (la) psicólogo(-a) psychologist
el (la) vendedor(-a) salesperson

---

[1] **lo** + *adjective* is the equivalent of *the* + *adjective* + *thing*: **lo importante,** *the important thing;* **lo bueno,** *the good thing*

[2] For an extensive list of professions and trades, see Appendix G.

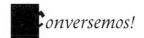

¡Conversemos!

Answer the following questions, basing your answers on the dialogue.

1. ¿Qué clase están tomando juntos Alina y Daniel?
2. ¿Por qué dice Alina que es una lástima que Daniel no se haya matriculado en la clase de la Dra. Parker?
3. ¿Qué clase habría tomado Daniel si hubiera tenido tiempo?
4. ¿Por qué no tomó la clase Daniel?
5. ¿Cuál es la especialización de Daniel?
6. ¿Cuál es la profesión del padre de Daniel?
7. Si Alina hubiera seguido los consejos de sus padres, ¿qué habría estudiado?
8. ¿Qué hace Daniel en junio?
9. De momento, ¿cuáles son los planes de Alina?
10. ¿Por qué no puede ir Alina al partido de fútbol?
11. ¿De qué se había olvidado Daniel?
12. ¿Cree Ud. que la clase de biología es difícil para Daniel? ¿Cómo lo sabe Ud.?

¿Lo sabía Ud.?

- En la mayoría de las universidades hispanas no existe el concepto de "*major*" usado en los Estados Unidos. Los estudiantes españoles y latinoamericanos toman muy pocas clases optativas *(electives)*, ya que la mayoría comienza a especializarse a partir de su primer año en la universidad.

- En España y en Latinoamérica, las universidades se dividen en "facultades" *(colleges)*, donde los estudiantes toman clases directamente relacionadas con su especialización (por ejemplo, la Facultad de Medicina, la Facultad de Ingeniería, la Facultad de Arquitectura, etc.). No existen requisitos generales, pues éstos se toman en la escuela secundaria.

- En lugar de letras, el sistema de calificaciones *(grading system)* en las universidades hispanas usa números. Por lo general, se califica asignando notas de 1 a 5 en Hispanoamérica y de 1 a 10 en España. Una nota de 3 ó 6 es normalmente la nota mínima para aprobar una clase o un examen.

Vista de la Plaza de Anaya en la universidad de Salamanca, la universidad más famosa y antigua de España.

Estructuras

1. The present perfect subjunctive
(El pretérito perfecto de subjuntivo)

■ The present perfect subjunctive is formed with the present subjunctive of the auxiliary verb **haber** + *the past participle* of the main verb.

Present subjunctive of haber

haya	hayamos
hayas	hayáis
haya	hayan

FORMATION OF THE PRESENT PERFECT SUBJUNCTIVE

yo	**haya cambiado**
tú	**hayas temido**
Ud. él ella	**haya sufrido**
nosotros(-as)	**hayamos hecho**
vosotros(-as)	**hayáis puesto**
Uds. ellos ellas	**hayan visto**

■ The present perfect subjunctive is used in the same way as the present perfect tense in English, but only in sentences that require the subjunctive in the subordinate clause. It is used to describe events that have ended prior to the time indicated in the main clause.

—Me alegro de que **hayas venido.**   *"I'm glad you have come."*

—Es una lástima que papá no **haya podido** venir conmigo.   *"It is a pity that Dad has not been able to come with me."*

PRÁCTICA

A. Imagine that you overhear these conversations in the university cafeteria. Act out the dialogues with a partner, providing the missing verbs. Use the present perfect subjunctive of the verbs listed.

conseguir	ser	traer
poder	ir	volver
decir	venir	dar

1. —Es una lástima que (ellos) no se _____ la lista.
   —Sí. Ojalá que mis padres _____ el dinero para pagar la matrícula.

2. —Espero que Irma me _____ su calculadora, porque hoy tengo un examen de matemáticas.
   —No creo que ella _____ hoy, porque ayer no se sentía bien.

3. —Es una lástima que tú no _____ a la clase de química hoy.
   —Dudo que _____ muy interesante.

4. —Uds. siempre dicen que la biología y la sociología son muy fáciles.
   —No es verdad que nosotros _____ eso.

5. —Me alegro mucho de que Uds. _____ hablar con su consejero.
   —Yo también, porque nos ayudó mucho.

6. —Mis padres están muy contentos de que yo _____ de España.
   —Sí, ellos te extrañaban mucho.

B. Express your own feelings and those of the people mentioned, using the present perfect subjunctive.

1. Yo espero que el profesor (la profesora)...
2. Ojalá que mis padres...
3. Es una lástima que mis compañeros de clase...
4. Mis padres no creen que yo...
5. No es verdad que mi amigo(-a)...
6. Me alegro mucho de que Ud....

C. With a partner, act out the following dialogues in Spanish.

1. "It's a pity they haven't registered for the accounting class."
   "I hope they've taken math."
2. "I doubt that he has passed the biology exam."
   "I'm sure he has failed it."
3. "I don't think she has maintained her grade point average this semester."
   "I doubt she has studied very much."
4. "It's not true that we have gone to all the soccer games."
   "But you have gone to many."

2. The pluperfect subjunctive
(El pluscuamperfecto de subjuntivo)

■ The pluperfect subjunctive is formed with the imperfect subjunctive of the auxiliary verb **haber** + *the past participle* of the main verb. It is used in the same way that the past perfect is used in English, but only in sentences in which the main clause calls for the subjunctive.

Imperfect subjunctive of haber

hubiera	hubiéramos
hubieras	hubierais
hubiera	hubieran

FORMATION OF THE PLUPERFECT SUBJUNCTIVE

yo	**hubiera hablado**
tú	**hubieras comido**
Ud. / él / ella	**hubiera vivido**
nosotros(-as)	**hubiéramos visto**
vosotros(-as)	**hubierais hecho**
Uds. / ellos / ellas	**hubieran vuelto**

—¿No había nadie que **hubiera visto** esa película?   *"Wasn't there anybody who had seen that movie?"*

—Sí, Eva la había visto ya.   *"Yes, Eva had already seen it."*

PRÁCTICA

A. Say what your mother had expected everyone in the family to do by the time she got home yesterday.

> MODELO: Aída / planchar la ropa
> *Mamá esperaba que Aída **hubiera planchado** la ropa.*

Mamá esperaba que...

1. yo / hacer la comida
2. Quique / lavar el coche
3. nosotros / llevar a Raulito a la escuela
4. tú / escribirle a tío Carlos
5. Uds. / devolver los libros a la biblioteca

6. Eva y Luis / traer el postre
7. Irma / poner la mesa
8. Eva y yo / pasarle la aspiradora a la alfombra

B. Say that you doubted that the following things had occurred.

> MODELO: Carlos / venir muy tarde.
> *Yo dudaba que Carlos hubiera venido muy tarde.*

Yo dudaba que...

1. Pepe / sacar una F en literatura
2. tú y yo / no hacer la tarea
3. mis amigos / darme malos consejos
4. yo / aprobar el examen
5. nosotros / perder el partido de fútbol
6. tú / solicitar ese empleo
7. Uds. / dejar todas las puertas abiertas
8. el bibliotecario / sugerirle ese libro

3. *If* clauses   *(Cláusulas que comienzan con si)*

■ In Spanish the imperfect subjunctive is used in *if* clauses when a contrary-to-fact statement is made.

> —Si **tuviera** dinero, compraría los pasajes hoy. | *"If I had money, I would buy the tickets today."*
> —Usa tu tarjeta de crédito. | *"Use your credit card."*

■ Note that the imperfect subjunctive is used in the *if* clause and the conditional is used in the main clause. When a statement expresses a contrary-to-fact situation in the past, the pluperfect subjunctive is used in the *if* clause and the conditional perfect is used in the main clause.

> —Saqué una mala nota en mi clase de química. | *"I got a bad grade in my chemistry class."*
> —Si **hubieras estudiado** más, habrías sacado una "A". | *"If you had studied more, you would have received an A."*

■ The imperfect subjunctive is also used in *if* clauses that express an unlikely fact, or simply the Spanish equivalent of the English *if . . . were to . . .*

> —Si Raúl me **invitara** a salir con él, aceptaría. | *"If Raul were to ask me to go out with him, I would accept."*
> —No creo que te invite... | *"I don't think he'll ask you . . ."*
> —Saqué una "B" en el examen. | *"I got a B on the exam."*
> —Habrías sacado una "A" si **hubieras estudiado** más. | *"You would have gotten an A if you had studied more."*

■ The imperfect subjunctive is also used after the expression **como si** *(as if)*.

—Pepe se compró otro coche.	*"Pepe bought himself another car."*
—Ese hombre gasta dinero como si **fuera** millonario.	*"That man spends money as if he were a millionaire."*

■ When an *if* clause refers to something that is possible or likely to happen, the indicative is used.

—¿Me vas a comprar los zapatos?	*"Are you going to buy me the shoes?"*
—Si **tengo** dinero, te los compro.	*"If I have money, I'll buy them for you."*

ATENCIÓN The present subjunctive is *never* used in an *if* clause.

PRÁCTICA

A. Act out the following dialogues with a partner, providing the missing verbs in the present indicative, the imperfect subjunctive, or the pluperfect subjunctive, as appropriate.

1. —Sí tú te _____ (matricular) antes, habrías podido tomar la clase de literatura.
   —Yo me habría matriculado si mis padres me _____ (dar) el dinero.
2. —Tú nunca me ayudas.
   —Te ayudaría si _____ (tener) tiempo.
3. —¿Uds. van a graduarse en junio?
   —Nos graduaremos si no _____ (quedar) suspendidos en ninguna clase.
4. —Mi hermano dice que debo estudiar para ingeniera.
   —Él siempre te habla como si él _____ (ser) tu padre.
5. —Si la presidenta de la universidad me _____ (invitar) a su casa, iría.
   —No creo que te invite.
6. —Mi consejero me sugirió que tomara administración de empresas.
   —Si yo _____ (ser) tú, no la tomaría este semestre.
7. —Si yo _____ (poder) conseguir la beca, habría asistido a la universidad este semestre.
   —Si tú _____ (estudiar) más, la habrías conseguido.
8. —¿Vas a estudiar para el examen de contabilidad hoy?
   —Sí, estudiaré si Jorge me _____ (devolver) la calculadora que le presté.

B. Say what the following people are going to do, would do, or would have done according to each situation.

MODELO: María quiere comprar ropa y no tiene dinero.
Si María tuviera dinero compraría ropa.

1. Yo no estudié mucho el semestre pasado y mi promedio fue de "C".
2. Teresa quiere ir al cine y no tiene tiempo.
3. Nosotros necesitamos comprar un coche nuevo. Es posible que tengamos suficiente dinero.
4. Juan quiere que yo le dé la dirección de Pedro, pero yo no la sé.
5. Mi madre quería que yo fuera contador, pero no me gustaban las matemáticas.
6. Tú quieres estudiar para programador(-a), pero no tienes computadora. Es posible que tus padres te regalen una.
7. Yo habría llevado a Marta al estadio, pero tuve que trabajar.
8. Nosotros habríamos hablado con el profesor, pero él no estaba en la universidad hoy.

4. Summary of the uses of the subjunctive
(Resumen de los usos del subjuntivo)

EL SUBJUNTIVO: RESUMEN GENERAL

- Use the subjunctive . . .

  a. After verbs of volition (when there is change of subject).

  > Yo quiero que él **salga.**

  b. After verbs of emotion (when there is change of subject).

  > Me alegro de que tú **estés** aquí.

- Use the subjunctive . . .

  a. To express doubt and denial.

  > Dudo que **pueda** venir.
  > Niego que él **esté** aquí.

  b. To refer to something indefinite or non-existent.

  > Busco una casa que **sea** cómoda.
  > No había nadie que lo **supiera.**

  c. With certain conjunctions when referring to a future action.[1]

  > Lo llamaré cuando **llegue.**

  d. In an *if* clause, to refer to something contrary-to-fact or to something impossible or very improbable.

  > Si **pudiera,** iría.
  > Si el presidente me **invitara** a la Casa Blanca, yo aceptaría.

- Use the infinitive . . .

  a. After verbs of volition (when there is no change of subject).

  > Yo quiero **salir.**

  b. After verbs of emotion (when there is no change of subject).

  > Me alegro de **estar** aquí.

- Use the indicative . . .

  a. When there is no doubt or denial.

  > No dudo que **puede** venir.
  > No niego que él **está** aquí.

  b. To refer to something specific.

  > Tengo una casa que **es** cómoda.
  > Había alguien que lo **sabía.**

  c. With certain conjunctions when there is no indication of future action.

  > Lo llamo cuando **llego.**

  d. In an *if* clause, when not referring to anything that is contrary-to-fact, impossible or very improbable.

  > Si **puedo,** iré.
  > Si Juan me **invita** a su casa, aceptaré.

---

[1]The subjunctive is always used after the conjunctions **con tal que, sin que, en caso de que, a menos que, para que,** and **antes de que,** which by their very meaning imply uncertainty or condition: **Puedo salir sin que los chicos me vean, a menos que estén en la sala.**

PRÁCTICA

Complete the following sentences with the correct verb forms.

1. Ojalá que Uds. (sacar, saquen) buenas notas.
2. Mamá quería que ellos le (dar, dieran) un regalo.
3. Dudo que ella (quiera, quiere) vivir en esa ciudad.
4. Hay muchas personas que (tienen, tengan) que tomar esa clase.
5. Espero que Elsa (consigue, consiga) una beca.
6. Si Ana (viene, viniera), va a traer el informe.
7. Aquí no hay nadie que (es, sea) argentino.
8. Estoy segura de que Eva (salga, sale) de la clase a las cuatro.
9. Yo no quiero (ir, vaya) al dentista hoy.
10. Cuando (viene, venga) Roberto, pregúntale por cuánto tiempo va a estar aquí el plomero.
11. No es verdad que ellos (viven, vivan) en esa casa.
12. Si tú (estás, estés) cansada debes acostarte.
13. Busco una secretaria que (hable, habla) alemán.
14. Temo no (poder, pueda) sacar una "A" en esa clase.
15. Si yo (tuve, tuviera) dinero, pagaría la matrícula hoy.

¡A ver cuánto aprendió!

¡Repase el vocabulario!

Supply the missing words and read the sentences aloud.

1. Fernando sacó una "F" en física. Quedó _____ en esa asignatura.
2. Estoy tomando una clase de administración de _____ .
3. La química es la _____ que menos me gusta.
4. Quiere ser abogado. Estudia en la Facultad de _____ .
5. Tengo que preparar un _____ para mi clase de literatura.
6. En nuestra clase de psicología, tenemos unas _____ muy interesantes.
7. Voy a hablar con mi _____ para que me diga qué clases debo tomar.
8. ¿Quieres _____ al fútbol esta tarde?
9. Tengo que _____ un promedio alto o pierdo la beca.
10. Para Juan, lo _____ importante es el fútbol.
11. Escribe para la revista *Time*. Es _____ .
12. Para ser ingeniero tienes que estudiar en la Facultad de _____ .
13. _____ siempre, mi hijo me pidió dinero.

14. ¿Cuál es tu _____ ? ¿Matemáticas o contabilidad?
15. Son _____ . Pedro es de Chile y Ana es de México.
16. Mi papá es un hombre de _____ .
17. El _____ de ese restaurante cocina muy bien.
18. Fue elegido *(chosen)* el mejor _____ porque vendió cien casas en un año.

Entrevista

Interview a classmate, using the **tú** form.

Pregúntele a su compañero de clase...

1. ...si conoce a algún (alguna) estudiante latinoamericano(-a). (¿De qué país?)
2. ...cuál es la materia que más le gusta.
3. ...qué quería ser cuando era pequeño(-a).
4. ...si ha tomado todos los requisitos generales.
5. ...qué querían sus padres que estudiara.
6. ...si le gustaría tomar una clase de contabilidad.
7. ...cuándo tiene exámenes parciales (finales).
8. ...qué clases piensa tomar el próximo trimestre (semestre).
9. ...qué nota espera sacar en esta clase.
10. ...qué haría ahora si no estuviera aquí.
11. ...si preferiría ser contador(-a), vendedor(-a) o periodista, y por qué.
12. ...cuándo espera graduarse.

Situaciones

What would you say in the following situations? What might the other person say? Act out the scenes with a partner. Take turns playing each role.

1. A freshman asks you what courses to take. Find out something about his or her interests and plans, and make some appropriate course recommendations. Be sure to mention some of your school's requirements.
2. You are talking with a friend about classes you like, classes you don't like, and the reasons why.
3. You have just graduated, and one of your parents has taken you out for a celebration dinner. You haven't done everything they had hoped you would do in college, but you are pleased with your decisions. Discuss your plans for the future.

¿Qué pasa aquí?

In groups of three or four, look at the photo on page 435 and make up a story about the people you see. Say who they are, what subjects they are taking, their majors, their grade point averages, when they will graduate, and so forth.

Para escribir

Write a composition about your college activities. Include the following information:

- your major
- classes you are taking this semester
- classes you took last semester
- classes you like and classes you don't like
- your extracurricular activities
- your career plans

En la vida real

EL PRIMER EMPLEO

With a classmate, play the roles of a recent college graduate who is applying for a job and a prospective employer. The interviewer wants to know about the applicant's college courses and activities and how they are relevant to the job.

Here is a list that might help you answer the interviewer's questions:

Lista de materias

Administración de empresas	Ciencias políticas	Historia
Alemán	Contabilidad	Humanidades
Álgebra	Drama	Inglés
Antropología	Educación física	Literatura
Arte	Electrónica	Matemáticas
Astronomía	Español	Música
Biología	Estadística	Química
Cálculo	Física	Relaciones públicas
Cibernética *(Computer Science)*	Francés	Ruso
	Geología	Sociología
Ciencias económicas	Geometría	Telecomunicaciones

AHORA UD. ES PROFESOR(-A)

Imagine that you are an instructor at one of the schools in the ads. Study the ads carefully, noting all of the features that are described. Then try to convince a classmate why he or she should take a course there. Your classmate should ask questions after you have finished.

HORARIOS A ELEGIR

MATRICULA ABIERTA CURSOS PROFESIONALES

VIDEO/TV, FOTO, SONIDO DISEÑO y AEROGRAFIA

NUESTRA ENSEÑANZA

El sistema pedagógico del CEV está basado en un principio esencial: reproducir, a escala académica, el sistema de trabajo del mundo profesional practicando con todos los medios necesarios para ello.

NUESTRO OBJETIVO

Formar profesionales sólidos. Profesionales a la altura del momento. Capaces de hacer el mejor uso de las últimas novedades tecnológicas.

TUS PROFESIONES

Estudiando en el CEV tendrás acceso a: Realizador Video/TV, Cámara, Editor VTR, Reportero, Ayudante de Producción, Fotógrafo, Diseñador Gráfico, Infografista, Técnico de Sonido...

CEV centro de estudios de la imagen

Infórmese sin compromiso en el propio centro: de 10 a 13,30 y de 16 a 20,30 horas.

Regueros, 3 (esquina Fernando VI)
Tels.: 419 84 50 - 419 85 00 - 28004 Madrid

idiomas

- Curso de 3, 4, 6 o 15 horas semana. De 8 a 22 horas.
- Grupos máximo 8 o 5 personas. Profesores nativos y titulados.
- Preparación First Certificate en diciembre o junio.
- Curso de conversación en inglés y francés.
- **Inglés empresarial** de 19.30 a 22 h. de lunes a jueves.
Inglés - Francés - Alemán - Italiano - Español para extranjeros.

NOVALINGUA®

Diagonal. 600 - 08021 Barcelona
(Pl. Francesc Macià) Fax. 414 57 55
Tels. 200 11 12 y 209 77 30

COLLEGE BOWL

Turn to Appendix F, where you will find questions on the information presented in the **¿Lo sabía Ud.?** sections and the **Panorama hispánico** photo essays. Your teacher will be the host of the College Bowl and will ask the questions. May the best team win!

¡VAMOS A LEER!

ANTES DE LEER

A. Before you read *La pantorrilla del comandante* in detail, skim it quickly without stopping to look up unfamiliar vocabulary. Try to identify the main idea of each paragraph.

B. As you read the story, answer the following questions.

1. ¿Qué son las "tradiciones" de Ricardo Palma?
2. ¿Cómo se comunican Juan Echerry y Domingo Echizarraga?
3. ¿Qué le aconseja Echerry a su amigo que no haga? ¿Por qué?
4. ¿Qué dijo Pedro Uriondo sobre la salud *(health)* de Echizarraga? ¿Qué le apostó?
5. ¿Por qué no quería aceptar Echizarraga la apuesta de Uriondo?
6. ¿Por qué se siente orgulloso *(proud)* Echizarraga?
7. ¿Quién está más contento al final del cuento: Echerry, Echizarraga o Uriondo? ¿Por qué?

La pantorrilla del comandante

(Selección adaptada)

RICARDO PALMA

Ricardo Palma nació en Lima, Perú en 1833 y murió in 1919. Su fama como escritor se debe principalmente a sus "tradiciones", que son cuentos más o menos breves en los que se mezcla lo real con lo imaginario y que se caracterizan por un poco de ironía.

I Fragmento de carta de Juan Echerry a su amigo Domingo Echizarraga

Cuzco, 3 de diciembre de 1822

Mi querido amigo: Aprovecho para escribirte la oportunidad de ir el capitán don Pedro Uriondo con cartas del virrey° para el general Valdés.

Uriondo es un español simpatiquísimo y te lo recomiendo mucho. Tiene la manía de proponer apuestas° por todo y sobre todo, y lo extraño° es que siempre las gana. Te ruego, hermano, que no le aceptes ninguna apuesta y

viceroy

bets / lo... the strange thing

lo... *the same thing*

tengas... *be very careful*

que les digas lo mismo° a tus amigos. Uriondo afirma que nunca ha perdido ninguna apuesta, y dice la verdad. De modo que te aconsejo que abras los ojos y tengas mucho cuidado...°

Saludos,
Juan Echerry

II Carta de Domingo Echizarraga a su amigo Juan Echerry

28 de diciembre de 1822

comrade / provided

cuartel... *headquarters*

Mi inolvidable camarada:° Te doy las gracias por haberme proporcionado° la amistad del capitán Uriondo. Es un muchacho que vale mucho y, en los pocos días que lo hemos tenido en el cuartel general,° ha sido el favorito de la oficialidad. ¡Y cómo toca la guitarra!

Mañana saldrá de regreso para Cuzco con cartas del general para el virrey.

laurels

van... *they have faded / limp / mole*

He added

batallion

fatal

me... *I began to laugh*

gold coins

stubbornly

En cuanto a sus laureles° como ganador de apuestas... digamos que van marchitos.° Dijo esta mañana que mi cojera° se debía a un lunar° que, según él afirmaba, tenía yo en la parte baja de la pierna izquierda. Agregó° con una seguridad digna del médico de mi batallón,° que ese lunar era cabeza de vena y que con el tiempo tendría ataques mortales° al corazón. Yo, que conozco mi cuerpo y que sé que no tengo lunares, me empecé a reír.° Uriondo apostó seis onzas° a que me convencía de la existencia del lunar. Aceptarle era robarle el dinero, y dije que no; pero insistiendo él tercamente° en su afirmación, intervinieron varios oficiales, diciéndome todos:

—¡Vamos, comandante, gánese ese dinero que le cae de las nubes!

¡Me convencieron! Enseñé la pierna y todos vieron que en ella no había ningún lunar. Uriondo se puso rojo y tuvo que confesar que se había equi-

se... *he had been wrong*

keep

en... *fair and square*

weakness

beaten

Que... *God keep you*

vocado.° Me dio las seis onzas, que yo no quería aceptar pero que al fin tuve que guardar,° pues él insistió en declarar que las había ganado en toda regla.°

Contra tu consejo tuve la debilidad° de aceptarle una apuesta a tu amigo y soy el primero que ha vencido° al que tú considerabas invencible. Que Dios te guarde.°

Domingo Echizarraga

III Carta de Juan Echerry a Domingo Echizarraga

Cuzco, 10 de enero de 1823

Me... *You ruined me*

calf

Compañero: ¡Me arruinaste!°

El capitán Uriondo había apostado conmigo treinta onzas a que te hacía enseñar la pantorrilla° el Día de los Inocentes.[1]

---

[1] El Día de los Inocentes se celebra el 28 de diciembre y es similar a *April Fool's Day.*

Desde ayer hay, por culpa tuya, treinta onzas menos en el bolsillo de tu amigo, que te perdona la desobediencia a mi consejo.

Juan Echerry

DÍGANOS

Answer the following questions, based on your own thoughts and experiences.

1. ¿Le gusta a Ud. hacer apuestas? ¿En qué circunstancias? Si no le gusta, ¿por qué no?

2. ¿Qué bromas *(practical jokes)* les hace Ud. a sus amigos el primero de abril o en otras ocasiones? ¿Qué bromas le han hecho a Ud.?

Take this test. When you have finished, check your answers in the answer key provided for this section in Appendix E. Then use a red pen to correct any mistakes you have made. Are you ready?

LECCIÓN 16

A. The future

Rewrite the following sentences using the future tense.

1. Le *vamos a decir* la verdad.
2. ¿Qué *van a hacer* Uds.?
3. No *van a querer* ir.
4. Lo *voy a saber* mañana.
5. No *van a poder* venir.
6. ¿Adónde *vamos a ir*?
7. ¿Dónde lo *vas a poner*?
8. Nosotros *vamos a venir* con él.
9. *Voy a tener* que trabajar.
10. *Vamos a salir* mañana.

B. The conditional

Rewrite the following sentences to say what the people named *would* do, using the conditional tense.

1. Yo *voy* a México.
2. Nosotros les *escribimos*.
3. ¿Tú se lo *dices*?
4. Ellos *hablan* con Ana.
5. ¿Ud. lo *pone* en el banco?
6. ¿Uds. *vienen* el domingo?
7. Julio *pide* ensalada.
8. Nosotros lo *hacemos* hoy.
9. Tú no *sales* con ella.
10. Ella *no camina, va* en coche.

C. The future perfect

Complete the following sentences, using the future perfect of the verbs listed.

comer terminar escribir volver arreglar

1. Para mañana, el mecánico _____ el coche.
2. Para las cuatro de la tarde, ellos _____ a casa.
3. Para junio, yo _____ las clases.
4. Para las dos, nosotros ya _____ el postre.
5. ¿Tú _____ todas las cartas para las cinco de la tarde?

SELF TEST

Lecciones 16–18

D. The conditional perfect

Write the following sentences in Spanish.

1. I would have fixed the car and would have bought new tires.
2. Julio would have installed a new water pump.
3. Luis and I would have gone to the service station to buy gasoline.
4. My parents would have bought a new car.
5. What would you have done, Anita?

E. Just words . . .

Complete the following sentences, using words learned in **Lección 16.**

1. ¿Cuál es la _____ máxima en la carretera?
2. Adela y Fernando son _____ casados.
3. No pude parar porque los _____ estaban descompuestos.
4. ¿Tienes tu licencia de _____ ?
5. Fuimos a la estación de _____ .
6. Está lloviendo, y el _____ de mi coche no funciona. ¡No veo nada!
7. ¿Está _____ o vacío el tanque?
8. Voy a poner las maletas en el _____ .
9. Mi coche no arranca; la grúa lo va a _____ .
10. Un sinónimo de "batería" es _____ .
11. Yo pongo los mapas en la _____ del coche.
12. Tengo que limpiarlo porque está _____ .
13. Yo no arreglaría el coche. ¡No _____ la pena!
14. Mis padres van a salir de _____ el 15 de junio.
15. Cuando él va de compras, siempre _____ mucho dinero.

LECCIÓN 17

A. First-person plural commands

Answer the following questions with appropriate command forms, using the cues provided.

1. ¿Dónde nos sentamos?   (cerca de la puerta)
2. ¿Qué pedimos?   (sopa y ensalada)
3. ¿A qué hora vamos al taller?   (a las dos)
4. ¿Qué le decimos al mecánico?   (que revise el motor)
5. ¿A qué hora volvemos a casa?   (a las cinco)
6. ¿A qué hora nos acostamos esta noche?   (a las once)
7. ¿A qué hora nos levantamos mañana?   (a las seis)
8. ¿A quién le pedimos el coche?   (a mamá)

B. Reciprocal reflexives

Write the following sentences in Spanish.

1. My friend Marta and I write to each other frequently and sometimes we call each other on the phone.
2. Olga and my brother see each other on Sundays but they never talk to each other.
3. Do you and your friends see each other on weekends?

C. The imperfect subjunctive

Rewrite the following sentences with the new beginnings.

1. Quiere que vaya con ellos.
   Quería...
2. Les digo que no se preocupen.
   Les dije...
3. Me alegro de que el coche funcione.
   Me alegré...
4. Temo que me pongan una multa.
   Temí...
5. Necesito un mecánico que sepa mucho.
   Necesitaba...
6. No creo que tengan que arreglarlo.
   No creí...
7. ¿Hay alguien que pueda remolcar el coche?
   ¿Había...?
8. Me alegro de que estés en la gasolinera.
   Me alegré...
9. No es verdad que necesitemos un acumulador.
   No era verdad...
10. No creo que sea feriado.
    No creía...

D. Just words . . .

Complete the following sentences, using words learned in **Lección 17.**

1. ¿Tú le pones crema y _____ al café?
2. Quiero una _____ de salsa de tomate y una de frijoles.
3. ¿Compraste mantequilla o _____ ? A mí me gusta el pan con mantequilla.
4. No quiero zanahorias; no me gustan las _____ .
5. ¿Te vas a _____ a dieta?
6. Tengo una _____ con Rosalía. Vamos a ir al cine.
7. ¿Qué _____ ponen en el cine Rex?
8. De haber _____ que ibas a invitar a Ernesto, habría limpiado la casa.
9. Tengo _____ de comer bistec.

10. Necesitamos papel _____ para el baño.
11. Fuimos al parque de _____ el sábado pasado.
12. Les gustan los animales. Vamos a llevarlos al _____ .

LECCIÓN 18

A. The present perfect subjunctive

Write the following sentences in Spanish.

1. It's a pity that they haven't found the calculator.
2. I'm glad you have taken all the requirements, Miss Rocha.
3. Is there anyone who has maintained a good grade point average?
4. He hopes we have received good grades.
5. I don't think you have obtained the scholarship, Anita.

B. The pluperfect subjunctive

Give the Spanish equivalent of the words in parentheses.

1. No había nadie que _____ la clase. *(had taught)*
2. Yo me alegré de que ellos _____ el examen. *(had passed)*
3. Ellos no creían que nosotros _____ la matrícula. *(had paid)*
4. Yo temía que _____ la pierna, Anita. *(you had broken)*
5. Ellos se alegraron de que yo _____ . *(had returned)*

C. *If* clauses

Complete the following sentences, using the present indicative, the imperfect subjunctive, or the pluperfect subjunctive, as needed.

1. Si yo _____ (tener) tiempo, iré a buscarte.
2. Nosotros iríamos con ellos si _____ (poder).
3. Si ellos _____ (ir) a la biblioteca, habrían encontrado el libro.
4. Si Uds. _____ (querer) ir con nosotros, podemos llevarlos.
5. Tú habrías hablado con ella si la _____ (ver).
6. Antonio gasta dinero como si _____ (ser) rico.

D. Summary of the uses of the subjunctive

Write the following sentences in Spanish.

1. I wanted them to take the midterm exam.
2. I hope they can talk with the advisor.
3. Tell her to call me if she wants to go, Paquito.
4. I don't think we can go to the game, but I think we can go to the movies.
5. Is there anyone who has taken business administration?
6. I am going to help my mother when I get home.
7. I gave her money so that she could pay the tuition.
8. It isn't true that she maintains a good grade point average.

E. Just words . . .

Match the questions in column A with the answers in column B.

A

1. ¿Es argentino?
2. ¿Qué materias estás tomando?
3. ¿Quién es tu consejero?
4. ¿Asiste a la Facultad de Derecho?
5. ¿Qué tienes que escribir?
6. ¿Qué nota tienes?
7. ¿Es periodista?
8. ¿Necesitas la calculadora?
9. ¿Aprobaste el examen?
10. ¿Es carpintero?
11. ¿Vamos al estadio hoy?
12. ¿Cuándo te gradúas?

B

a. Sí, porque juega nuestro equipo.
b. El año próximo.
c. No, es plomero.
d. Sí, es de Buenos Aires.
e. Sí. Hoy tengo examen de matemáticas.
f. Física y química.
g. No, quedé suspendido.
h. El Dr. Peña.
i. Un informe para mi clase de biología.
j. Sí, quiere ser abogado.
k. Una "B".
l. Sí, trabaja para el *Times*.

Las minorías hispanas en los Estados Unidos

Estados Unidos

■ Muchas de las estrellas *(stars)* de cine y de televisión en los Estados Unidos son de ascendencia hispana: Rita Moreno, Ricardo Montalbán, Charlie Sheen, Emilio Estévez, Edward James Olmos, María Conchita Alonso y Linda Ronstadt, entre muchos otros.

■ En la ciudad de Nueva York hay mas de dos millones de hispanos, la mayoría de los cuales son puertorriqueños. Otros grupos hispanos concentrados en Nueva York son los dominicanos, los centroamericanos y los cubanos.

■ La minoría hispana más numerosa en los Estados Unidos es la de origen mexicano, que se concentra principalmente en los estados de Tejas, Colorado, Nuevo México, Arizona y California.

■ Más de medio millón de cubanos viven en Miami, donde ejercen una gran influencia tanto cultural como económica. Hace poco más de tres décadas, cuando los cubanos empezaron a llegar a Miami, la ciudad era fundamentalmente un centro turístico. Hoy Miami es un centro industrial y comercial de primer orden, y el puente que une la economía de los Estados Unidos con la de América Latina y aun la de España.

9

Panorama hispánico

Para las muchachas latinoamericanas, tiene mucha importancia la celebración de los quince años. En México la fiesta recibe el nombre de "quinceañera"; en otros países se llama la celebración de "los quince". La mayor parte de las familias latinas en los Estados Unidos sigue la tradición con un baile y una comida especial.

¿ **Qué cumpleaños es muy importante para muchas chicas norteamericanas?**

La calle Olvera, con sus aceras adoquinadas *(tiled)*, sus piñatas, sus mariachis y sus puestos de artesanía mexicana es un trozo *(piece)* del viejo México en el corazón de Los Ángeles. Aquí se ve el edificio Ávila, construido de adobe y considerado el más antiguo de los edificios existentes en Los Ángeles.

¿ Puede Ud. describir lo que ve en esta foto?

Los hispanos constituyen uno de los grupos minoritarios más numerosos de la ciudad de Nueva York. Aquí se ve un festival hispano en la calle 14 de Manhattan, en el centro de Nueva York.

¿ Qué festivales se celebran en la ciudad donde Ud. vive?

La cantante cubana Gloria Estefan es una de las más populares de los Estados Unidos. Gloria canta y compone canciones en español y en inglés. Recientemente su nombre fue añadido *(was added)* al famoso *Walk of Fame* de Hollywood.

¿ Cuál es su cantante favorito?

Edward James Olmos ganó fama al representar el papel de Martín Castillo en la popular serie de televisión *Miami Vice*. Nacido de padres mexicanos en Los Ángeles, Olmos es uno de los actores hispanos más conocidos en los Estados Unidos. Por su actuación en la película *Stand and Deliver* recibió numerosos elogios.

¿ Cuál es su actor favorito?

Henry Cisneros, Secretario de Viviendas y Desarrollo Urbano (HUD) en la administración del Presidente Clinton, es un ejemplo del poder político de los hispanos en los Estados Unidos. Cisneros fue anteriormente alcalde *(mayor)* de San Antonio, Tejas.

¿ Puede Ud. nombrar otros políticos *(politicians)* hispanos? ¿Cuáles?

No hay duda de que en la ciudad de San Antonio, Tejas, la cultura mexicana es la predominante. En la foto, una familia come en el restaurante mexicano "Mi tierra".

¿ Cuál es su restaurante mexicano favorito?

Xavier Suárez, actual alcalde de Miami, sirve como ejemplo del poder político de los cubanos en Miami. Suárez, un abogado graduado de la Universidad de Harvard, nació en Cuba en 1949, y vino a los Estados Unidos cuando sus padres se exiliaron después de la revolución de Castro.

¿ Cómo se llama el alcalde (la alcaldesa) de su ciudad?

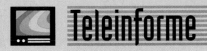 # Teleinforme

VOCABULARIO

Entrevistas con Ricardo Montalbán y Rita Moreno

la actriz actress
la alegría happiness
amable polite
el amante lover
el beneficio benefit
el caballero gentleman
contribuir to contribute
enaltecer to exalt, to praise
los escalofríos chills
la estrella star

honra honors
me emociono I'm thrilled
el orgullo pride
la pantalla screen
los papeles roles
los productores producers
sin embargo however
el sueño dream
la vida life

Entrevista con Xavier Suárez

a la misma vez at the same time
  (colloquial)
los angloparlantes English
  speakers
así que somos therefore we are
claro of course
de habla portuguesa Portuguese-
  speaking
**desde el punto de vista geográ-
  fico** from a geographic
  standpoint
en el mismo centro just in the
  center

en el mismo medio just in the
  middle
el este east
los hispanoparlantes Spanish
  speakers
los lazos bonds
más bien mainly
los negocios business
el oeste west
el patrón model

PREPARACIÓN

¿Cuánto saben Uds. ya?   With a partner, brainstorm answers to the following questions.

1. ¿Qué cantantes, actores y actrices hispanos conoce Ud.?
2. ¿Cuáles son sus favoritos?
3. Ricardo Montalbán era el prototipo del amante latino. ¿Con qué actores norteamericanos podemos compararlo?
4. ¿Cómo son estereotipados los hispanos en la televisión o en el cine? Mencione algunos ejemplos.
5. Algunos políticos hispanos tienen cargos *(positions)* importantes en los Estados Unidos. ¿Cuáles conoce Ud.?
6. ¿Es Miami sólo un centro turístico hoy en día?

COMPRENSIÓN

A. Entrevistas con Ricardo Montalbán y Rita Moreno. Answer the following questions.

1. ¿Cómo se llama este programa?
2. ¿Cuál es el tema del programa?
3. ¿De qué nacionalidad es Ricardo Montalbán?
4. ¿Por qué no le gustaban a Montalbán los papeles que le daban en el cine?
5. ¿Cómo ha sido estereotipado Montalbán en el cine?
6. ¿Cuál es el origen de Rita Moreno?
7. ¿Cuál era el sueño de Moreno?
8. ¿Qué clase de papeles le daban a Moreno?
9. ¿Qué premio recibió Moreno?
10. ¿Qué sintió la actriz al recibir el premio?

B. Entrevista con Xavier Suárez. Select the word or phrase that best completes each statement.

1. Todas las ciudades de los Estados Unidos están mirando hacia (Nueva York, Miami) como patrón.
2. Miami es una ciudad con (mucho, poco) progreso económico.
3. Los hispanos que viven en Miami vienen (sólo de Cuba, de varios países latinos).
4. En Miami (viven, no viven) personas de habla portuguesa.
5. Desde el punto de vista (histórico, geográfico), Miami es (la entrada a, el centro de) las Américas.
6. Muchos hispanos vienen a Miami a hacer negocios con (México, los Estados Unidos).
7. Los europeos también usan a Miami como puerta de (entrada, salida) a las Américas.

AMPLIACIÓN

A. Personas célebres. With a partner, prepare a list of questions you would like to ask Ricardo Montalbán, Rita Moreno, and Xavier Suárez, or some other famous Hispanic.

B. Dos culturas. Now that you have seen all the **Teleinformes,** what preconceived ideas that you might have had about the Hispanic world and its people have changed? Which ones haven't? With a partner, discuss this in Spanish.

Appendixes

APPENDIX A Spanish Sounds

🔲 Vowels

There are five distinct vowels in Spanish: **a, e, i, o,** and **u.** Each vowel has only one basic, constant sound. The pronunciation of each vowel is constant, clear, and brief. The length of the sound is practically the same whether it is produced in a stressed or unstressed syllable.[1]

While producing the sounds of the English stressed vowels that most closely resemble the Spanish ones, the speaker changes the position of the tongue, lips, and lower jaw, so that the vowel actually starts as one sound and then *glides* into another. In Spanish, however, the tongue, lips, and jaw keep a constant position during the production of the sound.

English: banana   **Spanish:** banana

The stress falls on the same vowel and syllable in both Spanish and English, but the English stressed *a* is longer than the Spanish stressed **a.**

English: banana   **Spanish:** banana

Note also that the English stressed *a* has a sound different from the other *a*'s in the word, while the Spanish **a** sound remains constant.

a The Spanish **a** sounds similar to the English *a* in the word *father*.

alta	casa	palma	Ana
cama	Panamá	alma	apagar

e The Spanish **e** is pronounced like the English *e* in the word *eight*.

mes	entre	este	deje
ese	encender	teme	prender

i The Spanish **i** has a sound similar to the English *ee* in the word *see*.

fin	ir	sí	sin	dividir	Trini	difícil

o The Spanish **o** is similar to the English *o* in the word *no,* but without the glide.

toco	como	poco	roto
corto	corro	solo	loco

---

[1] In a stressed syllable, the prominence of the vowel is indicated by its loudness.

465

u   The Spanish **u** is pronounced like the English *oo* sound in the word *shoot* or the *ue* sound in the word *Sue*.

su	Lulú	Úrsula	cultura
un	luna	sucursal	Uruguay

Diphthongs and Triphthongs

When unstressed **i** or **u** falls next to another vowel in a syllable, it unites with that vowel to form what is called a *diphthong*. Both vowels are pronounced as one syllable. Their sounds do not change; they are only pronounced more rapidly and with a glide. For example:

traiga	Lidia	treinta	siete	oigo	adiós
Aurora	agua	bueno	antiguo	ciudad	Luis

A triphthong is the union of three vowels: a stressed vowel between two unstressed ones (**i** or **u**) in the same syllable. For example: Para**guay**, estudi**éis**.

NOTE: Stressed **i** and **u** do not form diphthongs with other vowels, except in the combinations **iu** and **ui**. For example: **rí**-o, sa-**bí**-ais.

In syllabication, diphthongs and triphthongs are considered a single vowel; their components cannot be separated.

Consonants

p   Spanish **p** is pronounced in a manner similar to the English *p* sound, but without the puff of air that follows after the English sound is produced.

pesca	pude	puedo	parte	papá
postre	piña	puente	Paco	

k   The Spanish **k** sound, represented by the letters **k, c** before **a, o, u** or a consonant, and **qu,** is similar to the English *k* sound, but without the puff of air.

casa	comer	cuna	clima	acción	que
quinto	queso	aunque	kiosko	kilómetro	

t   Spanish **t** is produced by touching the back of the upper front teeth with the tip of the tongue. It has no puff of air as in the English *t*.

todo	antes	corto	Guatemala	diente
resto	tonto	roto	tanque	

d   The Spanish consonant **d** has two different sounds depending on its position. At the beginning of an utterance and after **n** or **l**, the tip of the tongue presses the back of the upper front teeth.

día	doma	dice	dolor	dar
anda	Aldo	caldo	el deseo	un domicilio

In all other positions the sound of **d** is similar to the *th* sound in the English word *they*, but softer.

medida	todo	nada	nadie	medio
puedo	moda	queda	nudo	

g The Spanish consonant **g** is similar to the English *g* sound in the word *guy* except before **e** or **i**.

goma	glotón	gallo	gloria	lago	alga
gorrión	garra	guerra	angustia	algo	Dagoberto

j The Spanish sound **j** (or **g** before **e** and **i**) is similar to a strongly exaggerated English *h* sound.

gemir	juez	jarro	gitano	agente
juego	giro	bajo	gente	

b, v There is no difference in sound between Spanish **b** and **v**. Both letters are pronounced alike. At the beginning of an utterance or after **m** or **n**, **b** and **v** have a sound identical to the English *b* sound in the word *boy*.

vivir	beber	vamos	barco	enviar
hambre	batea	bueno	vestido	

When pronounced between vowels, the Spanish **b** and **v** sound is produced by bringing the lips together but not closing them, so that some air may pass through.

sábado	autobús	yo voy	su barco

y, ll In most countries, Spanish **ll** and **y** have a sound similar to the English sound in the word *yes*.

el llavero	trayecto	su yunta	milla
oye	el yeso	mayo	yema
un yelmo	trayectoria	llama	bella

NOTE: When it stands alone or is at the end of a word, Spanish **y** is pronounced like the vowel **i**.

rey	hoy	y	doy	buey
muy	voy	estoy	soy	

r The sound of Spanish **r** is similar to the English *dd* sound in the word *ladder*.

crema	aroma	cara	arena	aro
harina	toro	oro	eres	portero

rr Spanish **rr** and also **r** in an initial position and after **n, l,** or **s** are pronounced with a very strong trill. This trill is produced by bringing the tip of the tongue near the alveolar ridge and letting it vibrate freely while the air passes through the mouth.

rama	carro	Israel	cierra	roto
perro	alrededor	rizo	corre	Enrique

s Spanish s is represented in most of the Spanish world by the letters s, z, and c before
e or i. The sound is very similar to the English sibilant *s* in the word *sink*.

sale	sitio	presidente	signo
salsa	seda	suma	vaso
sobrino	ciudad	cima	canción
zapato	zarza	cerveza	centro

h The letter **h** is silent in Spanish.

hoy	hora	hilo	ahora
humor	huevo	horror	almohada

ch Spanish **ch** is pronounced like the English *ch* in the word *chief*.

hecho	chico	coche	Chile
mucho	muchacho	salchicha	

f Spanish **f** is identical in sound to the English *f*.

difícil	feo	fuego	forma
fácil	fecha	foto	fueron

l Spanish **l** is similar to the English *l* in the word *let*.

dolor	lata	ángel	lago	sueldo
los	pelo	lana	general	fácil

m Spanish **m** is pronounced like the English *m* in the word *mother*.

mano	moda	mucho	muy
mismo	tampoco	multa	cómoda

n In most cases, Spanish **n** has a sound similar to the English *n*.

nada	nunca	ninguno	norte
entra	tiene	sienta	

The sound of Spanish **n** is often affected by the sounds that occur around it. When
it appears before **b**, **v**, or **p**, it is pronounced like an **m**.

tan bueno	toman vino	sin poder
un pobre	comen peras	siguen bebiendo

ñ Spanish **ñ** is similar to the English *ny* sound in the word *canyon*.

señor	otoño	ñoño	uña
leña	dueño	niños	años

x Spanish **x** has two pronunciations depending on its position. Between vowels the
sound is similar to English *ks*.

examen	exacto	boxeo	éxito
oxidar	oxígeno	existencia	

When it occurs before a consonant, Spanish **x** sounds like *s*.

expresión	explicar	extraer	excusa
expreso	exquisito	extremo	

NOTE: When **x** appears in **México** or in other words of Mexican origin, it is pronounced like the Spanish letter **j**.

Rhythm

Rhythm is the variation of sound intensity that we usually associate with music. Spanish and English each regulate these variations in speech differently, because they have different patterns of syllable length. In Spanish the length of the stressed and unstressed syllables remains almost the same, while the English stressed syllables are considerably longer than unstressed ones. Pronounce the following Spanish words, enunciating each syllable clearly.

es-tu-dian-te	bue-no	Úr-su-la
com-po-si-ción	di-fí-cil	ki-ló-me-tro
po-li-cí-a	Pa-ra-guay	

Because the length of the Spanish syllables remains constant, the greater the number of syllables in a given word or phrase, the longer the phrase will be.

Linking

In spoken Spanish, the different words in a phrase or a sentence are not pronounced as isolated elements but are combined together. This is called *linking*.

Pepe come pan.		Pe-pe-co-me-pan
Tomás toma leche.	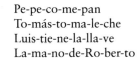	To-más-to-ma-le-che
Luis tiene la llave.		Luis-tie-ne-la-lla-ve
La mano de Roberto.		La-ma-no-de-Ro-ber-to

■ The final consonant of a word is pronounced together with the initial vowel of the following word.

Carlos anda		Car-lo-san-da
un ángel		u-nán-gel
el otoño		e-lo-to-ño
unos estudios interesantes		u-no-ses-tu-dio-sin-te-re-san-tes

■ A diphthong is formed between the final vowel of a word and the initial vowel of the following word. A triphthong is formed when there is a combination of three vowels (see rules for the formation of diphthongs and triphthongs on page 466).

su hermana		suher-ma-na
tu escopeta		tues-co-pe-ta
Roberto y Luis		Ro-ber-toy-Luis
negocio importante		ne-go-cioim-por-tan-te
lluvia y nieve		llu-viay-nie-ve
ardua empresa		ar-duaem-pre-sa

■ When the final vowel of a word and the initial vowel of the following word are identical, they are pronounced slightly longer than one vowel.

Ana alcanza	A-n*a*l-can-za
lo olvido	l*o*l-vi-do
tiene eso	tie-n*e*-so
Ada atiende	Ad*a*-tien-de

The same rule applies when two identical vowels appear within a word.

crees	cr*e*s
Teherán	T*e*-rán
coordinación	c*o*r-di-na-ción

■ When the final consonant of a word and the initial consonant of the following word are the same, they are pronounced as one consonant with slightly longer than normal duration.

el lado	e-*l*a-do
Carlos salta	Car-lo-*s*al-ta
tienes sed	tie-ne-*s*ed

Intonation

Intonation is the rise and fall of pitch in the delivery of a phrase or a sentence. In general, Spanish pitch tends to change less than English, giving the impression that the language is less emphatic.

As a rule, the intonation for normal statements in Spanish starts in a low tone, rises to a higher one on the first stressed syllable, maintains that tone until the last stressed syllable, and then goes back to the initial low tone, with still another drop at the very end.

Tu amigo viene mañana.	José come pan.
Ada está en casa.	Carlos toma café.

Syllable Formation in Spanish

General rules for dividing words into syllables:

Vowels

■ A vowel or a vowel combination can constitute a syllable.

a-lum-no   a-bue-la   Eu-ro-pa

■ Diphthongs and triphthongs are considered single vowels and cannot be divided.

bai-le   puen-te   Dia-na   es-tu-diáis   an-ti-guo

■ Two strong vowels (**a, e, o**) do not form a diphthong and are separated into two syllables.

     em-ple-ar   vol-te-ar   lo-a

■ A written accent on a weak vowel (**i** or **u**) breaks the diphthong, separating the vowels into two syllables.

     trí-o   dú-o   Ma-rí-a

Consonants

■ A single consonant forms a syllable with the vowel that follows it.

     po-der   ma-no   mi-nu-to

NOTE: Spanish **ch, ll,** and **rr** are considered single consonants: **a-ma-ri-llo, co-che, pe-rro.**

■ When two consonants appear between two vowels, they are separated into two syllables.

     al-fa-be-to   cam-pe-ón   me-ter-se   mo-les-tia

EXCEPTION: When a consonant cluster composed of **b, c, d, f, g, p,** or **t** with **l** or **r** appears between two vowels, the cluster joins the following vowel: **so-bre, o-tros, ca-ble, te-lé-gra-fo.**

■ When three consonants appear between two vowels, only the last one goes with the following vowel.

     ins-pec-tor   trans-por-te   trans-for-mar

EXCEPTION: When there is a cluster of three consonants in the combinations described in rule 2, the first consonant joins the preceding vowel and the cluster joins the following vowel: **es-cri-bir, ex-tran-je-ro, im-plo-rar, es-tre-cho.**

Accentuation

In Spanish, all words are stressed according to specific rules. Words that do not follow the rules must have a written accent to indicate the change of stress. The basic rules for accentuation are as follows.

■ Words ending in a vowel, **n,** or **s** are stressed on the next-to-last syllable.

     hi-jo   **ca**-lle   **me**-sa   fa-**mo**-sos
     flo-**re**-cen   **pla**-ya   **ve**-ces

■ Words ending in a consonant, except **n** or **s,** are stressed on the last syllable.

     ma-**yor**   a-**mor**   tro-pi-**cal**   na-**riz**   re-**loj**   co-rre-**dor**

■ All words that do not follow these rules must have the written accent.

ca-**fé**	**lá**-piz	**mú**-si-ca	sa-**lón**
án-gel	**lí**-qui-do	fran-**cés**	**Víc**-tor
sim-**pá**-ti-co	rin-**cón**	a-**zú**-car	de-**mó**-cra-ta
sa-**lió**	**dé**-bil	e-**xá**-me-nes	

■ Pronouns and adverbs of interrogation and exclamation have a written accent to distinguish them from relative pronouns.

¿**Qué** comes?   *What are you eating?*
La pera que él no comió.   *The pear that he did not eat.*

¿**Quién** está ahí?   *Who is there?*
El hombre a quien tú llamaste.   *The man whom you called.*

¿**Dónde** está él?   *Where is he?*
En el lugar donde trabaja.   *At the place where he works.*

■ Words that have the same spelling but different meanings take a written accent to differentiate one from the other.

el	*the*	él	*he, him*	te	*you*	té	*tea*
mi	*my*	mí	*me*	si	*if*	sí	*yes*
tu	*your*	tú	*you*	mas	*but*	más	*more*

APPENDIX B Verbs

Regular Verbs

Model -ar, -er, -ir verbs

INFINITIVE

amar *(to love)*   comer *(to eat)*   vivir *(to live)*

PRESENT PARTICIPLE

amando *(loving)*   comiendo *(eating)*   viviendo *(living)*

PAST PARTICIPLE

amado *(loved)*   comido *(eaten)*   vivido *(lived)*

SIMPLE TENSES

INDICATIVE MOOD

PRESENT

(I love)		*(I eat)*		*(I live)*	
amo	amamos	como	comemos	vivo	vivimos
amas	amáis	comes	coméis	vives	vivís
ama	aman	come	comen	vive	viven

IMPERFECT

(I used to love)		*(I used to eat)*		*(I used to live)*	
amaba	amábamos	comía	comíamos	vivía	vivíamos
amabas	amabais	comías	comíais	vivías	vivíais
amaba	amaban	comía	comían	vivía	vivían

PRETERIT

(I loved)		*(I ate)*		*(I lived)*	
amé	amamos	comí	comimos	viví	vivimos
amaste	amasteis	comiste	comisteis	viviste	vivisteis
amó	amaron	comió	comieron	vivió	vivieron

FUTURE

(I will love)		*(I will eat)*		*(I will live)*	
amaré	amaremos	comeré	comeremos	viviré	viviremos
amarás	amaréis	comerás	comeréis	vivirás	viviréis
amará	amarán	comerá	comerán	vivirá	vivirán

CONDITIONAL

(I would love)		*(I would eat)*		*(I would live)*	
amaría	amaríamos	comería	comeríamos	viviría	viviríamos
amarías	amaríais	comerías	comeríais	vivirías	viviríais
amaría	amarían	comería	comerían	viviría	vivirían

SUBJUNCTIVE MOOD

PRESENT

([that] I [may] love)		*([that] I [may] eat)*		*([that] I [may] live)*	
ame	amemos	coma	comamos	viva	vivamos
ames	améis	comas	comáis	vivas	viváis
ame	amen	coma	coman	viva	vivan

IMPERFECT (two forms: -ara, -ase)

([that] I [might] love)	*([that] I [might] eat)*	*([that] I [might] live)*
amara(-ase)	comiera(-iese)	viviera(-iese)
amaras(-ases)	comieras(-ieses)	vivieras(-ieses)
amara(-ase)	comiera(-iese)	viviera(-iese)
amáramos(-ásemos)	comiéramos(-iésemos)	viviéramos(-iésemos)
amarais(-aseis)	comierais(-ieseis)	vivierais(-ieseis)
amaran(-asen)	comieran(-iesen)	vivieran(-iesen)

IMPERATIVE MOOD

(love)	*(eat)*	*(live)*
ama (tú)	come (tú)	vive (tú)
ame (Ud.)	coma (Ud.)	viva (Ud.)
amemos (nosotros)	comamos (nosotros)	vivamos (nosotros)
amad (vosotros)	comed (vosotros)	vivid (vosotros)
amen (Uds.)	coman (Uds.)	vivan (Uds.)

COMPOUND TENSES

PERFECT INFINITIVE

haber amado	haber comido	haber vivido

PERFECT PARTICIPLE

habiendo amado	habiendo comido	habiendo vivido

INDICATIVE MOOD

PRESENT PERFECT

(I have loved)	*(I have eaten)*	*(I have lived)*
he amado	he comido	he vivido
has amado	has comido	has vivido
ha amado	ha comido	ha vivido
hemos amado	hemos comido	hemos vivido
habéis amado	habéis comido	habéis vivido
han amado	han comido	han vivido

PLUPERFECT

(I had loved)	*(I had eaten)*	*(I had lived)*
había amado	había comido	había vivido
habías amado	habías comido	habías vivido
había amado	había comido	había vivido
habíamos amado	habíamos comido	habíamos vivido
habíais amado	habíais comido	habíais vivido
habían amado	habían comido	habían vivido

FUTURE PERFECT

(I will have loved)	*(I will have eaten)*	*(I will have lived)*
habré amado	habré comido	habré vivido
habrás amado	habrás comido	habrás vivido
habrá amado	habrá comido	habrá vivido
habremos amado	habremos comido	habremos vivido
habréis amado	habréis comido	habréis vivido
habrán amado	habrán comido	habrán vivido

CONDITIONAL PERFECT

(I would have loved)	*(I would have eaten)*	*(I would have lived)*
habría amado	habría comido	habría vivido
habrías amado	habrías comido	habrías vivido
habría amado	habría comido	habría vivido
habríamos amado	habríamos comido	habríamos vivido
habríais amado	habríais comido	habríais vivido
habrían amado	habrían comido	habrían vivido

SUBJUNCTIVE MOOD

PRESENT PERFECT

([that] I [may] have loved)	*([that] I [may] have eaten)*	*([that] I [may] have lived)*
haya amado	haya comido	haya vivido
hayas amado	hayas comido	hayas vivido
haya amado	haya comido	haya vivido
hayamos amado	hayamos comido	hayamos vivido
hayáis amado	hayáis comido	hayáis vivido
hayan amado	hayan comido	hayan vivido

PLUPERFECT (two forms: -ra, -se)

([that] I [might] have loved)	*([that] I [might] have eaten)*	*([that] I [might] have lived)*
hubiera(-iese) amado	hubiera(-iese) comido	hubiera(-iese) vivido
hubieras(-ieses) amado	hubieras(-ieses) comido	hubieras(-ieses) vivido
hubiera(-iese) amado	hubiera(-iese) comido	hubiera(-iese) vivido

hubiéramos(-iésemos) amado	hubiéramos(-iésemos) comido	hubiéramos(-iésemos) vivido	
hubierais(-ieseis) amado	hubierais(-ieseis) comido	hubierais(-ieseis) vivido	
hubieran(-iesen) amado	hubieran(-iesen) comido	hubieran(-iesen) vivido	

Stem-Changing Verbs
The -ar and -er stem-changing verbs

Stem-changing verbs are those that have a spelling change in the root of the verb. Stem-changing verbs that end in -ar and -er change the stressed vowel e to ie, and the stressed o to ue. These changes occur in all persons, except the first- and second-persons plural, of the present indicative, present subjunctive, and imperative.

INFINITIVE	Indicative	Imperative	Subjunctive
cerrar *(to close)*	cierro	_____	cierre
	cierras	cierra	cierres
	cierra	cierre	cierre
	cerramos	cerremos	cerremos
	cerráis	cerrad	cerréis
	cierran	cierren	cierren
perder *(to lose)*	pierdo	_____	pierda
	pierdes	pierde	pierdas
	pierde	pierda	pierda
	perdemos	perdamos	perdamos
	perdéis	perded	perdáis
	pierden	pierdan	pierdan
contar *(to count; to tell)*	cuento	_____	cuente
	cuentas	cuenta	cuentes
	cuenta	cuente	cuente
	contamos	contemos	contemos
	contáis	contad	contéis
	cuentan	cuenten	cuenten
volver *(to return)*	vuelvo	_____	vuelva
	vuelves	vuelve	vuelvas
	vuelve	vuelva	vuelva
	volvemos	volvamos	volvamos
	volvéis	volved	volváis
	vuelven	vuelvan	vuelvan

Verbs that follow the same pattern:

acordarse	*to remember*	cocer	*to cook*
acostar(se)	*to go to bed*	colgar	*to hang*
almorzar	*to have lunch*	comenzar	*to begin*
atravesar	*to go through*	confesar	*to confess*

costar	*to cost*	mostrar	*to show*
demostrar	*to demonstrate,*	negar	*to deny*
	show	nevar	*to snow*
despertar(se)	*to wake up*	pensar	*to think; to plan*
empezar	*to begin*	probar	*to prove; to taste*
encender	*to light; to turn on*	recordar	*to remember*
encontrar	*to find*	rogar	*to beg*
entender	*to understand*	sentar(se)	*to sit down*
extender	*to stretch*	soler	*to be in the habit of*
llover	*to rain*	soñar	*to dream*
mover	*to move*	torcer	*to twist*

The **-ir** stem-changing verbs

There are two types of stem-changing verbs that end in **-ir**: one type changes stressed e to ie in some tenses and to i in others, and stressed o to ue or u; the second type changes stressed e to i only in all the irregular tenses.

Type I: **-ir: e > ie / o > ue or u**

These changes occur as follows.

Present Indicative: All persons except the first- and second-persons plural change e to ie and o to ue. *Preterit:* Third-person singular and plural changes e to i and o to u. *Present Subjunctive:* All persons change e to ie and o to ue, except the first- and second-persons plural, which change e to i and o to u. *Imperfect Subjunctive:* All persons change e to i and o to u. *Imperative:* All persons except the first- and second-persons plural change e to ie and o to ue; first-person plural changes e to i and o to u. *Present Participle:* This form changes e to i and o to u.

INFINITIVE	**Indicative**		**Imperative**	**Subjunctive**	
sentir					
(to feel)	PRESENT	PRETERIT		PRESENT	IMPERFECT
	siento	sentí		sienta	sintiera(-iese)
PRESENT	sientes	sentiste	siente	sientas	sintieras
PARTICIPLE	siente	sintió	sienta	sienta	sintiera
sintiendo	sentimos	sentimos	sintamos	sintamos	sintiéramos
	sentís	sentisteis	sentid	sintáis	sintierais
	sienten	sintieron	sientan	sientan	sintieran
dormir	duermo	dormí		duerma	durmiera(-iese)
(to sleep)	duermes	dormiste	duerme	duermas	durmieras
PRESENT	duerme	durmió	duerma	duerma	durmiera
PARTICIPLE					
durmiendo	dormimos	dormimos	durmamos	durmamos	durmiéramos
	dormís	dormisteis	dormid	durmáis	durmierais
	duermen	durmieron	duerman	duerman	durmieran

Other verbs that follow the same pattern:

advertir	to warn	herir	to wound, hurt
arrepentirse	to repent	mentir	to lie
consentir	to consent; to pamper	morir	to die
convertir(se)	to turn into	preferir	to prefer
discernir	to discern	referir	to refer
divertir(se)	to amuse oneself	sugerir	to suggest

Type II: -ir: e > i

The verbs in the second category are irregular in the same tenses as those of the first type. The only difference is that they have only one change: e > i in all irregular persons.

INFINITIVE	Indicative		Imperative	Subjunctive	
pedir *(to ask for, request)*	PRESENT	PRETERIT		PRESENT	IMPERFECT
	pido	pedí		pida	pidiera(-iese)
PRESENT	pides	pediste	pide	pidas	pidieras
PARTICIPLE	pide	pidió	pida	pida	pidiera
pidiendo	pedimos	pedimos	pidamos	pidamos	pidiéramos
	pedís	pedisteis	pedid	pidáis	pidierais
	piden	pidieron	pidan	pidan	pidieran

Verbs that follow this pattern:

concebir	to conceive	repetir	to repeat
competir	to compete	reñir	to fight
despedir(se)	to say good-bye	seguir	to follow
elegir	to choose	servir	to serve
impedir	to prevent	vestir(se)	to dress
perseguir	to pursue		

Orthographic-Changing Verbs

Some verbs undergo a change in the spelling of the stem in some tenses in order to maintain the sound of the final consonant. The most common ones are those with the consonants **g** and **c**. Remember that **g** and **c** in front of **e** or **i** have a soft sound, and in front of **a**, **o**, or **u** have a hard sound. In order to keep the soft sound in front of **a**, **o**, or **u**, **g** and **c** change to **j** and **z**, respectively. In order to keep the hard sound of **g** or **c** in front of **e** and **i**, **u** is added to the **g** (**gu**) and the **c** changes to **qu**. The most important verbs that are regular in all the tenses but change in spelling are the following.

1. Verbs ending in **-gar** change **g** to **gu** before **e** in the first person of the preterit and in all persons of the present subjunctive.

    pagar   *to pay*
    Preterit: pagué, pagaste, pagó, etc.
    Pres. Subj.:   pague, pagues, pague, paguemos, paguéis, paguen
    Verbs that follow the same pattern: **colgar, llegar, navegar, negar, regar, rogar, jugar.**

2. Verbs ending in **-ger** or **-gir** change **g** to **j** before **o** and **a** in the first person of the present indicative and in all the persons of the present subjunctive.

    proteger   *to protect*
    Pres. Ind.:   protejo, proteges, protege, etc.
    Pres. Subj.:   proteja, protejas, proteja, protejamos, protejáis, protejan
    Verbs that follow the same pattern: **coger, dirigir, elegir, escoger, exigir, recoger, corregir.**

3. Verbs ending in **-guar** change **gu** to **gü** before **e** in the first persons of the preterit and in all persons of the present subjunctive.

    averiguar   *to find out*
    Preterit: averigüé, averiguaste, averiguó, etc.
    Pres. Subj.:   averigüe, averigües, averigüe, averigüemos, averigüéis, averigüen
    The verb **apaciguar** follows the same pattern.

4. Verbs ending in **-guir** change **gu** to **g** before **o** and **a** in the first person of the present indicative and in all persons of the present subjunctive.

    conseguir   *to get*
    Pres. Ind.:   consigo, consigues, consigue, etc.
    Pres. Subj.:   consiga, consigas, consiga, consigamos, consigáis, consigan
    Verbs that follow the same pattern: **distinguir, perseguir, proseguir, seguir.**

5. Verbs ending in **-car** change **c** to **qu** before **e** in the first person of the preterit and in all persons of the present subjunctive.

    tocar   *to touch; to play (a musical instrument)*
    Preterit: toqué, tocaste, tocó, etc.
    Pres. Subj.:   toque, toques, toque, toquemos, toquéis, toquen
    Verbs that follow the same pattern: **atacar, buscar, comunicar, explicar, indicar, sacar, pescar.**

6. Verbs ending in **-cer** or **-cir** preceded by a consonant change **c** to **z** before **o** and **a** in the first person of the present indicative and in all persons of the present subjunctive.

    torcer   *to twist*
    Pres. Ind.:   tuerzo, tuerces, tuerce, etc.
    Pres. Subj.:   tuerza, tuerzas, tuerza, torzamos, torzáis, tuerzan
    Verbs that follow the same pattern: **convencer, esparcir, vencer.**

7. Verbs ending in **-cer** or **-cir** preceded by a vowel change **c** to **zc** before **o** and **a** in the first person of the present indicative and in all persons of the present subjunctive.

    conocer   *to know, be acquainted with*
    Pres. Ind.:   conozco, conoces, conoce, etc.

Pres. Subj.:   conozca, conozcas, conozca, conozcamos, conozcáis, conozcan
Verbs that follow the same pattern: **agradecer, aparecer, carecer, establecer, entristecer** *(to sadden),* **lucir, nacer, obedecer, ofrecer, padecer, parecer, pertenecer, relucir, reconocer.**

8. Verbs ending in **-zar** change **z** to **c** before **e** in the first person of the preterit and in all persons of the present subjunctive.

   rezar   *to pray*
   Preterit: recé, rezaste, rezó, etc.
   Pres. Subj.:   rece, reces, rece, recemos, recéis, recen
   Verbs that follow the same pattern: **alcanzar, almorzar, comenzar, cruzar, empezar, forzar, gozar, abrazar.**

9. Verbs ending in **-eer** change the unstressed **i** to **y** between vowels in the third-person singular and plural of the preterit, in all persons of the imperfect subjunctive, and in the present participle.

   creer   *to believe*
   Pres. Part: creyendo
   Preterit: creí, creíste, creyó, creímos, creísteis, creyeron
   Imp. Subj.:   creyera(-ese), creyeras, creyera, creyéramos, creyerais, creyeran
   Past Part.:   creído
   Verbs that follow the same pattern: **leer, poseer.**

10. Verbs ending in **-uir** change the unstressed **i** to **y** between vowels (except **-quir,** which has the silent **u**) in the following tenses and persons.

    huir   *to escape, flee*
    Pres. Part.:   huyendo
    Pres. Ind.:   huyo, huyes, huye, huimos, huís, huyen
    Preterit: huí, huiste, huyó, huimos, huisteis, huyeron
    Imperative: huye, huya, huyamos, huid, huyan
    Pres. Subj.:   huya, huyas, huya, huyamos, huyáis, huyan
    Imp. Subj.:   huyera(-ese), huyeras, huyera, huyéramos, huyerais, huyeran
    Verbs that follow the same pattern: **atribuir, concluir, constituir, construir, contribuir, destituir, destruir, disminuir, distribuir, excluir, incluir, influir, instruir, restituir, sustituir.**

11. Verbs ending in **-eír** lose the **e** in the third-person singular and plural of the preterit, in all persons of the imperfect subjunctive, and in the present participle.

    reír   *to laugh*
    Pres. Ind.:   río, ríes, ríe, reímos, reís, ríen
    Preterit: reí, reíste, rió, reímos, reísteis, rieron
    Pres. Subj.:   ría, rías, ría, riamos, riáis, rían
    Imp. Subj.:   riera(-ese), rieras, riera, riéramos, rierais, rieran
    Pres. Part.:   riendo
    Verbs that follow the same pattern: **sonreír, freír.**

12. Verbs ending in **-iar** add a written accent to the **i,** except in the first- and second-persons plural of the present indicative and subjunctive.

    fiar(se)   *to trust*
    Pres. Ind.:   (me) fío, (te) fías, (se) fía, (nos) fiamos, (os) fiais, (se) fían
    Pres. Subj.:   (me) fíe, (te) fíes, (se) fíe, (nos) fiemos, (os) fiéis, (se) fíen

Verbs that follow the same pattern: **enviar, ampliar, criar, desviar, enfriar, guiar, telegrafiar, vaciar, variar.**

13. Verbs ending in **-uar** (except **guar**) add a written accent to the **u,** except in the first- and second-persons plural of the present indicative and subjunctive.

actuar   *to act*
Pres. Ind.:   actúo, actúas, actúa, actuamos, actuáis, actúan
Pres. Subj.:   actúe, actúes, actúe, actuemos, actuéis, actúen
Verbs that follow the same pattern: **continuar, acentuar, efectuar, exceptuar, graduar, habituar, insinuar, situar.**

14. Verbs ending in -**ñir** lose the **i** of the diphthongs **ie** and **ió** in the third-person singular and plural of the preterit and all persons of the imperfect subjunctive. They also change the **e** of the stem to **i** in the same persons and in the present indicative and present subjunctive.

teñir   *to dye*
Pres. Ind.:   tiño, tiñes, tiñe, teñimos, teñís, tiñen
Preterit: teñí, teñiste, tiñó, teñimos, teñisteis, tiñeron
Pres. Subj.:   tiña, tiñas, tiña, tiñamos, tiñáis, tiñan
Imp. Subj.:   tiñera(-ese), tiñeras, tiñera, tiñéramos, tiñerais, tiñeran
Verbs that follow the same pattern: **ceñir, constreñir, desteñir, estreñir, reñir.**

Some Common Irregular Verbs

Only those tenses with irregular forms are given below.

adquirir   *to acquire*
Pres. Ind.:   adquiero, adquieres, adquiere, adquirimos, adquirís, adquieren
Pres. Subj.:   adquiera, adquieras, adquiera, adquiramos, adquiráis, adquieran
Imperative: adquiere, adquiera, adquiramos, adquirid, adquieran

andar   *to walk*
Preterit: anduve, anduviste, anduvo, anduvimos, anduvisteis, anduvieron
Imp. Subj.:   anduviera (anduviese), anduvieras, anduviera, anduviéramos, anduvierais, anduvieran

avergonzarse   *to be ashamed, to be embarrassed*
Pres. Ind.:   me avergüenzo, te avergüenzas, se avergüenza, nos avergonzamos, os avergonzáis, se avergüenzan
Pres. Subj.:   me avergüence, te avergüences, se avergüence, nos avergoncemos, os avergoncéis, se avergüencen
Imperative: avergüénzate, avergüéncese, avergoncémonos, avergonzaos, avergüéncense

caber   *to fit, to have enough room*
Pres. Ind.:   quepo, cabes, cabe, cabemos, cabéis, caben
Preterit: cupe, cupiste, cupo, cupimos, cupisteis, cupieron
Future: cabré, cabrás, cabrá, cabremos, cabréis, cabrán
Conditional: cabría, cabrías, cabría, cabríamos, cabríais, cabrían
Imperative: cabe, quepa, quepamos, cabed, quepan

Pres. Subj.:   quepa, quepas, quepa, quepamos, quepáis, quepan
Imp. Subj.:   cupiera (cupiese), cupieras, cupiera, cupiéramos, cupierais, cupieran

caer   *to fall*
Pres. Ind.:   caigo, caes, cae, caemos, caéis, caen
Preterit: caí, caíste, cayó, caímos, caísteis, cayeron
Imperative: cae, caiga, caigamos, caed, caigan
Pres. Subj.:   caiga, caigas, caiga, caigamos, caigáis, caigan
Imp. Subj.:   cayera (cayese), cayeras, cayera, cayéramos, cayerais, cayeran
Past Part.:   caído

conducir   *to guide, to drive*
Pres. Ind.:   conduzco, conduces, conduce, conducimos, conducís, conducen
Preterit: conduje, condujiste, condujo, condujimos, condujisteis, condujeron
Imperative: conduce, conduzca, conduzcamos, conducid, conduzcan
Pres. Subj.:   conduzca, conduzcas, conduzca, conduzcamos, conduzcáis, conduzcan
Imp. Subj.:   condujera (condujese), condujeras, condujera, condujéramos, condu-
jerais, condujeran
(All verbs ending in **-ducir** follow this pattern)

convenir   *to agree (see* **venir***)*

dar   *to give*
Pres. Ind.:   doy, das, da, damos, dais, dan
Preterit: di, diste, dio, dimos, disteis, dieron
Imperative: da, dé, demos, dad, den
Pres. Subj.:   dé, des, dé, demos, deis, den
Imp. Subj.:   diera (diese), dieras, diera, diéramos, dierais, dieran

decir   *to say, tell*
Pres. Ind.:   digo, dices, dice, decimos, decís, dicen
Preterit: dije, dijiste, dijo, dijimos, dijisteis, dijeron
Future: diré, dirás, dirá, diremos, diréis, dirán
Conditional: diría, dirías, diría, diríamos, diríais, dirían
Imperative: di, diga, digamos, decid, digan
Pres. Subj.:   diga, digas, diga, digamos, digáis, digan
Imp. Subj.:   dijera (dijese), dijeras, dijera, dijéramos, dijerais, dijeran
Pres. Part.:   diciendo
Past Part.:   dicho

detener   *to stop; to hold; to arrest (see* **tener***)*

entretener   *to entertain, amuse (see* **tener***)*

errar   *to err; to miss*
Pres. Ind.:   yerro, yerras, yerra, erramos, erráis, yerran
Imperative: yerra, yerre, erremos, errad, yerren
Pres. Subj.:   yerre, yerres, yerre, erremos, erréis, yerren

estar   *to be*
Pres. Ind.:   estoy, estás, está, estamos, estáis, están
Preterit: estuve, estuviste, estuvo, estuvimos, estuvisteis, estuvieron
Imperative: está, esté, estemos, estad, estén
Pres. Subj.:   esté, estés, esté, estemos, estéis, estén

Imp. Subj.:   estuviera (estuviese), estuvieras, estuviera, estuviéramos, estuvierais, estuvieran

haber   *to have*
Pres. Ind.:   he, has, ha, hemos, habéis, han
Preterit: hube, hubiste, hubo, hubimos, hubisteis, hubieron
Future: habré, habrás, habrá, habremos, habréis, habrán
Conditional: habría, habrías, habría, habríamos, habríais, habrían
Pres. Subj.:   haya, hayas, haya, hayamos, hayáis, hayan
Imp. Subj.:   hubiera (hubiese), hubieras, hubiera, hubiéramos, hubierais, hubieran

hacer   *to do, make*
Pres. Ind.:   hago, haces, hace, hacemos, hacéis, hacen
Preterit: hice, hiciste, hizo, hicimos, hicisteis, hicieron
Future: haré, harás, hará, haremos, haréis, harán
Conditional: haría, harías, haría, haríamos, haríais, harían
Imperative: haz, haga, hagamos, haced, hagan
Pres. Subj.:   haga, hagas, haga, hagamos, hagáis, hagan
Imp. Subj.:   hiciera (hiciese), hicieras, hiciera, hiciéramos, hicierais, hicieran
Past Part.:   hecho

imponer   *to impose; to depose (see* **poner***)*

ir   *to go*
Pres. Ind.:   voy, vas, va, vamos, vais, van
Imp. Ind.:   iba, ibas, iba, íbamos, ibais, iban
Preterit: fui, fuiste, fue, fuimos, fuisteis, fueron
Imperative: ve, vaya, vayamos, id, vayan
Pres. Subj.:   vaya, vayas, vaya, vayamos, vayáis, vayan
Imp. Subj.:   fuera (fuese), fueras, fuera, fuéramos, fuerais, fueran

jugar   *to play*
Pres. Ind.:   juego, juegas, juega, jugamos, jugáis, juegan
Imperative: juega, juegue, juguemos, jugad, jueguen
Pres. Subj.:   juegue, juegues, juegue, juguemos, juguéis, jueguen

obtener   *to obtain (see* **tener***)*

oír   *to hear*
Pres. Ind.:   oigo, oyes, oye, oímos, oís, oyen
Preterit: oí, oíste, oyó, oímos, oísteis, oyeron
Imperative: oye, oiga, oigamos, oíd, oigan
Pres. Subj.:   oiga, oigas, oiga, oigamos, oigáis, oigan
Imp. Subj.:   oyera (oyese), oyeras, oyera, oyéramos, oycrais, oyeran
Pres. Part.:   oyendo
Past Part.:   oído

oler   *to smell*
Pres. Ind.:   huelo, hueles, huele, olemos, oléis, huelen
Imperative: huele, huela, olamos, oled, huelan
Pres. Subj.:   huela, huelas, huela, olamos, oláis, huelan

poder   *to be able to*
Preterit: pude, pudiste, pudo, pudimos, pudisteis, pudieron
Future: podré, podrás, podrá, podremos, podréis, podrán

Conditional: podría, podrías, podría, podríamos, podríais, podrían
Imperative: puede, pueda, podamos, poded, puedan
Pres. Subj.:   pueda, puedas, pueda, podamos, podáis, puedan
Imp. Subj.:   pudiera (pudiese), pudieras, pudiera, pudiéramos, pudierais, pudieran
Pres. Part.:   pudiendo

poner   *to place, put*
Pres. Ind.:   pongo, pones, pone, ponemos, ponéis, ponen
Preterit: puse, pusiste, puso, pusimos, pusisteis, pusieron
Future: pondré, pondrás, pondrá, pondremos, pondréis, pondrán
Conditional: pondría, pondrías, pondría, pondríamos, pondríais, pondrían
Imperative: pon, ponga, pongamos, poned, pongan
Pres. Subj.:   ponga, pongas, ponga, pongamos, pongáis, pongan
Imp. Subj.:   pusiera (pusiese), pusieras, pusiera, pusiéramos, pusierais, pusieran
Past Part.:   puesto

querer   *to want, wish; to like, love*
Preterit: quise, quisiste, quiso, quisimos, quisisteis, quisieron
Future: querré, querrás, querrá, querremos, querréis, querrán
Conditional: querría, querrías, querría, querríamos, querríais, querrían
Imp. Subj.:   quisiera (quisiese), quisieras, quisiera, quisiéramos, quisierais, quisieran

resolver   *to decide on*
Past Part.:   resuelto

saber   *to know*
Pres. Ind.:   sé, sabes, sabe, sabemos, sabéis, saben
Preterit: supe, supiste, supo, supimos, supisteis, supieron
Future: sabré, sabrás, sabrá, sabremos, sabréis, sabrán
Conditional: sabría, sabrías, sabría, sabríamos, sabríais, sabrían
Imperative: sabe, sepa, sepamos, sabed, sepan
Pres. Subj.:   sepa, sepas, sepa, sepamos, sepáis, sepan
Imp. Subj.:   supiera (supiese), supieras, supiera, supiéramos, supierais, supieran

salir   *to leave; to go out*
Pres. Ind.:   salgo, sales, sale, salimos, salís, salen
Future: saldré, saldrás, saldrá, saldremos, saldréis, saldrán
Conditional: saldría, saldrías, saldría, saldríamos, saldríais, saldrían
Imperative: sal, salga, salgamos, salid, salgan
Pres. Subj.:   salga, salgas, salga, salgamos, salgáis, salgan

ser   *to be*
Pres. Ind.:   soy, eres, es, somos, sois, son
Imp. Ind.:   era, eras, era, éramos, erais, eran
Preterit: fui, fuiste, fue, fuimos, fuisteis, fueron
Imperative: sé, sea, seamos, sed, sean
Pres. Subj.:   sea, seas, sea, seamos, seáis, sean
Imp. Subj.:   fuera (fuese), fueras, fuera, fuéramos, fuerais, fueran

suponer   *to assume (see* **poner**)

tener   *to have*
Pres. Ind.:   tengo, tienes, tiene, tenemos, tenéis, tienen
Preterit: tuve, tuviste, tuvo, tuvimos, tuvisteis, tuvieron

Future: tendré, tendrás, tendrá, tendremos, tendréis, tendrán
Conditional: tendría, tendrías, tendría, tendríamos, tendríais, tendrían
Imperative: ten, tenga, tengamos, tened, tengan
Pres. Subj.: tenga, tengas, tenga, tengamos, tengáis, tengan
Imp. Subj.: tuviera (tuviese), tuvieras, tuviera, tuviéramos, tuvierais, tuvieran

traducir *to translate (see* **conducir***)*

traer *to bring*
Pres. Ind.: traigo, traes, trae, traemos, traéis, traen
Preterit: traje, trajiste, trajo, trajimos, trajisteis, trajeron
Imperative: trae, traigas, traigamos, traed, traigan
Pres. Subj.: traiga, traigas, traiga, traigamos, traigáis, traigan
Imp. Subj.: trajera (trajese), trajeras, trajera, trajéramos, trajerais, trajeran
Pres. Part.: trayendo
Past Part.: traído

valer *to be worth*
Pres. Ind.: valgo, vales, vale, valemos, valéis, valen
Future: valdré, valdrás, valdrá, valdremos, valdréis, valdrán
Conditional: valdría, valdrías, valdría, valdríamos, valdríais, valdrían
Imperative: vale, valga, valgamos, valed, valgan
Pres. Subj.: valga, valgas, valga, valgamos, valgáis, valgan

venir *to come*
Pres. Ind.: vengo, vienes, viene, venimos, venís, vienen
Preterit: vine, viniste, vino, vinimos, vinisteis, vinieron
Future: vendré, vendrás, vendrá, vendremos, vendréis, vendrán
Conditional: vendría, vendrías, vendría, vendríamos, vendríais, vendrían
Imperative: ven, venga, vengamos, venid, vengan
Pres. Subj.: venga, vengas, venga, vengamos, vengáis, vengan
Imp. Subj.: viniera (viniese), vinieras, viniera, viniéramos, vinierais, vinieran
Pres. Part.: viniendo

ver *to see*
Pres. Ind.: veo, ves, ve, vemos, veis, ven
Imp. Ind.: veía, veías, veía, veíamos, veíais, veían
Preterit: vi, viste, vio, vimos, visteis, vieron
Imperative: ve, vea, veamos, ved, vean
Pres. Subj.: vea, veas, vea, veamos, veáis, vean
Imp. Subj.: viera (viese), vieras, viera, viéramos, vierais, vieran
Past Part.: visto

volver *to return*
Past Part.: vuelto

Glossary of Grammatical Terms

adjective: A word that is used to describe a noun: *tall* girl, *difficult* lesson.

adverb: A word that modifies a verb, an adjective, or another adverb. It answers the questions "How?" "When?" "Where?": She walked *slowly*. She'll be here *tomorrow*. She is *here*.

agreement: A term applied to changes in form that nouns cause in the words that surround them. In Spanish, verb forms agree with their subjects in person and number (**yo hablo, él habla,** etc.). Spanish adjectives agree in gender and number with the noun they describe. Thus, a feminine plural noun requires a feminine plural ending in the adjective that describes it (cas**as** ama-rill**as**) and a masculine singular noun requires a masculine singular ending in the adjective (libro negro).

auxiliary verb: A verb that helps in the conjugation of another verb: I *have* finished. He *was* called. She *will* go. He *would* eat.

command form: The form of the verb used to give an order or a direction: *Go! Come* back! *Turn* to the right!

conjugation: The process by which the forms of the verb are presented in their different moods and tenses: I *am*, you *are*, he *is*, she *was*, we *were*, etc.

contraction: The combination of two or more words into one: *isn't, don't, can't*.

definite article: A word used before a noun indicating a definite person or thing: *the* woman, *the* money.

demonstrative: A word that refers to a definite person or object: *this, that, these, those*.

diphthong: A combination of two vow-els forming one syllable. In Spanish, a diphthong is composed of one *strong* vowel (**a, e, o**) and one *weak* vowel (**u, i**) or two weak vowels: **ei, ua, ui.**

exclamation: A word used to express emotion: *How* strong! *What* beauty!

gender: A distinction of nouns, pro-nouns, and adjectives, based on whether they are masculine or feminine.

indefinite article: A word used before a noun that refers to an indefinite person or object: *a* child, *an* apple.

infinitive: The form of the verb generally preceded in English by the word *to* and showing no subject or number: *to do, to bring*.

interrogative: A word used in asking a question: *Who? What? Where?*

main clause: A group of words that in-cludes a subject and a verb and by itself has complete meaning: *They saw me. I go now.*

noun: A word that names a person, place, or thing: *Ann, London, pencil*.

number: Refers to singular and plural: *chair, chairs*.

object: Generally a noun or a pronoun that is the receiver of the verb's action. A direct object answers the question *"What?"* or *"Whom?"*: We know *her*. Take *it*. An indirect object answers the question *"To whom?"* or *"To what?"*: Give *John* the money. Nouns and pro-nouns can also be objects of preposi-tions: The letter is *from Rick*. I'm thinking *about you*.

past participle: Past forms of a verb: *gone, worked, written*.

person: The form of the pronoun and of the verb that shows the person referred to: *I* (first-person singular), *you* (second-person singular), *she* (third-person singular), and so on.

possessive: A word that denotes ownership or possession: This is *our* house. The book isn't *mine.*

preposition: A word that introduces a noun or pronoun and indicates its function in the sentence: They were *with* us. She is *from* Nevada.

pronoun: A word that is used to replace a noun: *she, them, us,* and so on. A **subject pronoun** refers to the person or thing spoken of: *They* work. An **object pronoun** receives the action of the verb: They arrested *us* (direct object pronoun). She spoke to *him* (indirect object pronoun). A pronoun can also be the object of a preposition: The children stayed with *us.*

reflexive pronoun: A pronoun that refers back to the subject: *myself, yourself,* *himself, herself, itself, ourselves,* and so on.

subject: The person, place, or thing spoken of: *Robert* works. *Our car* is new.

subordinate clause: A clause that has no complete meaning by itself but depends on a main clause: They knew *that I was here.*

tense: The group of forms in a verb that show the time in which the action of the verb takes place: *I go* (present indicative), *I'm going* (present progressive), *I went* (past), *I was going* (past progressive), *I will go* (future), *I would go* (conditional), *I have gone* (present perfect), *I had gone* (past perfect), *that I may go* (present subjunctive), and so on.

verb: A word that expresses an action or a state: We *sleep.* The baby *is* sick.

APPENDIX D English Translations of Dialogues

Lección preliminar

AT THE UNIVERSITY
Good morning, Professor.
Good morning, Miss. What is your name?
My name is Ana María Vargas.

Good afternoon, Doctor Gómez.
Good afternoon, Mr. Campos. How are you?
Very well, thank you. And you?
Fine, thank you.

Good evening, ma'am.
Good evening, Amanda.
What's new?
Not much . . .

Hello, José Luis!
Hi, Teresa. How's it going?
Fine, and with you?
Not very well . . .
Gee! I'm sorry . . . !

See you later, Professor.
Good-bye.

See you tomorrow, Paco.
See you tomorrow, Isabel.

Lección 1

BRIEF CONVERSATIONS
MISS P. *(At the door)* Good morning, Professor. Excuse me.
PROF. Good morning.
Come in and have a seat.
MISS P. Thank you very much.
PROF. Miss Peña, (this is) Dr. Mena.
MISS P. It's a pleasure, Dr. Mena.
DR. M. The pleasure is mine, Miss Peña.

488

J. Hello! What's your name?
R. My name is Rosa Díaz. And yours?
J. Julia Sandoval.

S. Professor, how do you say **"de nada"** in English?
PROF. You say, "you're welcome."
S. What does "I'm sorry" mean?
PROF. It means **"lo siento."**

M. Listen, Juan, what's your address?
J. Thirty Lima Street.
M. Thanks. I'll see you later, Juan.
J. Bye. Say hi to Ana María.

O. What day is today, Pedro?
P. Today is Wednesday.
O. How many students are there in the class?
P. There are twenty-six students.

MISS P. Excuse me! What time is it, please?
MR. V. It's two-thirty.

Lección 2

ON THE PHONE
Raquel wishes to speak with Marta.
M. Yes?
R. Hello. Is Marta there?
M. No, she's not. I'm sorry.
R. What time is she coming back?
M. At nine o'clock at night.
R. Then I'll call later.
M. Very well. Good-bye.

Carmen speaks with María.
M. Hello.
C. Hello. Is María there?

M. Yes, speaking . . . Carmen?
C. Yes. How's it going, María?
M. Very well, thank you. What's new?
C. Nothing. Listen! When are we studying English? Today?
M. Yes, and tomorrow we are studying French.
C. Where?
M. At the university.
C. Very well. See you later, then.

Pedro wishes to speak with Ana.
R. Hello.
P. Hello. Is Ana there?
R. Yes. Who is speaking?
P. Pedro Morales.
R. One moment, please.
A. *(To Rosa)* Who is it?
R. It's Pedro Morales.
A. Hi, Pedro. How's it going?
P. Fine, and with you?
A. So-so.
P. Why? Love problems?
A. No, financial problems! I need money!
P. So do I! Listen, are you working at the hospital tonight?
A. No, I'm not working tonight. (Today, I'm not working at night).

Lección 3

SUSANA APPLIES FOR A JOB
Susana and her friend Quique are talking in the college cafeteria while they eat ham and cheese sandwiches and drink coffee. The young woman is blonde, pretty, and very intelligent. Quique is tall, dark, handsome, and charming. Susana reads an ad in the paper and decides to

*apply for the job. Quique thinks
that she shouldn't work.*

The I.B.M. Company needs a receptionist. Must speak English
and have (some) knowledge of
computers. Come or send your
application to 342 Simon Bolivar
Avenue, Caracas.

Q. Susana, you have four classes!
You don't have time to work.
S. All my classes are in the morn-
ing. I have the afternoon free.
Q. But you have to study . . .
S. Well, my classes aren't very
difficult.
Q. Dr. Peña's class isn't easy!
S. It's not difficult. *(She looks at the
ad.)* Simon Bolivar Avenue . . . I
live close to there.
Q. Close? You live on Sixth Street.
S. It's not located far. Well, I'm
leaving.
Q. What time are you coming
tomorrow?
S. I'm coming at nine. See you.
Q. Why don't you come at eight?
We have to study.
S. Oh, right! We have the French
test Friday. I'll come at eight.
Q. See you tomorrow. Good luck!

*(At the I.B.M. Company, Susana
fills out the application.)*

Lección 4

SHALL WE DANCE ... ?

*Adela, a young Uruguayan woman,
invites many of her classmates from
the university to a New Year's Eve
party at her house. At the party,
Humberto and Adela talk while they
dance.*

A. Humberto, where is your cousin?
H. She is coming later. She has to
bring my sister.
A. She is also going to bring some
records. Listen, where are we
going to celebrate the new year?

H. We're going to go to the dance at
the Yacht Club, aren't we?
A. Oh, of course! Julio and his girl-
friend are going to go, too.
H. Great! They're very nice. Besides,
tomorrow is Julio's birthday.
A. Really? How old is Julio?
H. I think he's twenty-two.
A. Are you hungry? Do you want
chicken, hors d'oeuvres, salad
. . . ?
H. No, thank you. I'm not very hun-
gry, but I'm thirsty.
A. Do you want a cocktail, cider,
champagne, beer, sangría . . . ?
H. I prefer a soda.
A. What time does the dance at the
Club start?
H. At ten-thirty. I'm going to call
Julio and Teresa.

*Later, at the Yacht Club, everyone
celebrates the New Year.*

A. This group is great. Shall we
dance, Humberto?
H. Yes.
J. *(To his girlfriend)* Are you tired,
Teresa?
T. No, I'm hot. Why don't we all
go to the terrace now?
J. Good idea. Shall we take the
drinks?
T. Yes, I'm very thirsty.
J. Don't they have grapes? In Spain
we always eat twelve grapes at
midnight.
M. Here in Montevideo we toast
with cider.
A. It's twelve o'clock!
Happy New Year!
E. Happy New Year! Happy New
Year . . . !
H. And happy birthday, Julio!

Lección 5

LET'S GO TO MADRID!

*Carol, a student from the United
States, is in Spain. She attends the
University of Salamanca and lives in
a boarding house near the Plaza*

*Mayor. She wants to learn to speak
Spanish perfectly, and that is why
she never misses the opportunity to
practice the language. Now she is at
a café with two Spanish friends.*

L. Listen, Carol, can you go with
us to Madrid this weekend?
CL. I can't; I have to write a lot of
letters: to my grandmother, to
my uncle, to my brother.
L. You miss your family very
much, don't you?
CL. Yes . . . especially my older
brother.
CN. What is your brother like?
Blond? Dark-haired?
CL. He's blond, slim, and medium
height. He is studying medicine.
CN. Very interesting! When is he
coming to Spain? In the
summer?
CL. No, he's going to travel to
Mexico with his wife and two
daughters.
CN. Bah! He's married . . . What a
pity! Don't you have another
brother?
CL. No, I'm sorry. Do you want to
see a picture of my nieces?
CN. Yes. *(She looks at the picture.)*
They're very pretty!
CL. They start attending school on
September fifteenth.
L. Listen! Why don't you come to
Madrid with us? It's more inter-
esting than writing letters . . .
CL. Are you going by car?
L. No, we prefer to go by bus. It's
as comfortable as the car, it
doesn't cost much, and we
don't have to drive.
CN. We're planning to go to the
Prado Museum . . .
CL. Oh . . . some of the most fa-
mous paintings in the world are
there.
L. It's very interesting! And Ma-
drid has some very good
restaurants! We always ~~have~~ eat
~~lunch~~ at Casa Botín.

CL. Okay. Let's go to Madrid! . . . If it doesn't rain!

CN. No, according to the forecast, the weather is going to be good.

Lección 6
A TRIP TO PERU

Teresa, a Mexican teacher, is going to spend her vacation in Peru. She has just arrived in Lima, where she's planning to spend a few days before going to Machu Picchu to visit the famous Incan ruins. She is now at the airport, which is big and very modern. Teresa shows her passport and then goes through customs.

At the customs desk, Teresa is talking with the inspector.

I. You must open your suitcases. Do you have anything to declare?

T. I have a camera and a tape recorder. Nothing else.

I. It's not necessary to declare them. Everything is in order.

T. Is there a tourist office near here?

I. Yes, it's over there, to the left.

At the airport they sell gold and silver objects, and Teresa buys some for her family.

At the tourist office, Terresa asks for information.

T. Good morning, sir. Do you have a list of hotels and boarding houses?

E. Yes, Miss. We also have a list of restaurants and places of interest. Here they are.

T. Thanks. Where can I find a taxi?

E. The second door on the right. There is also a bus that takes you downtown.

Teresa takes the bus and goes to a hotel downtown, where she asks for a room.

T. I need a single room with a private bathroom, please. I don't have a reservation.

E. We have one overlooking the street that costs 80 new soles a day. There is also an interior one on the third floor for 50 new soles.

T. They are very expensive for me. Don't you have any cheaper rooms?

E. No, there aren't any. There are few vacant rooms now.

T. I prefer the interior room. Do you accept traveler's checks?

E. Yes, we accept them, and we also accept credit cards.

T. What is the exchange rate?

E. One new sol per dollar.

Teresa signs the register.

T. Can someone take my suitcases to the room, please?

E. Yes, the bellhop will come to take them right away. Here is the key.

T. I want to have dinner in my room. Until what time do they serve dinner?

E. They serve it until eleven o'clock.

Lección 7
AT A CUBAN RESTAURANT

Today is December fifteenth. It's Lidia and Jorge Torre's wedding anniversary. Lidia doesn't know that her husband plans to take her to dinner at one of the best restaurants in Miami to celebrate (it). When she asks him what they are going to do today, he tells her that they're going to go to the movies or to the theater. It is seven o'clock in the evening, and Lidia is ready to go out.

They arrive at the El Caribe Restaurant.

L. What a surprise! This is a very elegant restaurant!

W. This way, please. Here is the menu.

L. Thanks. *(She reads the menu.)* Steak, roast lamb with mashed potatoes, stuffed turkey, shrimp . . .

J. Why don't you order lobster? Or a tenderloin steak? They prepare some delicious steaks here.

L. You know I don't like lobster. Oh, I don't know what to order!

W. I recommend to you the specialty of the house: roast pork and rice with black beans. For dessert, ice cream, custard, or ice cream cake.

J. I want roast pork and rice with black beans. And you?

L. I want soup, shrimp, and rice.

W. And to drink?

J. First a vermouth and then a half bottle of red wine.

W. Very well, sir. *(He writes down the order.)*

Before eating dinner, Lidia and Jorge drink vermouth and talk.

L. What are we doing after dinner?

J. Do you want to go to Eva's party? It's at the Los Violines Club.

L. No . . . I don't know her very well. I prefer to go to the theater.

J. Good idea. At the Martí Theater they are showing a very good play.

L. Yes, it's a Spanish comedy.

The waiter brings the food.

L. These shrimp are delicious!

J. So is the suckling pig. This is an excellent restaurant.

After eating dessert, Lidia and Jorge drink coffee. It's now (already) nine o'clock. Jorge asks for the bill, pays it, leaves the waiter a good tip, and they leave.

J. Happy anniversary, my love. *(He gives her a kiss.)*

Lección 8
SPEAKING OF VACATIONS

Teresa and her friend Silvia have been talking on the phone for a half hour. Teresa is telling her about her trip to Peru.

T. I liked the capital very much, but I liked Machu Picchu better.

S. And you didn't send me a postcard!

T. I bought two, but I didn't send them to you; I have them here.

S. And when are you planning to give them to me?

T. Tomorrow. I have to return (to you) the suitcase and the carry-on bag that you lent me.

S. Did you take a lot of luggage?

T. Yes, my two suitcases and yours. I paid excess baggage fees.

S. How much did the plane ticket cost you? Did you travel first class?

T. Are you crazy? I traveled in tourist class. It cost me two thousand five hundred pesos! Round-trip, of course.

S. How was the flight?

T. A little long . . . And since the plane left two hours behind schedule, we arrived very late.

S. Did anything interesting happen to you in Lima?

T. Well . . . at the travel agency where I bought the ticket to Machu Picchu, I met a very charming young man.

S. Did he travel with you? You have to tell me everything!

T. Yes, I traveled with him by plane to Cuzco, where we had lunch together. Then we talked during the entire train ride to Machu Picchu.

S. I don't know why your vacations are always great and mine are so boring.

T. Next time we have to travel together.

S. Okay, but only if we go by train or by bus. I don't like to travel by plane.

T. Well, we'll travel by train. Listen, it's late. I'll see you tomorrow at noon.

S. Yes, see you tomorrow.

Lección 9

A VERY BUSY DAY

Although today is Saturday, Mirta and Isabel got up very early to finish cleaning the apartment. Tonight both girls are invited to the birthday party of their friend Eva, which is going to be held at the best club in Asunción. Isabel is a little tired because last night she went to bed late and she didn't sleep well.

M. Why did you arrive so late last night? Did you go to the movies?

I. Yes, and I also went to the store to buy the gift for Eva. Well, shall we start cleaning?

M. Yesterday I swept the kitchen, vacuumed the rug, and cleaned the terrace.

I. Then I'm going to clean the bathroom, cook, and iron my red dress. I'm going to wear it tonight.

M. I don't know what to wear.

I. Why don't you wear your blue dress? It's very pretty.

M. No, I tried it on yesterday and it doesn't fit right. Do you know if your brother got me the tickets for the concert?

I. Yes, he bought them last week.

M. *(Looking at her watch)* I'm in a hurry. I need to give the dog a bath, shower and get dressed, and I have a hairdresser's appointment at three.

I. Oh! I want to wash my hair, and I didn't remember to buy shampoo. Did you buy it?

M. Yes, I went to the pharmacy yesterday and I bought it. It's in the medicine cabinet.

When she arrived at the beauty parlor, Mirta asked the hairdresser for a magazine and sat down to wait her turn.

M. *(To the hairdresser)* I want my hair cut, washed, and styled.

P. Your hair is very straight. Would you like a permanent?

M. No, when I want curls I use a curling iron. Oh, my hair is very long!

P. Short hair is in style now. *(She cuts her hair and, when she finishes, Mirta looks at herself in the mirror.)*

M. Very nice! Now I want to make an appointment for my friend for next week.

P. Wednesday at nine-thirty? Generally there are fewer people in the morning.

M. Fine. My friend's name is Isabel Rocha.

Lección 10

VACATION PLANS

Marisa and Nora, two Chilean girls who live in Buenos Aires, are sitting at a café on Avenida de Mayo. They are planning their summer vacation, but they can't come to an agreement because Nora likes outdoor activities and Marisa hates them.

M. I brought some tourist brochures about excursions to Punta del Este to show (them to) you.

N. I was there last year. I liked the beach very much, but there were too many people.

M. When I was a little girl, my family and I always used to go on vacation to Montevideo or to Rio de Janeiro.

N. We used to go to the country or to the mountains. We used to camp, ride horses and bikes, fish for trout in a lake . . .

M. How horrible! I think sleeping in a tent in a sleeping bag is like a punishment.

N. Well, do you know what I did yesterday? I bought a fishing rod to go fishing with you.

M. I have an idea. We can go to the

Hotel del Lago and you can fish while I swim in the pool.

N. Why don't we rent a cabin in the mountains for a few days? You're going to have fun . . .

M. Last year I stayed in a cabin with my family and I was terribly bored.

N. *(Kidding)* Because I wasn't there to show you how to fish.

M. Luckily! Listen, seriously, we have to go to the beach because my bathing suit cost me an arm and a leg.

N. I wanted to buy myself one too, but I couldn't go to the store.

M. I'll go with you to buy it if we leave for Punta del Este on Saturday.

N. Fine . . . but in July we're going to Bariloche to ski.

M. Perfect! I'm going home to start packing my bags.

Lección 11

AT THE HOSPITAL

It was two o'clock in the afternoon, and it was raining cats and dogs. Gustavo was riding his motorcycle down the street when he was hit by a car. They brought him to the Municipal Hospital of Tegucigalpa in an ambulance, and he is now in the emergency room talking with a nurse.

N. What happened to you?

G. I had an accident. I was hit by a car. I didn't see it coming.

N. How awful!

G. I didn't know it was a two-way street. I found out when the car hit me.

N. How do you feel now?

G. My leg hurts a lot. I think I broke it.

N. The doctor said you needed an X-ray. I'm going to take you to the X-ray room. I see you also cut your arm.

G. Yes, it was bleeding a lot.

N. I'm going to disinfect and bandage the wound. When was the last time you had (they gave you) a tetanus shot?

G. I had (they gave me) one two months ago.

In a different section of the hospital, a woman is in the doctor's office.

D. Have you had those headaches and (those) dizzy spells for a long time?

W. They started two weeks ago. But when I was a child, I used to take aspirin frequently because I always had headaches.

D. Were you ever operated on?

W. I was operated on (they operated on me) for appendicitis when I was twenty years old.

D. Are you allergic to any medicine?

W. Yes, I'm allergic to penicillin.

D. What diseases did you have when you were a child?

W. Chickenpox, measles . . . I think I had them all because I was always sick.

D. Are you pregnant?

W. No, doctor.

D. Good. We're going to run some tests (on you).

W. And for the dizzy spells, doctor, are you going to prescribe any medicine for me?

D. Yes, I'm going to prescribe some pills. You should take them three times a day. Here's the prescription.

Lección 12

RUNNING ERRANDS

In a house on Ponce Street in San Juan, Puerto Rico, lives the Vargas family. Sergio is very tired today and wants to sleep late. His mother wants him to run several errands, so the poor boy has to get up as soon as the alarm goes off at seven in the morning.

At nine, he arrives at the dry cleaner's.

S. I'm here to pick up my clothes. Here's the claim check. *(Thinking)* I hope my trousers are ready.

E. *(Reads)* A woman's coat and a pair of trousers. *(To Sergio)* One moment, please. *(He comes back a while later.)* The pants are pink, right?

S. They were white when I brought them in . . . !

At ten, Sergio is in the photo section of the La Francia department store.

S. Last week I brought in a roll of color film. I hope it's ready.

E. Let's see . . . Sergio Vargas . . . ? Yes, the pictures came out very well.

S. And how much do you charge to develop a roll of film?

E. Five dollars, sir.

S. Very well. *(Looking at the photographs.)* But who is this lady? These pictures aren't mine!

At eleven, Sergio parks his motorcycle in front of the bank.

S. I want to deposit this check, which is in my mother's name. Is it necessary for her to sign it?

C. If you're going to deposit in her checking account, no.

S. Very well, that's what I want to do. I also want to withdraw two hundred dollars from my savings account.

C. You have to fill out this card.

S. I need you to give me the balance of my savings account.

C. You only have twenty dollars. I'm sorry, Mr. Vargas, but you don't have enough money.

When Sergio leaves the bank, he doesn't find his motorcycle.

S. *(Screaming)* Oh no! Somebody stole my motorcycle!

L. The young man who took (away) your motocycle said he was your brother . . .

s. I'm an only child!

I. *(Thinking)* They look a lot like each other. I'm surprised they're not brothers.

s. *(As he walks to the police station)* Next Tuesday the thirteenth I'm not leaving the house!

Lección 13

ASKING FOR INFORMATION

Julia, a girl from Honduras, arrived in Madrid a week ago. With her Spanish friends she visited the Parque del Retiro, the Palacio Real, and the old cities of Segovia, Avila, and Toledo. At each place, she bought a lot of postcards to send to her parents and friends. Today she decided to go to the post office to send the postcards and to claim a package.

J. *(Thinking)* I doubt that the post office is open at this hour. I think it opens at nine. *(To a gentleman who is standing on the corner)* Tell me, sir, where is the post office located?

Mr. G. It's five blocks from here, at the Plaza de la Cibeles.

J. It's just that . . . I'm a foreigner, and I don't know the streets. Can you tell me how to get there?

Mr. G. Oh! Continue straight ahead on this street until you get to the Plaza de Colón.

J. How many blocks?

Mr. G. Two. Then turn right when you get to the traffic light, on Alcalá Street.

J. Is the post office on that street?

Mr. G. Yes, right there. It's an old building, and it's across from the subway station.

Julia arrives at the information window at the post office.

J. I'm here to claim a package. My name is Julia Reyes.

E. Do you have some I.D.?

J. My passport . . . but I left it at the hotel.

E. I don't think they'll give it to you without identification.

J. Fine, I'll come back this afternoon. Where can I buy stamps?

E. Go to window number two, to the left.

At window number two, Julia asks the employee for the stamps she needs.

J. I want to send these postcards by air mail and a registered letter to Honduras.

E. It's one thousand five hundred pesetas, miss.

J. Where must I go to send a telegram?

E. Go up to the second floor. The telegraph office is upstairs.

After sending the telegram, Julia leaves the post office and walks toward the Gran Vía, where her friend Pilar is waiting for her.

J. *(To Pilar)* I thought you weren't going to be here.

P. Listen girl, it's not true that we Spaniards always arrive late. Sometimes we're punctual.

Lección 14

APARTMENT FOR RENT

Irene and Lucía, two Colombian girls who study at the National University of Mexico and live in a boarding house, want to move because they need an apartment which is closer to the university.

L. Irene! In the newspaper they are advertising an apartment which has two bedrooms and is in a good neighborhood.

I. Let's see! *(She reads the ad.)*

Classified Ads

For rent: furnished apartment: two bedrooms, living room, dining room, kitchen, and bathroom. Central heating; air conditioning. Colonia Uno. Phone 481-3520 between 1 and 5 P.M. Rent: $1200.

L. Tomorrow, as soon as we return from the university, we can call to go see it.

I. I don't know . . . It's very expensive for us, Lucía. Besides, we need an apartment that has a garage . . .

L. Well, tomorrow when we call, we can ask. Let see . . . what's the phone number?

The following day, as soon as they return from the university, the girls go see the apartment.

L. I love the furniture and the curtains!

I. With the salary we're earning, we're not going to be able to pay the rent.

L. Then, instead of working part-time, we can work full-time.

I. You're crazy! There's nobody who can work full-time and at the same time study at the university.

L. You're such a pessimist, Irene!

I. I'm not a pessimist, but a realist. Besides, we will need money to buy blankets, sheets, pillowcases, and kitchen utensils.

L. *(Doesn't pay attention to her and goes to the kitchen.)* The kitchen has a refrigerator, a microwave, a dishwasher, a new stove . . . and a big sink.

I. We can't make a decision until we see other apartments.

L. But, Irene, we're not going to find any apartment that's as good as this one.

I. Maybe, but we will not be able to pay the rent for this apartment unless we win the lottery! Let's go!

L. *(Angry)* What a spoilsport!

Lección 15

SHOPPING

Anita and her husband Hugo (have) opened the closet and (have) said, almost at the same time, "I have nothing to wear!" They have decided, therefore, to go shopping at El Corte Inglés, which is in the center of Madrid.

When they arrive, the store is not yet open, but there are already many people (there) because there is a big sale today. At nine they enter the store. Anita takes the escalator to the first floor, where the women's department is located. Hugo stays in the men's department, which is on the ground floor.

In the women's department, Anita meets her friend Tere.

A. How's it going? Taking advantage of the sales, right? Tell me, Tere, how much does that green blouse cost?

T. Eighteen hundred pesetas. What size do you wear?

A. I wear size thirty-eight. I'm going to try it on.

T. Wait, don't you like this skirt? It goes very well with the blouse, and it's a medium. Try it on. The fitting room is to the left.

A. *(From the fitting room)* Tere, do me a favor. Bring me a size thirty-six skirt.

T. Wait . . . I'm sorry, there are no smaller sizes.

Anita bought the blouse, but she did not buy the skirt because it was too big on her and it was too expensive. Afterwards, she went to the shoe department because she needed to buy a pair of red shoes to match a red purse Hugo had given her.

A. Do you have any red shoes?

C. I'm sorry, Miss, but in red I only have these sandals.

A. I wear a thirty-six. *(To Tere)* They match my purse.

The clerk tries the sandals on her.

A. They're a little tight on me, but I'll take them.

C. Shall I wrap them up, or do you want to wear them?

A. Wrap them up for me, please.

In the men's department, Hugo has bought a suit, two pairs of pants, three shirts, and a jacket. He has also exchanged a pair of boots he had bought, because they were too small for him. Hugo, Anita, and Tere meet at the exit.

A. Hugo, take us out to eat something! We're starving!

H. Me, too! Wait for me here. I'll go get the car.

Lección 16

ON THE WAY TO SAN JOSE

Gloria and Julio, a newlywed couple, are on vacation in Costa Rica. Now they are on the highway, on the way to San Jose.

G. Julio, you're driving very fast! The speed limit is ninety kilometers per hour. They're going to give you a ticket!

J. Don't worry. Where are we? Do you have the map?

G. It's in the glove compartment, but according to that sign, we're forty kilometers from San Jose.

J. Is there a gas station close by? The tank is almost empty.

G. I think you'll have to wait until we get to San Jose. Oh, no! There's one over there.

Julio stops at the service station to buy gasoline.

J. *(To the attendant)* Fill the tank, please. Also, could you check the oil and put water in the radiator?

A. Yes, sir.

J. Yesterday I had a flat, and the mechanic told me that I'd need new tires . . .

A. Yes, I would have changed them . . . and the battery, too.

G. Gee! He also told you that you'd have to fix the brakes and install a new water pump.

J. We'll do all of that in San Jose.

G. Didn't you also say that you'd change the oil filter and buy new windshield wipers?

J. Yes, but now I think it would have been better to buy a new car before going on this trip.

G. Yes, because by the time we arrive we will already have spent a fortune on repairs.

J. And yesterday the motor was making a strange noise. It's probably the muffler.

When Julio tries to start (it), the car doesn't work.

J. Oh, no! We'll have to call a tow truck to tow the car to San Jose.

G. It's not worth it. I would leave it here.

Lección 17

A WEEKEND

Today is a holiday. Oscar and Jorge, two Cuban students who live in Miami, decide to go to the supermarket to do the weekly shopping. This evening they're planning on going out with two girls: Elsa and Adela. They have a date to go to the movies, but first they are going to cook dinner for them at their apartment. The supermarket opens at nine, and the boys are the first to arrive.

O. We need butter, milk, a dozen eggs, bread, sugar . . .

J. Aren't we going to buy meat?

O. Yes, let's buy meat, fish, and chicken. Also two cans of beans and one (can) of tomato sauce.

J. Had I known that you were going to invite the girls, I would have cleaned the apartment.

O. I told you not to worry. Let's see . . . we need apples, grapes, oranges, melon, grapefruit, and pears for the fruit salad . . .

J. Where are the vegetables? We have to buy lettuce, tomatoes, potatoes, carrots, and onions.

O. Gee! This is going to cost a fortune. We'll have to go on a diet.

J. Good idea! Let's go on a diet.

The dinner was very good. Now Oscar, Elsa, Jorge, and Adela are at the movie theater, standing in line to buy the tickets.

O. Ana recommended that we see this movie.

A. Yes! It won the prize for best film of the year.

E. It's a drama, right? I prefer comedies.

J. Next Saturday we can go see a musical.

O. No, let's not go to the movies again. Let's go to a club to dance.

A. I feel like having something to eat. Why don't we go to the Versailles cafeteria when the movie ends?

I. Won't they have closed by that time? This is the last show.

O. No, that cafeteria closes very late.

The movie ends at twelve. The group goes to the cafeteria to have something to eat and to chat for a while. Since the following day is Saturday, Oscar and Adela decide to see each other again to go to the beach. Elsa and Jorge are going to meet at the library to study.

Lección 18

CAREERS

Alina and Daniel are two young Latin Americans who are studying at the University of California in Los Angeles. Alina is Cuban and Daniel is Argentinian. They are both taking a class in business administration.

A. It's a pity that you haven't registered for Dr. Parker's sociology class. We always have very interesting discussions.

D. I would have taken that class if I had had time this semester. My advisor suggested that I take it, but I wanted to take a physics or a chemistry class at that time.

A. Oh, yes! Your major is chemistry, right? Have you always liked science?

D. Yes. My father wanted me to study to be a lawyer, like him, but I attended law school in Buenos Aires and I didn't like it.

A. If I had followed my parent's advice, I would have studied engineering or accounting, but I decided to study journalism.

D. And you'll be a wonderful journalist!

A. You're graduating in June, right? What are you planning to do then?

D. I want to work in a laboratory, because I like research very much. And you? What are your plans?

A. To work for a newspaper, probably . . . I know I have to worry about that, but for the moment my plans are to finish the report I'm preparing for my literature class and to get an A on the psychology test.

D. But, Alina! You talk as if grades were the only important thing. It would be a good idea for you to have a little fun. Would you like to come with me to the stadium tonight? There's a soccer game and our team is playing.

A. I can't. I have a scholarship and I need to maintain a good grade point average. If I get a bad grade, I'll lose the scholarship.

D. Speaking of grades . . . now I remember that I have a midterm exam in my math class.

A. I suppose you want me to lend you my calculator, as usual.

D. Thanks, kid. I'm leaving, because David wanted me to help him with his biology assignment, and it's late. Bye!

A. Good-bye, Daniel. Good luck on the test.

Answer Key to the Self Tests

Self Test Lecciones 1–3

Lección 1

A. Gender, Part I

1. la / una   2. el / un   3. el / un
4. la / una   5. el / un   6. el / un
7. la / una   8. el / un   9. el / un
10. la / una

B. Plural forms

1. los señores y las señoritas   2. unos
relojes   3. las doctoras y los profesores
4. unos lápices   5. las conversaciones
6. unas mujeres   7. las ventanas
8. las plumas y los cuadernos

C. Cardinal numbers 11–30

doce / veinticinco (veinte y cinco) /
trece / veintinueve (veinte y nueve) /
dieciséis (diez y seis) / veintiuno (veinte
y uno) / veintisiete (veinte y siete) /
once / catorce / dieciocho (diez y ocho)
/ treinta / diecisiete (diez y siete) /
quince

D. Telling time

1. Es la una y media.   2. Son las tres
menos cuarto.   3. Son las cuatro y
diez.   4. Son las doce.   5. Son las dos
y cuarto.

E. Just words . . .

1. f   2. i   3. g   4. a   5. c   6. e
7. h   8. k   9. m   10. l   11. d
12. j   13. b

Lección 2

A. Subject pronouns and present indicative of regular -ar verbs

1. Nosotras hablamos inglés y español.
2. Uds. trabajan en el hospital.
3. Ellas llaman más tarde.   4. Ellos
estudian ruso y chino.   5. Nosotros
necesitamos dinero.   6. Nosotros
deseamos hablar con Eva.

B. Gender, Part II

1. la   2. las   3. la   4. los   5. la
6. el   7. la   8. las   9. el   10. el
11. las   12. los

C. Negative and interrogative sentences

1. —¿Hablas (Habla Ud.) francés? /
—No, no hablo francés.   2. —¿Necesita él el dinero? / —No, él no necesita
el dinero.   3. —¿Llaman ellos más
tarde? / —No, (ellos) no llaman más
tarde.   4. —¿Trabaja Ud. en la universidad, Srta. Peña? / —No, no trabajo
en la universidad.

D. Present indicative of ser

1. Yo soy de México, pero ellos son de
California.   2. ¿Eres (tú) de Chile?
Nosotros somos de Chile también.
3. El Sr. Vera es profesor.   4. ¿Son
Uds. de Venezuela?

E. Cardinal numbers 31–1,000

1. el año mil cuatrocientos noventa y
dos   2. el año mil setecientos setenta y
seis   3. el año mil ochocientos sesenta
y cinco   4. el año mil novecientos noventa   5. Calle Paz, número dos mil
quinientos cincuenta y dos   6. Calle
Bolívar, número cinco mil ciento
veintitrés

F. Just words . . .

1. i   2. d   3. l   4. a   5. c   6. k
7. b   8. g   9. j   10. f   11. e   12. h

Lección 3

A. Possession with de

1. ¿Cuál es el número de teléfono de
Nora?   2. ¿Es difícil la clase de la Dra.
Peña?   3. ¿Cuál es la dirección de los
hijos de Ernesto?

B. Agreement of adjectives, articles, and nouns

1. La chica es alta.   2. La doctora es
española.   3. Las señoras son inglesas.
4. La profesora es mexicana.   5. Las
hijas de ella no son felices.

C. Possessive adjectives

1. Sí, es su esposa.   2. Sí, nuestro profesor es divorciado.   3. Sí, sus hijos
beben café.   4. Sí, nuestros hijos solicitan el trabajo.   5. Sí, sus estudiantes
deben llenar la solicitud.

D. Present indicative of regular -er and -ir verbs

1. como   2. vive   3. leen / escriben /
aprenden   4. Beben   5. crees   6. lee
7. escribimos   8. recibe   9. como
10. decide / debe

E. Present indicative of the irregular verbs tener and venir

1. tienen   2. viene   3. tenemos
4. viene   5. tengo / vienen   6. vengo

F. Uses of *tener que* + infinitive

1. Tengo que llenar la solicitud.
2. Tenemos que escribir el anuncio.
3. Ellos tienen que trabajar.   4. Mi esposo tiene que venir a las once.

G. Just words . . . (Part I)

1. conocimiento   2. rubio   3. solicitud   4. difícil   5. café / comen / jamón   6. lee / periódico   7. libre   8. lejos

H. Just words . . . (Part II)

1. Nombre   2. Dirección   3. Edad   4. Lugar de nacimiento   5. Estado civil   6. Ocupación   7. Sexo

Self Test Lecciones 4–6

Lección 4

A. Expressions with *tener*

1. Mis compañeros de clase tienen prisa.   2. Yo no tengo hambre, pero tengo mucha sed.   3. ¿Tienes (Tiene Ud.) calor? ¡Yo tengo frío!   4. Mis amigos tienen sueño.   5. (Nosotros) no tenemos miedo.   6. (Ud.) tiene razón, Srta. Peña. Mary tiene treinta años.

B. The personal *a*

1. Yo llevo a mis hermanos a la fiesta de Navidad.   2. Nosotros llevamos la cerveza a la cafetería.   3. Ellos invitan a Julio y a su novia.   4. Nosotros tenemos cuatro hijos.

C. Contractions

1. Venimos del club.   2. Voy al baile de fin de año.   3. Llama al hermano de su compañero.   4. Invitan a las chicas.   5. Vengo de la terraza.   6. Llevamos a las muchachas uruguayas.   7. Viene del hospital.   8. Es de la Ciudad de México.

D. Present indicative of the irregular verbs *ir, dar,* and *estar*

1. voy   2. damos   3. está   4. está   5. van   6. dan   7. estoy   8. van   9. estás   10. doy

E. *Ir a* + infinitive

1. Yo no voy a hablar con mi hermana.
2. Mis hijos van a estudiar en España.
3. Mi amiga va a leer el anuncio.
4. Uds. van a bailar en la fiesta.
5. Tú no vas a vivir cerca de la universidad.   6. Nosotros vamos a brindar con sidra.

F. Present indicative of *e:ie* stem-changing verbs

1. quiere (piensa)   2. entendemos (empezamos, comenzamos)   3. pierde   4. Cierras   5. empiezan (comienzan)   6. empezamos (comenzamos)   7. pienso (quiero)   8. preferimos (queremos, pensamos)

G. Just words . . .

1. Invitamos   2. comemos   3. sidra   4. magnífica   5. Nuevo   6. cócteles   7. brindamos   8. discos

Lección 5

A. Comparative forms

1. Alfredo es el estudiante más inteligente de la clase.   2. La Lección 12 es menos interesante que la Lección 7.   3. Mi novia es más bonita que tu novia.   4. Roberto es el más guapo de la familia.   5. El profesor tiene menos de veinte estudiantes.   6. Ana es tan alta como Roberto.

B. Irregular comparative forms

1. más grande   2. mejor   3. mejor / peor   4. mayor   5. más pequeño

C. Ordinal numbers

1. tercer   2. quinto   3. cuarto   4. décimo   5. octavo   6. primer

D. Present indicative of *o:ue* stem-changing verbs

1. cuesta   2. pueden   3. Recuerda   4. cuento   5. almorzamos   6. vuelves

E. Weather expressions

1. Llueve   2. Hace mucho frío   3. calor   4. nieva   5. hace mucho sol   6. lluvia

F. Just words . . .

1. nieto   2. bajo   3. delgado   4. las pinturas   5. cartas   6. mirar   7. echas de menos   8. ¡Qué lástima!   9. conducen su auto   10. fotos   11. pronóstico   12. mediana

Lección 6

A. Present indicative of *e:i* stem-changing verbs

1. En el restaurante México sirven la cena a las nueve.   2. Ella pide una habitación con vista a la calle.   3. Nosotros seguimos al botones a la habitación.   4. ¿Consiguen Uds. reservaciones en diciembre?   5. (Yo) digo que él debe firmar el registro ahora.

B. Pronouns as objects of prepositions

1. mi   2. ti   3. ellos   4. nosotros   5. conmigo   6. contigo

C. Affirmative and negative expressions

1. Ellos van a querer algo.   2. Hay alguien en el baño.   3. Tengo algunos objetos de oro y de plata.   4. Ellos siempre pasan por la aduana.   5. Yo también ceno a las nueve.   6. Siempre tiene las listas de los hoteles.   7. Puedes ir o a la derecha o a la izquierda.   8. Ellos siempre quieren algo también.

D. Present progressive

1. está diciendo   2. estoy hablando
3. estamos leyendo   4. estás comiendo
5. está durmiendo   6. están pidiendo

E. Direct object pronouns

1. comprarlo   2. te llamo   3. la
sirven   4. declararla   5. me lleva
6. las necesito   7. los aceptan   8. lle-
varlo   9. las tengo   10. llamarla

F. Just words . . .

1. b   2. a.   3. b   4. c   5. b   6. a
7. b   8. a   9. a   10. b   11. c
12. c

Self Test Lecciones 7–9

Lección 7

A. Demonstrative adjectives and pronouns

1. estos cuchillos y aquéllos   2. ese
mantel y éste   3. estas oficinas y
aquéllas   4. este teatro y aquél
5. este mozo y aquél   6. estas servilletas y aquéllas

B. Summary of the uses of *ser* and *estar*

1. Ella es la mamá de María.   2. El
club nocturno está en la calle Siete.
3. ¡Hmmm! Este lechón asado está
muy sabroso.   4. Roberto es de
España, pero ahora está en los Estados
Unidos.   5. La sopa está fría.   6. El
reloj es de oro.   7. Hoy es martes y
mañana es miércoles.   8. El mozo está
sirviendo la comida.   9. La fiesta es en
casa de Julia.   10. El teatro es muy
grande.

C. Indirect object pronouns

1. Ella les trae la torta helada.   2. Yo
te voy a preparar (voy a prepararte) un
puré de papas.   3. Él le trae el flan y
el helado.   4. Ana me va a comprar
(va a comprarme) las tazas.   5. El
camarero nos trae una botella de vino
tinto.   6. Les traen el filete y la
langosta.

D. Irregular first person

1. conduzco   2. sé   3. quepo
4. salgo   5. traduzco   6. veo
7. hago   8. pongo   9. conozco
10. traigo

E. *Saber* vs. *conocer; pedir* vs. *preguntar*

1. Voy a preguntar cuándo es su aniversario de bodas.   2. Yo sé que ellos
quieren ir a ese restaurante.   3. Yo no
conozco a su suegra, Sra. Peña.   4. Él
va a pedir el menú.   5. Yo no sé hablar ruso.

F. Just words . . .

1. s   2. i   3. a   4. m   5. q   6. t
7. o   8. d   9. g   10. h   11. c
12. f   13. b   14. r   15. e   16. k
17. n   18. j   19. l   20. p

Lección 8

A. Construction with *gustar*

1. No me gusta esa agencia de viajes.
2. A él le gusta el asiento de pasillo.
3. ¿Le (Te) gusta este bolso de mano?
4. No nos gusta viajar por avión.
5. ¿Les gusta (a ellos) su hotel?

B. Possessive pronouns

1. El mío   2. las suyas   3. las nuestras   4. las tuyas   5. los nuestros
6. El suyo

C. Time expressions with *hacer*

1. Hace dos días que yo no duermo.
2. Hace un mes que tú no me llamas.
3. Hace media hora que nosotros estamos aquí.   4. Hace un año que ellos
viven en España.   5. Hace doce horas
que mi hija no come.

D. Preterit of regular verbs

1. Ayer Luisa y yo compramos los billetes.   2. La semana pasada yo viajé.

3. Ayer ella me esperó en el aeropuerto.   4. ¿No pagaron Uds. la
cuenta anoche?   5. Al mediodía ellos
abrieron las ventanas.   6. El lunes
nosotros comimos en la cafetería.
7. ¿Empezaste a estudiar esta mañana?
8. Ayer yo le presté las maletas.

E. Direct and indirect object pronouns used together

1. Se lo van a mandar (Van a mandárselo) mañana.   2. Elsa me las va a
comprar (va a comprármelas).   3. Luis
nos las va a traducir (va a traducírnoslas).   4. Se (Te) lo voy a traer (voy a
traértelo) (traérselo) esta tarde.   5. La
profesora me la va a dar (va a
dármela).

F. Just words . . .

1. viajes   2. Buen viaje   3. turista
4. ida   5. retraso   6. devolver
7. próxima   8. salida   9. mano
10. aburridas   11. exceso   12. barco

Lección 9

A. Reflexive constructions

1. Tú te vistes muy bien.   2. Ellos se
afeitan todos los días.   3. Ellos se
acuestan a las once.   4. ¿Ud. no se
preocupa por sus hijos?   5. Yo me
pongo el vestido.   6. Juan se sienta
aquí.   7. Tú te lavas la cabeza todos
los días.   8. Yo no me corté el pelo.
9. Yo no me acordé de eso.   10. Uds.
se fueron.   11. ¿Cómo te llamas (tú)?
12. Daniel no se despertó hasta las
diez.

B. Some uses of the definite article

1. ¿Tú te quitas los zapatos? 2. El barbero me corta el pelo. 3. La peluquera me lava la cabeza. 4. Uds. no se lavan las manos. 5. Nosotros preferimos el té. 6. Las madres se preocupan por sus hijos. 7. La libertad es lo más importante.

C. Preterit of *ser, ir,* and *dar*

1. Nosotros fuimos a la cocina y comimos hamburguesas. 2. Él no fue mi profesor el año pasado. 3. ¿Tú le diste la revista, querido? 4. Alguien rompió el espejo. ¿Fue Ud., señorita? 5. Nosotros no le dimos el champú al peluquero. 6. Yo fui a la peluquería. 7. Yo no le di el rizador. 8. ¿Fuiste tú a la farmacia anoche? 9. Ellos fueron a la barbería la semana pasada. 10. ¿Fueron Raúl y Eva mis estudiantes el año pasado? 11. Yo te di la alfombra. 12. Ellos nos dieron una escoba.

D. Preterit of *e:i* and *o:u* stem-changing verbs

1. ¿Durmieron ellos en el hotel el jueves? 2. Los chicos siguieron a sus padres a la tienda. 3. Nosotros servimos / pedimos sándwiches de jamón y queso. 4. Ella me mintió. No tiene veinte años; tiene diez y siete. 5. ¿No consiguió Ud. el dinero para ir de vacaciones? 6. ¿Qué le pidieron los niños a Santa Claus? 7. El hombre murió en un accidente. 8. Ella me repitió la pregunta.

E. Just words . . .

1. escoba 2. lavado / peinado 3. moda 4. aspiradora 5. cocinar 6. champú 7. lacio 8. entradas 9. peine 10. máquina (crema) / afeitar 11. ocupado(-a) 12. regalo

Self Test Lecciones 10–12

Lección 10

A. Irregular preterits

1. tuvieron 2. estuvieron 3. traduje 4. pude 5. pusiste 6. hubo 7. hizo 8. vino 9. no dijeron 10. trajo

B. *Por* vs. *para*

para / para / por / para / por / Por / para / para / por / para / por / por / para

C. Imperfect tense

1. acampábamos / gustaba 2. montaba / pescaba 3. se divertían 4. veíamos 5. era / iba 6. vivíamos / asistía 7. trabajábamos 8. servías

D. Just words . . .

1. l 2. h 3. o 4. a 5. j 6. b 7. d 8. n 9. c 10. m 11. e 12. f 13. i 14. g 15. k 16. p

Lección 11

A. Preterit vs. imperfect

1. tuvo / llamé 2. fuimos 3. Eran / llevó 4. preguntó / estaba 5. era / tenía 6. dijo / necesitaba 7. hubo 8. estuvimos / había 9. íbamos / vimos 10. dolía / Tomé / me acosté

B. Verbs that change meaning in the preterit

1. No quise hablar de mi enfermedad. 2. No sabíamos que ella estaba enferma. 3. Ella supo que yo estaba enfermo(-a). 4. Conocí a tu (su) hermano anoche. 5. No quería tomar la medicina, pero la tomé. 6. Paco, ¿conocías a la Srta. Rivera?

C. *Hace. . .* meaning ago

1. Hace dos días que lo atropelló un coche. 2. Hace tres meses que ellos me operaron de apendicitis. 3. Hace una semana que murió mi perro. 4. ¿Cuánto tiempo hace que Ud. vio al doctor? 5. ¿Cuánto tiempo hace que ellos le hicieron los análisis?

D. Formation of adverbs

1. especialmente 2. raramente 3. lenta y claramente 4. solamente 5. Generalmente 6. frecuentemente

E. Just words . . .

1. penicilina 2. los dientes 3. la lengua 4. los ojos 5. los pies 6. la herida 7. rompiste 8. la pierna 9. el tobillo 10. vías 11. pusieron 12. dolor de cabeza 13. el estómago 14. embarazada 15. sarampión

Lección 12

A. The subjunctive with verbs of volition

1. vayas 2. abrir 3. depositar 4. lo compremos 5. fechen / firmen 6. le pague 7. pagarle 8. depositen 9. ahorrar 10. traiga 11. lleve 12. aparque / estacione / parquee 13. cobrarles 14. dejes 15. abrir 16. salga 17. ahorren 18. viva

B. The subjunctive with verbs of emotion

1. —Espero que Ud. tenga el comprobante, Sr. Vega. 2. —Siento que no puedan quedarse. 3. —Tememos que Juana no venga. 4. —Me alegro de que no tengas que pedir un préstamo, querido(-a). 5. —Espero que estén listas las fotos.

C. The relative pronouns *que* and *quien*

1. Ésta el la señorita que le va a dar los pantalones. 2. Éstos son los

vestidos que están de moda.   3. Ayer vi a las profesoras de quienes ellos nos hablaron.   4. Ésta es la señora a quien yo le mostré las fotos.   5. Él compró una maleta que es cara.

Self Test Lecciones 13–15

Lección 13

A. The *Ud.* and *Uds.* commands

1. mande   2. Estén   3. Vaya 4. camine / doble   5. sean   6. Caminen   7. Trate   8. Cierren   9. den 10. deje

B. Position of object pronouns with direct commands

1. Tráigamelas   2. Désela   3. Escríbanselas   4. Llévesela   5. Dígale 6. Déjelo   7. no se lo diga   8. No me los traiga

C. The subjunctive to express doubt, disbelief, and denial

1. No creo que el correo quede en la esquina.   2. Es verdad que ella está en la oficina de telégrafos.   3. Dudo que tengamos que subir.   4. Niego que él maneje muy bien.   5. No estoy seguro de que Luis sepa dónde está el paquete. 6. No es cierto que necesitemos un documento de identidad.

D. Constructions with *se*

1. ¿Qué idioma se habla en Chile? 2. ¿A qué hora se cierran los bancos? 3. ¿A qué hora se abre el correo? 4. ¿Dónde se venden estampillas? 5. ¿Por dónde se sube al segundo piso?

E. Just words . . .

1. l 2. g 3. o 4. i 5. c 6. a 7. k 8. e 9. b 10. m 11. d 12. h 13. f 14. j 15. n 16. p

Lección 14

A. The subjunctive to express indefiniteness and nonexistence

1. ¿Hay alguien aquí que sepa hablar español?   2. Tenemos una casa que tiene cinco dormitorios.   3. No conozco a nadie que sea de España. 4. ¿Quiere (Quieres) una casa que tenga piscina?   5. Necesito un sillón que sea cómodo.   6. Hay una chica que habla francés, pero no hay nadie que hable ruso.

B. The subjunctive or indicative after certain conjunctions

1. llegue   2. vuelvan (regresen) 3. van   4. veas   5. vendan   6. vayas 7. vean   8. necesite   9. des 10. consiga

C. *Qué* and *cuál* used with *ser*

1. ¿Cuál es su (tu) número de teléfono? 2. ¿Cuál es el apellido de su (tu) madre?   3. ¿Qué es un pasaporte? 4. ¿Cuáles son las lecciones que Uds. necesitan?   5. ¿Cuál es su dirección? 6. ¿Qué es la sidra?

D. Uses of *sino* and *pero*

1. No voy a comprarlo a plazos sino al contado.   2. No quiere alquilar la casa sino comprarla.   3. El coche vale solamente setecientos dólares pero no podemos comprarlo.   4. Carlos no dijo que tenía el dinero sino que tenía los cheques.   5. Ella no quiere que firmemos la solicitud sino que la leamos.

D. Just words . . .

1. despertador   2. corriente   3. firma 4. diligencias   5. saldo   6. cajero automático   7. revelar   8. plazos 9. gratis   10. parezca   11. robaron 12. estacionar / aparcar / parquear 13. quedarme

E. Just words . . .

1. m 2. f 3. k 4. o 5. a 6. i 7. c 8. b 9. e 10. n 11. d 12. h 13. g 14. l 15. j 16. p

Lección 15

A. The past participle

1. escrito   2. abierto   3. visto 4. hecho   5. roto   6. ido   7. hablado   8. comido   9. bebido (tomado)   10. recibido

B. Past participles used as adjectives

1. rotos   2. abiertas   3. muerto 4. cerrado   5. hechas

C. The present perfect

1. has usado   2. ha envuelto   3. han dicho   4. hemos comido   5. me he quedado   6. han hecho

D. The past perfect

1. había terminado   2. habían ido 3. había dicho   4. había abierto 5. habíamos comprado   6. habías preguntado

E. The familiar command (*tú* form)

1. Dime   2. Haz / limpia   3. Sal 4. Ve / compra   5. Ponlos   6. Ven 7. Sé / tráeme   8. Ten / Espérame 9. No compres   10. No lo sirvas 11. No te vayas   12. Levántate / trabaja

F. Just words . . .

1. b 2. a 3. a 4. c 5. b 6. c 7. a 8. b

Self Test Lecciones 16–18

Lección 16

A. The future

1. Le diremos la verdad. 2. ¿Qué harán Uds.? 3. No querrán ir. 4. Lo sabré mañana. 5. No podrán venir. 6. ¿Adónde iremos? 7. ¿Dónde lo pondrás? 8. Nosotros vendremos con él. 9. Tendré que trabajar. 10. Saldremos mañana.

B. The conditional

1. Yo iría a México. 2. Nosotros les escribiríamos. 3. ¿Tú se lo dirías? 4. Ellos hablarían con Ana. 5. ¿Ud. lo pondría en el banco? 6. ¿Uds. vendrían el domingo? 7. Julio pediría ensalada. 8. Nosotros lo haríamos hoy. 9. Tú no saldrías con ella. 10. Ella no caminaría, iría en coche.

C. The future perfect

1. habrá arreglado 2. habrán vuelto 3. habré terminado 4. habremos comido 5. habrás escrito

D. The conditional perfect

1. Yo habría arreglado el coche y habría comprado llantas nuevas (neumáticos nuevos). 2. Julio habría instalado una bomba de agua nueva. 3. Luis y yo habríamos ido a la estación de servicio (la gasolinera) a (para) comprar gasolina. 4. Mis padres habrían comprado un coche nuevo. 5. ¿Qué habrías hecho tú, Anita?

E. Just words . . .

1. velocidad 2. recién 3. frenos 4. conducir 5. servicio 6. limpiaparabrisas 7. lleno 8. maletero 9. remolcar 10. acumulador 11. guantera 12. sucio 13. vale 14. viaje 15. gasta

Lección 17

A. First-person plural commands

1. Sentémonos cerca de la puerta. 2. Pidamos sopa y ensalada. 3. Vamos a las dos. 4. Digámosle que revise el motor. 5. Volvamos a las cinco. 6. Acostémonos a las once. 7. Levantémonos a las seis. 8. Pidámoselo a mamá.

B. Reciprocal reflexives

1. Mi amiga Marta y yo nos escribimos frecuentemente y a veces nos llamamos por teléfono. 2. Olga y mi hermano se ven los domingos pero nunca se hablan. 3. ¿Tú y tus amigos (Ud. y sus amigos) se ven los fines de semana?

C. The imperfect subjunctive

1. Quería que fuera con ellos. 2. Les dije que no se preocuparan. 3. Me alegré de que el coche funcionara. 4. Temí que me pusieran una multa. 5. Necesitaba un mecánico que supiera mucho. 6. No creí que tuvieran que arreglarlo. 7. ¿Había alguien que pudiera remolcar el coche? 8. Me alegré de que estuvieras en la gasolinera. 9. No era verdad que necesitáramos un acumulador. 10. No creía que fuera feriado.

D. Just words . . .

1. azúcar 2. lata 3. margarina 4. verduras 5. poner 6. cita 7. película 8. sabido 9. ganas 10. higiénico 11. diversiones 12. zoológico

Lección 18

A. The present perfect subjunctive

1. Es una lástima que no hayan encontrado la calculadora. 2. Me alegro de que haya tomado todos los requisitos, Srta. Rocha. 3. ¿Hay alguien que haya mantenido un buen promedio? 4. Él espera que hayamos sacado buenas notas. 5. No creo que hayas conseguido la beca, Anita.

B. The pluperfect subjunctive

1. hubiera enseñado 2. hubieran aprobado 3. hubiéramos pagado 4. te hubieras roto 5. hubiera vuelto

C. If clauses

1. tengo 2. pudiéramos 3. hubieran ido 4. quieren 5. hubieras visto 6. fuera

D. Summary of the uses of the subjunctive

1. Yo quería que ellos tomaran el examen parcial. 2. Espero que puedan hablar con el (la) consejero(-a). 3. Dile que me llame si quiere ir, Paquito. 4. No creo que podamos ir al partido, pero creo que podemos ir al cine. 5. ¿Hay alguien que haya tomado administración de empresas? 6. Yo voy a ayudar a mi madre (mamá) cuando llegue a casa. 7. Le di dinero para que pudiera pagar la matrícula. 8. No es cierto (verdad) que ella mantenga un buen promedio.

E. Just words . . .

1. d 2. f 3. h 4. j 5. i 6. k 7. l 8. e 9. g 10. c 11. a 12. b

Questions for the "College Bowl"

The following questions will be answered by students participating in the "College Bowl," which is described in the **En la vida real** section in **Lección 18**. The instructor should divide the class into equal teams, then ask questions of each student, assigning points for correct answers.

The questions are based on the cultural information provided in the **¿Lo sabía Ud.?** and the **Panorama hispánico** sections of the text.

1. ¿Dónde dicen "oigo" cuando contestan el teléfono?
2. ¿Qué idioma hablan en Brasil?
3. ¿Qué otro nombre se le da al idioma español?
4. ¿Cuál es el sobrenombre de una persona que se llama Antonia?
5. ¿Cuál es el nombre de una persona a la que llaman Pepe (Quique)?
6. Generalmente, ¿cuántos apellidos usan las personas en los países de habla hispana?
7. Si una persona se llama José Pérez Rivas, ¿cuál es el apellido de su padre? ¿Cuál es el apellido de su madre?
8. ¿Qué hay que tener en cuenta al alfabetizar los nombres de personas en español?
9. ¿Qué celebran muchos hispanos además de su cumpleaños?
10. ¿Cuál es la edad mínima para comprar bebidas alcohólicas en algunos países de habla hispana?
11. ¿Cuál es uno de los museos de pintura más importantes de España?
12. Cite algunos pintores famosos de España.
13. ¿Qué diferencia hay entre la manera de escribir la fecha en los Estados Unidos y en los países de habla hispana?
14. ¿Qué fecha es 3–10–95 en los países de habla hispana?
15. ¿Cuál es la capital de Perú?
16. ¿Qué por ciento de la población de Perú es de origen indio?
17. ¿A qué altura está situada la ciudad de Cuzco?
18. ¿Cuál fue la capital del antiguo Imperio Inca?
19. ¿En qué cordillera está situada Machu Picchu?
20. ¿Cuántos hispanos viven en los Estados Unidos?
21. El nombre María, ¿es exclusivamente femenino?
22. ¿Qué diferencia hay entre las estaciones en el hemisferio norte y en el hemisferio sur?
23. Cuando en los Estados Unidos es verano, ¿qué estación es en Argentina?
24. ¿Cuáles son las playas más conocidas de Argentina, Chile y Uruguay?
25. ¿Cuáles son los idiomas oficiales de Puerto Rico?
26. ¿Qué nombre le dieron los indios a la isla de Puerto Rico?
27. ¿A qué grupo de islas pertenece Puerto Rico?
28. ¿Es Puerto Rico una república independiente?
29. ¿Cuál es la capital de España?
30. ¿Qué eventos se celebraron en Barcelona y en Sevilla en 1992?
31. ¿Cómo se llama el barrio cubano más famoso de Miami?

32. ¿Cuál es la misión más famosa de Nuevo México?
33. ¿Cuál es, para muchos españoles, el símbolo de Madrid?
34. ¿En qué ciudades de España hay metro?
35. ¿Por qué es famosa la ciudad de Ávila?
36. ¿Cuándo tienen lugar las corridas de toros?
37. Nombre los seis estados de los Estados Unidos con la mayor concentración de hispanos.
38. ¿Qué sistema de medidas se utiliza en los países de habla hispana?
39. ¿A qué equivale un kilómetro?
40. ¿Cómo se llaman las tiendas donde se vende carne? ¿frutas? ¿pan?
41. ¿A qué equivale un galón?
42. ¿Cuántos habitantes tiene Nicaragua?
43. ¿Qué poeta nicaraguense fue creador y líder del modernismo?
44. ¿A qué facultad debe asistir una persona que quiere ser médico?
45. ¿Cuáles son cuatro de los deportes más populares de España?
46. ¿Cuál es la profesión de Julio Iglesias?
47. ¿Cuál fue la primera universidad fundada en España?
48. ¿Qué tipo de gobierno tiene España?
49. ¿En qué ciudad española está el Templo de la Sagrada Familia?
50. ¿Quiénes construyeron la Alhambra?
51. ¿Quién creó el personaje de Don Quijote?
52. ¿Cuántas personas visitan España cada año?
53. ¿Cerca de la frontera de qué país está situada San Sebastián?
54. ¿Cuál es la paella más famosa de España?
55. ¿Cuál es el baile típico del Sur de España?
56. ¿Dónde está la Fundación Joan Miró?
57. ¿Dónde está la pirámide del Mago?
58. ¿En qué ciudad está el Parque de Chapultepec?
59. Mencione tres de los monumentos que hay en el Paseo de la Reforma en la Ciudad de México?
60. ¿Qué es lo más famoso de la artesanía de Oaxaca?
61. ¿Cuántos estudiantes tiene la Universidad Autónoma de México?
62. ¿Quién es un famoso muralista mexicano?
63. ¿Dónde está el Museo de Antropología en México?
64. ¿Qué se celebra el primero y el dos de noviembre en México?
65. ¿Qué canal une el Océano Pacífico con el Océano Atlántico?
66. ¿Cuál es la base principal de la economía de Guatemala?
67. ¿Cuál es uno de los productos principales de Guatemala?
68. ¿Cuál es la capital de Honduras?
69. ¿En qué país está la playa de Las Croabas?
70. ¿Dónde se cree que están enterrados los restos de Cristóbal Colón?
71. ¿Cuál es el deporte más popular en Puerto Rico?
72. ¿Cuál es la universidad más antigua de Cuba?
73. ¿En qué país está el Salto Ángel?
74. ¿Cuál es el río más grande de América del Sur?
75. ¿En qué país está la ciudad de Cartagena?
76. ¿Cuál es la capital de Ecuador?
77. ¿A quién se conoce como el Libertador de América?
78. ¿Cuál es la principal fuente de ingresos de los "llaneros" de Colombia?
79. ¿Qué animal se usa principalmente para transportar carga en los Andes?
80. ¿Cuáles son dos grandes plazas en el centro de Lima?
81. ¿Cuál es la capital de Argentina?
82. ¿Cuál es la capital de Paraguay?

83. ¿Qué cataratas encontramos en la frontera entre Argentina, Brasil y Paraguay?

84. ¿Cuál es la represa hidroeléctrica más grande del mundo?

85. ¿Cuál es la capital de Uruguay?

86. ¿Cuál es el baile argentino más famoso?

87. ¿En qué ciudad de California está la calle Olvera?

88. ¿En qué estado vive la mayor parte de los cubanos radicados en los Estados Unidos?

89. ¿Quiénes dominaron España por más de 700 años?

90. ¿Cuál es la capital de Cataluña?

91. ¿Cómo se llama el rey de España?

92. ¿Qué se celebra el siete de julio en Pamplona?

93. ¿Cuál es la ciudad que tiene más habitantes en todo el mundo?

94. ¿A qué país se le llama *la Suiza de Centroamérica?*

95. ¿De dónde son la mayoría de los hispanos en Nueva York?

96. ¿Cuál es el país más pequeño de la América Central?

97. ¿Qué nombre le dio Colón a la isla de Santo Domingo?

98. ¿Cuál es la capital de Cuba?

99. ¿Qué país tiene como capital una ciudad llamada Santiago?

100. ¿Qué islas están consideradas como uno de los centros ecológicos mejor conservados?

APPENDIX G Professions and Trades

accountant **contador(-a)**
actor **actor**
actress **actriz**
administrator **administrador(-a)**
agent **agente**
architect **arquitecto(-a)**
artisan **artesano(-a)**
artist **artista**
baker **panadero(-a)**
bank officer **empleado(-a),
  bancario(-a)**
bank teller **cajero(-a)**
banker **banquero(-a)**
barber **barbero(-a)**
bartender **barman, cantinero(-a)**
bill collector **cobrador(-a)**
bookkeeper **tenedor(-a) de libros**
brickmason (bricklayer) **albañil**
butcher **carnicero(-a)**
buyer **comprador(-a)**
camera operator **camarógrafo(-a)**
carpenter **carpintero(-a)**
cashier **cajero(-a)**
chiropractor **quiropráctico(-a)**
clerk **dependiente(-a)** *(store)*,
  oficinista *(office)*
computer operator **computista**
contractor **contratista**
construction worker **obrero(-a) de
  la construcción**
constructor **constructor(-a)**
cook **cocinero(-a)**
copilot **copiloto(-a)**
counselor **consejero(-a)**
dancer **bailarín(-ina)**
decorator **decorador(-a)**
dental hygienist **higienista dental**
dentista **dentista**
designer **diseñador(-a)**
detective **detective**
dietician **especialista en dietética**

diplomat **diplomático(-a)**
director **director(-a)**
dockworker **obrero(-a)
  portuario(-a)**
doctor **doctor(-a), médico(-a)**
draftsman **dibujante**
dressmaker **modista**
driver **conductor(-a)**
economist **economista**
editor **editor(-a)**
electrician **electricista**
engineer **ingeniero(-a)**
engineering technician
  ingeniero(-a) técnico(-a)
eye doctor **oculista**
farmer **agricultor(-a)**
fashion designer **diseñador(-a) de
  alta costura**
fire fighter **bombero(-a)**
fisherman **pescador(-a)**
flight attendant **auxiliar de vuelo**
foreman **capataz, encargado(-a)**
funeral director **empresario(-a) de
  pompas fúnebres**
garbage collector **basurero(-a)**
gardener **jardinero(-a)**
guard **guardia**
guide **guía**
hairdresser **peluquero(-a)**
home economist **economista
  doméstico(-a)**
housekeeper **mayordomo, ama de
  llaves**
inspector **inspector(-a)**
instructor **instructor(-a)**
insurance agent **agente de seguros**
interior designer **diseñador(-a) de
  interiores**
interpreter **intérprete**
investigator **investigador(-a)**
janitor **conserje**

jeweler **joyero(-a)**
journalist **periodista**
judge **juez(-a)**
lawyer **abogado(-a)**
librarian **bibliotecario(-a)**
machinist **maquinista**
maid **criada**
mail carrier **cartero(-a)**
manager **gerente**
mechanic **mecánico(-a)**
midwife **comadrón(-ona),
  partero(-a)**
miner **minero(-a)**
model **modelo**
musician **músico(-a)**
nurse **enfermero(-a)**
optician **óptico(-a)**
optometrist **optometrista**
painter **pintor(-a)**
paramedic **paramédico(-a)**
pharmacist **farmacéutico(-a)**
photographer **fotógrafo(-a)**
physical therapist **terapista físico**
physician **médico(-a)**
pilot **piloto** *(masc., fem.)*,
  aviador(-a)
plumber **plomero(-a)**
police officer **policía**
printer **impresor(-a)**
psychologist **psicólogo(-a)**
public relations agent **agente de
  relaciones públicas**
real estate agent **agente de bienes
  raíces**
receptionist **recepcionista**
reporter **reportero(-a), periodista**
sailor **marinero(-a)**
sales representative **vendedor(-a)**
scientist **científico(-a)**
secretary **secretario(-a)**
security guard **guardia**

social worker **trabajador(-a) social**
sociologist **sociólogo(-a)**
soldier **soldado militar**
stenographer **estenógrafo(-a)**
stockbroker **bolsista**
student **estudiante**
supervisor **supervisor(-a)**
surgeon **cirujano(-a)**
systems analyst **analista de sistemas**
tailor **sastre**
taxi driver **chofer de taxi, taxista**

teacher **maestro(-a)** *(elem. school),* **profesor(-a)** *(high school and college)*
technician **técnico(-a)**
telephone operator **telefonista**
therapist **terapista**
television and radio technician **técnico(-a) de radio y televisión**
television and radio announcer **locutor(-a)**
teller **cajero(-a)**
travel agent **agente de viajes**

truck driver **camionero(-a)**
typist **mecanógrafo(-a) dactilógrafo(-a)**
undertaker **director(-a) de pompas fúnebres**
veterinarian **veterinario(-a)**
waiter **mozo, camarero**
waitress **camarera**
watchmaker **relojero(-a)**
worker **obrero(-a)**
writer **escritor(-a)**

Vocabulary

The Spanish–English vocabulary contains all active and passive vocabulary that appears in the student text. Active vocabulary includes words and expressions that appear in the vocabulary lists that follow the dialogues and in charts and word lists that are part of the grammar explanations. Passive vocabulary consists of words and expressions that are given an English gloss in photo captions, the **Panorama hispánico** and **¿Lo sabía Ud.?** sections, readings, exercises, activities, and authentic documents.

The English–Spanish Vocabulary contains only those words and expressions that are considered active.

The following abbreviations are used in the vocabularies:

adj.	adjective	*lang.*	language	*pron.*	pronoun
adv.	adverb	*m.*	masculine noun	*p.p.*	past participle
aux.	auxiliary	*Mex.*	Mexico	*sing.*	singular
f.	feminine noun	*pl.*	plural	*Sp.*	Spain
fam.	familiar	*prep.*	preposition	*Sp. Am.*	Spanish America
form.	formal				

Spanish–English

A

a   at, to, 1
    _____ menos que   unless, 14
    _____ menudo   often
    _____ pesar de   in spite of
    _____ plazos   in installments, 12
    _____ través de   throughout
    _____ veces   at times
    _____ ver   let's see, 12
abajo   downstairs, 13
abierto(-a) *(p.p. of* abrir *and adj.)*   open, 13
abogado(-a) *(m., f.)*   lawyer, 18
abril   April, 5
abrir   to open, 3
abuela *(f.)*   grandmother, 5
abuelo *(m.)*   grandfather, 5
aburrido(-a)   boring, 8
aburrirse   to be bored, 10
acabado *(m.)*   decoration
acabar   to finish
    _____ de   to have just, 6
acampar   to camp, 10
accidente *(m.)*   accident, 11
aceite *(m.)*   oil, 16

aceituna *(f.)*   olive
aceptar   to accept, 6
acero *(m.)*   steel
aconsejar   to advise, 12
acordarse (o:ue)   to remember, 9
acostar (o:ue)   to put to bed, 9
    _____se   to go to bed, 9
actividad *(f.)*   activity
actuación *(f.)*   act
actualmente   nowadays
actuar   to perform
acumulador *(m.)*   battery, 16
adelantado(-a)   advanced
además   besides, 4
adiós   good-bye, LP
administración de empresas *(f.)*   business administration, 18
adolescencia *(f.)*   adolescence
adónde   where (to), 4
adoquinado(-a)   tiled
adoquinar   to tile
aduana *(f.)*   customs, 6
aeropuerto *(m.)*   airport, 6
afeitar(se)   to shave, 9
afueras *(f. pl.)*   outskirts

agencia de viajes *(f.)*   travel agency, 8
agente *(m., f.)*   agent
agosto   August, 5
agregar   to add
agrícola *(invariable adj.)*   agricultural
agua *(f.)*   water, 16
    _____ mineral   mineral water, 7
aguafiestas *(m., f.)*   spoilsport, 14
águila *(f.)*   eagle
ah   oh, 5
ahora   now, 4
ahorrar   to save, 12
ahorros *(m. pl.)*   savings, 12
aire acondicionado *(m.)*   air conditioning, 14
al *(m. sing.) (contraction)*   to the, 4
    _____ aire libre   outdoors, 10
    _____ contado   in cash, 12
    _____ día siguiente   the following day, 14
    _____ extranjero   abroad
    _____ mismo tiempo   at the same time, 14
    _____ rato   a while later, 12
    _____ teléfono   on the phone, 12

ala *(f.)* wing
alberca *(f.) (Mex.)* swimming pool, 10
albóndiga *(f.)* meatball, 7
alcalde *(m.)* mayor
alcaldesa *(f.)* mayor
alcanzar to achieve, to reach
aldea small town
alegrarse (de) to be glad, 12
alegre merry, 11
alemán *(m.)* German *(lang.)*, 2
alérgico(-a) allergic, 11
alfabetizar to alphabetize
alfabeto *(m.)* alphabet
alfombra *(f.)* carpet, rug, 9
algo something, anything, 6
algodón *(m.)* cotton
alguien someone, somebody, 6
algún, alguna any, some, 6
alguna vez ever, 11
alguno(-a) any, some, 6
algunos(-as) some, 5
alma *(f.)* soul
almohada *(f.)* pillow, 14
almorzar (o:ue) to have lunch, 5
almuerzo *(m.)* lunch, 6
alojamiento *(m.)* lodging
alquilar to rent, 10
   se alquila for rent, 14
alquiler *(m.)* rent, 14
alto(-a) tall, 3
altura *(f.)* height
allí there, 3
   _____ mismo right there, 13
amante *(m., f.)* lover
amarillo(-a) yellow, LP
ambiente *(m.)* atmosphere
ambos(-as) both
ambulancia *(f.)* ambulance
amigdalitis *(f.)* tonsilitis
amigo(-a) *(m., f.)* friend, 3
amistad *(f.)* friendship
amor *(m.)* love, 7
   mi _____ darling, 7
amueblado(-a) furnished, 14
amurallado(-a) walled in
análisis *(m.)* analysis, test, 11
anaranjado(-a) orange, LP
anciana old lady
ancho(-a) wide
aniversario *(m.)* anniversary, 7
   _____ de bodas *(m.)* wedding anniversary, 7
anoche last night, 9
anotar to write down, 7

ansiosamente anxiously
antes (de) before, 6
   _____ de que before, 14
anticipado(-a) advance
antiguo(-a) former, old, 13
antipático(-a) unpleasant, 3
antiquísimo(-a) ancient, very old
anunciar to announce, 14
anuncio *(m.)* ad, 3
añadido(-a) added
año *(m.)* year, 3
   tener... *s* to be ... years old, 4
aparcar to park, 12
apartamento *(m.)* apartment, 9
apellido *(m.)* surname, 3
apendicitis *(f.)* appendicitis, 11
apio *(m.)* celery, 17
apreciar to appreciate
aprender to learn, 3
apretado(-a) cramped
apretar (e:ie) to be tight, 15
aprobar (o:ue) to pass, 18
aprovechar to take advantage of, 15
apuesta *(f.)* bet
aquel(los), aquella(s) *(adj.)* that, those *(distant)*, 7
aquél(los), aquélla(s) *(pron.)* that one, those *(distant)*, 7
aquello *(neuter pron.)* that, 7
aquí here, 4
arena *(f.)* sand
argentino(-a) Argentinian, 18
armario *(m.)* closet, wardrobe, 15
arrancar to start *(car)*, 16
arreglar to fix, 16
arreglo *(m.)* repair, 16
arriba upstairs, 13
arroz *(m.)* rice, 7
   _____ con leche *(m.)* rice pudding, 7
   _____ con pollo *(m.)* chicken with rice, 7
arrugado(-a) wrinkled
arruinar to ruin
artesanía *(f.)* crafts
artículo *(m.)* article
   _____s deportivos sporting goods
asado(-a) roasted, 7
ascendencia *(f.)* origin
ascensor *(m.)* elevator, 6
asegurarse to make sure
así como as well as
asiento *(m.)* seat, 8

   _____ de pasillo *(m.)* aisle seat, 8
   _____ de ventanilla *(m.)* window seat, 8
   tome _____ have a seat, 1
asignatura *(f.)* subject, 18
asistir (a) to attend, 5
aspiradora *(f.)* vacuum cleaner, 9
aspirina *(f.)* aspirin, 11
asunto *(m.)* matter
aterrizar to land *(plane)*
atraer to attract
atraso *(m.)* delay, 8
   tener... de _____ be ... behind schedule, 8
atravesar (e:ie) to go through
atropellar to run over, 11
aún still
aunque although, 9
autobús *(m.)* bus, 5
automóvil *(m.)* car, 5
autopista *(f.)* freeway, highway, 16
avenida *(f.)* avenue, 3
avión *(m.)* plane, 8
ayer yesterday, 9
ayuda *(f.)* assistance, help, aid
ayudar to help, assist, 18
azúcar *(m.)* sugar, 17
azul blue, LP

B

bahía *(f.)* bay
bailar to dance, 4
baile *(m.)* dance, 4
bajar(se) to descend, to go down, 13
bajo *(prep.)* under
bajo(-a) *(adj.)* short, 5
banano *(m.)* banana tree
banco *(m.)* bank, 12
bañar(se) to bathe, 9
baño *(m.)* bathroom, 5
barato(-a) cheap, inexpensive, 6
barbería *(f.)* barber shop, 9
barbero(-a) *(m., f.)* barber, 9
barca de remos *(f.)* rowboat
barco *(m.)* boat, ship, 7
barrer to sweep, 9
barrio *(m.)* neighborhood, 14
barro *(m.)* clay
básquetbol *(m.)* basketball
bastar to be enough, suffice
batallón *(m.)* batallion
batería *(f.)* battery, 16
   _____ de cocina *(f.)* cookware

beber to drink, 3
bebida *(f.)* drink, beverage, 4
beca *(f.)* scholarship, 18
béisbol *(m.)* baseball
belleza *(f.)* beauty, 9
    salón de _____ *(m.)* beauty salon, 9
bello(-a) beautiful
Bellas Artes Fine Arts
beso *(m.)* kiss, 7
biblioteca *(f.)* library, 17
bibliotecario(-a) *(m., f.)* librarian, 18
bicicleta *(f.)* bicycle, 10
    montar en _____ ride a bicycle, 10
bien well, fine, LP; okay, 8
    está _____ fine, all right, 10
    muy _____ very well, LP
    no muy _____ not very well, LP
billete *(m.)* ticket, 8
billetera *(f.)* wallet, 15
biología *(f.)* biology, 18
bistec *(m.)* steak, 7
blanco(-a) white, LP
blusa *(f.)* blouse, 15
boca *(f.)* mouth, 11
bocadillo *(m.) (Sp.)* sandwich, 3
boda *(f.)* wedding
bolsa *(f.)* purse, handbag, 15
    _____ **de dormir** *(f.)* sleeping bag, 10
bolso *(m.)* purse, handbag, 15
    _____ **de mano** *(m.)* carry-on bag, 8
bomba de agua *(f.)* water pump, 16
bonito(-a) pretty, 3
borrador *(m.)* eraser, 1
bosque *(m.)* forest
bota *(f.)* boot, 15
bote *(m.) (Mex.)* can, 17
botella *(f.)* bottle, 7
botica *(f.)* drugstore
botiquín *(m.)* medicine cabinet, 9
botones *(m.)* bellhop, 6
brazo *(m.)* arm, 11
breve brief, 1
brindar to toast, 4
broma *(f.)* practical joke
bromear to joke, to kid, 10
bueno(-a) good, 4; hello *(phone)*, 2; okay, 8; well, 3
    buen provecho enjoy your meal
    ¡Buen viaje! Have a nice trip!, 8
    buena suerte good luck, 3
    buenas noches good evening, good night, LP

buenas tardes good afternoon, LP
buenos días good morning, LP
bufanda *(f.)* scarf
buscar to look for, to search for, 8
butaca *(f.)* armchair, 14
buzón *(m.)* mailbox, 13

C

caballo *(m.)* horse, 10
    montar a _____ to ride a horse, 10
cabaña *(f.)* cabin, 10
cabello *(m.)* hair, 11
caber to fit, 7
cabeza *(f.)* head, 11
    dolor de _____ *(m.)* headache, 11
    lavarse la _____ to wash (one's) hair, 9
cada each, 13
caer(se) to fall
café *(m.)* coffee, 3; cafe, 5; brown, LP
    _____ **al aire libre** *(m.)* sidewalk cafe
cafetería *(f.)* cafeteria, 3
cajero automático *(m.)* automatic teller, 12
cajuela *(f.) (Mex.)* trunk *(car)*, 16
calcetín *(m.)* sock, 15
calculadora *(f.)* calculator, 18
calefacción central *(f.)* central heating, 14
calidad *(f.)* quality
cálido(-a) hot, warm
caliente hot, 7
calor *(m.)* heat, 4
    hacer _____ to be hot *(weather)*, 5
    tener _____ to be hot, 4
calzar to take . . . size *(in shoes)*, 15
calle *(f.)* street, 1
    _____ **de dos vías (de doble vía)** two-way street, 11
cama *(f.)* bed, 12
cámara (fotográfica) *(f.)* camera, 6
    _____ **de video** *(f.)* video camera, 6
camarada *(m., f.)* comrade
camarero(-a) *(m., f.)* waiter, waitress, 7
camarones *(m. pl.)* shrimp, 7
cambiar to change, to exchange, 15
cambio *(m.)* exchange, 6

¿A cómo está el _____ **de moneda?** What is the exchange rate?, 6
camello *(m.)* camel
caminar to walk, 12
camino *(m.)* road, 13
    _____ **a** on the way to, 16
camión (de pasajeros) *(m.) (Mex.)* bus, 5
camisa *(f.)* shirt, 15
camiseta *(f.)* tee-shirt
camisón *(m.)* nightgown, 15
campestre rustic
campo *(m.)* country, 10
cancelar to cancel, 6
canción *(f.)* song
cansado(-a) tired, 4
cantante *(m., f.)* singer
cántaros: llover a _____ to rain cats and dogs, 11
caña de pescar *(f.)* fishing rod, 10
capa *(f.)* layer
capaz capable
capital *(f.)* capital, 8
cara *(f.)* face, 11
¡caramba! gee!, LP
carburador *(m.)* carburetor, 16
Caribe *(m.)* Caribbean
carne *(f.)* meat, 7
carnet de conducir *(m.)* driver's license, 16
carnicería *(f.)* meat market
caro(-a) expensive, 6
carpintero(-a) *(m., f.)* carpenter, 18
carrera *(f.)* university studies, career, 18
carretera *(f.)* highway, 16
carro *(m.)* car, 5
carroza *(f.)* float
carta *(f.)* letter, 5
cartera *(f.)* handbag, 15; purse, wallet, 15
casa *(f.)* house, home, 4
casado(-a) married, 3
casarse (con) to get married (to)
casete *(m.)* cassette, tape, 4
casi almost, 15
casillero *(m.)* mailbox, 13
caso *(m.)* case, 14
    en _____ **de que** in case, 14
    hacer _____ to pay attention, 4
castaño brown *(hair, eyes)*, 3
castellano *(m.)* Spanish *(lang.)*
castigo *(m.)* punishment, 10
castillo *(m.)* castle
catarata *(f.)* waterfall

catarro *(m.)* cold, 11
catorce fourteen, 1
caudaloso(-a) abundant
cazar to hunt, 10
cebolla *(f.)* onion, 17
celebrar to celebrate, 4
cementerio *(m.)* cemetery
cena *(f.)* dinner, supper, 6
cenar to have dinner, 6
centro *(m.)* downtown, 6
cepillo *(m.)* brush, 9
cerca *(adv.)* near, 3
_____ **de** *(prep.)* close to,
near, 3
cereal *(m.)* cereal
cero zero, LP
cerrar (e:ie) to close, 4
certidumbre *(f.)* certainty, 2
certificado(-a) certified, registered, 13
cerveza *(f.)* beer, 4
cesta *(f.)* basket
cibernética *(f.)* computer science
cielo *(m.)* sky, heaven
cien, ciento one hundred, 2
ciencia *(f.)* science, 18
cierto true, 13
cinco five, LP
cincuenta fifty, 2
cine *(m.)* movie theater, movies, 7
cinta *(f.)* cassette, tape, 4
circo *(m.)* circus, 17
cita *(f.)* appointment, 9; date, 17
ciudad *(f.)* city, 2
clarificar to clarify
claro(-a) light; clear, 11
¡Claro! Of course!, 4
clase *(f.)* class, 1
_____ **electiva** *(f.)* elective
_____ **turista** *(f.)* tourist class, 8
de primera _____ first-class, 8
clasificado(-a) classified, 14
clasificarse to qualify
clavar la pupila to stare
clima *(m.)* climate, 2
club *(m.)* club, 4
cobija *(f.)* blanket, 14
cobrar to charge, 12
cocina *(f.)* kitchen, 9; stove, 14;
cuisine
cocinar to cook, 9
cocinero(-a) *(m., f.)* cook, chef, 18
coctel *(m.)* cocktail, 4
coche *(m.)* *(Sp.)* car, 5
cojera *(f.)* limp
cola *(f.)* line
hacer _____ to stand in line, 17

colchón *(m.)* mattress, 14
colgado(-a) hung
colombiano(-a) Colombian, 14
color *(m.)* color, LP
colorado(-a) red
combinar to match, to go together,
15
comedia *(f.)* comedy, 7
comedor *(m.)* dining room, 14
comenzar (e:ie) to begin, 4
comer to eat, 3
_____ **algo** to have something
to eat, 15
comida *(f.)* meal, food, 7
cuarto y _____ room and board
como since, 8; like, 18
_____ **si** as if, 18
_____ **siempre** as usual, 18
cómo how, 1; what, 4
¿A _____ **está el cambio de
moneda?** What is the
exchange rate?, 6
¿_____ **es...?** What is . . . like?,
5
¿_____ **está usted?, ¿**_____
estás? How are you?, LP
¿_____ **se dice...?** How do you
say . . . ?, 1
¿_____ **se escribe?** How do you
spell it?
¿_____ **se llama usted?** What's
your name? *(form.)*, LP
¿_____ **te llamas?** What is your
name? *(fam.)*, 1
¿_____ **te va?** How is it going
(for you)?
cómoda *(f.)* chest of drawers, 14
comodidad *(f.)* comfort
cómodo(-a) comfortable, 5
compañero(-a) de clase *(m.,
f.)* classmate, 4
compañía *(f.)* company, 3
componer to fix *(car)*
comprar to buy, 6
compras: de _____ shopping, 15
hacer las _____ to shop, to do
the shopping, 17
comprobante *(m.)* claim check, 12
comprobar (o:ue) to check
computadora *(f.)* computer, 3
con with, 2
_____ **ella habla** this is she
(speaking), 2
_____ **tal que** provided that, 14
concierto *(m.)* concert, 9
conducir to conduct, 7; to drive *(Sp.)*, 5

confirmar to confirm, 6
conjunto *(m.)* development *(housing)*
conmigo with me, 6
conocer to know, to be acquainted
with, 7; meet, 8
conocido(-a) known
muy _____ well-known
conocimiento *(m.)* knowledge, 3
conseguir (e:i) to get, obtain, 6
consejero(-a) *(m., f.)* advisor, 18
consejo *(m.)* advice, 18
consultorio *(m.)* doctor's office, 11
contabilidad *(f.)* accounting, 18
contador(-a) *(m., f.)* accountant, 18
contaminación del aire *(f.)* smog
contar (o:ue) to tell, 5; count, 5
contento(-a) happy, 4
contestar to answer
contigo *(fam. sing.)* with you, 6
contra against
conversación *(f.)* conversation, 2
conversar to talk, to chat, 3
copa *(f.)* goblet, 7; glass of wine
corazón *(m.)* heart
corbata *(f.)* tie, 15
cordero *(m.)* lamb, 7
cordillera *(f.)* mountain range
coro *(m.)* choir
correo *(m.)* mail, 13; post office, 13
correspondencia *(f.)*: **tener** _____ to
correspond
corrida de toros *(f.)* bullfight
cortar to cut, 9
cortarse el pelo to get a haircut,
9
corte *(m.)* haircut, 9
cortesía *(f.)* politeness
cortina *(f.)* curtain, 14
corto(-a) short, 9
cosa *(f.)* thing
costa *(f.)* coast
costar (o:ue) to cost, 5
_____ **un ojo de la cara** to cost
an arm and a leg, 10
costillas *(f. pl.)* ribs
costumbre *(f.)* custom, habit
creado(-a) created
crecimiento *(m.)* growth
creer to believe, think, 3
crema *(f.)* cream, 7
_____ **de afeitar** *(f.)* shaving
cream, 9
criada *(f.)* maid
cruz *(f.)* cross
cuaderno *(m.)* notebook, 1
cuadra *(f.)* *(Sp. Am.)* city block, 13

cuadro *(m.)* picture, painting, 5
cuál what, which, 1
cualquier(a) any, anybody
cuando when
    de vez en _____ from time to time
cuándo when, 2
cuánto(-a) how much, 4
cuántos(-as) how many, 1
cuarenta forty, 2
cuartel general *(m.)* headquarters
cuarto *(m.)* room, 6
    _____ de baño bathroom, 6
    y _____ quarter past, 1
cuarto(-a) fourth, 5
cuatro four, LP
cuatrocientos four hundred, 2
cubano(-a) Cuban, 7
cubierto(-a) *(p.p. of cubrir and adj.)* covered, 15
cubrir to cover
cuchara *(f.)* spoon, 7
cucharita *(f.)* teaspoon, 7
cuchillo *(m.)* knife, 7
cuello *(m.)* neck, 11
cuenca *(f.)* (river) basin
cuenta *(f.)* account, 12; bill, 7
    _____ corriente *(f.)* checking account, 12
    _____ de ahorros *(f.)* savings account, 12
culpable guilty
cumpleaños *(m.)* birthday, 4
cuñada *(f.)* sister-in-law, 5
cuñado *(m.)* brother-in-law, 5
curandero *(m.)* healer

CH

champán *(m.)* champagne, 4
champú *(m.)* shampoo, 9
chapa *(f.)* license plate, 16
chaqueta *(f.)* jacket, 15
charlar to talk, chat, 3
chau bye, 1
cheque *(m.)* check, 12
    _____ de viajero *(m.)* traveler's check, 6
chequear to check, 16
chequera *(f.)* checkbook, 12
chica *(f.)* girl, young woman, 3
chico *(m.)* boy, young man, 3
chileno(-a) Chilean, 10
chimenea *(f.)* fireplace
chino *(m.)* Chinese *(lang.)*, 2

chocolate *(m.)* chocolate, 7
    _____ caliente *(m.)* hot chocolate, 7
chorizo *(m.)* sausage

D

dar to give, 4
    _____ una multa to give a ticket (fine), 16
datos *(m. pl.)* data, 3
de of, from, 2; about, 8
    _____ compras shopping, 15
    _____ haber sabido had I known, 17
    _____ la mañana (noche, tarde) in the morning (evening, afternoon), 2
    _____ manera que so, 12
    _____ moda in style, 9
    _____ modo que so, 12
    _____ nada you're welcome, 1
    _____ postre for dessert, 7
    _____ quién(es) whose, 4
    _____ vacaciones on vacation, 10
    _____ vez en cuando from time to time
deber must, to have to, should, 3
    _____se a be due to
debilidad *(f.)* weakness
decidir to decide, 3
décimo(-a) tenth, 5
decir (e:i) to say, to tell, 6
    ¿Cómo se dice...? How do you say . . . ?, 1
    ¿Qué quiere _____...? What does . . . mean?, 1
    quiere _____... it means . . . , 1
    se dice... you say . . . , 1
decisión *(f.)* decision, 14
declarar to declare, 6
dedo *(m.)* finger, 11
    _____ del pie *(m.)* toe, 11
dejar to leave, 7
del *(m. sing.) (contraction)* of the, from the, 4
delante de in front of, 6
deleitarse (en) to delight (in)
deletrear to spell
delgado(-a) thin, slender, 3
demasiado(-a)(s) too much, too many, 10
departamento *(m.)* department, section, 12

    _____ de (ropa para) caballeros *(m.)* men's department, 15
    _____ de (ropa para) señoras women's department, 15
dependiente(-a) *(m., f.)* store clerk, 15
deporte *(m.)* sport
deportivo(-a) sports-related
    artículos _____s *(m. pl.)* sporting goods
depositar to deposit, 12
derecho *(m.)* law, 18; *(adv.)* straight ahead, 13
derecho(-a) *(adj.)* right, 6
    a la derecha on (to) the right, 6
desarrollarse to develop
desayuno *(m.)* breakfast, 6
descomponerse to break down
descompuesto(-a) out of order, not working, 16
desde from
desear to want, to wish, 2
desgraciado(-a) unfortunate, 11
desierto *(m.)* desert, 10
desinfectar to disinfect, 11
despedida *(f.)* farewell
despertador *(m.)* alarm clock, 12
despertarse (e:ie) to wake up, 9
después afterwards, then, 13
    _____ de after, 7
destacar to stand out
desvestirse (e:i) to undress, 9
detallado(-a) detailed
devolver (o:ue) to return *(something)*, 8
devuelto(-a) *(p.p. of devolver and adj.)* returned, 15
día *(m.)* day, 1
    al _____ siguiente the next day, 14
    _____ de fiesta *(m.)* holiday, 17
    ¿Qué _____ es hoy? What day is today?
diario *(m.)* newspaper, 3
dibujo *(m.)* design
diccionario *(m.)* dictionary, LP
diciembre December, 5
dictado *(m.)* dictation
dictadura *(f.)* dictatorship
dicho(-a) *(p.p. of decir and adj.)* said, told, 15
diecinueve nineteen, 1
dieciocho eighteen, 1
dieciséis sixteen, 1
diecisiete seventeen, 1
diente *(m.)* tooth, 11

dieta *(f.)* diet, 17
diez ten, LP
difícil difficult, 3
¡diga!, ¡dígame! hello! *(phone)*, 2
diligencia *(f.)* errand, 12
    hacer _____s to run errands, 12
dinero *(m.)* money, 2
Dios *(m.)* God
dirección *(f.)* address, 1
    ¿Cuál es tu _____ ? What's
    your address?, 1
    Mi _____ son... My address is
    . . . , 1
dirigir to direct, conduct
    _____se a to head for
disco *(m.)* record, 4
disco compacto *(m.)* compact disc
    (CD), 4
discoteca *(f.)* discotheque
discusión *(f.)* discussion, 18
diseñar to design
diseño *(m.)* design
disfrutar to enjoy
divertirse (e:ie) to have a good time,
    10
divorciado(-a) divorced, 3
divorciarse to get divorced
doblar to turn, to bend, 13; to dub
doble double, 6
doble vía two-way, 11
doce twelve, 1
docena *(f.)* dozen, 17
doctor(-a) *(m., f.)* doctor, LP
documento *(m.)* document, 12
    _____ de identidad (identifica-
    ción) I.D., 13
dólar *(m.)* dollar, 6
doler (o:ue) to ache, to hurt, 11
dolor *(m.)* pain, 11
    _____ de cabeza *(m.)* headache,
    11
domicilio *(m.)* address, 1
domingo *(m.)* Sunday, LP
dónde where, 2
dormir (o:ue) to sleep, 5
    _____se to fall asleep, 9
dormitorio *(m.)* bedroom, 14
dos two, LP
doscientos two hundred, 2
drama *(m.)* drama, play, 17
ducharse to take a shower, 9
dulces *(m. pl.)* sweets
durante during, 8
durar to last
durazno *(m.)* peach, 17

E

económico(-a) financial, economic, 2
echar de menos to miss, 5
edad *(f.)* age, 3
    Edad Media Middle Ages
edificio *(m.)* building, 13
efectivo *(m.)* cash, 12
    en _____ in cash, 12
ejemplo *(m.)* example
ejercicio *(m.)* exercise, LP
ejército *(m.)* army
el the *(m. sing.)*, 1
él he, 2; him, 6
electricista *(m., f.)* electrician, 18
elegido(-a) chosen
elevador *(m.)* elevator, 6
ella she, 2; her, 6
ellas *(f. pl.)* they, 2; them, 6
ellos *(m. pl.)* they, 2; them, 6
embajada *(f.)* embassy, 6
embarazada pregnant, 11
emergencia *(f.)* emergency, 11
emparedado *(m.) (Sp.)* sandwich, 3
emperador *(m.)* emperor
empezar (e:ie) to begin, to start, 4
empleado(-a) *(m., f.)* clerk, 6
empleo *(m.)* job, 3
en in, at, 1; on, 2
    _____ **cuanto** as soon as, 12
    _____ **efectivo** in cash, 12
    _____ **regla** in order, 6
    _____ **seguida** right away, 6
    _____ **serio** seriously, 10
    _____ **vez de** instead of, 14
enamorado(-a) in love
encaje *(m.)* lace
encantado(-a) charmed, it's a pleasure
encantar: me encanta... I love . . . ,
    14
encargado(-a) de in charge of
encima de above, on top of
encontrar (o:ue) to find, 5
    _____se (con) to meet, 15
encuentro *(m.)* encounter
enero January, 5
enfadado(-a) angry, 14
enfermedad *(f.)* disease, sickness, 11
enfermero(-a) *(m., f.)* nurse, 11
enfermo(-a) sick, 11
engañar to deceive
enojado(-a) angry, 14
ensalada *(f.)* salad, 4
enseñanza *(f.)* teaching
enseñar to show, 6; to teach, 10
ensuciar(se) to get dirty, 9

entender (e:ie) to understand, 4
enterrado(-a) buried
entonces then, in that case, 2
entrada *(f.)* entrance, 8; ticket, 9
entre between, among
    _____ **la espada y la pared** be-
    tween a rock and a hard place
entregar to deliver, to turn in, 18
entremeses *(m. pl.)* hors d'oeuvres, 4
entretener(se) *(like* **tener***)* to entertain
    (oneself)
entrevista *(f.)* interview, LP
enviar to send, 3
envolver (o:ue) to wrap, 15
envuelto(-a) *(p.p. of* **envolver** *and*
    adj.)* wrapped, 15
equilibrado(-a) balanced
equipaje *(m.)* luggage, 8
equipo *(m.)* team, 18
equipo estereofónico *(m.)* stereo sys-
    tem, 4
equivocado(-a) wrong, 4
equivocarse to be wrong
es que... the fact is . . . , 13
escalar to climb
escalera *(f.)* stairs, 14
    _____ **mecánica** *(f.)* escalator,
    15
escenario *(m.)* setting, stage
esclusa *(f.)* lock *(canal)*
escoba *(f.)* broom, 9
escribir to write, 3
escrito(-a) *(p.p. of* **escribir** *and*
    adj.)* written, 15
escritor(-a) *(m., f.)* writer
escritorio *(m.)* desk, 1
escuchar to listen to
escuela *(f.)* school, 4
escultura *(f.)* sculpture
ese(-os), esa(s) *(adj.)* that, those
    (nearby), 7
ése(-os), ésa(s) *(pron.)* that one,
    those, 7
esfuerzo *(m.)* effort
eso *(neuter pron.)* that, 7
espalda *(f.)* back, 11
España Spain, 4
español *(m.)* Spanish *(lang.)*, 2
especial special, 11
especialidad *(f.)* specialty, 7
especialización *(f.)* major *(field of
    study)*, 18
especialmente especially, 5
especie *(f.)* sort
espectáculo *(m.)* show, spectacle

espejo *(m.)* mirror, 9
esperar to wait (for), 9; to hope, 12
espinaca *(f.)* spinach
esposa *(f.)* wife, 3
esposo *(m.)* husband, 3
esquí *(m.)* ski
esquiar to ski, 10
esquina *(f.)* street corner, 13
estación *(f.)* station, 13
_____ de policía *(f.)* police station, 12
_____ de servicio *(f.)* service station, 16
estacionar to park, 12
estadio *(m.)* stadium, 18
estado *(m.)* state
_____ civil *(m.)* marital status, 3
Estados Unidos *(m. pl.)* United States, 5
estampado(-a) printed
estampilla *(f.)* stamp, 12
estanque *(m.)* pond
estar to be, 4
_____ a... de aquí to be . . . from here, 13
_____ de moda to be in style, 9
_____ equivocado(-a) to be wrong, 4
_____ invitado(-a) to be invited, 9
_____ seguro(-a) to be sure, 13
¿Cómo está usted? How are you?, LP
¿Está...? Is . . . there?, 2
no está he (she) is not here, 2
estatura *(f.)* height, 5
este(-os), esta(s) *(adj.)* this, 5; these, 7
éste(-os), ésta(s) *(pron.)* this one; these, 7
estilo *(m.)* style
esto *(neuter pron.)* this, 7
estómago *(m.)* stomach, 11
estrecho(-a) narrow
estrella *(f.)* star
estudiante *(m., f.)* student, 1
estudiar to study, 2
evitar to avoid
examen *(m.)* exam
_____ parcial midterm exam, 18
excelente excellent, 7
exceso *(m.)* excess, 8
_____ de equipaje *(m.)* excess baggage, 8

excursión *(f.)* excursion, 10
exigente demanding
éxito *(m.)* success, hit
expresión *(f.)* expression
extranjero(-a) foreign, 13
al _____ abroad
extrañar to miss, 5
extraño(-a) strange, funny, 16

F

fácil easy, 3
facultad *(f.)* college, 18
_____ de derecho *(f.)* law school, 18
falda *(f.)* skirt, 15
faltar to be missing
fama *(f.)* fame, reputation
familia *(f.)* family, 5
famoso(-a) famous, 5
farmacia *(f.)* pharmacy, drugstore, 9
favorito(-a) favorite, 7
febrero February, 5
fecha *(f.)* date, 3
fechar to date, 12
feliz happy, 4
femenino(-a) feminine, 3
feo(-a) ugly, homely, 3
feria fair
feriado *(m.)* holiday, 17
festivo *(m.)* holiday
fiebre *(f.)* fever, 11
fiesta *(f.)* party, 4
día de _____ *(m.)* holiday, 17
filete *(m.)* tenderloin steak, 7
filtro *(m.)* filter, 16
fin *(m.)* end
_____ de año *(m.)* New Year's Eve, 4
_____ de semana *(m.)* weekend, 5
firma *(f.)* signature, 12
firmar to sign, 6
física *(f.)* physics, 18
flan *(m.)* caramel custard, 7
floreciente flourishing
florería *(f.)* flower shop
flota *(f.)* fleet
folleto *(m.)* brochure, 10
fondo *(m.)* background; depth
fortaleza *(f.)* fortress
fortuna *(f.)* fortune, 16
foto *(f.)* photograph, 5
fotografía *(f.)* photograph, 5
francés *(m.)* French *(lang.)*, 2

frazada *(f.)* blanket, 14
frecuentemente frequently, 11
fregadero *(m.)* sink, 14
freno *(m.)* brake, 16
frente a in front of, 12; across from, 13
fresa *(f.)* strawberry, 17
frijol *(m.)* bean, 7
frío *(m.)* cold, 4
hacer _____ to be cold *(weather)*, 5
tener _____ to be cold, 4
frito(-a) fried, 7
fruncir el ceño to frown
fruta *(f.)* fruit, 7
frutería *(f.)* fruit store
fuente *(f.)* fountain; source
fuera (de) outside
fumar to smoke
función *(f.)* show, 17
funcionar to work, function, 16
funda *(f.)* pillowcase, 14
fundar to found
fútbol *(m.)* soccer, 18
_____ americano football

G

ganadería *(f.)* cattle raising
ganar to earn, 14; to win, 17
ganas: tener _____ de to feel like, 17
garaje *(m.)* garage, 14
gasolina *(f.)* gasoline, 16
gasolinera *(f.)* service station, 16
gastar to spend *(money)*, 16
generalmente generally, 9
gente *(f.)* people, 9
gira *(f.)* tour
giro postal *(m.)* money order, 13
gobierno *(m.)* government
goma *(f.)* tire, 16
gordo(-a) fat, 3
gozar (de) to enjoy
grabadora *(f.)* tape recorder, 6
gracias thank you, thanks, LP
muchas _____ thank you very much, 1
graduarse to graduate, 18
gran, grande big, large, 5
grasa *(f.)* grease
gratis free *(of charge)*, 12
gripe *(f.)* flu, 11
gris gray, LP
gritar to scream, 12
grúa *(f.)* tow truck, 16

guante *(m.)* glove, 15
guantera *(f.)* glove compartment, 16
guapo(-a) handsome, 3
guardar to keep
güero(-a) *(Mex.)* blonde, 3
guerra *(f.)* war
guía telefónica *(f.)* telephone book
gustar to like, to be pleasing to, 8
  me gusta(n)... I like . . . , 8
gusto *(m.)* pleasure, 1
  el _____ es mío the pleasure is
    mine, 1
  mucho _____ pleased to meet
    you, 1

H

haber *(aux.)* to have, 16
habitación *(f.)* room, 6
habitante inhabitant
habla *(f.)* speech
  de _____ hispana Spanish-
    speaking
hablar to speak, to talk, 2
hacer to do, to make, 7
  _____ buen tiempo to be good
    weather, 5
  _____ calor to be hot, 5
  _____ caso to pay attention, 13
  _____ cola to stand in line, 17
  _____ diligencias to run
    errands, 12
  _____ frío to be cold, 5
  _____ juego to match, to go
    together, 15
  _____ las compras to do the
    shopping, 17
  _____ las maletas to pack, 10
  _____ mal tiempo to be bad
    weather, 5
  _____ sol to be sunny, 5
  _____ viento to be windy, 5
  hace... . . . ago, 11
hacia toward, 12
hacienda *(f.)* farm
hambre *(f.)* hunger, 4
  tener _____ to be hungry, 4
hamburguesa *(f.)* hamburger, 7
hasta until, 6
  _____ la vista until I see you
    again, see you later, 1
  _____ luego see you later, LP
  _____ mañana see you tomor-
    row, LP
  _____ que until, 14

hay there is, there are, 1
hecho(-a) *(p.p. of* hacer *and*
  adj.) done, made, 15
  ropa hecha *(f.)* ready-to-wear
    clothing
helado *(m.)* ice cream, 7
helado(-a) iced, ice cold, 7
  torta helada *(f.)* ice cream cake,
    7
herencia *(f.)* inheritance, 14
herida *(f.)* wound, 11
hermana *(f.)* sister, 4
hermano *(m.)* brother, 4
hermoso(-a) beautiful
hierba *(f.)* herb
hija *(f.)* daughter, 4
hijo *(m.)* son, 4
hijo(-a) único(-a) *(m., f.)* only child,
  12
hijos *(m. pl.)* children, 3
hipoteca *(f.)* mortgage
hola hello, hi, LP
hombre *(m.)* man, 1
  _____ de negocios
    (m.) businessman, 18
hora *(f.)* time, 1; hour, 8
  ¿A qué _____...? (At) what time
    . . . ?, 2
  ¿Qué _____ es? What time is
    it?, 1
horario de clases *(m.)* class schedule, LP
horno de microondas *(m.)* microwave
  oven, 14
horriblemente horribly, 10
hospedarse to stay *(at a hotel)*
hospital *(m.)* hospital, 2
hotel *(m.)* hotel, 6
hoy today, 1
  _____ en día today, nowadays
  _____ es... today is . . . , 1
  ¿Qué día es _____? What day is
    today?, 1
huevo *(m.)* egg, 7

I

ida *(f.)*: de _____ one-way *(ticket)*, 8
  de _____ y vuelta round-trip, 8
ido *(p.p. of* ir*)* gone, 15
idea *(f.)* idea, 4
identidad *(f.)* identity
  documento de _____ I.D., 13
  número de _____ identification
    number, 3
idioma *(m.)* language, 2

iglesia *(f.)* church
imperio *(m.)* empire
incómodo(-a) uncomfortable, 5
indígena *(invariable adj.)* native
información *(f.)* information, 6
informe *(m.)* report, paper, 18
ingeniería *(f.)* engineering, 18
ingeniero(-a) *(m., f.)* engineer, 18
Inglaterra England
inglés *(m.)* English *(lang.)*, 1
ingreso *(m.)* income
inolvidable unforgettable
inspector(-a) *(m., f.)* inspector, 6
instalar to install, 16
instituto *(m.)* high school
inteligente intelligent, 3
interés *(m.)* interest, 6
interesante interesting, 5
interior interior, 6
invertir (e:ie) to invest
investigación *(f.)* research, 18
invierno *(m.)* winter, 5
invitar to invite, 4
inyección *(f.)* injection, shot, 11
  _____ antitetánica tetanus shot,
    11
  poner una _____ to give a shot,
    an injection, 11
ir to go, 4
  _____ a casa to go home, 10
  _____ de compras to go shop-
    ping, 15
  _____ de pesca to go fishing,
    10
irse to go away, 9
  _____ de vacaciones to go on
    vacation, 10
italiano *(m.)* Italian *(lang.)*, 2
izquierdo(-a) left, 6
  a la izquierda on (to) the left, 6

J

jabón *(m.)* soap, 6
jamás never, 6
jamón *(m.)* ham, 3
japonés *(m.)* Japanese *(lang.)*, 2
jardín *(m.)* garden, 14
jefe(-a) *(m., f.)* chief, head
joven *(m., f.)* young person, 18
joyas *(f. pl.)* jewels, jewelry
joyería *(f.)* jewelry store
juego *(m.)*: hacer _____ to match, to
  go together, 15
jueves *(m.)* Thursday, LP

jugador(a) *(m., f.)* player
jugar (u:ue) to play *(game, sport)*, 18
jugo *(m.)* juice, 7
julio July, 5
junio June, 5
junto a next to
juntos(-as) together, 8

K

kilómetro *(m.)* kilometer, 16

L

la *(f. sing.)* the, 1; *(pron.)* her, it, you *(form.)*, 6
laborales *(m. pl.)* workdays
lacio(-a) straight *(hair)*, 9
ladrón robber
lago *(m.)* lake, 10
lágrima *(f.)* tear
lámpara *(f.)* lamp, 14
lana *(f.)* wool
langosta *(f.)* lobster, 7
lápiz *(m.)* pencil, 1
largo(-a) long, 8
   a lo _____ along the length of
las *(f. pl.)* the, 1; *(pron.)* them, 6
lástima *(f.)* pity, shame, 12
   ¡Qué _____! What a pity!, 5
lata *(f.)* can, 17
latinoamericano(-a) Latin American, 18
laureles *(m. pl.)* laurels
lavado *(m.)* shampoo, wash, 9
lavadora *(f.)* washing machine
lavaplatos *(m.)* dishwasher, 14
lavar(se) to wash (oneself), 9
   _____ la cabeza to wash one's hair, 9
le (to) her, (to) him, (to) you *(form.)*, 7
lección *(f.)* lesson, LP
leche *(f.)* milk, 7
lechón *(m.)* suckling pig (pork), 7
lechuga *(f.)* lettuce, 17
leer to read, 3
lejos *(adv.)* far, 3
   _____ de *(prep.)* far from, 3
lengua *(f.)* tongue, 11
lentamente slowly, 11
lento(-a) slow, 11
león *(m.)* lion
les (to) them, (to) you, 7
letra *(f.)* handwriting
letrero *(m.)* sign, 16

levantar to lift, to raise, 9
levantarse to get up, 9
leyenda *(f.)* legend
libertad *(f.)* liberty, 2
libra *(f.)* pound
libre vacant, free, 6
libreta de ahorros *(f.)* savings passbook, 12
libro *(m.)* book, 1
licencia de conducir *(f.)* driver's license, 3
liga *(f.)* league
   grandes ligas major leagues
ligeramente slightly
limitar con to border
limpiaparabrisas *(m.)* windshield wiper, 16
limpiar(se) to clean (oneself), 9
limpio(-a) clean
lindo(-a) pretty, 3
liquidación *(f.)* sale, 15
liso(-a) solid-color
lista *(f.)* list, 6
   _____ de espera *(f.)* waiting list, 6
listo(-a) ready, 7
literatura *(f.)* literature, 18
lo him, it, you *(form.)*, 6
   _____ cual which
      que what
   _____ siento I'm sorry, LP
   _____ único the only thing, 18
localidad *(f.)* location, seat
localizado(-a) located
loco(-a) crazy, 8
locutor(-a) *(m., f.)* announcer
los *(m. pl.)* the, 1; *(pron.)* them, you, 6
lotería *(f.)* lottery, 14
luchar to fight
luego afterwards, then, 6
lugar *(m.)* place, 3
   tener _____ to take place
lujo *(m.)* luxury
   de _____ deluxe
lujoso(-a) luxurious
lumbre *(f.)* fire
lunar *(m.)* mole
lunes *(m.)* Monday, LP
luz *(f.)* light, 1

LL

llamar to call, 2
llamarse to be called, 9

¿Cómo se llama usted? What's your name? *(form.)*, LP
¿Cómo te llamas? What is your name? *(fam.)*, LP
Me llamo... My name is . . . , LP
llanero *(m.)* plainsman
llano *(m.)* plain
llanta *(f.)* tire, 16
llanura *(f.)* plain
llave *(f.)* key, 6
llegada *(f.)* arrival
llegar to arrive, 6
llenar to fill, to fill out, 3
lleno(-a) full, 16
llevar to take, 4; to wear, 15
   _____ a cabo to carry out
   _____ puesto(-a) to wear, 15
llevarse to take away, 12; to buy, to take, 15
llover (o:ue) to rain, 5
   _____ a cántaros to rain cats and dogs, 11
lloviznar to drizzle, 5
lluvia *(f.)* rain, 5

M

madre *(f.)* mother, 5
magia *(f.)* magic
magnífico(-a) magnificent, 4
mago(-a) *(m., f.)* magician, wizard
maíz *(m.)* corn
mal bad, badly, 5
malabarismo *(m.)* juggling
maleta *(f.)* suitcase, 6
   hacer las _____s to pack, 10
maletero *(m.)* *(car)* trunk, 16
malo(-a) bad, 4
mamá Mom, 5
manada *(f.)* herd
mandar to send, 3; to order, 12
manejar to drive, 5
manera *(f.)* way
   de _____ que so, 12
mano *(f.)* hand, 11
manta *(f.)* blanket, 14
mantel *(m.)* tablecloth, 7
mantelería *(f.)* table linens
mantener *(conj. like* tener*)* to maintain, 18
mantequilla *(f.)* butter, 17
manzana *(f.)* apple, 17; *(Sp.)* city block, 13
mañana *(f.)* morning, 2; *(adv.)* tomorrow, 2

de la _____   in the morning, 2
hasta _____   see you tomorrow, LP
por la _____   in the morning, 2
mapa *(m.)*   map, 1
maquillarse   to apply makeup
máquina de afeitar *(f.)*   razor, 9
mar *(m.)*   sea, 10
maravilla *(f.)*   marvel
marca *(f.)*   brand
marchito(-a)   faded, withered
marea *(f.)*   tide
mareo *(m.)*   dizziness, dizzy spell, 11
margarina *(f.)*   margarine, 17
margarita *(f.)*   daisy
mariscos *(m. pl.)*   seafood, 7
marrón   brown, LP
Marte *(m.)*   Mars
martes *(m.)*   Tuesday, LP
marzo   March, 5
más   more, 5
el (la) _____   the most, 5
_____ de   more than
_____ o menos   so-so, more or less, 2
_____ tarde   later, 2
máscara *(f.)*   mask
masculino   male, 3
matemáticas *(f. pl.)*   mathematics, 18
materia *(f.)*   subject matter, 18
matrícula *(f.)*   registration, tuition, 18
matricularse   to register, 18
mayo   May, 5
mayor   older, 5
el (la) _____   the oldest, 5
mayoría *(f.)*   majority
me   me, 6; (to) me, 7; (to) myself, 9
mecánico *(m.)*   mechanic, 16
mediano(-a)   medium, 5
medianoche *(f.)*   midnight, 4
a la _____   at midnight, 4
medicina *(f.)*   medicine, 5
médico(-a) *(m., f.)*   doctor, 11
medida *(f.)*   size, 15
medio(-a)   half, 7; means
_____ ambiente   environment
_____ día   half a day, part-time, 14
mediodía *(m.)*   noon, 4
al _____   at noon, 4
medios *(m. pl.)*   means
medir (e:i)   to measure
mejor   best; better, 5
el (la) _____   the best, 5
mejorar   to improve

melocotón *(m.)*   peach, 17
melón *(m.)*   melon, 17
menaje *(m.)*   household
menor   younger, 5
el (la) _____   youngest, 5
menos   less, 5
a _____ que   unless, 14
el (la) _____   the least, 5
más o _____   so-so, more or less, 2
mentir (e:ie)   to lie, 12
menú *(m.)*   menu, 7
mercado *(m.)*   market
mes *(m.)*   month, 3
mesa *(f.)*   table
mesero(-a) *(Mex.)*   waiter, waitress, 7
mesita de noche *(f.)*   nightstand, 14
metro *(m.)*   subway, 13
mezcla *(f.)*   mix, mixture
mezquita *(f.)*   mosque
mi *(adj.)*   my, 3
mí *(pron.)*   me, 6
microondas   microwave
horno de _____ *(m.)*   microwave oven, 14
miedo *(m.)*   fear, 4
tener _____   to be afraid, 4
mientras   while, 3
miércoles *(m.)*   Wednesday, LP
mil   one thousand, 2
milla *(f.)*   mile, 16
minoritario(-a) *(adj.)*   minority
mío(s), mía(s) *(pron.)*   mine, 8
mirada *(f.)*   glance
mirar   to look at, watch, 3
mismo(-a)   same, 14
al _____ tiempo   at the same time, 14
lo _____   the same thing
mochila *(f.)*   backpack
moda *(f.)*   fashion
de _____   in style, 9
moderno(-a)   modern, 6
módico(-a)   modest
modista *(f.)*   dressmaker
modo *(m.)*   way
de _____ que   so, 12
molino de viento *(m.)*   windmill
momento *(m.)*   moment, 2
moneda *(f.)*   currency
montaña *(f.)*   mountain, 10
_____ rusa *(f.)*   roller coaster, 17
montar   to mount, to ride, 10
_____ a caballo   to ride a horse, 10

_____ en bicicleta   to ride a bicycle, 10
montón *(m.)*   whole bunch, 13
morado(-a)   purple, LP
moreno(-a)   dark, brunette, 3
morir (o:ue)   to die, 5
moro(-a)   Moorish, Moor
mortal   fatal
mostrar (o:ue)   to show, 6
moto *(f.)*   motorcycle, 11
motocicleta *(f.)*   motorcycle, 11
motor *(m.)*   motor, 16
mozo *(m.)*   waiter, 7
muchacha *(f.)*   girl, young woman, 3
muchacho *(m.)*   boy, young man, 3
muchedumbre *(f.)*   crowd
mucho(-a)   much, a lot (of), 4
muchas gracias   thank you very much, 1
no _____   not much, LP
muchos(-as)   many, 4
mudarse   to move *(from one house to another)*, 14
muebles *(m. pl.)*   furniture, 14
muerto(-a) *(p.p. of* **morir** *and adj.)*   dead, 15
_____ de hambre   starving, 15
muestra *(f.)*   sample
mujer *(f.)*   woman, 1
_____ de negocios *(f.)*   businesswoman, 18
multa *(f.)*   fine, 16
poner una _____   to give a ticket *(fine)*, 16
mundo *(m.)*   world, 5
muralla *(f.)*   wall
museo *(m.)*   museum, 5
musical   musical, 17
muy   very, LP

N

nacer   to be born
nacimiento *(m.)*   birth, 3
nacionalidad *(f.)*   nationality, 3
nada   nothing, 2
de _____   you're welcome, 1
_____ más   nothing else, 6
nadar   to swim, 10
nadie   nobody, no one, 6
naranja *(f.)*   orange, 17
nariz *(f.)*   nose, 11
Navidad *(f.)*   Christmas, 4
necesario(-a)   necessary, 11
necesitar   to need, 2

negar (e:ie) to deny, 13
negro(-a) black, LP
neumático *(m.)* tire, 16
nevado(-a) snow-covered
nevar (e:ie) to snow, 5
ni nor, 6
　　　　_____ ... ni... neither . . . nor . . . , 6
niebla *(f.)* fog, 5
nieta *(f.)* granddaughter, 5
nieto *(m.)* grandson, 5
nieve *(f.)* snow, 10
ningún, ninguna no, none, not any, 6
ninguno(-a) no, none, not any, 6
niñez *(f.)* childhood
niño(-a) *(m., f.)* child, 10
nivel *(m.)* level
no no, not, LP
noche *(f.)* evening, night
　　de la _____ in the evening, 2
　　esta _____ tonight, 2
　　por la _____ in the evening, 2
nombre *(m.)* noun, 1; name, 3
norteamericano(-a) North American, 3
nos us, 6; (to) us, 7; (to) ourselves, 9
　　　　_____ vemos. See you.
nosotros(-as) we, 2; us, 6
nota *(f.)* grade, 18
noticias *(f. pl.)* news
novecientos nine hundred, 2
novedades *(f. pl.)* novelties
noveno(-a) ninth, 5
noventa ninety, 2
novia *(f.)* girlfriend, fiancée, 4
noviembre November, 5
novio *(m.)* boyfriend, fiancé, 4
nublado(-a) cloudy
nudos *(m. pl.)* knots
nuera *(f.)* daughter-in-law, 5
nuestro(-a)(s) our, 3; *(pron.)* ours, 8
nueve nine, LP
nuevo(-a) new, 4
número *(m.)* number, 1
　　　　_____ de identidad identification number, 3
nunca never, 5

O

o or, 2
　　　　_____ ... o... either . . . or . . . , 6
objeto *(m.)* object, 6
obra *(f.)* work

　　　　_____ de teatro *(f.)* play, 7
　　　　_____ maestra *(f.)* masterpiece
océano *(m.)* ocean, 10
octavo(-a) eighth, 5
octubre October, 5
ocupación *(f.)* occupation, 3
ocupado(-a) busy, occupied, 4
ochenta eighty
ocho eight, LP
ochocientos eight hundred, 2
odiar to hate, 10
odio *(m.)* hatred
oferta *(f.)* special offer
oficina *(f.)* office, 6
　　　　_____ de correos *(f.)* post office, 13
　　　　_____ de telégrafos *(f.)* telegraph office, 13
　　　　_____ de turismo *(f.)* tourist office, 6
oficio *(m.)* trade, 18
ofrecer to offer
oído *(m.)* ear *(inner)*, 11; *(p.p. of oír)* heard, 15
oír to hear
ojalá God grant, I hope, 12
ojo *(m.)* eye, 11
　　un _____ de la cara an arm and a leg, 10
ola *(f.)* wave
olvidar(se) (de) to forget, 9
ómnibus *(m.)* bus, 5
once eleven, 1
onza *(f.)* gold coin
operar to operate, 11
oportunidad *(f.)* opportunity, 5
optativo(-a) elective
oreja *(f.)* ear, 11
orgulloso(-a) proud
oriental eastern
orilla *(f.)* bank *(river)*; shore
oro *(m.)* gold, 6
orquesta *(f.)* orchestra, 4
os you *(fam. pl.)*, 6; (to) you, 7; (to) yourselves, 9
oscuro(-a) dark
otoño *(m.)* autumn, fall, 5
otro(-a) another, other, 5
　　otra vez again, 17
oye listen, 1

P

padre *(m.)* father, 5
padres *(m. pl.)* parents, 5

paella *(f.)* *(Sp.)* chicken and seafood with rice
pagar to pay, 7
página *(f.)* page, LP
país *(m.)* country, 10
País Vasco *(m.)* Basque Country
palabra *(f.)* word, LP
palacio *(m.)* palace, 13
pan *(m.)* bread, 17
panqueque *(m.)* pancake
pantalón *(m.)* pants, trousers, 12
　　pantalones *(m. pl.)* pants, trousers, 12
pantimedias *(f. pl.)* pantyhose, 15
pantorrilla *(f.)* calf *(of leg)*
pañuelo *(m.)* handkerchief, 15
papa *(f.)* potato, 7
　　　　_____s fritas *(f. pl.)* French fries, 7
papá Dad, 5
papel higiénico *(m.)* toilet tissue, 17
paperas *(f. pl.)* mumps
paquete *(m.)* package, 13
par *(m.)* pair, 15
para to, 3; for, 6; by, 10; in order to, 3
　　　　_____ que in order that, 14
parado(-a) standing, 13
parar to stop, 16
parecerse (a) to look like, 12
pared *(f.)* wall, 1
pareja *(f.)* couple, 16
parque *(m.)* park, 13
　　　　_____ de diversiones *(m.)* amusement park, 17
parquear to park, 12
parte *(f.):* **a todas _____s** everywhere
　　a alguna _____ somewhere
partera *(f.)* midwife
partido *(m.)* game, 18
pasado(-a) last, 9
pasaje *(m.)* ticket, 8
pasaporte *(m.)* passport, 6
pasar to pass; to spend *(time)*, 6; happen, 8
　　　　_____ la aspiradora to vacuum, 9
　　　　_____ por to go by, through, 6
　　pase come in, 1
paseo *(m.)* median, walkway
pasillo *(m.)* aisle, 8
paso *(m.)* step
pastilla *(f.)* pill, 11
patinaje *(m.)* skating

pavo *(m.)* turkey, 7
paz *(f.)* peace
pecho *(m.)* chest, 11
pedido *(m.)* order, 7
pedir **(e:i)** to ask for, 7; to request, 6; to order, 7
    _____ **prestado** to borrow, 12
    _____ **turno, cita** to make an appointment, 9
    _____ **un préstamo** to apply for a loan, 12
peinado *(m.)* hairstyle, hairdo, 9
peinarse to comb one's hair, 9
peine *(m.)* comb, 9
película *(f.)* film *(for camera)*, 12; movie, 17
pelirrojo(-a) red-headed, 3
pelo *(m.)* hair, 9
peluquería *(f.)* beauty parlor, 9
peluquero(-a) hairdresser, 9
pena: (no) vale la _____ It's (not) worth the trouble, 16
penicilina *(f.)* penicillin, 10
pensar **(e:ie)** to think, 4; to plan, 4
pensión *(f.)* boarding house, 5
peor worse, 5
    el (la) _____ the worst, 5
pequeño(-a) small, little, 5
pera *(f.)* pear, 17
perder **(e:ie)** to lose, 4
perdón *(m.)* excuse me, 1
perezoso(-a) lazy
perfectamente perfectly, 5
perfecto(-a) perfect, 10
perfume *(m.)* perfume
perfumería *(f.)* perfume shop
periódico *(m.)* newspaper, 3
periodismo *(m.)* journalism, 18
periodista *(m., f.)* journalist, 18
permanente *(f.)* permanent wave, 9
permiso *(m.)* permission
    con _____ excuse me, 1
pero but, 3
perro(-a) *(m., f.)* dog, 9
    _____ caliente *(m.)* hot dog
personaje *(m.)* character
pesar to weigh
pesca *(f.)* fishing, 10
    ir de _____ to go fishing, 10
pescado *(m.)* fish, 7
pescar to fish, to catch a fish, 10
    caña de _____ *(f.)* fishing rod, 10
pesimista *(m., f.)* pessimist, 14
peso *(m.)* weight

pesquero(-a) fishing
picado(-a) choppy
picnic *(m.)* picnic
pico *(m.)* bill *(bird)*
pie *(m.)* foot, 11
piedra *(f.)* stone
piel *(f.)* leather
pierna *(f.)* leg, 11
pimienta *(f.)* pepper, 7
pinchazo *(m.)* flat tire, 16
pintor *(m.)* painter
pintura *(f.)* painting, 3
piña *(f.)* pineapple, 17
piscina *(f.)* swimming pool, 10
piso *(m.)* floor, 6; *(Sp.)* apartment
pizarra *(f.)* chalkboard, 1
plan *(m.)* plan, 10
planchar to iron, 9
planear to plan, 10
planta baja *(f.)* ground floor, 15
plata *(f.)* silver, 6
platicar *(Mex.)* to talk, to chat, 3
platillo *(m.)* saucer, 7
plato *(m.)* dish, plate, 7
playa *(f.)* beach, 10
playero *(m.)* beach coverup
plaza *(f.)* square
    Plaza Mayor main square
plazo: a plazos in installments, 12
plomero(-a) *(m., f.)* plumber, 18
pluma *(f.)* pen, 1
pobre poor, 12
poco(-a) little *(quantity)*, 5
    un _____ a little, 8
pocos(-as) few, 6
poder **(o:ue)** to be able to, can, 5
poema *(m.)* poem, 2
policía *(f.)* police, 12
políticos politicians
pollo *(m.)* chicken, 4
pomelo *(m.)* grapefruit, 17
poner to put, to place, 7
    _____ una inyección to give an injection, shot, 11
    _____ una multa to give a ticket *(fine)*, 16
    _____ una obra de teatro to put on a play, 7
ponerse to put on, 9
    _____ a dieta to go on a diet, 17
    _____ de acuerdo to agree, 10
por around, 10; along, 10; by, 10; for, 6; per, 6; through, 10
    _____ aquí around here, 6; this way, 7
    _____ encima above

    _____ eso that's why, 5
    _____ favor please, 1
    _____ por la mañana (noche, tarde) in the morning (evening, afternoon, 2
    ¿_____ qué? Why?, 2
    _____ suerte luckily, 10
    _____ supuesto of course, 10
    _____ teléfono by phone; on the phone, 8
porque because, 4
portaguantes *(m. sing.)* glove compartment, 16
portugués *(m.)* Portuguese *(lang.)*, 2
poseer to have, to own, to possess
postre *(m.)* dessert, 7
    de _____ for dessert, 7
practicar to practice, 5
preferir **(e:ie)** to prefer, 4
pregunta *(f.)* question
preguntar to ask (a question), 7
premio *(m.)* prize, 17
prender to pin
prensa *(f.)* press
preocuparse (por) to worry (about), 9
preparar(se) to prepare (oneself), 7
presentación *(f.)* introduction
presente present, here
presión *(f.)* blood pressure
préstamo *(m.)* loan, 12
prestar to lend, 8
primavera *(f.)* spring, 5
primero(-a) first, 5
    de primera clase first-class, 8
primo(-a) *(m., f.)* cousin, 4
prisa *(f.)*: **tener _____** to be in a hurry, 4
privado(-a) private, 6
probador *(m.)* fitting room, 15
probar **(o:ue)** to try, 9; taste, 9
probarse to try on, 9
problema *(m.)* problem, 2
procedente de coming from
profesión *(f.)* profession, 3
profesor(-a) *(m., f.)* professor, teacher, LP
programa *(m.)* program, 2
programador(-a) *(m., f.)* programmer, 18
promedio *(m.)* grade point average, 18
pronóstico del tiempo *(m.)* weather forecast, 5
pronto soon
propietario(-a) *(m., f.)* owner
propina *(f.)* tip, 7

propio(-a)(s) own
proseguir (e:i) to continue
próximo(-a) next, 8
prueba *(f.)* quiz
psicología *(f.)* psychology, 18
psicólogo(-a) *(m., f.)* psychologist, 18
pueblo *(m.)* town
puente *(m.)* bridge
puerta *(f.)* door, 1; gate, 8
    _____ **de salida** *(f.)* airline
    departure gate, 8
puerto marítimo *(m.)* seaport
pues then, 15; therefore, 8; well, 10
puesto *(m.)* stand
puesto(-a) *(p.p. of* **poner** *and*
    adj.) set, placed, put, 15
    llevar _____ to wear, to have
    on, 15
puntual punctual, 13
pupitre *(m.)* desk, 1
puré de papas *(m.)* mashed potatoes,
    7

Q

que *(rel. pron.)* that, 4; who, 12;
    which, 6; *(conj.)* than, 5
¿qué? what?, LP
    ¿A _____ **hora?** (At) what time,
    2
    ¡qué...! how . . . !, 10
    ¿_____ **hay de nuevo?** What's
    new?, LP
    ¿_____ **hora es?** What time is
    it?, 1
    ¡_____ **lástima!** What a pity!, 5
    ¿_____ **quiere decir...?** What
    does . . . mean?, 1
    ¿_____ **tal...?** How's it going?,
    LP; How was (is) . . . ?, 8
quebrar(se) to break, 11
quedar to be located, 3; to fit, 9
    _____**le grande (chico) a uno** to
    be too big (small) on someone,
    15
    _____ **suspendido(-a)** fail, 18
quedarse to remain, to stay, 10
    _____ **en la cama hasta tarde** to
    sleep late, 12
querer (e:ie) to want, to wish, 4
    no quise I refused, 11
queso *(m.)* cheese, 3
quien(es) whom, 12
quién who, 2
    ¿de _____**?** whose?, 4
    ¿_____ **es?** Who is it?, 2

química *(f.)* chemistry, 18
quince fifteen, 1
quinientos five hundred, 2
quinto(-a) fifth, 5
quitar to take away, 9
quitarse to take off, 9

R

radiador *(m.)* radiator, 16
radicarse to gather
radiografía *(f.)* X-ray, 11
rápidamente rapidly, 11
rápido(-a) rapid, fast, 11
raro(-a) rare, 11
rascacielos *(m. sing.)* skyscraper
rato: al _____ a while later, 12
razón *(f.):* **tener** _____ to be right, 4
real royal
realista *(m., f.)* realist, 14
rebaja *(f.)* sale, 15
recámara *(f.) (Mex.)* bedroom, 14
recepcionista *(m., f.)* receptionist, 3
receta *(f.)* prescription, 11; recipe
recetar to prescribe, 11
recibir to receive, 3
recién casados *(m. pl.)* newlyweds, 16
reciente recent, 11
recientemente recently, 11
recoger to pick up, 12
recomendar (e:ie) to recommend, 7
recordar (o:ue) to remember, 5
recorrer to travel all over *(a place)*
recurrir to turn to
red *(f.)* net
refresco *(m.)* soft drink, soda pop, 4
refrigerador *(m.)* refrigerator, 14
regalar to give *(a gift)*, 9
regalo *(m.)* gift, 9
regazo *(m.)* lap
registro *(m.)* register, 6
regla: en _____ in order, 6;
    en toda _____ fair and square
regresar to return, 2
reírse (e:i) to laugh
relajarse to relax
reloj *(m.)* clock, 1
rolojería *(f.)* watch store
relleno(-a) stuffed, 7
remar to row
remolcar to tow, 16
renacentista *(adj. m., f.)* Renaissance
repasar to review, LP
repetir (e:i) to repeat, 9
repollo *(m.)* cabbage, 17
represa *(f.)* dam

representación *(f.)* show
requisito *(m.)* requirement, 18
reserva *(f.)* reservation, 6
reservación *(f.)* reservation, 6
resfriado *(m.)* cold, 11
resfrío *(m.)* cold, 11
residencia universitaria *(f.)* dorm
respaldo *(m.)* back *(chair)*
respuesta *(f.)* answer
restaurante *(m.)* restaurant, 5
retraso *(m.)* delay, 8
    tener... de _____ to be . . .
    behind schedule, 8
retrato *(m.)* portrait
revelar to develop *(film)*, 12
reventa *(f.)* resale
revisar to check, 16
revista *(f.)* magazine, 9
rey *(m.)* king
rezar to pray
rico(-a) tasty, delicious, 7
río *(m.)* river, 10
riqueza *(f.)* riches, wealth
ritmo *(m.)* rhythm
rizador *(m.)* curling iron, 9
rizo *(m.)* curl, 9
robar to steal, 12
rodeado(-a) (de) surrounded (by)
rodilla *(f.)* knee, 11
rogar (o:ue) to beg, 12
rojo(-a) red, LP
rollo de película *(m.)* roll of film, 12
románico(-a) Romanesque
romper(se) to break, 11
ropa *(f.)* clothes, clothing, 12
    _____ **interior** *(f.)* underwear,
    15
ropero *(m.)* closet, wardrobe, 15
rosado(-a) pink, LP
roto(-a) *(p.p. of* **romper** *and*
    adj.) broken, 15
rubio(-a) blond, 3
ruido *(m.)* noise, 16
ruinas *(f. pl.)* ruins, 6
ruso *(m.)* Russian *(lang.)*, 2

S

sábado *(m.)* Saturday, LP
sábana *(f.)* sheet, 14
saber to know, 7; to find out, 11
saborear to taste
sabroso(-a) tasty, delicious, 7
sacar to take out, to withdraw, 12; to
    get, to receive *(a grade)*, 18
saco de dormir *(m.)* sleeping bag, 10

Sagrada Familia *(f.)* Holy Family
sal *(f.)* salt, 7
sala *(f.)* living room, 14
    _____ de emergencia emergency room, 11
    _____ de rayos X (equis) X-ray room, 11
salario *(m.)* salary, 14
saldo *(m.)* balance, 12
salida *(f.)* departure, 8
salir to leave, to go out, 7
    _____ de viaje to leave on a trip, 16
salmón *(m.)* salmon, 7
salón *(m.)* room
    _____ de belleza *(m.)* beauty parlor, 9
    _____ de estar *(m.)* family room, 14
salsa *(f.)* sauce, 17
salud *(f.)* health
    ¡salud! cheers!
saludo *(m.)* greeting, LP
    _____s a... say hello to ..., 1
salvavidas *(m., f.)* lifeguard, 10
sandalia *(f.)* sandal, 15
sandía *(f.)* watermelon, 17
sándwich *(m.)* sandwich, 3
sangrar to bleed, 11
santo *(m.)* saint
sarampión *(m.)* measles, 11
sarape *(m.)* poncho
sastre *(m.)* tailor
se (to) himself, (to) herself, (to) yourself *(form.)*, (to) yourselves, (to) themselves, 9
    _____ dice you say, one says, 1
secadero *(m.)* dryer *(coffee)*
secador *(m.)* blow dryer, 9
sección *(f.)* section, 11
    _____ de (no) fumar (no) smoking section, 8
secretario(-a) *(m., f.)* secretary, 1
sed *(f.)* thirst, 4
    tener _____ be thirsty, 4
sede *(f.)* headquarters, campus
seguir (e:i) to follow, to continue, 6
según according to, 5
segundo(-a) second, 5
seguro(-a) sure, 13
    estar _____ be sure, 13
seguro social *(m.)* social security, 3
seis six, LP
seiscientos six hundred, 2
sello *(m.)* stamp, 13
semáforo *(m.)* traffic light, 13

semana *(f.)* week, 9
    Semana Santa Holy Week
semanal weekly
semestre *(m.)* semester, 18
sencillo(-a) single, 6; simple, 6
sentado(-a) seated, sitting, 10
sentarse (e:ie) to sit (down), 9
sentimental love *(adj.)*, 2
sentir(se) (e:ie) to feel, 9; to be sorry, to regret, 12
    lo siento I'm sorry, LP
señalar to point
señor *(abr. Sr.)* Mr., sir, gentleman, LP
señora *(abr. Sra.)* Mrs., Madam, Ma'am, lady, LP
señorita *(abr. Srta.)* Miss, young lady, LP
septiembre September, 5
séptimo(-a) seventh, 5
ser to be, 2
servicio de habitación *(m.)* room service, 6
servilleta *(f.)* napkin, 7
servir (e:i) to serve, 6
sesenta sixty, 2
setecientos seven hundred, 2
setenta seventy, 2
sexo *(m.)* sex, 3
sexto(-a) sixth, 5
si if, 5
sí yes, 2
sidra *(f.)* cider, 4
siempre always, 4
siete seven, LP
siglo *(m.)* century
signo *(m.)* sign *(zodiac)*
siguiente following, 14; next, 17
silenciador *(m.)* muffler, 16
silla *(f.)* chair, 1
sillón *(m.)* armchair, 14
simpático(-a) nice, charming, 3
sin without, 13
    _____ embargo however
    _____ que without, 13
sino but, 14
    _____ que but rather
sistema *(m.)* system, 2
    _____ de calificaciones grading system
sitio *(m.)* place
situación *(f.)* situation
sobre about, 10; over
sobrecama *(f.)* bedspread, 14
sobremesa *(f.)* after-dinner conversation

sobrenombre *(m.)* nickname
sobresalir to be outstanding
sobrina *(f.)* niece, 5
sobrino *(m.)* nephew, 5
sobrio(-a) somber
Sociedad Anónima *(f.)* Incorporated
sociología *(f.)* sociology, 18
sofá *(m.)* couch, sofa, 14
sol *(m.)* sun, 5
    hacer _____ to be sunny, 5
solamente only, 10
soleado(-a) sunny
solicitar to apply for, 3
solicitud *(f.)* application, 3
sólo(-a) alone
solo only, 8
soltar (o:ue) to turn loose
soltero(-a) single, 3
sollozar to weep
sonar (o:ue) to go off *(alarm)*, 12
sonreír to smile
sonrisa *(f.)* smile
soñar (o:ue) to dream
sopa *(f.)* soup, 7
sorprender to surprise, 12
sorpresa *(f.)* surprise, 7
sorteo *(m.)* drawing *(lottery)*
su his, her, its, your *(form.)*, their, 3
subir to climb, to go up, 13
subvencionado(-a) subsidized
sucursal *(f.)* branch *(office)*
suegra *(f.)* mother-in-law, 5
suegro *(m.)* father-in-law, 5
sueldo *(m.)* salary, 14
suelto(-a) loose
sueño: tener _____ to be sleepy, 4
suerte *(f.)* luck, 3
    buena _____ good luck, 3
    por _____ luckily
suéter *(m.)* sweater
suficiente enough, sufficient, 12
sugerir (e:ie) to suggest, 12
supermercado *(m.)* supermarket, 17
suponer *(conj. like poner)* to suppose, 18
suspendido(-a): quedar _____ to fail, 18
suspiro *(m.)* sigh
suyo(s), suya(s) *(pron.)* his, hers, theirs, yours, 8

T

tal vez maybe, 14
talonario de cheques *(m.)* checkbook, 12

talla *(f.)* size, 15
tallado(-a) carved
taller *(m.)* repair shop, 16
tamaño *(m.)* size
también also, too, 2
tan as, so, 5
   _____... **como...** as . . . as . . . , 5
   _____ **pronto como** as soon as, 14
tanque *(m.)* tank, 16
tanto(-a) as much, 5
   _____ **como** as much as, 5
tantos(-as) as many, 5
   _____ **como** as many as, 5
tapa *(f.)* *(Sp.)* hors d'oeuvre
tapete *(m.)* small rug
tarde *(f.)* afternoon, 2; *(adv.)* late, 8
   de la _____ in the afternoon, 2
   más _____ later, 2
   por la _____ in the afternoon, 2
tarea *(f.)* homework, LP
tarjeta *(f.)* card, 8
   _____ **de crédito** *(f.)* credit card, 6
   _____ **de turista** *(f.)* tourist card, 6
   _____ **postal** *(f.)* postcard, 8
taxi *(m.)* taxi, 6
taza *(f.)* cup, 7
te *(pron.)* you *(fam.)*, 6; (to) you, 7; (to) yourself, 9
té *(m.)* tea, 7
teatro *(m.)* theater, 7
tejer to weave
tejido *(m.)* weaving
teléfono *(m.)* telephone, 3
   al _____ on the phone, 2
   por _____ by phone, on the phone, 8
telégrafo *(m.)* telegraph, 13
telegrama *(m.)* telegram, 2
televisión *(f.)* television, 2
televisor *(m.)* television (set), 14
tema *(m.)* subject, theme, 2
temer to fear, to be afraid, 12
temporada *(f.)* season
temprano early, 9
tenedor *(m.)* fork, 7
tener to have, 3
   _____... **años (de edad)** to be . . . years old, 4
   _____ **calor** to be hot, 4
   _____ **cuidado** to be careful
   _____ **frío** to be cold, 4

   _____ **ganas (de)** to feel like, 17
   _____ **hambre** to be hungry, 4
   _____ **lugar** to take place
   _____ **miedo** to be afraid, 4
   _____ **prisa** to be in a hurry, 4
   _____ **que** to have to, 3
   _____ **razón** to be right, 4
   _____ **sed** to be thirsty, 4
   _____ **sueño** to be sleepy, 4
   _____ **tos** to have a cough, 11
   _____... **de retraso** to be . . . late, behind, 8
   no _____ **razón** to be wrong, 4
tenista *(m., f.)* tennis player
tensión *(f.)* stress
tercamente stubbornly
tercero(-a) third, 5
terminar to finish, 9
terraza *(f.)* terrace, 4
tétano *(m.)* tetanus, 11
ti you *(fam. sing.)*, 6
tía *(f.)* aunt, 5
tiempo *(m.)* time, 3; weather, 5
   _____ **completo** full-time, 14
tienda *(f.)* store, 9
   _____ **de campaña** *(f.)* tent, 10
tierra *(f.)* earth
timbre *(m.)* *(Mex.)* stamp, 13
tinto red *(wine)*, 7
tintorería *(f.)* dry cleaner's, 12
tío *(m.)* uncle, 5
título *(m.)* title
tiza *(f.)* chalk, 1
toalla *(f.)* towel, 6
tobillo *(m.)* ankle, 11
tocadiscos *(m.)* record player, 4
tocar to play *(music, an instrument)*
tocino *(m.)* bacon
todavía yet, still, 15
todo(-a) all, 8; *(pron.)* everything, 6
todos(-as) all, 3; everybody, 4
tomar to take, 6; to drink, 3
   _____ **algo** to have something to drink, 15
   _____ **una decisión** to make a decision, 14
   tome asiento have a seat, 1
tomate *(m.)* tomato, 17
toronja *(f.)* grapefruit, 17
torre *(f.)* tower
torta *(f.)* cake, 7
   _____ **helada** *(f.)* ice cream cake, 7
tortilla *(f.)* omelette, 7
   _____ **de maíz** *(f.)* Mexican corn tortilla, 7

tos *(f.)* cough, 11
   tener _____ to have a cough, 11
trabajar to work, 2
trabajo *(m.)* job, 3
traducir to translate, 7
traer to bring, 4
trágico(-a) tragic, 11
traje *(m.)* suit, 15
   _____ **de baño** *(m.)* bathing suit, 10
tramo *(m.)* set
tratar (de) to try (to), 16
trato *(m.)* deal
travesía *(f.)* voyage
trece thirteen, 1
treinta thirty, 1
tren *(m.)* train, 8
tres three, LP
trescientos three hundred, 2
trimestre *(m.)* quarter, 18
triste sad, 11
trozo *(m.)* piece
trucha *(f.)* trout, 7
tu your *(fam. sing.)*, 3
tú you *(fam. sing.)*, LP
turbonadas *(f. pl.)* gusts
turismo *(m.)* tourism, 6
turista *(m., f.)* tourist, 8
   clase _____ *(f.)* tourist class, 8
turístico(-a) tourist *(adj.)*, 10
turno *(m.)* appointment, 9
   pedir _____ to make an appointment, 9
tuyo(s), tuya(s) *(pron.)* yours *(fam. sing.)*, 8

U

últimamente lately
último(-a) last, 11
un(a) a, an, one, 1
único(-a) only, 12
   hijo(-a) único(-a) *(m., f)* only child, 12
   lo único the only thing, 18
unido(-a) united
uniforme *(m.)* uniform
unir to unite
universidad *(f.)* university, LP
uno *(m.)* one, LP
unos(-as) a few
uruguayo(-a) Uruguayan, 4
usar to wear, to use, 15
   se usa it's used

usted (Ud.)   you *(form.),* LP
ustedes (Uds.)   you *(pl.),* 2
utensilio *(m.)*   utensil, 14
útil   useful
uva *(f.)*   grape, 4

V

vacaciones *(f. pl.)*   vacation, 6
   ir de _____   to go on vacation, 10
vacío(-a)   empty, 10
vale   okay *(Sp.),* 5
valer   to be worth, 16
   (no) vale la pena   It's (not) worth the trouble, 16
valija *(f.)*   suitcase, 6
valor *(m.)*   value
¡vámonos!   let's go!, 14
¡vamos!   let's go!, 5
vaquero *(m.)*   cowboy
varicela *(f.)*   chickenpox, 11
varios(-as)   several, 12
vasija *(f.)*   pot
vaso *(m.)*   glass, 7
veces: a _____   at times
vecino(-a) *(m., f.)*   neighbor
vegetal *(m.)*   vegetable, 17
veinte   twenty, 1
veinticinco   twenty-five, 1
veinticuatro   twenty-four, 1
veintidós   twenty-two, 1
veintinueve   twenty-nine, 1
veintiocho   twenty-eight, 1
veintiséis   twenty-six, 1
veintisiete   twenty-seven, 1
veintitrés   twenty-three, 1
veintiuno   twenty-one, 1
vela *(f.)*   candle
velocidad *(f.)*   speed, 16
   _____ máxima *(f.)*   speed limit, 16
vencer   to beat, defeat
vendar   to bandage, 11

vendedor(-a) *(m., f.)*   salesperson, 18
vender   to sell, 3
venir   to come, 3
venta *(f.)*   sale
ventaja *(f.)*   advantage
ventana *(f.)*   window, 1
ventanilla *(f.)*   window *(of a vehicle),* 13
   asiento de _____ *(m.)*   window seat, 8
ver   to see, 5
   a _____   let's see, 12
veranear   to spend the summer
verano *(m.)*   summer, 5
¿verdad?   right?, 12
verde   green, LP
verdulería *(f.)*   greengrocer's
verdura *(f.)*   vegetable, 17
vermut *(m.)*   vermouth, 7
vestido *(m.)*   dress, 9
   _____ de noche *(m.)*   evening gown, 15
vestirse (e:i)   to get dressed, 9
vez *(f.)*   time, 8
   alguna _____   ever, 11
   de _____ en cuando   from time to time
   en _____ de   instead of, 14
   otra _____   again, 17
   tal _____   maybe, 14
vía *(f.)*   street, way
   _____ aérea   air mail, 13
   la Gran _____   Main Street
viajar   to travel, 5
viaje *(m.)*   trip, 8
   de _____   traveling
   salir de _____   to leave on a trip, 16
viajero(-a) *(m., f.)*   traveler, 8
vida *(f.)*   life
viejo(-a)   old, 13
viento *(m.)*   wind, 5
   hacer _____   to be windy, 5

viernes *(m.)*   Friday, LP
vinagre *(m.)*   vinegar, 17
vino *(m.)*   wine, 4
   _____ blanco   white wine, 7
   _____ tinto   red wine, 7
virrey *(m.)*   viceroy
visitar   to visit, 6
vista *(f.)*   view
   con _____ a   overlooking, 6
   hasta la _____   until I see you again, I'll see you later, 1
visto(-a) *(p.p. of ver and adj.)*   seen, 15
viudo(-a)   widowed, 3
vivir   to live, 3
vocabulario *(m.)*   vocabulary, LP
volar (o:ue)   to fly, 5
volver (o:ue)   to return, 5
vosotros(-as)   you *(fam. pl.),* 2; *(pron.)* you, 6
vuelo *(m.)*   flight, 8
vuelta *(f.)*   tour
   de ida y _____   round-trip, 8
vuelto(-a) *(p.p. of volver and adj.)*   returned, 15
vuestro(-a)(s)   your *(fam. pl.),* 3; *(pron.)* yours *(fam. pl.),* 8

Y

y   and, LP
ya   already, 7
   _____ no   no longer
yerno *(m.)*   son-in-law, 5
yo   I, 2

Z

zanahoria *(f.)*   carrot, 17
zapatería *(f.)*   shoe department, shoe store, 15
zapato *(m.)*   shoe, 15
zona postal *(f.)*   zip code, 3
zoológico *(m.)*   zoo, 17

English–Spanish

A

a, an un(a), 1
about de, 8; sobre, 10
accept aceptar, 6
accident accidente *(m.)*, 11
according to según, 5
account cuenta *(f.)*, 12
    checking _____ cuenta corriente *(f.)*, 12
    savings _____ cuenta de ahorros *(f.)*, 12
accountant contador(-a) *(m., f.)*, 18
accounting contabilidad *(f.)*, 18
ache doler (o:ue), 11
across from frente a, 13
ad anuncio *(m.)*, 3
address dirección *(f.)*, 1; domicilio *(m.)*, 1
    My _____ **is . . .** Mi dirección es... , 1
    What's your _____? ¿Cuál es tu dirección?, 1
advantage: to take _____ aprovechar, 15
advertise anunciar *(m.)*, 14
advice consejo *(m.)*, 18
advise aconsejar, 12
advisor consejero(-a) *(m., f.)*, 18
afraid: to be _____ tener miedo, 4
after después (de), 7
afternoon tarde *(f.)*, 2
    good _____ buenas tardes, LP
    in the _____ de (por) la tarde, 2
afterwards luego, 6; después, 13
again otra vez, 17
age edad *(f.)*, 3
ago: . . . ago hace... , 11
agree ponerse de acuerdo, 10
air aire *(m.)*
    _____ **conditioning** aire acondicionado *(m.)*, 14
airmail por vía aérea, 13
airport aeropuerto *(m.)*, 6
aisle pasillo *(m.)*, 8
alarm clock despertador *(m.)*, 12
all todo(-a), 8; todos(-as), 4
    _____ **right** bueno, 7; está bien, 10
allergic alérgico(-a), 11
almost casi, 15
along por, 10
alphabet alfabeto *(m.)*, LP

already ya, 7
also también, 2
although aunque, 9
always siempre, 4
ambulance ambulancia *(f.)*, 11
amusement park parque de diversiones *(m.)*, 17
analysis análisis *(m.)*, 11
and y, LP
angry enfadado(-a); enojado(-a), 14
ankle tobillo *(m.)*, 11
anniversary aniversario *(m.)*, 7
    wedding _____ aniversario de bodas *(m.)*, 7
announce anunciar, 14
another otro(-a), 5
any algún, alguna, 6; alguno(-a), 6
    not _____ ningún(a), 6
anyone alguien, 6
anything algo, 6
    not _____ nada, 6
apartment apartamento *(m.)*, 9
appendicitis apendicitis *(f.)*, 11
apple manzana *(f.)*, 17
application solicitud *(f.)*, 3
apply (for) solicitar, 3
    _____ **for a loan** pedir un préstamo, 12
appointment cita *(f.)*; turno *(m.)*, 9
    to make an _____ pedir turno, cita, 9
April abril, 5
Argentinian argentino(-a), 18
argument discusión *(f.)*, 18
arm brazo *(m.)*, 11
armchair butaca *(f.)*; sillón *(m.)*, 14
around por, 10
    _____ **here** por aquí, 6
arrive llegar, 6
as como, 8
    _____ **. . .** _____ tan... como, 5
    _____ **if** como si, 18
    _____ **many** tantos(-as), 5
    _____ **many . . .** _____ tantos (-as)... como, 5
    _____ **much** _____ tanto como, 5
    _____ **soon** _____ en cuanto, 12; tan pronto como, 14
    _____ **usual** como siempre, 18
ask preguntar, 7
    _____ **(for)** pedir (e:i), 7

asleep: fall _____ dormirse (o:ue), 9
aspirin aspirina *(f.)*, 11
assist ayudar, 18
at a, 2; en, 1
    _____ **what time?** ¿a qué hora?, 2
attend asistir (a), 5
attention: to pay _____ hacer caso, 14
August agosto, 5
aunt tía *(f.)*, 5
automobile automóvil *(m.)*, carro *(m.)*; coche *(m.)*, 5
autumn otoño *(m.)*, 5
avenue avenida *(f.)*, 3
average promedio *(m.)*, 18

B

back espalda *(f.)*, 11
bad malo(-a), 4
badly mal, 5
baggage equipaje *(m.)*, 8
balance *(bank)* saldo *(m.)*, 12
bandage vendar, 11
bank banco *(m.)*, 12
barber barbero(-a), *(m., f.)*, 9
    _____ **shop** barbería *(f.)*, 9
bathe bañar(se), 9
bathing suit traje de baño *(m.)*, 10
bathroom baño *(m.)*, 6; cuarto de baño *(m.)*, 6
battery acumulador *(m.)*, batería *(f.)*, 16
be estar, 4; ser, 2
    _____ **able to** poder (o:ue), 5
    _____ **acquainted with** conocer, 7
    _____ **afraid** temer, 12; tener miedo (de), 4
    _____ **bad** *(weather)* hacer mal tiempo, 5
    _____ **. . . behind schedule** tener... de retraso, 8
    _____ **bored** aburrirse, 10
    _____ **cold** *(weather)* hacer frío, 5; tener frío, 4
    _____ **. . . from here** estar a... de aquí, 13
    _____ **glad** alegrarse (de), 12
    _____ **good** *(weather)* hacer buen tiempo, 5

524

_____ **hot** *(weather)* hacer calor, 5; tener calor, 4
_____ **hungry** tener hambre, 4
_____ **in a hurry** tener prisa, 4
_____ **invited** estar invitado(-a), 9
_____ **located** quedar, 3
_____ **named** llamarse, LP
_____ **pleasing to** gustar, 8
_____ **right** tener razón, 4
_____ **scared** tener miedo, 4
_____ **sleepy** tener sueño, 4
_____ **sorry** sentir (e:ie), 12
_____ **sunny** hacer sol, 5
_____ **sure** estar seguro(-a), 13
_____ **thirsty** tener sed, 4
_____ **tight** apretar (e:ie), 15
_____ **too big (small)** quedar grande (chico), 15
_____ **windy** hacer viento, 15
_____ **worth** valer, 16
_____ **wrong** no tener razón, 4
_____ **. . . years old** tener... años, 4
beach playa *(f.)*, 10
bean frijol *(m.)*, 7
beautician peluquero(-a), *(m., f.)*, 9
beauty parlor peluquería *(f.)*, 9; salón de belleza *(m.)*, 9
because porque, 4
bed cama *(f.)*, 12
 to go to _____ acostarse (o:ue), 9
 to put to _____ acostar (o:ue), 9
bedroom dormitorio *(m.)*; recámara *(f.) (Mex.)*, 14
bedspread sobrecama *(f.)*, 14
beer cerveza *(f.)*, 4
before antes (de), 6; antes de que, 14
beg rogar (o:ue), 12
begin comenzar (e:ie), 4; empezar (e:ie), 4
believe creer, 3
bellhop botones *(m.)*, 6
bend doblar, 13
besides además, 4
best el (la) mejor, 5
better mejor, 5
beverage bebida *(f.)*, 4
bicycle bicicleta *(f.)*, 10
big grande, 5
 to be too _____ quedar grande, 15
bill cuenta *(f.)*, 7
biology biología *(f.)*, 18
birth nacimiento *(m.)*, 3
birthday cumpleaños *(m.)*, 4
black negro(-a), LP

blanket cobija *(f.)*, frazada *(f.)*, manta *(f.)*, 14
bleed sangrar, 11
block *(city)* cuadra *(f.)*, *(Sp. Am.)*, manzana *(f.) (Sp.)*, 13
blonde rubio(-a), güero(-a) *(Mex.)*, 3
blouse blusa *(f.)*, 15
blow dryer secador *(m.)*, 9
blue azul, LP
boarding house pensión *(f.)*, 5
boat barco *(m.)*, 8
book libro *(f.)*, 1
boot bota *(f.)*, 15
bored: to be _____ aburrirse, 10
boring aburrido(-a), 8
borrow pedir prestado, 12
bottle botella *(f.)*, 7
boy chico *(m.)*, muchacho *(m.)*, 3
boyfriend novio *(m.)*, 4
brake freno *(m.)*, 16
bread pan *(m.)*, 17
break romper(se), 11
breakfast desayuno *(m.)*, 6
brief breve, 1
bring traer, 4
brochure folleto *(m.)*, 10
broken roto(-a), 15
broom escoba *(f.)*, 9
brother hermano *(m.)*, 4
brother-in-law cuñado *(m.)*, 5
brown *(hair, eyes)* castaño, 3; marrón, café, LP
brunette moreno(-a), 3
brush cepillo *(m.)*, 9
building edificio *(m.)*, 13
bunch: a whole _____ **of** un montón de *(m.)*, 13
bus autobús *(m.)*, camión *(m.) (Mex.)*, ómnibus, 5
business administration administración de empresas *(f.)*, 18
businessman (woman) hombre (mujer) de negocios *(m., f.)*, 18
busy ocupado(-a), 4
but pero, sino, 14
butter mantequilla *(f.)*, 17
buy comprar, 6; llevarse, 15
by para, 10; por, 10
 to go _____ pasar (por), 6
bye chau, 1

C

cabbage repollo *(m.)*, 17
cabin cabaña *(f.)*, 10
cafe café *(m.)*, 5
cafeteria cafetería *(f.)*, 3

cake torta *(f.)*, 7
 ice cream _____ torta helada *(f.)*, 7
calculator calculadora *(f.)*, 18
call llamar, 2
called: to be _____ llamarse, 9
camera cámara fotográfica *(f.)*, 6
 video _____ cámara de video *(f.)*, 6
camp acampar, 10
can poder (o:ue), 5
can bote *(m.) (Mex.)*, lata *(f.)*, 17
cancel cancelar, 6
capital capital *(city) (f.)*, 8
car automóvil *(m.)*, 5; carro *(m.)*, 5; coche *(m.)*, 5
caramel custard flan *(m.)*, 7
carburetor carburador *(m.)*, 16
card tarjeta *(f.)*, 8
 credit _____ tarjeta de crédito *(f.)*, 6
 tourist _____ tarjeta de turista *(f.)*, 6
career carrera *(f.)*, 18
carpet alfombra *(f.)*, 9
carpenter carpintero(-a), *(m., f.)*, 18
carrot zanahoria *(f.)*, 17
carry-on bag bolso de mano *(m.)*, 8
case caso, 14
 en _____ **de que** in case, 14
cash efectivo *(m.)*, 12
 in _____ al contado, 12; en efectivo, 12
cassette casete *(m.)*, cinta *(f.)*, 4
catch *(a fish)* pescar, 10
celebrate celebrar, 4
celery apio *(m.)*, 17
central heating calefacción central *(f.)*, 14
certainty certidumbre *(f.)*, 2
certified certificado(-a), 13
chair silla *(f.)*, 1
chalk tiza *(f.)*, 1
chalkboard pizarra *(f.)*, 1
champagne champán *(m.)*, 4
change cambiar, 15
charge cobrar, 12
charming simpático(-a), 3
chat conversar, charlar, platicar, 3
cheap barato(-a), 6
check cheque *(m.)*, 12; chequear, revisar, 16
 claim _____ comprobante *(m.)*, 12
 traveler's _____ cheque de viajero *(m.)*, 6

checkbook talonario de cheques *(m.)*, 12

checking account cuenta corriente *(f.)*, 12

cheese queso *(m.)*, 3

chef cocinero(-a), *(m., f.)*, 18

chemistry química *(f.)*, 18

chest pecho *(m.)*, 11

   _____ **of drawers** cómoda *(f.)*, 14

chicken pollo *(m.)*, 4

   _____ **with rice** arroz con pollo *(m.)*, 7

chickenpox varicela *(f.)*, 11

child niño(-a), 10

   only _____ hijo(-a) único(-a), 12

children hijos *(m. pl.)*, 3

Chilean chileno(-a), 10

Chinese *(lang.)* chino *(m.)*, 2

chocolate chocolate *(m.)*, 7

   hot _____ chocolate caliente *(m.)*, 7

Christmas Navidad *(f.)*, 4

cider sidra *(f.)*, 4

circus circo *(m.)*, 17

city ciudad *(f.)*, 2

claim check comprobante *(m.)*, 12

class clase *(f.)*, 1

   first _____ (de) primera clase, 8

   tourist- _____ clase turista *(f.)*, 8

classified clasificado(-a), 14

classmate compañero(-a) de clase *(m., f.)*, 4

clean (oneself) limpiar(se), 9

clear claro(-a), 11

clerk empleado(-a), 6

climate clima *(m.)*, 2

climb subir, 13

clock reloj *(m.)*, 1

   alarm _____ despertador *(m.)*, 12

close cerrar (e:ie), 4

   _____ **to** *(prep.)* cerca de, 3

closet amario *(m.)*, ropero *(m.)*, 15

clothes ropa *(f.)*, 12

clothing ropa *(f.)*, 12

club club *(m.)*, 4

cocktail coctel *(m.)*, 4

coffee café *(m.)*, 3

cold frío *(m.)*, 4; catarro *(m.)*, resfriado *(m.)*, resfrío *(m.)*, 11

   to be _____ *(weather)* hacer frío, 5; tener frío, 4

color color *(m.)*

Columbian colombiano(-a), 14

comb peine *(m.)*, 9

   _____ **(one's hair)** peinar(se), 9

come venir, 3

   _____ **in!** ¡pase!, 1

comedy comedia *(f.)*, 7

comfortable cómodo(-a), 5

compact compacto(-a), 18

   _____ **disc** disco compacto *(m.)*, 4

company compañía *(f.)*, 3

computer computador(a), 3

concert concierto *(m.)*, 9

conduct conducir, 7

confirm cofirmar, 6

continue seguir (e:i), 6

conversation conversación *(f.)*, 2

cook cocinar, 9; cocinero(-a) *(m., f.)*, 18

corner *(street)* esquina *(f.)*, 13

cost costar (o:ue), 5

   _____ **an arm and a leg** costar un ojo de la cara, 10

couch sofá *(m.)*, 14

cough tos *(f.)*, 11

count contar (o:ue), 5

country campo *(m.)*, 10; país *(m.)*, 10

couple pareja *(f.)*, 16

course: of _____**!** ¡claro!, 4; por supuesto, 10

cousin primo(-a) *(m., f.)*, 4

covered cubierto(-a), 15

crazy loco(-a), 8

cream crema *(f.)*, 7

Cuban cubano(-a), 7

cup taza *(f.)*, 7

curl rizo *(m.)*, 9

curling iron rizador *(m.)*, 9

curtain cortina *(f.)*, 14

customs aduana *(f.)*, 6

cut cortar(se), 9

D

Dad papá *(m.)*

dance baile *(m.)*, 4; bailar, 4

dark oscuro(-a), LP; moreno(-a), 3

darling (mi) amor *(m.)*, 7

data datos *(m.)*, 3

date cita *(f.)*, 17; fecha *(f.)*, 3; fechar, 12

daughter hija *(f.)*, 4

   _____**-in-law** nuera *(f.)*, 5

day día *(m.)*

   the following _____ al día siguiente, 14

December diciembre, 5

decide decidir, 3

decision decisión *(f.)*, 13

   to make a _____ tomar una decisión, 14

declare declarar, 6

delay retraso *(m.)*, 8

delicious rico(-a), sabroso(-a), 7

deliver entregar, 18

deny negar (e:ie), 13

department departamento *(m.)*, 12

   men's _____ departamento (de ropa) para caballeros, 15

   women's _____ departamento (de ropa) para señoras, 15

departure: _____ **gate** puerta de salida *(f.)*, 8

deposit depositar, 12

descend bajar, 13

desert desierto *(m.)*, 10

desk escritorio *(m.)*, 1; pupitre *(m.)*, 1

dessert postre *(m.)*, 7

   for _____ de postre, 7

develop *(film)* revelar, 12

dictation dictado *(m.)*, LP

dictionary diccionario *(m.)*, LP

die morir (o:ue), 5

diet dieta *(m.)*, 17

   to go on a _____ ponerse a dieta, 17

difficult difícil, 3

dining room comedor *(m.)*, 14

dinner cena *(f.)*, 6

   to have _____ cenar, 6

dirty: to get _____ ensuciarse, 9

discussion discusión *(f.)*, 18

disease enfermedad *(f.)*, 11

dish plato *(m.)*, 7

dishwasher lavaplatos *(m.)*, 14

disinfect desinfectar, 11

divorced divorciado(-a), 3

dizziness mareo *(m.)*, 11

dizzy spell mareo *(m.)*, 11

do hacer, 7

   _____ **the shopping** hacer las compras, 17

doctor doctor(-a) *(m., f.)*, LP; médico(-a), *(m., f.)*, 11

   _____**'s office** consultorio *(m.)*, 11

document documento *(m.)*, 12

dog perro(-a), 9

dollar dólar *(m.)*, 6

done hecho

door puerta *(f.)*, 1

double doble, 6
doubt dudar, 13
downstairs abajo, 12
downtown centro *(m.)*, 6
dozen docena *(f.)*, 17
drama drama *(m.)*, 17
dress vestido *(m.)*, 9
dressed: to get _____ vestirse (e:i), 9
drink bebida *(f.)*, 4; beber, tomar, 3
drive conducir, manejar, 5
driver's license carnet de conducir
(m.), 16; licencia de conducir (f.), 5
drizzle lloviznar, 5
dry cleaner's tintorería *(f.)*, 12
drugstore farmacia *(f.)*, 9
during durante, 8

E

each cada, 13
ear *(inner)*, oído *(m.)*, 11; *(external)*
oreja *(f.)*, 11
early temprano, 9
earn ganar, 14
easy fácil, 3
eat comer, 3
to have something to
_____ comer algo, 15
economic económico(-a), 2
egg huevo *(m.)*, 7
eight ocho, LP
_____ **hundred** ochocientos, 2
eighteen dieciocho, 1
eighth octavo(-a), 5
eighty ochenta, 2
either . . . or o... o, 6
electrician electricista *(m., f.)*, 18
elevator ascensor *(m.)*, elevador *(m.)*,
6
eleven once, 1
embassy embajada *(f.)*, 6
emergency emergencia *(f.)*
_____ **room** sala de emergencia
(f.), 11
empty vacío(-a), 16
engine motor *(m.)*, 16
engineer ingeniero(-a) *(m., f.)*, 18
engineering ingeniería *(f.)*, 18
English *(lang.)* inglés *(m.)*, 1
enough suficiente, 12
entrance entrada *(f.)*, 8
eraser borrador *(m.)*, 1
errand diligencia *(f.)*, 12
to run _____s hacer diligencias,
12
escalator escalera mecánica *(f.)*, 15

especially especialmente, 5
evening noche *(f.)*, 2
_____ **gown** vestido de noche
(m.), 15
in the _____ de la noche, 2; por
la noche, 2
ever alguna vez, 11
everybody todos(-as), 4
everything todo, 6
exam examen *(m.)*, LP
midterm _____ examen parcial
(m.), 18
excellent excelente, 7
excess exceso *(m.)*, 8
_____ **baggage** exceso de equipaje *(m.)*, 8
exchange cambiar, 15
_____ **rate** cambio de moneda
(m.), 6
excursion excursión *(f.)*, 10
excuse me perdón, con permiso, 1
exercise ejercicio *(m.)*, LP
expensive caro(-a), 6
eye ojo *(m.)*, 11

F

face cara *(f.)*, 11
fact: the _____ **is . . .** es que... , 13
fail *(course or exam)* quedar suspen-
dido(-a), 18
fall otoño *(m.)*, 5
fall asleep dormirse (o:ue), 9
family familia *(f.)*, 5
family room salón de estar *(m.)*, 14
famous famoso(-a), 5
far (from) lejos (de), 3
farewell despedida *(f.)*, LP
fast rápido(-a), 11
fat gordo(-a), 3
father padre *(m.)*, 5
father-in-law suegro *(m.)*, 5
favorite favorito(-a), 7
fear miedo *(m.)*; temer, 12
February febrero, 5
feel sentir(se) (e:ie), 9
_____ **like** tener ganas de, 17
feminine femenino(-a), 3
fever fiebre *(f.)*, 11
few pocos(-as), 6; unos(-as), 6
fiancé novio *(m.)*, 4
fiancée novia *(f.)*, 4
fifteen quince, LP
fifth quinto(-a), 5
fifty cincuenta, 2
fill llenar, 3

_____ **out** llenar, 3
film *(for camera)* película *(f.)*, 12
filter filtro *(m.)*, 16
find encontrar (o:ue), 5
_____ **out** saber, 11
fine multa *(f.)*, 16; *(adv.)*, bien, LP;
bueno, 8
finger dedo *(m.)*, 11
finish terminar, 9
first primero(-a), 5
_____**-class** de primera clase, 8
fish pescado *(m.)*, 7; pescar, 10
fishing pesca *(f.)*, 10
to go _____ ir de pesca, 10
fishing rod caña de pescar *(f.)*, 10
fit caber, 7; quedar, 9
fitting room probador *(m.)*, 15
five cinco, LP
_____ **hundred** quinientos, 2
fix arreglar, 16
flat tire pinchazo *(m.)*, 16
flight vuelo *(m.)*, 8
floor piso *(m.)*, 6
flu gripe *(f.)*, 11
fly volar (o:ue), 5
fog niebla *(f.)*, 5
follow seguir (e:i), 6
following siguiente, 14
food comida *(f.)*, 7
foot pie *(m.)*, 11
for para, 6; por, 6
_____ **rent** se alquila, 14
forecast *(weather)* pronóstico del
tiempo *(m.)*, 5
foreign extranjero(-a), 13
forget olvidar(se) (de), 9
fork tenedor *(m.)*, 7
fortune fortuna *(f.)*, 16
forty cuarenta, 2
four cuatro, LP
_____ **hundred** cuatrocientos, 2
fourteen catorce, 1
fourth cuarto(-a), 5
free gratis, 12; libre, 3
freedom libertad *(f.)*, 2
freeway autopista *(f.)*, 16
French *(lang.)* francés *(m.)*, 2
_____ **fries** papas fritas *(f. pl.)*,
7
frequently frecuentemente, 11
Friday viernes *(m.)*, LP
fried frito(-a), 7
friend amigo(-a), *(m., f.)*, 3
from de, 2
to be . . . _____ **here** estar a...
de aquí, 13

front frente
   in _____ of frente a, 12
fruit fruta *(f.)*, 7
full lleno(-a), 16
   _____-time tiempo completo, 14
function funcionar, 16
funny extraño(-a), 16
furnished amueblado(-a), 14
furniture muebles *(m. pl.)*, 14

G

game partido *(m.)*, 18
garage garaje *(m.)*, 14
garden jardín *(m.)*, 14
gasoline gasolina *(f.)*, 16
gate puerta *(f.)*, 8
   departure _____ puerta de
   salida *(f.)*, 8
gee! ¡caramba!, LP
generally generalmente, 9
gentleman señor *(m.)*, LP
German *(lang.)* alemán *(m.)*, 2
get conseguir (e:i), 6; *(grade)* sacar,
   18
   _____ a haircut cortarse el pelo,
   9
   _____ dirty ensuciar(se), 9
   _____ dressed vestirse (e:i), 9
   _____ out salir, 7
   _____ undressed desvestirse
   (e:i), 9
   _____ up levantarse, 9
gift regalo *(m.)*, 9
girl chica *(f.)*, muchacha *(f.)*, 3
girlfriend novia *(f.)*, 4
give dar, 4; *(gift)* regalar, 9
   _____ a ticket *(fine)* poner (dar)
   una multa, 16
   _____ an injection poner una
   inyección, 11
glad: to be _____ alegrarse, 12
glass vaso *(m.)*, 7
glove guante *(m.)*, 15
   _____ compartment guantera
   (f.), portaguantes *(m.)*, 16
go ir, 4
   _____ away irse, 9
   _____ by pasar por, 6
   _____ camping acampar, 10
   _____ down bajar, 13
   _____ fishing ir de pesca, 10
   _____ home ir a casa, 10
   _____ off *(alarm)* sonar (o:ue),
   12

   _____ on a diet ponerse a dieta,
   16
   _____ on vacation irse de vacaciones, 10
   _____ out salir, 7
   _____ shopping ir de compras,
   15
   _____ through pasar por, 6
   _____ to bed acostarse (o:ue), 9
   _____ together hacer juego, 15
   _____ up subir, 13
   let's go! ¡vámonos!, 14; ¡vamos!,
   5
goblet copa *(f.)*, 7
gold oro *(m.)*, 6
gone ido, 15
good bueno(-a), 4
   _____ afternoon buenas tardes,
   LP
   _____ evening buenas noches,
   LP
   _____ luck! ¡buena suerte!, 3
   _____ morning buenos días, LP
   _____ night buenas noches, LP
good-bye adiós, LP
grade nota *(f.)*, 18
   _____ point average promedio
   (m.), 18
graduate graduar(se), 18
granddaughter nieta *(f.)*, 5
grandfather abuelo *(m.)*, 5
grandmother abuela *(f.)*, 5
grandson nieto *(m.)*, 5
grape uva *(f.)*, 4
grapefruit toronja *(f.)*, pomelo *(m.)*,
   17
gray gris, LP
great magnífico(-a), 4
green verde, LP
greeting saludo *(m.)*, LP
ground floor planta baja *(f.)*, 15
group *(music)* orquesta *(f.)*, 4

H

hair cabello *(m.)*, 11; pelo *(m.)*, 9
   to comb one's _____ peinarse, 9
   to wash one's _____ lavarse la
   cabeza, 9
haircut corte *(m.)*, 9
   to get a _____ cortarse el pelo,
   9
hairdo peinado *(m.)*, 9
hairdresser peluquero(-a) *(m., f.)*, 9
hairstyle peinado *(m.)*, 9

half medio(-a), 7
ham jamón *(m.)*, 3
hamburger hamburguesa *(f.)*, 7
hand mano *(f.)*, 11
handbag bolsa *(f.)*, bolso *(m.)*, cartera *(f.)*, 15
handkerchief pañuelo *(m.)*, 15
handsome guapo(-a), 3
happen pasar, 8
happy contento(-a), 4; feliz, 4
hate odiar, 10
have haber *(aux.)*, 16; tener, 3
   _____ a cough tener tos, 11
   _____ a good time divertirse
   (e:ie), 10
   _____ a nice trip buen viaje, 8
   _____ a seat tome asiento, 1
   _____ dinner cenar, 6
   _____ just . . . acabar de... , 6
   _____ lunch almorzar (o:ue), 5
   _____ on llevar puesto(-a), 15
   _____ something to eat comer
   algo, 15
   _____ something to drink tomar algo, 15
   _____ to deber, 3; tener que, 3
he él, 2
head cabeza *(f.)*, 11
headache dolor de cabeza *(m.)*, 11
hear oír
heat calor *(m.)*, 4
   central _____ calefacción central *(f.)*, 14
height estatura *(f.)*, 5
hello hola, LP; *(on the phone)* bueno,
   2; *(on the phone)* dígame, 2
   say _____ to . . . saludos a... , 1
help ayudar, 18
her ella, 6; la, 6; le, 7; su, 3
here aquí, 4; presente, LP
hers suyo(-a)(s), 8
herself se, 9
hi hola, LP
highway autopista *(f.)*, carretera *(f.)*,
   16
him él, 6; le, 7; lo, 6
himself se, 9
his su, 3; suyo(-a)(s), 8
holiday feriado *(m.)*, día de fiesta
   (m.), 17
home casa *(f.)*, 4
   to go _____ ir a casa, 10
homework tarea *(f.)*, LP
hope esperar, 12
   I _____ . . . ojalá... , 12

horribly horriblemente, 10
hors d'oeuvres entremeses *(m. pl.)*, 4
horse caballo *(m.)*, 10
hospital hospital *(m.)*, 2
hot caliente, 7
    to be _____ *(weather)* hacer calor, 5; tener calor, 4
    _____ chocolate chocolate caliente *(m.)*, 7
hotel hotel *(m.)*, 6
hour hora *(f.)*, 8
house casa *(f.)*, 4
how cómo, 1
    _____ ...! ¡qué... !, 10
    _____ are you? ¿Cómo está Ud.?, LP
    _____ do you say ... ? ¿Cómo se dice... ?, 1
    _____ many cuántos(-as), 1
    _____ much cuánto(-a), 3
    _____'s it going? ¿Qué tal?, LP
    _____ was (is) ... ? ¿Qué tal... ?, 8
hundred cien, ciento, 2
hungry: to be _____ tener hambre, 4
hunt cazar, 10
hurry: to be in a _____ tener prisa, 4
hurt doler (o:ue), 11
husband esposo *(m.)*, 3

I

I yo, 2
ice cream helado *(m.)*, 7
    _____ cake torta helada *(f.)*, 7
iced helado(-a), 7
idea idea *(f.)*, 4
identification (card) documento de identidad *(m.)*, 13
if si, 5
in en, 1
    _____ cash al contado, 12; en efectivo, 12
    _____ front of frente a, 12
    _____ order that para que, 14
    _____ order to para, 3
    _____ that case entonces, 2
    _____ the afternoon de la tarde, 2; por la tarde, 2
    _____ the evening de la noche, 2; por la noche, 2
    _____ the morning de la mañana, 2; por la mañana, 2
inexpensive barato(-a), 6

information información *(f.)*, 6
inheritance herencia *(f.)*, 14
injection inyección *(f.)*, 11
    to give an _____ poner una inyección, 11
inspector inspector(-a) *(m., f.)*, 6
install instalar, 16
installments plazos *(m. pl.)*, 12
    on _____ a plazos, 12
instead of en vez de, 14
intelligent inteligente, 3
interest interés *(m.)*, 6
interesting interesante, 5
interior interior, 6
interview entrevista *(f.)*, LP
invite invitar, 4
    invited: to be _____ estar invitado(-a), 9
iron planchar, 9
it la, 6; lo, 6
Italian *(lang.)* italiano *(m.)*, 2
its su, 3

J

jacket chaqueta *(f.)*, 15
January enero
Japanese *(lang.)* japonés *(m.)*, 2
job empleo *(m.)*, trabajo *(m.)*, 3
joke bromear, 10
journalism periodismo *(m.)*, 18
journalist periodista *(m., f.)*, 18
juice jugo *(m.)*, 7
July julio
June junio

K

key llave *(f.)*, 6
kid bromear, 10
kilometer kilómetro *(m.)*, 16
kiss beso *(m.)*, 7
kitchen cocina *(f.)*, 9
    _____ sink fregadero *(m.)*, 14
knee rodilla *(f.)*, 11
knife cuchillo *(m.)*, 7
know conocer, 7; saber, 7
    had I known de haber sabido, 17
knowledge conocimiento *(m.)*, 3

L

lady señora *(f.)*, LP
    young _____ señorita *(f.)*, LP
lake lago *(m.)*, 10

lamb cordero *(m.)*, 7
lamp lámpara *(f.)*, 14
language idioma *(m.)*, 2
large grande, 5
last pasado(-a), 9; último(-a), 11
    _____ night anoche, 10
late tarde, 8
later más tarde, 2
    a while _____ al rato, 12
    (I'll) see you _____ hasta luego, LP; hasta la vista, 1
Latin American latinoamericano(-a), 18
law school facultad de derecho *(f.)*, 18
lawyer abogado(-a) *(m., f.)*, 18
learn aprender, 3
least el (la) menos, 5
leave dejar, 7; irse, 9; salir, 7
left izquierdo(-a), 6
    on the _____ a la izquierda, 6
leg pierna *(f.)*, 11
lend prestar, 8
less menos, 5
    more or _____ más o menos, 2
lesson lección *(f.)*, LP
letter carta *(f.)*, 5
lettuce lechuga *(f.)*, 17
liberty libertad *(f.)*, 2
librarian bibliotecario(-a) *(m., f.)*, 18
library biblioteca *(f.)*, 17
license carnet de conducir *(m.)*, 16; licencia de conducir *(f.)*, 3
    _____ plate chapa *(f.)*, 16
lie mentir (e:ie), 12
lifeguard salvavidas *(m., f.)*, 10
lift levantar, 9
light luz *(f.)*, 1
    traffic _____ semáforo *(m.)*, 13
like como, 18
    to feel _____ tener ganas de, 17
    I _____ ... me gusta(n)... , 8
    What is ... _____? ¿Cómo es... ?, 5
line cola *(f.)*, 17
    to stand in _____ hacer cola, 17
list lista *(f.)*, 6
    waiting _____ lista de espera *(f.)*, 6
listen! ¡oye!, 1
literature literatura *(f.)*, 18
little pequeño(-a), 5; poco(-a), 5
    a _____ un poco, 8
live vivir, 3

living room sala *(f.)*, 14
loan préstamo *(m.)*, 12
    to apply for a _____ pedir un préstamo, 12
lobster langosta *(f.)*, 7
located: to be _____ quedar, 3
long largo(-a), 8
look (at) mirar, 3
    _____ **for** buscar, 8
    _____ **like** parecerse (a), 12
lose perder (e:ie), 4
lot (of) mucho(-a), 4
lottery lotería *(f.)*, 14
love amor *(m.)*, 7; querer (e:ie), 4; sentimental *(adj.)*, 2
    I _____ ... me encanta(n)... , 14
luck suerte *(f.)*, 3
    good _____ buena suerte, 3
luckily por suerte, 10
luggage equipaje *(m.)*, 8
lunch almuerzo *(m.)*, 6
    to have _____ almorzar (o:ue), 5

M

Madam señora *(f.)*, LP
made hecho(-a), 15
magazine revista *(f.)*, 9
magnificent magnífico(-a), 4
mail correo *(m.)*, 13
mailbox buzón *(m.)*, 13; casillero *(m.)*, 13
maintain mantener, 18
major especialización *(f.)*, 18
make hacer, 7
    _____ **a decision** tomar una decisión, 14
    _____ **an appointment** pedir turno, cita, (e:i), 9
man hombre *(m.)*, 1
    young _____ chico *(m.)*, muchacho *(m.)*, 3
many muchos(-as), 4
    as _____ tantos(-as), 5
    how _____ cuántos(-as), 1
map mapa *(m.)*, 1
March marzo, 5
margarine margarina *(f.)*, 17
marital status estado civil *(m.)*, 3
married casado(-a), 3
mashed potatoes puré de papas *(m.)*, 7
match hacer juego, 15

mathematics matemáticas *(f. pl.)*, 18
mattress colchón *(m.)*, 14
May mayo, 6
maybe tal vez, 14
me me, 6, 7; mí, 6
meal comida *(f.)*, 7
mean: What does . . . _____? ¿Qué quiere decir... ?, 1
    it _____ **s . . .** quiere decir... , 1
measles sarampión *(m.)*, 11
meat carne *(f.)*, 7
meatball albóndiga *(f.)*, 7
mechanic mecánico *(m.)*, 16
medicine medicina *(f.)*, 5
    _____ **cabinet** botiquín *(m.)*, 9
medium mediano(-a), 5
meet conocer, 8; encontrarse (o:ue) (con), 15
    Pleased to _____ **you** Mucho gusto, 1
melon melón *(m.)*, 17
menu menú *(m.)*, 7
merry alegre, 11
microwave (oven) (horno de) microondas *(m.)*, 14
midnight medianoche *(f.)*, 4
    at _____ a la medianoche, 4
midterm exam examen parcial *(m.)*, 18
mile milla *(f.)*, 16
milk leche *(f.)*, 7
mine mío(-a), míos(-as), 8
mineral water agua mineral *(f.)*, 7
mirror espejo *(m.)*, 9
miss echar de menos, 5; extrañar, 5
Miss señorita, Srta. *(f.)*, LP
modern moderno(-a), 6
Mom mamá *(f.)*, 5
moment momento *(m.)*, 2
Monday lunes *(m.)*, LP
money dinero *(m.)*, 2
    _____ **order** giro postal *(m.)*, 13
month mes *(m.)*, 3
more más, 5
    _____ **or less** más o menos, 2
morning mañana *(f.)*, 2
    good _____ buenos días, LP
    in the _____ de la mañana, 2; por la mañana, 2
most el (la) más, 5
mother madre *(f.)*, 5
mother-in-law suegra *(f.)*, 5
motor motor *(m.)*, 16
motorcycle motocicleta *(f.)*, 11
mountain montaña *(f.)*, 10

mouth boca *(f.)*, 11
move mudarse, 14
movie película *(f.)*, 17
movie theater cine *(m.)*, 7
movies cine *(m.)*, 7
Mr. señor *(m.)*, Sr., LP
Mrs. señora *(f.)*, Sra., LP
much mucho(-a), 4
    as _____ tanto(-a), 5
    how _____ cuánto(-a), 3
    not _____ no mucho, LP
    too _____ demasiado(-a), 10
muffler silenciador *(m.)*, 16
museum museo *(m.)*, 5
musical musical, 17
must deber, 3
my mi(s), 3
myself me, 9

N

name nombre *(m.)*, 3
    My _____ **is . . .** Me llamo... , LP
    What's your _____? ¿Cómo se llama Ud.? *(form.)*, LP; ¿Cómo te llamas? *(fam.)*, 1
napkin servilleta *(f.)*, 7
nationality nacionalidad *(f.)*, 3
near *(adv.)*, cerca, 3; *(prep.)*, cerca de, 3
necessary necesario(-a), 11
neck cuello *(m.)*, 11
need necesitar, 2
neighborhood barrio *(m.)*, 14
neither tampoco, 6
    _____ **. . . nor** ni... ni, 6
nephew sobrino *(m.)*, 5
never nunca, 5; jamás, 6
new nuevo(-a), 4
    New Year's Eve fin de año *(m.)*, 4
newlyweds recién casados *(m. pl.)*, 16
newspaper diario *(m.)*, periódico *(m.)*, 3
next próximo(-a), 8; siguiente, 17
nice simpático(-a), 3
niece sobrina *(f.)*, 5
night noche *(f.)*, 2
    at _____ por la noche, 2
    good _____ buenas noches, LP
    last _____ anoche, 9
nightgown camisón *(m.)*, 15
nightstand mesita de noche *(f.)*, 14

nine nueve, LP
_____ **hundred** novecientos, 2
nineteen diecinueve, 1
ninety noventa, 2
ninth noveno(-a), 5
no no, LP; ningún, ninguna, 6
_____ **one** nadie, 6
nobody nadie, 6
noise ruido (m.), 16
none ningún, ninguna, 6; ninguno, (-a) 6
noon mediodía (m.), 4
at _____ al mediodía, 4
nor ni, 6
neither . . . _____ **. . .** ni... ni... , 6
North American norteamericano(-a), 3
nose nariz (f.), 11
not no, LP
notebook cuaderno (m.), 1
nothing nada, 2
_____ **else** nada más, 6
noun nombre (m.), 1
November noviembre, 5
now ahora, 4
number número (m.), 1
nurse enfermero(-a) (m., f.), 11

O

object objeto (m.), 6
obtain conseguir (e:i), 6
occupation ocupación (f.), 3
occupied ocupado(-a), 4
ocean océano (m.), 10
October octubre, 5
of de, 2; del, 4
_____ **course!** ¡claro!, 4; por supuesto, 10
office oficina (f.), 6
doctor's _____ consultorio (m.), 11
post _____ oficina de correos (f.), correo (m.), 13
telegraph _____ oficina de telégrafos (f.), 13
tourist _____ oficina de turismo (f.), 6
oh ah, 5
oil aceite (m.), 16
okay bien, 8; bueno, 8; vale, 5
old antiguo(-a), 13; viejo(-a), 13
to be . . . years _____ tener... años, 4

older mayor, 5
oldest el (la) mayor, 5
omelette tortilla (f.), 7
on en, 2
_____ **the phone** al teléfono, 2; por teléfono, 8
_____ **the way to** camino a, 16
_____ **vacation** de vacaciones, 10
one uno, LP
_____ **hundred** cien, 2; ciento, 2
_____**-way (ticket)** de ida, 8
onion cebolla (f.), 17
only solamente, 10; sólo, 8; único (-a), 12
_____ **child** hijo(-a) único(-a), 12
open abrir, 3; abierto(-a), 13
opened abierto(-a), 15
operate operar, 11
opportunity oportunidad (f.), 5
or o, 2
orange naranja (f.), 17; anaranjado (-a), LP
orchestra orquesta (f.), 4
order pedir (e:i), 7; mandar, 12; pedido (m.), 7
in _____ en regla, 6
in _____ **that** para que, 14
in _____ **to** para, 3
out of _____ descompuesto(-a), 16
other otro(-a), 5
our nuestro(-a)(s), 3
ours nuestro(-a)(s), 8
out of order descompuesto(-a), 16
outdoors al aire libre, 10
overlooking con vista a, 6

P

pack hacer las maletas, 10
package paquete (m.), 13
page página (f.), LP
pain dolor (m.), 11
painting cuadro (m.), 5; pintura (f.), 5
pair par (m.), 15
palace palacio (m.), 13
pants pantalón (m.), pantalones (m. pl.), 12
pantyhose pantimedias (f. pl.), 15
paper (report) informe (m.), 18
parcel paquete (m.), 13
parents padres (m. pl.), 5

park parque (m.), 13; aparcar, estacionar, parquear, 12
amusement _____ parque de diversiones (m.), 17
part-time medio día, 14
party fiesta (f.), 4
pass aprobar (o:ue), 18
_____ **through** pasar por, 6
passbook libreta (f.), 12
passport pasaporte (m.), 6
pay pagar, 7
_____ **attention** hacer caso, 14
peach durazno (m.), melocotón (m.), 17
pear pera (f.), 17
pen pluma (f.), 1
pencil lápiz (m.), 1
people gente (f.), 9
pepper pimienta (f.), 7
per por, 6
percent por ciento, 18
perfect perfecto(-a), 10
perfectly perfectamente, 5
permanent wave permanente (f.), 9
pessimist pesimista (m., f.), 14
pharmacy farmacia (f.), 9
phone teléfono (m.), LP
_____ **number** número de teléfono (m.), LP
on the _____ al teléfono, 2; por teléfono, 8
photograph fotografía (f.), 5; foto (f.), 5
physics física (f.), 18
pick up recoger, 12
picture cuadro (m.), 5; pintura (f.), 5
pill pastilla (f.), 11
pillow almohada (f.), 14
pillowcase funda (f.), 14
pineapple piña (f.), 17
pink rosado(-a), LP
pity lástima (f.), 12
What a _____**!** ¡Qué lástima!, 5
place lugar (m.), 3; poner, 7
placed puesto(-a), 15
plan plan (m.), 10; pensar (e:ie), 4; planear, 10
plane avión (m.), 8
plate plato (m.), 7
play obra de teatro (f.), 7; (game, sport) jugar (u:ue), 18
plead rogar (o:ue), 12
please por favor, 1
pleasing: to be _____ **to** gustar, 8

pleasure gusto *(m.)*, 1
   a _____ (to meet you) encantado(-a), 1
   the _____ is mine el gusto es mío, 1
plumber plomero(-a) *(m., f.)*, 18
poem poema *(m.)*, 2
police policía *(f.)*, 12
police station estación de policía *(f.)*, 12
pool piscina *(f.)*, alberca *(f.) (Mex.)*, 10
poor pobre, 12
Portuguese *(lang.)* portugués *(m.)*, 2
post office correo *(m.)*, oficina de correos *(f.)*, 13
postcard tarjeta postal *(f.)*, 8
potato papa *(f.)*, 7
   mashed _____ puré de papas *(f.)*, 7
practice practicar, 5
prefer preferir (e:ie), 4
pregnant embarazada, 11
prepare preparar(se), 7
prescribe recetar, 11
prescription receta *(f.)*, 11
present presente, LP; regalo, 9
pretty bonito(-a), lindo(-a), 3
private privado(-a), 6
prize premio *(m.)*, 17
problem problema *(m.)*, 2
profession profesión *(f.)*, 3
professor profesor(-a) *(m., f.)*, LP
program programa *(m.)*, 2
programmer programador(-a) *(m., f.)*, 18
provided that con tal que, 14
psychologist psicólogo(-a) *(m., f.)*, 18
psychology psicología *(f.)*, 18
punctual puntual, 13
punishment castigo *(m.)*, 10
purse bolsa *(f.)*, bolso *(m.)*, cartera *(f.)*, 15
put poner, 7; puesto, 15
   _____ on ponerse, 9
   _____ on a play or show poner una obra de teatro, 7
   _____ to bed acostar (o:ue), 9

Q

quarter trimestre *(m.)*, 18
   _____ after ...y cuarto, 1
   _____ of ...menos cuarto, 1

R

radiator radiador *(m.)*, 16
rain lluvia *(f.)*, 5; llover (o:ue), 5
   _____ cats and dogs llover a cántaros, 11
raise levantar, 9
rapid rápido(-a), 11
rapidly rápidamente, 11
rare raro(-a), 11
razor máquina de afeitar *(f.)*, 9
read leer, 3
ready listo(-a), 7
realist realista *(m., f.)*, 14
receive recibir, 3; *(grade)* sacar, 18
recent reciente, 11
recently recientemente, 11
receptionist recepcionista *(m., f.)*, 3
recommend recomendar (e:ie), 7
record disco *(m.)*, 4
   _____ player tocadiscos *(m.)*, 4
red rojo(-a), LP; *(wine)* tinto, 7
red-headed pelirrojo(-a), 3
refrigerator refrigerador *(m.)*, 14
refuse no querer (e:ie) *(preterit)*, 11
register registro *(m.)*, 6; matricularse, 18
registered certificado(-a), 13
registration matrícula *(f.)*, 18
regret sentir (e:ie), 12
remain quedarse, 10
remember recordar (o:ue), 5; acordarse (o:ue) (de), 9
rent alquiler *(m.)*, 14; alquilar, 10
   for _____ se alquila, 14
repair arreglo *(m.)*, 16
   _____ shop taller *(m.)*, 16
repeat repetir (e:i), 9
report informe *(m.)*, 18
request pedir (e:i), 6
requirement requisito *(m.)*, 18
reservation reserva *(f.)*, reservación *(f.)*, 5
restaurant restaurante *(m.)*, 5
return devolver (o:ue), 8; regresar, 2; volver (o:ue), 5
returned devuelto(-a), 15; vuelto(-a), 15
review repasar, LP
rice arroz *(m.)*, 7
   _____ pudding arroz con leche *(m.)*, 7
ride *(a bicycle)* montar en bicicleta, 10; *(a horse)* montar a caballo, 10
right derecho(-a), 6
   _____? ¿verdad?, 12

   _____ away en seguida, 6
   _____ there allí mismo, 13
   to be _____ tener razón, 4
   to (on, at) the _____ a la derecha, 6
river río *(m.)*, 10
road camino *(m.)*, 13
roasted asado(-a), 7
roll of film rollo de película *(m.)*, 12
roller coaster montaña rusa *(f.)*, 17
room cuarto *(m.)*, 6; habitación *(f.)*, 6
   _____ service servicio de habitación *(m.)*
round-trip de ida y vuelta, 8
rug alfombra *(f.)*, 9
ruins ruinas *(f. pl.)*, 6
run errands hacer diligencias, 12
run over atropellar, 11
Russian *(lang.)* ruso *(m.)*, 2

S

sad triste, 11
said dicho(-a), 15
salad ensalada *(f.)*, 4
salary salario *(m.)*, sueldo *(m.)*, 14
sale liquidación *(f.)*, rebaja *(f.)*, 15
salesperson vendedor(-a) *(m., f.)*, 18
salmon salmón *(m.)*, 7
salon salón *(m.)*, 9
salt sal *(f.)*, 7
sandal sandalia *(f.)*, 15
sandwich bocadillo *(m.) (Sp.)*, 3; emparedado *(m.) (Sp.)*, 3; sándwich *(m.)*, 3
Saturday sábado *(m.)*, LP
sauce salsa *(f.)*, 17
saucer platillo *(m.)*, 7
save ahorrar, 12
savings ahorros *(m. pl.)*, 12
   _____ account cuenta de ahorros *(f.)*, 12
   _____ passbook libreta de ahorros *(f.)*, 12
say decir (e:i), 6
   _____ hello to . . . Saludos a..., 1
   How do you _____ . . . ? ¿Cómo se dice... ?, 1
   you _____ . . . , one says se dice... , 1
scared: to be _____ tener miedo, 4
schedule horario *(m.)*, LP

to be . . . behind _____ tener... de atraso, 8

scholarship beca *(f.)*, 18

school escuela *(f.)*, 4

science ciencia *(f.)*, 18

scream gritar, 12

sea mar *(m.)*, 10

seafood mariscos *(m. pl.)*, 7

search for buscar, 8

seat asiento *(m.)*, 8

    aisle _____ asiento de pasillo, 8

    have a _____ tome asiento, 1

    window _____ asiento de ventanilla, 8

seated sentado(-a), 10

second segundo(-a), 5

secretary secretario(-a) *(m., f.)*, 1

section sección *(f.)*, 8

    (no) smoking _____ sección de (no) fumar, 8

see ver, 5

    let's _____ . . . a ver...

    _____ you later hasta luego, LP; hasta la vista, 1

    _____ you tomorrow hasta mañana, LP

    until I _____ you again hasta la vista, 1

seen visto(-a), 15

sell vender, 3

semester semestre *(m.)*, 18

send enviar, mandar, 3

September septiembre, 5

seriously en serio, 10

serve servir (e:i), 6

seven siete, LP

    _____ hundred setecientos, 2

seventeen diecisiete, 1

seventh séptimo(-a), 5

seventy setenta, 2

several varios(-as), 12

sex sexo *(m.)*, 3

shame lástima *(f.)*, 12

    What a _____! ¡Qué lástima!, 5

shampoo champú *(m.)*, 9; lavado *(m.)*, 9

shave afeitar(se), 9

shaving cream crema de afeitar *(f.)*, 9

she ella, 2

sheet sábana *(f.)*, 14

ship barco *(m.)*, 8

shirt camisa *(f.)*, 15

shoe zapato *(m.)*, 15

    _____ department zapatería *(f.)*, 15

_____ store zapatería *(f.)*, 15

shopping: to do the _____ hacer las compras, 17

    to go _____ ir de compras, 15

short bajo(-a), 5; corto(-a), 9

shot inyección *(f.)*, 11

    tetanus _____ inyección antitetánica, 11

    to give a _____ poner una inyección, 11

should deber, 3

show enseñar, 6; mostrar (o:ue), 6

show función *(f.)*, 17

shower: to take a _____ ducharse, 9

shrimp camarones *(m. pl.)*, 7

sick enfermo(-a), 11

sickness enfermedad *(f.)*, 11

sign letrero *(m.)*, 16; firmar, 6

signature firma *(f.)*, 12

silver plata *(f.)*, 6

simple sencillo(-a), 6

since como, 8

single sencillo(-a), 6; soltero(-a), 3

sink *(kitchen)* fregadero *(m.)*, 14

sir señor, LP

sister hermana *(f.)*, 4

sister-in-law cuñada *(f.)*, 5

sit down sentarse (e:ie), 9

sitting sentado(-a), 10

six seis, LP

    _____ hundred seiscientos, 2

sixteen dieciséis, 1

sixth sexto(-a), 5

sixty sesenta, 2

size medida *(f.)*, talla *(f.)*, 15

    to take _____ . . . *(in shoes)* calzar... , 15

ski esquiar, 10

skirt falda *(f.)*, 15

sleep dormir (o:ue), 5

    _____ late quedarse en la cama hasta tarde, 12

sleeping bag saco de dormir *(m.)*, bolsa de dormir *(f.)*, 10

sleepy: to be _____ tener sueño, 4

slender delgado(-a), 3

slow lento(-a), 11

slowly lentamente, 11

small pequeño(-a), 5

    to be too _____ (on someone) quedar(le) chico(-a) (a uno), 15

smoking: (no) smoking section sección de (no) fumar *(f.)*, 8

snow nieve *(f.)*, 10; nevar (e:ie), 5

so tan, 5; de manera que, 12; de modo que, 12

so-so más o menos, 2

soap jabón *(m.)*, 6

soccer fútbol *(m.)*, 18

social security seguro social *(m.)*, 3

sociology sociología *(f.)*, 18

sock calcetín *(m.)*, 15

soda pop refresco *(m.)*, 4

sofa sofá *(m.)*, 14

soft drink refresco *(m.)*, 1

some algún, alguna, 6; alguno(-a), 6; algunos(-as), 5; unos(-as), 1

somebody alguien, 6

someone alguien, 6

something algo, 6

son hijo *(m.)*, 4

son-in-law yerno *(m.)*, 5

soon: as _____ as en cuanto, 12; tan pronto como, 14

sorry: to be _____ sentir (e:ie), 12

    I'm _____ lo siento, LP

soup sopa *(f.)*, 7

Spain España *(f.)*, 4

Spanish *(lang.)* español *(m.)*, 2

speak hablar, 2

special especial, 11

specialty especialidad *(f.)*, 7

speed velocidad *(f.)*, 16

    _____ limit velocidad máxima, 16

spend *(money)* gastar, 16; *(time)* pasar, 6

spoilsport aguafiestas *(m., f.)*, 14

spoon cuchara *(f.)*, 7

spring primavera *(f.)*, 5

stadium estadio *(m.)*, 18

stairs escalera *(f.)*, 14

stamp estampilla *(f.)*, sello *(m.)*, timbre *(m.)* *(Mex.)*, 13

stand in line hacer cola, 17

standing parado(-a), 13

start arrancar *(car)*, 16; comenzar (e:ie), empezar (e:ie), 4

starving muerto(-a) de hambre, 15

station estación *(f.)*, 13

    police _____ estación de policía *(f.)*, 12

    service _____ estación de servicio *(f.)*, gasolinera *(f.)*, 16

stay quedarse, 10

steak bistec *(m.)*, 7

steal robar, 12

flat _____ pinchazo *(m.)*, 16
tired cansado(-a), 4
to a, 2; para, 3
_____ **the** al *(m. sing.) (contraction)*, 4; a la *(f. sing.)*, 4
toast brindar, 4
today hoy, 1
_____ **is . . .** hoy es... , 1
toe dedo del pie *(m.)*, 11
together juntos(-as), 8
toilet tissue papel higiénico *(m.)*, 17
told dicho *(m.)*, 15
tomato tomate *(m.)*, 17
tomorrow mañana, 2
see you _____ hasta mañana, LP
tongue lengua *(f.)*, 11
tonight esta noche, 2
too también, 2
_____ **much, many** demasiado (-a)(s), 10
tooth diente *(m.)*, 11
tourism turismo *(m.)*, 6
tourist turista *(m., f.)*, 8
_____ **brochure** folleto turístico *(m.)*, 10
_____ **card** tarjeta de turista *(f.)*, 6
_____ **class** clase turista *(f.)*, 8
_____ **office** oficina de turismo *(f.)*, 6
tow remolcar, 16
_____ **truck** grúa *(f.)*, 16
toward hacia, 12
towel toalla *(f.)*, 6
tow truck grúa *(f.)*, 16
trade oficio *(m.)*, 18
traffic light semáforo *(m.)*, 13
tragic trágico(-a), 11
train tren *(m.)*, 8
translate traducir, 7
travel viajar, 5
travel agency agencia de viajes *(f.)*, 8
traveler viajero(-a) *(m., f.)*, 8
traveler's check cheque de viajeros *(m.)*, 6
trip viaje *(m.)*, 8
Have a nice _____**!** ¡Buen viaje!, 8
leave on a _____ salir de viaje, 16
trousers pantalón *(m.)*, pantalones, *(m. pl.)*, 12
trout trucha *(f.)*, 7
true cierto, 13; verdad, 13

trunk *(car)* cajuela *(f.) (Mex.)*, maletero *(m.)*, 16
try probar (o:ue), 9; tratar (de), 16
_____ **on** probarse, 9
Tuesday martes *(m.)*, LP
tuition matrícula *(f.)*, 18
turkey pavo *(m.)*, 7
turn doblar, 13
_____ **in** entregar, 18
twelve doce, 1
twenty veinte, 1
_____**-one** veintiuno, 1
_____**-two** veintidós, 1
_____**-three** veintitrés, 1
_____**-four** veinticuatro, 1
_____**-five** veinticinco, 1
_____**-six** veintiséis, 1
_____**-seven** veintisiete, 1
_____**-eight** veintiocho, 1
_____**-nine** veintinueve, 1
two dos, 1
_____ **hundred** doscientos, 2
two-way street calle de dos vías, de doble vía *(f.)*, 11

U

ugly feo(-a), 3
uncle tío *(m.)*, 5
uncomfortable incómodo(-a), 5
understand entender (e:ie), 4
underwear ropa interior *(f.)*, 15
undress desvestir(se) (e:i), 9
unfortunate desgraciado(-a), 11
United States Estados Unidos *(m. pl.)*, 5
university universidad *(f.)*, 2
_____ **studies** carrera *(f.)*, 18
unless a menos que, 14
unpleasant antipático(-a), 3
until hasta, 6; hasta que, 14
_____ **I see you again** hasta la vista, 1
up: to get _____ levantarse, 9
upstairs arriba, 13
Uruguayan uruguayo(-a), 4
us nosotros(-as), 6; nos, 6, 7
use usar, llevar, 15
usual: as _____ como siempre, 18
utensil utensilio *(m.)*, 14

V

vacant libre, 6
vacation vacaciones *(f. pl.)*, 6

to go on _____ irse de vacaciones, 10
vacuum pasar la aspiradora, 9
_____ **cleaner** aspiradora *(f.)*, 9
vegetable verdura *(f.)*, vegetal *(m.)*, 17
vermouth vermut *(m.)*, 7
very muy, LP
vinegar vinagre *(m.)*, 17
visit visitar, 6

W

wait (for) esperar, 9
waiter camarero *(m.)*, mesero *(m.) (Mex.)*, mozo *(m.)*, 7
waiting list lista de espera *(f.)*, 6
waitress camarera *(f.)*, mesera *(f.) (Mex.)*, 7
wake up despertarse (e:ie), 9
walk caminar, 12
wall pared *(f.)*, 1
wallet billetera *(f.)*, cartera *(f.)*, 15
want desear, 2; querer (e:ie), 4
wardrobe armario *(m.)*, ropero *(m.)*, 15
wash lavar(se), 9
_____ **one's hair** lavarse la cabeza, 9
watch mirar, 3
water agua *(f.)*, 16
_____ **pump** bomba de agua *(f.)*, 16
mineral _____ agua mineral *(f.)*, 7
watermelon sandía *(f.)*, 17
way: on the _____ **to** camino a, 16
we nosotros(-as), 2
wear llevar puesto(-a), usar, llevar, 15
weather tiempo *(m.)*, 5
to be good (bad) _____ hacer buen (mal) tiempo, 5
_____ **forecast** pronóstico del tiempo *(m.)*, 5
wedding anniversary aniversario de bodas *(m.)*, 7
Wednesday miércoles *(m.)*, LP
week semana *(f.)*, 9
weekend fin de semana *(m.)*, 5
welcome: you're _____ de nada, 1
well bien, LP; bueno, 3; pues, 10
not very _____ no muy bien, LP
very _____ muy bien, LP

what   cómo, 5; cuál, 1; qué, LP
     _____ **day is today?**   ¿Qué día
     es hoy?, 1
     _____ **does . . . mean?**   ¿Qué
     quiere decir... ?, 1
     _____ **time is it?**   ¿Qué hora es?,
     1
     _____ **is your address?**   ¿Cuál es
     tu dirección?, 1
     _____ **is your name?**   ¿Cómo se
     llama Ud.? *(form.)*, LP; ¿Cómo
     te llamas? *(fam.)*, 1
when   cuándo, 2
where   adónde, 4; dónde, 2
which   cuál, 1; *(rel. pron.)* que, 6
while   rato *(m.)*, 12; *(conj.)* mientras, 3
     a _____ **later**   al rato, 12
white   blanco(-a), LP
who   *(rel. pron.)* que, 11; quién, 2
     _____ **is it?**   ¿Quién es?, 2
whom   quien, quienes, 12
whose   de quién, de quiénes, 4
why?   ¿por qué?, 2
     that's _____   por eso, 5
widowed   viudo(-a), 3
wife   esposa *(f.)*, 3
win   ganar, 17
window   ventana *(f.)*, 1; *(vehicle,*
     bank) ventanilla *(f.)*, 13
     _____ **seat**   asiento de ventanilla
     (m.), 8
windshield wiper   limpiaparabrisas
     (m.), 16
windy: to be _____   hacer viento, 5
wine   vino *(m.)*, 4
     red _____   vino tinto, 7

white _____   vino blanco, 7
winter   invierno *(m.)*, 5
wish   desear, 2; querer (e:ie), 4
with   con, 2
     _____ **me**   conmigo, 6
     _____ **you** *(fam. sing.)*   contigo,
     6
withdraw   sacar, 12
without   sin 13; sin que, 14
woman   mujer *(f.)*, 1
     young _____   chica *(f.)*,
     muchacha *(f.)*, 3
work   trabajo *(m.)*, 3; funcionar, 16;
     trabajar, 2
world   mundo *(m.)*, 5
worry (about)   preocuparse (de), 9
worse   peor, 5
worst   el (la) peor, 5
worth: to be _____   valer, 16
     it's (not) _____ **the trouble**   (no)
     vale la pena, 16
wound   herida *(f.)*, 11
wrap   envolver (o:ue), 15
wrapped   envuelto(-a), 15
write   escribir, 3
     _____ **down**   anotar, 7
written   escrito(-a), 15
wrong: to be _____   estar equivo-
     cado(-a), no tener razón, 4

X

X-ray   radiografía *(f.)*, 11
     _____ **room**   sala de rayos X
     (f.), 11

Y

year   año *(m.)*, 3
     to be . . . _____**s old**   tener...
     años, 4
     New Year's Eve   fin de año *(m.)*,
     4
yellow   amarillo(-a), LP
yes   sí, 2
yesterday   ayer, 9
yet   todavía, 15
you   *(subj.)* tú, usted, LP; ustedes,
     vosotros(-as), 2; *(d.o. pron.)* la(s),
     lo(s), os, te, 6; *(i.o. pron.)* le(s), os,
     te, 7; *(obj. of prep.)* ti, usted(es),
     vosotros(-as), 6
     _____**'re welcome**   de nada, 1
     with _____   contigo *(fam.)*, con
     usted, 6
young person   joven *(m., f.)*, 18
younger   menor, 5
youngest   el (la) menor, 5
your   su, tu, vuestro(-a), 3
yours   suyo(-a)(s), tuyo(-a)(s), vues-
     tro(-a)(s), 8
yourself   se, te, 9
yourselves   os, se, 9

Z

zero   cero, LP
zip code   zona postal *(f.)*, 3
zoo   zoológico *(m.)*, 17

Index

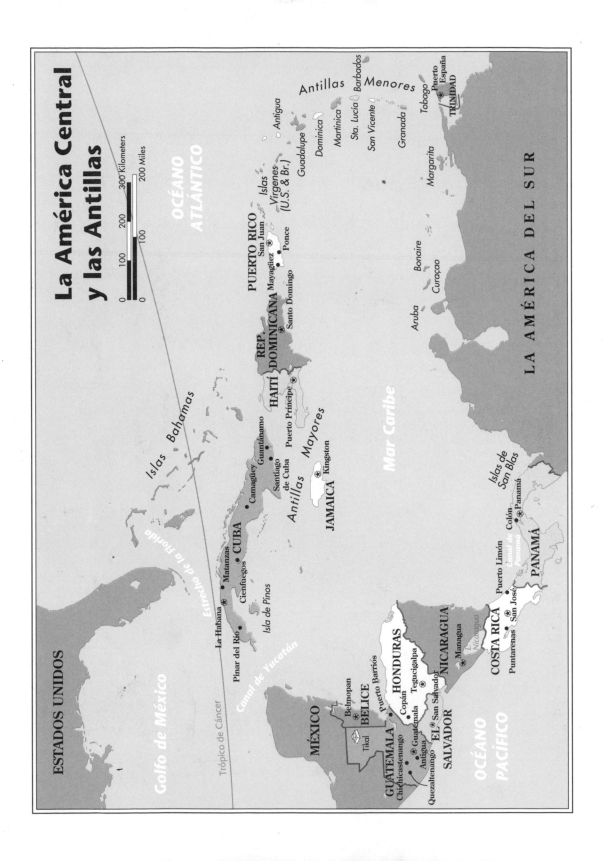

La América Central y las Antillas

ESTADOS UNIDOS

Golfo de México

Trópico de Cáncer

OCÉANO ATLÁNTICO

300 Kilometers
200 Miles
100   200
100
0
0

Islas Bahamas

Estrecho de la Florida

Canal de Yucatán

La Habana
Pinar del Río
Matanzas
Cienfuegos
Isla de Pinos
CUBA
Camagüey
Santiago de Cuba
Guantánamo

Antillas Mayores

JAMAICA
Kingston

HAITÍ
Puerto Príncipe

REP. DOMINICANA
Santo Domingo

PUERTO RICO
Mayagüez
San Juan
Ponce

Islas Vírgenes (U.S. & Br.)

Antillas Menores

Antigua
Guadalupe
Dominica
Martinica
Sta. Lucía
San Vicente
Granada
Barbados
España
Puerto
TRINIDAD
Tobago

Margarita

Mar Caribe

Aruba
Bonaire
Curaçao

Islas de San Blas

LA AMÉRICA DEL SUR

MÉXICO

Tikal

GUATEMALA
Chichicastenango
Antigua
Guatemala
Quezaltenango

BELICE
Belmopan
Puerto Barrios

HONDURAS
Copán
Tegucigalpa

EL SALVADOR
San Salvador

NICARAGUA
Managua
L. Nicaragua

COSTA RICA
Puntarenas
San José
Puerto Limón

PANAMÁ
Colón
Panamá
Canal de Panamá

OCÉANO PACÍFICO